저시력 교육

이해균 · 임안수 · 이우관

대구대학교출판부

- 본문 홀수면 상단에 위치한 보이스아이 심볼은 읽어주는 기능을 합니다.
- 대구대출판부에서 발행하는 도서는 대학출판부 중 유일하게 시각장애학생을 위해 읽어주는 책을 출판하고 있습니다.

머리말

우리 학과에서는 지난 2001년부터 우리나라 대학 중 유일하게 '저시력 학생 지도'란 강좌를 개설하였으나 적절한 국내 교재나 참고 문헌이 없어, 저자는 그 동안 설익은 외국 문헌들로 강의해 오면서 많은 시행착오가 있었음을 고백하지 않을 수 없다.

그럼에도 이 강좌를 개설하게 된 이유는 현재 교육현장에는 활용시력을 가진 저시력 학생들이 많음에도 불구하고 이들을 위한 교육적인 이해와 지식 등의 부족으로 적합한 지도가 제대로 이루어지지 않고 있기 때문이다.

특히 시각장애학생 중에 잔존시력을 활용할 수 있는 저시력 학생은 70~80% 이상을 차지하고 있고, 1964년 이후 실증적인 연구에 의해 잔존시력의 절대 보존에서 최대 활용으로 저시력 학생에 대한 교육 철학이 바뀌게 됨에 따라, 세계 여러 나라에서는 저시력 교육을 강조하고 있다. 더욱이 최근 저시력 교육은 세계적으로 저시력 학생의 꾸준한 증가와 함께 안과학적 지식과 기술의 발전 그리고 저시력용 광학 보조 기구의 개발로 인하여 한층 더 발달되어 왔다.

저시력 학생 교육의 목적은 저시력으로 발생되는 기능적 장애를 극복시켜 시각을 효과적으로 사용하여 학교에서 학업을 보다 성공적으로 수행할 수 있게 하고 나아가 사회에서 보다 독립적인 생활을 영위하며 삶의 질을 제고시키기 위한 것이다. 따라서 저시력 학생을 교육하는 교사는 이들의 잔존시력을 최대한 효율적으로 활용할 수 있도록 지도해야 할 것이다.

이 책은 저시력 학생의 교육을 위해 1997년 저자가 국립특수교육원 재직 당시 주로 외국 문헌 중심으로 연구 · 발행한 '저시력 학생의 이해와 지도'를 더욱 충실히 하기 위해 수정 · 보완하여 저시력의 이해에서부터 평가 그리고 지도방법 등 전체 15장으로 구성했다. 우리나라에서는 약시

(amblyopia)와 저시력(low vision)이라는 용어가 아직도 혼용되고 있다. 그러나 약시는 넓은 의미에서 저시력에 포함될 수 있으므로 이 책에서는 저시력이라는 용어로 통일해서 사용했다.

끝으로 이 분야의 국내 연구나 자료가 아직은 부족하고 미흡하여 대부분 외국의 사례와 문헌을 참고하였기에 어색한 부분도 없지 않다. 그러나 향후 국내 연구 자료가 많아지면 우리 교육의 실정에 맞게 보완하고자 한다.

아무쪼록 이 책이 저시력 교육 분야에서 지도하고 공부하는 분들에게 많은 도움이 되기를 바라며, 바쁜 가운데도 원고 교정을 도와준 박경희, 권현미 선생과 그림 편집을 도와준 김정현 박사 그리고 저시력 자료를 제공해 주신 (주)Handi International의 서일영 사장님께 진심으로 감사를 드린다.

2006년 3월

저자 일동

차 례

제 8 장 저시력과 조명

제 9 장 저시력 보조 기구

제 10 장 근거리 시력 훈련

제 11 장 원거리 시력 훈련

제 12 장 시야 확장 훈련

제 13 장 읽기 능력의 특성

제 14 장 학습지도

제 15 장 보행지도

그림 참고부록

<그림 2-5> 황반구 (P.34)

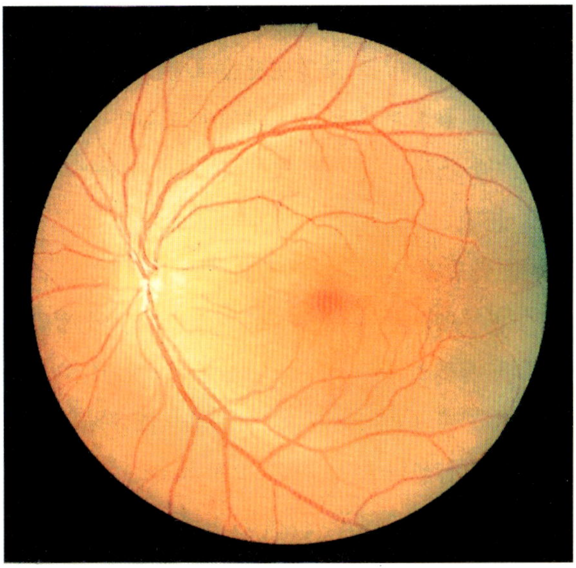

<그림 5-9> 여러 가지 색각 검사 (P.125)

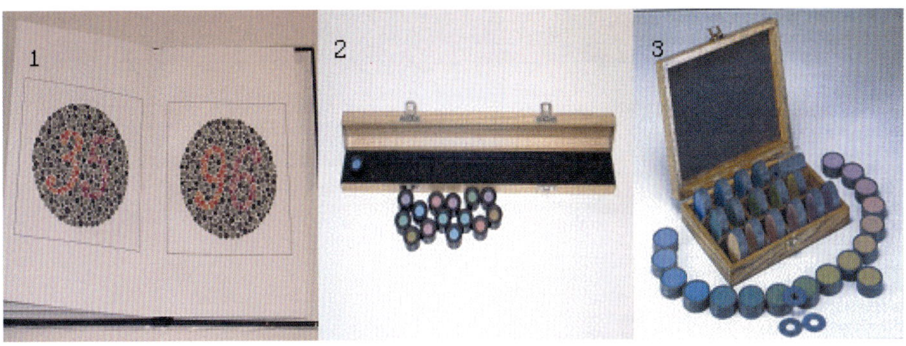

<그림 9-14> 확대용 독서기 (P.228)

<그림 9-15> 색안경 (P.230)

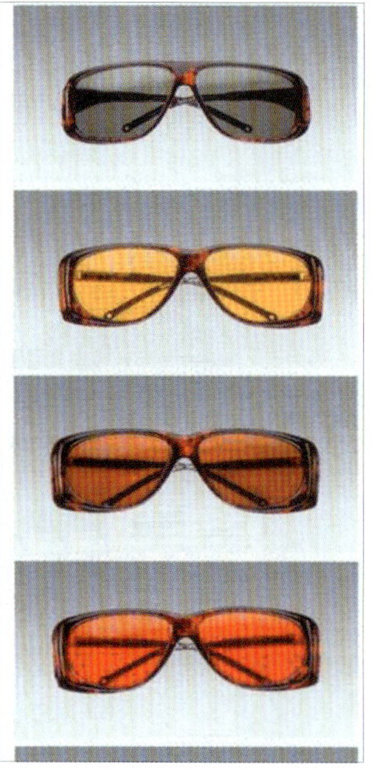

<그림 9-16> 황색 아세테이트지 (P.231)

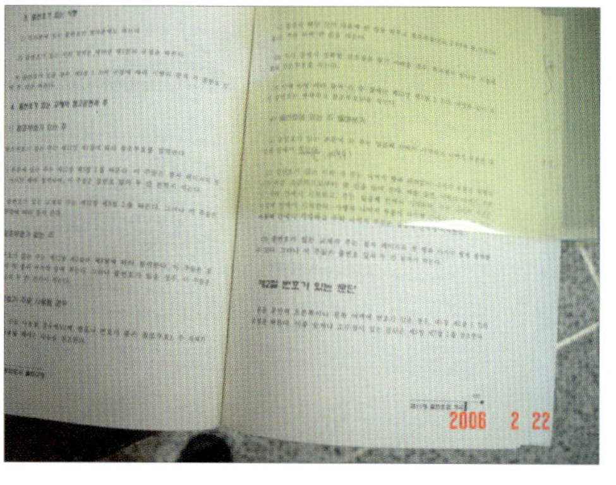

제1장 저시력 교육의 개관

최근 저시력 교육은 세계적으로 저시력 학생의 계속적인 증가와 함께 안과학 기술의 발전과 저시력용 보조 기구의 개발로 인하여 한층 더 발달되어 왔다. 이 장에서는 저시력 교육의 전반적인 이해와 지도를 위해 저시력 교육의 역사적인 발달과 저시력의 특성 그리고 저시력 교육의 체제와 지도, 학습 환경에 대해 다루고자 한다.

Ⅰ. 역사적 발달

1. 서양의 역사

20세기 초에 미국과 영국의 교육자들은 저시력 학생에 관하여 관심을 갖기 시작했다. 1902년 런던의 안과의사 Harman은 맹학교에 저시력 학생이 많이 있다는 것을 발견하고, 런던시교육위원회 의료감이었던 Ker 박사에게 이 사실을 보고했다. Ker 박사는 1908년에 남부 런던 캠버웰에 저시력 학교를 설립했으며, Harman은 이 학교를 '근시학교(Myope School)'라 불렀다.

그 당시는 손상된 시력을 사용하는 것이 한층 더 눈에 해롭다고 믿었기 때문에 저시력 학생들은 정안학생들과 함께 공부했으나 문자를 사용하지 않고 거의 언어로만 학습했다. 근시학교의 교실 입구에는 '이곳에서 읽기와 쓰기는 금지한다.'(Hathaway, 1959)라는 글귀가 붙어 있었는데, 이것은 당시의 손상된 눈 사용에 대한 철학을 잘 나타내는 사례라고 할 수 있다. 이와 같이 저시력 학생의 지도 방침은 동서양을 막론하고 모두 안과학설을 근거로 했다. 이 때 맹학교에서는 저시력 학생에게 눈가리개를 시키고 맹학생과 같이 손가락으로 점자를 읽는 훈련을 시켰고, 묵자의 사용을 금지하고 있는 학교가 많았는데, 이것은 저시력 학생의 시력을 보호하려고 하는 취지에서였다.

1892년 미국 퍼킨스맹학교 3대 교장인 Allen은 맹학교에 저시력 학생의 입학을 반대했다. 그는 1909년, 런던에 있는 저시력 학급을 방문하고 돌아와 1913년에 보스턴 근교 록스버리에 저시력 학급을 설립하도록 도왔다. 또 그는 저시력 학생만 이러한 학급에 입급시키는 것은 옳지 않다고 생각하고 모든 시각장애학생을 입급시키도록 했다. 같은 해에 오하이오주 클리블랜드시에 두 번째 저시력 학급이 설립되었다. 이 학급의 교사인 Irwin은 저시력 학생과 맹학생을 구분하지 않았고, 저시력 학생이나 맹학생이 학습과 특별활동을 위해 저시력 학급과 일반학급을 오가면서 학습하도록 협력계획을 세워 발전시켰다.

1960년대 미국의 Barraga(1964)는 '저시력 학생의 시각적 행동 증가(Increased visual behavior in low vision students)'라는 연구물을 발표했다. 이 논문으로 당시까지는 시력을 많이 사용할수록 눈이 나빠진다는 생각 때문에 눈을 사용하지 못하게 했던 것을 적절히 눈을 사용함으로써 시기능이 향상된다는 것이 입증되었다. 이 연구 결과로 인해 시력을 보존하는 이론에 대치하여 잔존 시력을 최대로 활용해야 한다는 점이 강조되었다. 이 후 계속된 연구에 의해 그 때까지는 시력 사용을 제한하는데 초점이 맞춰져 있던 교육과정을 바꾸어 잔존 시력을 충분히 활용해서 시기능을 효율적으로 사용하도록 했다.

이 때부터 학교 교육에서 시기능을 효율적으로 사용할 수 있도록 하는 것이 가장 중요한 목표가 되었고, 저시력 학생 교육에 획기적인 변화가 일어났다. 현재는 안과학 기술, 시각장애 원인과 영향, 시기능 평가, 광학 기구, 조명 기기 등의 많은 기술과 지식이 발전되어 저시력 교육에 크게 기여하고 있다.

2. 우리나라의 역사

우리나라 최초의 저시력 학급은 1969년 3월 13일 서울월계초등학교에 개설되어 자료실 교육의 형태로 운영되었다. 안과 전문의사인 이철제박사는 이 학급의 설립과정에 많은 영향을 끼쳤다. 이 학급의 운영형태는 저시력 학생은 일반 학급에서 정안 학생들과 공부하면서 특수한 과목만 저시력 학급에서 공부했다. 당시 학생 수는 1학년 4명, 3학년 4명으로 모두 8명이었다. 입학 자격은 교정시력이 0.1~0.3인 학생으로 묵자(墨字)로 학습할 수 있는 학생이었다. 이 저시력 학급은 정부의 행·재정적 지원을 받지 못했고, 시각장애학생 교육을 전공한 교사가 담당하지 않았으며, 부모와 일반학급 교사들의 인식부족 등으로 제1회 졸업생을 배출한 후 1975년에 폐지되었다.

<그림 1-1> 안과의사 이철제박사

저시력 교육 관계자들은 국·공립학교에 저시력 학급을 설치해 줄 것을 정부에 건의하여 서울맹학교에 저시력 학급을 설치하게 되었다. 1972년 6월 19일 서울맹학교의 학칙 일부를 개정하여, 1973년 3월 1일 초등부에 1학급을 설치하도록 인가 받아, 학생 일곱 명으로 교육을 시작했다. 1978년에는 초등부 전학년에 1학급씩 6학급이 설치되어 1979년 2월에 첫 졸업생을 배출했다.

이들 졸업생들이 입학할 중학교 저시력 학급이 없었기 때문에 서울시약시재활협회에서 서울시교육위원회에 중학교 저시력 학급을 설치해 줄 것을 건의하였고, 1979년 3월 1일 서울여의도중학교에 저시력 학급이, 1982년 3월에는 서울여의도고등학교에 저시력 학급이 각각 설치되었고, 1986년에는 서울여의도초등학교에도 저시력 학급 2학급이 설치되어 오늘에 이르고 있다.

Ⅱ. 저시력의 특성

1. 시각장애와 저시력의 개념

1) 시각장애

시각장애의 범주에는 맹과 저시력이 있다. 이에 대한 정의와 분류는 목적에 따라 사회적, 경제적, 교육적, 의학적, 법적 측면에 따라 다르다. 시각장애 관련 용어와 개념에는 안질환(眼疾患: visual disorder), 시각손상(視覺損傷: visual impairment), 시각불능(視覺不能: visual disability), 시각장애(視覺障碍: visual handicap)가 있다(Colenbrander, 1977).

안질환(眼疾患: visual disorder)은 정상 상태에서 병적으로 일탈된 이상 상태를 의미하며, 시각손상(視覺損傷: visual impairment)은 안질환으로 인하여 안경 등으로 광학적 교정처치를 해도 잔존 시기능 즉, 시력, 시야, 색각, 광각, 안구운동, 조절, 양안시 등이 회복 불가능한 상태를 말한다. 시각불능(視覺不能: visual disability)은 시각손상이 원인이 되어 일상생활이나 사회활동을 하는데 이차적으로 장애를 일으켜 보행이나 읽기, 쓰기, 신변처리, 학습 등에 지장을 준다. 시각장애(視覺障碍: visual handicap)는 시각적 기능장애를 가진 학생이 사회생활을 영위 할 때 직면하는 사회로부터 분리로 사회적 자립이나 직업적 자립의 제한을 말한다(佐藤, 1991).

시각(sight)은 물체가 발산하거나 반사하는 빛을 수용하는 시각기의 능력을 가리킨다. 빛은 눈을 통해 들어와서 시신경을 거쳐, 뇌의 해당 부위에 저장되며, 뇌는 받아들인 영상을 해석하고 다른 감각, 신체, 감정, 인지 및 경험한 정보와 비교한다. 한편 시력(vision)은 보이는 것을 해석하는 능력이다. 시력을 이용해서 사람들은 자동차, 음식, 사물 및 그림자를 관찰한다. 또한 시력은 무엇을 보고 있는지를 결정할 수 있는 정보를 구하는데 이용된다(Corn, et al., 2000). 그리고 시야(visual field)는 눈으로 정면의 한 점을 주시하고 있을 때 눈에 보이는 외계의 범위이다.

2) 저시력

우리나라에는 저시력에 대한 법적 정의가 없으나, 미국은 미국안과학회에서 두 눈 중에 좋은 쪽 눈의 교정시력이 20/70미만이거나 시야가 20도 이내인 경우를, 일본은 '특수아판별기준'에서 양안의 교정시력이 0.04이상 0.3미만을 저시력으로 정의하고 있다. 그러나 저시력은 수치로 정의하기 보다는 기능적인 상태나 시작업의 수행능력의 장애정도로 보아야 하며, 저시력의 범위를 시력의 수치나 시야의 넓이 등으로 일률적으로 규정하려면 곤란한 점이 많다.

저시력(low vision)이란 두 눈 모두 비정상적인 시력이나, 시야를 갖는 경우로서 안경, 인공수정체, 콘택트렌즈 등에 의한 굴절 보정 및 모든 안과적 치료에도 불구하고 시력이 정상 수준이 될 수 없는 상태(진용한 외, 1997)를 말한다. 따라서 일상적인 생활을 영위하는데 장애를 줄 수 있는 시력이나 시기능에 문제가 있는 모든 경우를 포함한다.

한편 약시(amblyopia)란 안구에 기질적인 이상 없이 발생하는 시력 저하를 말하며 사시, 부등시, 심한 굴절이상 혹은 안검하수 등에 의해 시력 발달에 적절한 어린 시기에 시각적인 자극이 차단되는 경우에 생긴다. 이 용어에는 조기에 발견하고 치료하면 정상으로 치유될 수 있다는 가능성이 반영되어 있다.

그러나 일반적으로 저시력과 약시라는 용어를 혼동하여 사용하고 있다. 약시는 눈의 생김새나 구조에 전혀 이상이 없는데도 시력이 좋지 않은 경우를 말하며, 안경을 정확하게 맞추어도 시력이 잘 나오지 않는 경우가 많다. 과거에는 시력이 저하된 경우를 통칭하여 약시라고 부르는 경향이 있었으나, 지금은 그 범위가 좁아져 각막혼탁, 포도막염, 망막이상, 시신경이상 등의 구조적인 이상으로 생기는 시력 저하는 제외되고 있다.

따라서 약시는 영어로 'partial sight'와 'amblyopia'로 사용되나, 의미가 다르기 때문에 확실하게 구분하여 사용해야 한다. partial sight는 사회적 약시 또는 교육적 약시를, amblyopia는 의학적 약시로 구분한다(佐藤, 1991). 시력을 기준으로 시각장애를 분류할 경우에는 약시는 반드시 저시력에 포함될 수 있으나, 모든 약시가 반드시 저시력에 포함되는 것은 아니며, 저시력과 약시는 다르다.

미국의 뉴욕 라이트하우스 저시력 서비스(New York Light House Low Vision Service)의 조사 결과(1982)에 따르면, 시각장애인의 15%가 전맹(total blind)이고 85%는 저시력이라고 한다. 우리나라의 경우, 전국맹학교에 재학 중인 시각장애학생 가운데 약 70~80%가 활용시력을 가지고 있는 것으로 추정된다. 2005년 9월 현재, 전국맹학교 1,462명의 재학생 가운데 40%인 584명의 저시력 학생(교육인적자원부, 2005)이 정안학생이 사용하는 일반교과서의 문자크기를 150% 확대한 교과서로 학습하고 있다.

2. 저시력의 경험적 특성

저시력 학생이 사물을 보는 방식은 개인차가 심하다. 시력이 비교적 좋은 0.3부터 시력이 비교적 좋지 않은 0.03까지 개인차가 클 뿐만 아니라, 같은 시력이라도 굴절 이상의 유무, 수명의 정도, 시야의 차이, 중심 암점의 유무 등에 따라 개인의 시기능이 다를 수 있다.

저시력 학생의 시각적 개인차를 이해하려면 이처럼 개인차의 형성 요인을 먼저 이해하는 것이 중요하다. 대부분 저시력 학생은 다음 중 한 가지 이상의 장애를 일으키는 요인을 지니고 있으며, 이런 요인들이 복합적으로 작용해서 개인차가 생긴다.

1) 굴절 이상

사진기의 파인더를 통해서 초점을 조절하여 보면 초점이 맞지 않는 상태를 여러 형태로 경험할 수 있으며, 렌즈를 사용해도 초점이 맞지 않는 상태를 쉽게 만들어 낼 수 있다. 원시, 근시, 굴절 이상도 이와 같은 상태인데, 저시력 학생의 눈은 이런 굴절 이상이 완벽하게 교정되지 않는 사례가 많다.

2) 매질 혼탁

투명한 정도가 다른 여러 비닐 봉투를 통해서 사물을 보면 흐릿해져서 잘 보이지 않는 상태를 경험할 수 있다. 각막, 수정체, 유리체 등 망막에 빛을 통과시키는 부분이 어떤 원인으로 인해 흐려지면 빛이 난반사되어 망막에 충분히 도달하지 않게 된다. 이처럼 혼탁으로 인해 제대로 보이지 않는 상태가 광학매체의 혼탁이다.

3) 망막상(網膜像) 불량

슬라이드를 비출 때 방을 어둡게 해서 암실을 만든다. 이 암실 상태가 나빠지면 화면에 비치는 영상이 뚜렷하게 보이지 않는다. 이런 상태가 암실 불량상태인데, 홍채결손이나 포도막염과 같은 질환이 있으면 이런 상태가 되기 쉽다.

4) 조명 불량

실내 조명의 조도를 천천히 낮추어 밝기가 어느 정도 이하로 떨어지면 물체가 점점 보이지 않게 된다. 조도를 더 낮추어서 아주 어둡게 하면 아무 것도 보이지 않는 상태가 된다. 망막색소변성 등에 의해 주변시야가 결손되고 빛에 예민하게 반응하는 간체세포가 적어지면 위에서 보는 바와 같이 조명이 불량인 상태와 아주 유사한 증상이 나타난다.

5) 안구진탕

읽기 자료가 눈앞에서 계속 움직이면 잘 읽을 수 없다. 때로 저시력 학생의 눈은 자신의 의지와는 관계없이 불수의적으로 반복해서 안구진탕이 일어나며, 이러한 현상이 원인이 되어 사물을 잘 볼 수 없는 경우도 많다.

6) 시야 협착

메가폰을 거꾸로 들여다보면 보이는 범위가 매우 좁아진다. 마찬가지로 중심시야가 어느 정도 있어도 주변부 시야가 좁아지면 암순응이 어려워지기도 하고, 밝은 조명이 있어야 사물이 보이는 상태가 되기도 한다. 그리고 전체와 부분과의 관계 파악에 어려움을 겪기도 한다.

7) 암 점

안경 렌즈의 일정 부분에 검정을 칠하면 그 부분이 잘 보이지 않는 상태가 된다. 이와 같이 시야 중 일정 부분의 시감도가 떨어지는 부분을 암점이라고 한다. 암점에는 절대 암점과 상대 암점이 있다. 망막에서 시력이 가장 좋은 황반부 부근의 결손으로 암점이 생기면 시력이 극단적으로 나빠질 뿐만 아니라, 시선을 똑바로 두고 물체를 볼 수가 없으므로 고개를 돌려서 보거나 엉뚱한 방향으로 시선을 돌려 물체를 살피기도 한다.

3. 시행동의 특성

저시력 학생 대부분은 눈을 대상물이나 교과서에 아주 가까이 대고 본다. 교과서에 얼굴이 닿을 정도로 가까이 보는 학생도 적지 않다. 정안인의 입장에서 보면 매우 이상한 자세로 책을 읽거나 사물을 보는 것으로 보이는데, 저시력 학생의 입장에서는 나름대로의 적응행동이다. 이처럼 눈을 대상물이나 문자에 가까이 하면 물체나 문자가 확대되어 보이기 때문이다. 시거리와 망막에 비치는 대상물의 크기는 반비례하므로 30cm 거리에서 보는 문자가 1의 크기라고 가정했을 때 10cm에서 보면 3의 크기로 보인다. 저시력 학생 중에는 시력이 약한데도 불구하고 눈을 인쇄물에 닿을 듯이 가까이 하여 영한사전과 같이 작은 글씨로 인쇄된 교재를 읽는 학생도 있다.

그런데 저시력 학생 모두가 대상물에 눈을 가까이 한다고 해서 사물이 잘 보이는 것은 아니다. 특히 원시가 있는 저시력 학생은 멀리 있는 것이 그나마 잘 보인다. 하지만 시력이 약해서 물체를 알아보려면 눈에 대고 보아야 알아볼 수 있다. 저시력 지원 교사는 이런 특성을 잘 알고 있어야 한다.

또한 저시력 학생 중에는 대상물에 시선을 맞추지 못하고 얼굴을 옆으로 돌려서 보는 학생도 있다. 이것은 기이한 행동으로 보이지만, 저시력 학생에게는 역시 하나의 적응행동이다. 즉 중심시야에 암점이 있거나 각막 중심에 혼탁이 있을 때는 그 부분을 피하여 잘 보이는 부분으로 보려고 하기 때문에 결국 사물을 옆으로 보는 행동을 한다. 따라서 '눈을 보다 더 지면에서 떼고 보세요'라고 하든지, '고개를 똑바로 하고 보세요'라고 하는 지시는 저시력 학생에게는 받아들이기 어려운 말이 된다.

4. 시각 표현의 문제

지금까지 저시력 학생의 시각장애 요인과 시행동에 대해서 말했는데, 저시력 학생의 시각장애 원인에는 이 외에도 학생 자신이 어느 정도 보이지 않는지를 제대로 표현하지 못한다는 점도 들 수 있다. 저시력 학생은 어째서 자신이 얼마나, 어떻게, 왜 보이지 않는지 제대로 표현할 수 없는지 생각해 보자. 이에는 다음과 같은 원인을 들 수 있다.

첫째, 가장 큰 원인으로 정안 학생처럼 대접받고 싶은 강한 열망을 들 수 있다. 잘 보지 못한다든지, 보이지 않는다고 하면 차별대우 받을지 모른다는 두려움이 있기 때문이다. 정안 학생은 '그렇게까지 신경을 쓰지 않아도 되는데' 라고 쉽게 생각할 수 있으나, 저시력 학생들이 이렇게까지 생각하는 데에는 사회의 책임이 크다고 할 수 있다.

그것은 사회가 장애인을 친구로 대하려 하지 않고, 비장애인과는 다르게 대우하려는 현상이 있기 때문이다. 그 때문에 일반 사회의 일원으로 대접받기 위해 '잘 보지 못한다', '잘 보이지 않는다' 등은 말하지 않는 것이

상책이라고 하는 방어기제가 작동하는 것으로 보인다. 이것은 저시력 학생뿐만 아니라 저시력 학생의 보호자도 마찬가지라고 생각한다.

둘째, 제대로 볼 수 없다는 사실과 상태를 여러 사람에게 이해시키려면 초조해지고 지쳐서 포기해버리기 때문이다. 예를 들어, 일반학급에서 학습하고 있는 저시력 학생이 칠판에 적힌 글씨가 보이지 않는다고 하면 대부분의 교사는 칠판 가까운 쪽으로 학생을 배치한다.

칠판에 쓰인 글자는 크기와 색상 대비가 다양하며 일정하지 않다. 언제나 보통 칠판 앞 가운데 자리에 앉아서 판서 내용을 읽을 수 있는 저시력 학생은 그래도 시력이 좋은 학생이라고 할 수 있다. 따라서 자리를 바꿔주어도 보이지 않는 저시력 학생이 많다. 또 앞에 나와서 보아도 좋다고 배려해도, 저시력 학생이 칠판 앞에서 왔다 갔다 하면 칠판에 쓰인 글씨를 한 눈에 편하게 볼 수 있는 대부분의 학생은 '너 때문에 잘 안보여'라고 불평한다.

많은 교사가 저시력 학생의 책상을 앞쪽으로 옮겨주는 배려를 하지만, 학생 자신은 여전히 제대로 보이지 않는다. 결국은 보이지 않는다고 말하더라도 근본적인 문제가 해결되지 않기 때문에 '보이지 않는다'라고 말하는 것을 체념해 버린다.

셋째, 보이지 않는 것을 표현하는 표현 능력 부족을 들 수 있다. 특히 맹학교의 초등부 학생이나 일반 초등학교에 다니는 학생은 자신이 보이지 않는 것을 표현하는 표현력이 부족할 때가 많다. 앞에서 말한 것과 같이 보이지 않는 것을 규정하는 요인은 아주 많고 복잡하기 때문에 보이지 않는 상태를 정확하게 표현하는 것은 어렵다.

넷째, 저시력 학생 본인이 보이지 않는 상태에 대한 인식 부족을 들 수 있다. 보이지 않는 상태가 늘 계속되어 왔기 때문에 잘 보이는 상태와 비교해서 잘 보이지 않는 것이 어떤 것인지 몰라서 제대로 표현할 수 없는 경우가 있다. 환경을 바꿔서 조금 더 잘 보이게 조치를 해도 효과가 크지 않을 때가 많아서 얼마만큼 잘 보이는지 모르며 잘 보이는 상태에 대한 인식 부족이 된다.

위와 같은 이유로 저시력 학생 스스로 잘 보이지 않는다는 것을 제대로 표현하지 못한다.

Ⅲ. 저시력 교육 체제와 지도

1. 교육의 대상과 체제

1) 교육 대상

시각장애의 정도가 비교적 심한 저시력 학생은 맹학교에서 교육을 받고 있으며, 비교적 가벼운 학생은 일반 초등학교나 중등학교에 개설되어 있는 약시학급에 배치되어 있다. 그러나 2006년 현재 우리나라에 개설된 약시학급은 서울특별시 여의도동에 있는 초·중·고등학교 3개 학교로, 서울여의도초등학교에 저학년 학급(1~3학년)과 고학년 학급(4~6학년)에 각 1 학급씩 2학급, 서울여의도중·고등학교에 각 학년별 1개 학급씩 6개 학급이 개설되어 있다.

외국의 경우는 우리나라와 달리 거의 일반학교에 배치되어 통합교육을 받고 있으며, 본인과 부모의 선택에 따라 특수학교에 입학해서 공부하거나 순회지도를 받을 수 있다.

'특수교육진흥법'에는 장애의 종류에 관계없이 본인이나 부모의 희망에 따라 일반학교에 배치될 수 있다고 규정되었으나, 아직은 지원이 적절히 이루어지지 않아 통합교육이 제대로 되지 않고 있다.

특수교육진흥법시행령 제9조 제2항에 명시된 시각장애를 지닌 특수교육대상자의 선정 기준은 다음과 같다.

가. 두 눈의 교정시력이 각각 0.04미만인 자

나. 시력의 손상이 심하여 시각에 의하여 학습과제를 수행할 수 없고, 촉각이나 청각을 학습의 주요 수단으로 사용하는 자

다. 두 눈의 교정시력은 각각 0.04이상이나 특정의 학습매체 또는 과제의

수정을 통하여서도 시각적 과제 수행이 어려운 자

라. 특정의 광학기구·학습매체 또는 설비를 통하여서만 시각적 과제 수행을 할 수 있는 자

이 규정에 따르면 저시력 학생을 포함한 시각장애학생은 현재 점자 학습매체를 주로 사용하고, 장래에 교육매체로 점자를 사용해야 할 학생을 맹학교에 배치하여 교육해야 한다. 이 외의 학생은 시각장애 상태나 교육상의 배려 요구에 따라 저시력 학급에서 교육하던지, 순회 교사가 지도를 하게 하든지, 아니면 일반학교에 배치하여 지도하는 것이 바람직하다.

맹학교에 배치되더라도 점자 교육매체가 필요하다고 여겨지는 학생에게 점자로만 학습하게 하는 것은 아니다. 실제로는 잘 보이지 않는 저시력 상태를 개선시켜 묵자를 병용하게 하는 등 학생들의 욕구에 맞는 교육적 조치도 이루어져야 한다. 따라서 맹학교 교육 대상이 되는 학생 중에는 묵자를 사용하여 학습하는 저시력 학생도 있다.

2) 교육 체제

(1) 맹학교

우리나라 대부분의 맹학교에는 유치부, 초등부, 중학부, 고등부가 개설되어 있으며, 고등부 심화과정인 3년제 전공과가 개설된 학교도 있다. 대상학생으로는 맹학생과 저시력 학생, 중복 시각장애학생들이 있다. 국·공립맹학교는 기숙사를 운영하고 있으며, 사립맹학교는 보건복지부의 예산지원으로 운영하는 사회복지법인의 수용시설의 도움을 받고 있다. 또한 통학이 어려운 학생을 위해서는 학교 통학버스를 운영하고 있다.

교육과정은 기본적으로는 일반학교와 같이 유치원, 초등학교, 중학교, 고등학교에 해당하는 국민공통기본교육과정으로 운영하며, 시각장애로 인한 장애를 개선하고 극복하게 하기 위한 특별지도 영역으로 치료교육활동을 실시하고 있다. 또한 중복 시각장애학생을 위해서는 장애의 상태에 따라 기본교육과정 등과 특별 교육과정을 편성하여 별도로 지도하고 있다.

유치부에서는 놀이를 통해 유아기에 풍부한 체험을 하게하고, 종합적인

발달을 꾀하는 것을 목표로 일상생활에 필요한 여러 동작이나 습관, 보행과 여러 잔존감각들의 활용법을 목표로 하는 지도를 하고 있다. 또한 시각장애가 있는 유아나 그들의 보호자를 대상으로 교육 상담도 하고 있다.

초·중·고등부에서 사용하는 학습매체로 맹학생은 점자 교과서를 주로 사용하고, 저시력 학생은 묵자 교과서나 확대 교과서를 사용하고 있다. 따라서 맹학생에게는 주로 청각이나 촉각을 수단으로 하는 지도를 하고 있으며, 각 교과를 통해서 점자의 읽기·쓰기 지도, 실물이나 다양한 모형을 이용한 지도, 각종 계측기 등 맹학생용 교구를 이용한 관찰이나 실험 지도, 흰지팡이를 사용한 독립 보행 지도, 음성합성 프로그램을 이용한 컴퓨터 지도 등을 실시하고 있다.

또한 저시력 학생은 주로 시력을 사용하여 학습할 수 있게 교육하고 시각인지 능력을 높이기 위한 지도, 저시력 학생용 확대경이나 확대 교재교구 및 확대기기를 사용하는 지도, 관찰이나 실험, 컴퓨터 지도 등을 실시하고 있다.

고등부에서는 맹학교의 직업교과인 안마·마사지·지압, 침·구 및 기타 자극요법을 주요 내용으로 하는 이료(理療)교과를 지도하고 있으며, 이 과정을 졸업한 학생은 심화과정인 전공과에서 심화된 직업교육을 받을 수 있다.

그리고 현행 초·중·고등부의 학급 정원은 국가에서 일률적으로 정하는 것이 아니고, 각 지방자치 단체별로 정한다. 따라서 각 학교별로 학급 정원에 차이가 있으며, 국립인 서울맹학교의 경우, 학급당 정원을 학칙으로 정하여 교육인적자원부로부터 인가를 받아 2006년 현재 유치부 5명, 초등부 7명, 중학부 10명, 고등부 13명(입문과정, 이료과정, 이료재활 각 1학급당), 전공과 15명으로 정하고 있다.

(2) 저시력(약시) 학급

저시력 학급은 초등학교, 중학교, 고등학교에서 특별히 소수로 편성한 학급으로서 경도(輕度) 시각장애학생들을 지도하고 있다. 현재 서울여의도초등학교, 서울여의도중학교, 서울여의도고등학교에 저시력 학급이 개설되어 있다. 저시력 학급을 포함한 현행 특수학급 편성 기준에는 초등학교, 중등학교 모두 1학급 당 12명으로 학급을 편성하도록 정하여져 있다.

교육내용은 원칙적으로 초·중등학교와 같으나, 필요에 따라 특별한 교육과정을 편성하여 저시력 학생에게 렌즈의 활용방법이나 교과 학습 등 저시력 학생 개개인의 상태나 특성을 고려한 지도를 하고 있다.

그리고 저시력 학급이 초등학교와 중등학교에 설치되어 있어, 정안 학생과의 교류교육이나 활동을 하기 쉬운 환경이다. 따라서 각 교과 등의 지도는 저시력 학급과 일반학급이 밀접한 관계를 가지면서 이루어지도록 해야 한다.

(3) 순회지도

순회교육은 초등학교와 중등학교에 통합되어서 공부하고 있는 저시력 학생에게 시각장애 상태를 개선하고 극복하는데 필요한 특별한 지도를 순회교사를 통하여 받게 하는 형태이다. 우리나라에서는 아직 실시하고 있지 않지만, 선진국의 경우, 교육내용은 저시력 보조기구 활용, 손과 눈의 협응, 교과 보조 지도를 하고 있다.

2. 교육 배치 및 생활 지도

1) 교육 배치의 선정

저시력 학생의 교육 배치에는 학생의 시각장애 정도에 따라 맹학교, 저시력 학급, 순회교육 등이 있다. 그러나 저시력 학생에게 가장 적합한 교육 장소를 선정하려면 취학 전의 교육 상담과 취학 지도를 적절히 해야 한다.

저시력 학생을 위한 적절한 교육의 장을 선정할 때 주로 양안의 교정시력을 검사하여 정하지만, 시각장애 정도의 판단은 의학적, 교육학적, 심리학적 관점에서 종합적으로 신중하게 결정해야 한다. 그 결과 시각장애의 정도가 비교적 심한 경우는 맹학교로, 시각장애의 정도가 심하지 않은 경우는 필요한 특수교육의 욕구의 정도에 따라 저시력 학급, 일반학교 등을 선정할 수 있다.

2) 선정할 때의 고려 사항

(1) 시각장애 정도의 파악

취학 학생의 건강 진단과 안과의사의 정밀 진단이 필요하다. 안과의사는 저시력 학생의 교정시력, 시야, 색각, 암순응, 안구운동, 양안시의 상태를 정확하게 파악해서 특수교사에게 알려야 한다. 교육적인 면에서는 교정시력이 중요하지만, 이 외에도 전색맹과 같은 색각 장애, 시야협착과 같은 시야장애, 야맹과 같은 암순응 장애도 유의해야 한다. 또한 발병 시기, 합병증, 치료와 예후, 질병의 유전, 안경 착용의 필요성, 눈의 병리상태 등도 파악한다.

(2) 심신 발달 상태의 파악

보호자와의 면담, 저시력 학생의 행동관찰, 각종 발달검사, 검목표를 활용하여 장애의 수용상태, 개선, 극복하려는 의지, 사회성, 정서안정 상태, 감각활용, 의사소통 등 학생 심신의 발달 상태를 종합적으로 정확하게 파악한다.

(3) 교육적 검토

저시력 학생의 시각장애나 심신 발달 상태를 파악하고, 특별지도나 교육적으로 배려해야 할 내용을 지도의 적시성과 계통성을 고려하여 구체적으로 검토한다.

즉, 확대경이나 확대기기 등의 저시력 보조기구의 필요성, 교실과 칠판, 책상 등에 설치해야 하는 조명, 인공 및 자연 조명에 대한 배려, 망막박리 등을 예방하기 위한 운동제한, 교실내의 좌석 위치, 확대 교재의 필요성, 읽고 쓸 문자의 크기, 칠판 글씨의 크기, 보유하고 있는 시력을 관리하는데 필요한 의학적인 방법, 개별적인 대응의 필요성, 관찰이나 실험할 때에 필요한 배려, 교재·교구나 시설·설비의 배려 등이다.

(4) 조기 교육의 중재

저시력 학생의 바람직한 성장과 발달을 꾀하려면 시각장애가 있다는 사실을 확인한 시점으로부터 최대한 조기에 교육상담과 취학지도를 실시하는 등의 교육적인 조치를 취한다. 그리고 시각장애학생의 시각장애 정도를 파악하기 위해 보호자로부터 정보를 얻거나, 보호자에게 저시력 학생의 양육 방법, 교육 내용, 교육의 적시성 및 장래의 진로에 대해 정확한 정보를 제공하고, 저시력 학생에 대한 보호자의 요구와 기대 등에 대해 상담한다.

(5) 관련 기관과의 연계

저시력 학생의 시각장애 정도를 정확하게 파악하고 적절한 교육적 서비스를 제공하기 위해서는 지역에 기반을 둔 교육, 의료, 복지 관련 기관이 서로 연계되어 있어야 한다. 또한 저시력 학생의 교육의 장을 선정한 이후에도 실제적인 학습 요소를 파악하면서 학생에게 적합한 교수-학습 환경을 제공해야 한다. 또 학교와 교육위원회는 다른 관련 기관과의 연계성을 가지면서 필요한 정보를 계속 교환해야 한다.

3. 저시력 유아의 일상생활 지도

시각장애 유아는 태어나면서부터 저시력인 경우가 많고, 실제로 잘 보이지 않아도 자신은 별로 문제를 느끼지 못한 채 생활하는 경우도 있다. 그러나 이런 아동을 관찰해 보면 실제로는 물체를 잘 보지 못하지만 소리나 다른 감각정보를 이용해서 상황을 파악하는 경우가 많다. 유아기는 여러 감각이나 기능이 빠르게 발달하는 시기이다. 부모나 양육자는 저시력 유아의 행동을 세밀히 관찰해 '물체를 잘 보지 못한다'고 판단될 때는 적절한 보조기구를 제공하거나 확실하게 볼 수 있도록 배려해야 한다.

이를 위해서 전문가의 처방을 받아 저시력용 확대경이나 전자식 확대경

등과 같은 보조기구를 사용할 수 있게 하고 보조기구 사용법도 지도받도록 한다. 이러한 배려와 지도를 실시해야 저시력 유아는 보다 정확하게 물체를 파악해서 시각적인 개념을 형성할 수 있다.

유아기에는 기본적인 생활 습관을 익히게 하는 것이 중요한 과제 중에 하나이다. 신변처리가 서툰 것은 저시력 때문에 발생하는 이차적인 문제로, 옷 입기와 벗기도 충분한 시간을 두고 반복해서 스스로 할 수 있게 해야 한다. 사용하는 물건에 표지를 잘 보이게 붙이거나 판별하는 방법을 지도해서 저시력 유아 스스로가 관리할 수 있도록 지도해야 한다.

4. 저시력 학생의 학교생활 지도

1) 입학 시기

초등학교에 입학하면 환경이 아주 넓어진다. 저시력 학생은 지금까지는 보호자가 바로 곁에서 항상 도와주던 등하교도 혼자서 해야 하며, 같은 모양의 신발장이 나란히 놓여 있는 출입구나, 같은 형태의 출입구가 나란히 늘어서 있는 교실 문을 잘 구별하지 못할 수도 있다.

입학식을 하는 강당 출입구, 학교 내의 교실, 또는 특별실을 잘 구별하지 못할 수도 있다. 또 실내의 밝기, 같은 색으로 이어진 복도 중간에 있는 단차(段差) 등 장애로 느껴지는 환경들도 많이 있다.

따라서 저시력 학생이 새로운 환경을 파악하는 것도 쉽지 않으므로 입학 이전에 통학길이나 학교 내부를 미리 답사하면서 설명해 주면 입학 후 학교생활에 쉽게 적응할 수 있다. 저시력 학생이 입학한 초등학교 담임교사는 저시력 학생에게 어떤 배려를 해야 잘 보이는지를 알아야 하며, 또한 그에 대한 적절한 조치를 해야 하기 때문에 학부모는 미리 담임교사와 의논해야 한다.

2) 대인 관계

저시력 학생이 학교에 입학하게 되면 교사나 친구들을 많이 만나게 된다. 그러나 저시력 학생은 얼굴을 알아 볼 수 없는 경우가 많으므로 먼저 상대방을 알아보고 친구로 사귀기 어려울 때가 많다. 잘 보이지 않기 때문에 생기는 의사소통의 어려움은 남들에게 이해시키기도 어렵고 친구를 사귀는데 장애가 되기도 한다.

담임교사나 급우들에게 저시력이라는 것을 이해시켜서 인사할 때 이름을 말하기, 상대방이 먼저 말 걸기 등 구체적인 방법으로 원만한 대인 관계를 지도한다. 이를 위해서는 친구들의 얼굴과 이름을 비디오에 녹화해 보여주는 것도 도움이 된다.

3) 학습 준비

특히 1학년 초기에는 보고자 하는 의욕, 주시(注視)나 추시(追視) 능력 그리고 사물의 형태와 위치 관계 파악 능력이 중요하다.

또한 저시력 학생은 눈과 손의 정확한 협응 동작, 균형 있는 운동 동작의 발달 등 중요한 학습 준비가 되어 있지 않는 경우가 많기 때문에 전문적인 지도가 필요하다.

4) 문자 학습

저시력 학생은 문자를 읽고 쓰는데 어려움을 겪는다. 문자를 읽고 쓰는 기술은 국어 학습뿐만 아니라 대부분의 교과를 학습하는 도구가 된다. 입문 단계에서 문자를 읽고 쓰는 능력을 충분히 갖추고 있으면 학습이 쉬워진다는 점에서 아주 중요하다. 한글과 숫자를 읽는 것은 읽고 쓰기의 기본이지만 저시력 학생은 이 기본적인 능력도 익히기 어려울 때가 많다. 낱글자를 잘 읽어도 문장을 읽을 때에 시간이 오래 걸리기도 하고, 글 쓸 자리에 연필을 정확히 대는 것도 어려워하는 학생도 있다.

그리고 교사들은 대체로 필순을 지도할 때 칠판에 쓰거나 손으로 글씨를 쓰면서 지도하는데 저시력 학생은 이런 시범 동작이 잘 보이지 않아서 필순을 익히지 못할 때가 많다. 따라서 학습의 기초나 기본이 되는 영역은 적절한 교재를 준비하여 제공해야 하며, 동시에 담임교사의 개별지도나 집단지도를 통하여 문자를 가르쳐야 한다. 저시력 학생의 부모에게 저시력의 특성을 고려한 쓰기 지도법을 알려주고 가정에서도 지도하게 한다.

5) 확대 매체 사용

초등부 저학년에서는 판서가 그다지 많지 않지만 학년이 올라감에 따라서 판서의 양이 늘어나고, 이것을 보고 옮겨 쓰거나 보고 따라해야 하는 교과가 증가한다. 판서를 보고 효율적으로 학습하려면 좌석을 적절한 곳으로 지정해 주거나 근거리용 저시력 확대경이나 확대독서기를 사용하도록 한다.

현재 우리나라의 여러 교재에서 사용하고 있는 문자의 일반적인 크기는 10포인트이며, 초등학교 저학년용 교과서는 주로 14포인트로 되어 있다. 그러나 저시력 학생에게는 큰 문자 자료나 지도, 도형, 그래프 등의 자료는 단순화하여 확대 제공해 주어야 한다. 미국의 경우, 미국맹인인쇄소(American Printing House for the Blind)에서 시각장애인용 도서를 출판하고 있다. 이곳에서는 저시력용 확대 도서를 18포인트로 조판해서 발행하고 있다.

우리나라의 경우, 저시력 학생용 교재 개발을 위한 적정 확대문자 연구(이해균, 2003)에 의하면 저시력 학생들이 선호하는 문자체와 크기는 고딕체와 22포인트 문자로 나타났다. 이는 미국의 18포인트 문자보다 더 큰 크기의 문자와 명조체가 아닌 고딕체를 선호하였는데, 그 이유로는 영어 알파벳은 가로쓰기 문자로 한글보다 단순한 문자인 반면에 한글은 초성, 중성, 종성으로 조합된 좀 더 복잡한 문자이기 때문이라고 분석된다.

6) 과학 실험

과학 실험 중에서 알콜 램프나 비커 등 유리나 투명한 도구를 다룰 때에는 이러한 도구들이 잘 보이지 않는 경우도 있기 때문에 안전을 고려하면서 지도해야 한다. 어떻게 실험하는지를 저시력 학생 앞에서 보여주어도 그 모습이 잘 보이지 않을 수 있기 때문에 안전하게 실험을 할 수 있도록 배려해야 한다.

또한 현미경은 보기 어렵기 때문에 가능한 한, 도감이나 모형을 제작·활용하여 학습할 수 있도록 지도한다.

7) 예체능 및 실습

고학년이 되어 음악, 미술, 가정 과목을 배울 때 실습을 하는 경우가 많다. 이러한 실습수업 중에 조각도나 톱과 같은 도구 사용이나 요리, 바느질과 같은 내용을 실습 할 때에는 우선 안전을 고려해야 한다.

그리고 체육은 공을 이용하는 게임을 많이 하게 된다. 차거나 던진 공은 속도가 빨라서 잘 보이지 않을 수도 있기 때문에 공을 다루는 데에 익숙해질 필요가 있다. 또한 마루운동, 철봉, 수영, 줄넘기 등 저시력으로 인해 생기는 장애가 없는 종목을 선택하여 자신감을 갖게 해 준다. 특히 체육을 싫어하는 저시력 학생이 없도록 지도해야 한다.

Ⅳ. 저시력 교육의 학습 환경

1. 자료의 확대

저시력 학생은 잘 보이지는 않지만 시각을 활용한 교육이 가능하므로 학생 개개인의 시각 상태를 정확하게 파악해야 한다. 또한 개인의 특성에 맞는 교육적인 환경 조건을 구성하여 보유하고 있는 잔존시력을 최대한 활용할 수 있도록 하며 시각에 의한 인지 능력을 높이고, 장애를 이해하고 극복하는데 자신감을 잃지 않도록 지도해야 한다. 특히 과목별로 확대교과서를 제공하거나 광학 보조기구나 확대독서기를 이용해서 교재를 읽을 수 있게 가르치는 것이 바람직하다.

2. 그림의 단순화

저시력 학생은 한 지면을 보고 이해해야 하는 내용이 많거나 그림의 내용도 세세한 부분이 많으면 잘 이해하지 못한다. 그 대표적인 예가 지도인데 지도는 지형, 철도, 도로, 사적 등과 같은 많은 내용이 한 장의 지면에 복잡하게 들어 있다. 따라서 작은 글씨나 그림들이 복잡하게 가득 들어 있는 정보 중에서 필요한 정보를 선택적으로 봐야만 한다.

이렇게 복잡한 정보를 한꺼번에 제공하는 것보다는 저시력 학생이 보기 쉬운 내용으로 구성하여 해안선이나 등고선 등과 같이 복잡하게 얽혀져 있는 것을 단순하게 고치거나, 지도에 있는 정보의 양을 줄여서 최소화하여 제공해야 한다. 특히 주의해야 할 것은 보아야 하는 내용에 색을 칠하여 강조하거나 굵은 선으로 그어 표시해 주면 많은 도움이 되기도 한다.

3. 색상 대비

그림이나 도형 등의 단순화와 함께 그림과 지면과의 색상 대비를 적절히 수정하면 망막의 상이 보다 명확해진다. 따라서 선이 가는 문자나 해상도 낮은 인쇄물 그리고 그림 등은 굵고 진한 글씨나 그림으로 개작하여 제공해야 한다.

저시력 학생 중에는 색채 반응이 떨어지는 학생들이 많다. 그 까닭은 시력이 약한데다가 색각을 지니고 있는 황반부 주변에 암점이 있거나, 광학 매체의 혼탁으로 빛이 난반사되기 때문이다. 또 저시력 학생의 색채 반응은 색맹과는 다르므로 유의해야 한다. 그러나 색채 반응이 약하다고 해서 저시력 학생용 교재에 색채를 이용한 표현을 피해도 좋다는 의미는 아니다. 인지하기 쉬운 색채는 저시력 학생이 보기 쉬우므로 이 점을 고려해서 교재를 준비해야 한다.

교재를 만들거나 제시할 때 이처럼 색채 반응의 저하를 고려해서 알기 쉬운 배색을 사용해야 한다. 예를 들어, 채도는 약한 색이 서로 이웃하지 않도록 개작해야 하며, 같은 계열의 색을 사용할 때는 2도 이상의 명도 차이를 두어야 하며, 색과 색의 경계선에는 가능한 한 윤곽선을 그려 넣어야 한다. 그리고 판서에 사용하는 분필의 색은 가능한 한 대비가 뚜렷한 흰색이나 노란 색을 사용하며, 빨강, 파랑, 녹색 분필은 될수록 사용하지 않는 것이 좋다. 또 보통 굵기의 분필보다는 굵은 분필로 글씨의 획을 굵게 써 주는 것이 좋다.

4. 조명의 조정

적절한 밝기를 유지하는 것 역시 잘 보이게 하는 요인 중의 하나이다. 일반적으로 조도가 점점 올라가면 1000lx(럭스) 부근까지는 점점 잘 보이게 되며, 이 정도의 조도를 넘으면 한계에 달한다고 한다. 따라서 일반적으로는 조도를 높여 주는 것이 도움이 되지만 안질환에 따라서는 지나치게 밝으면 눈부심이 생겨서 잘 보이지 않는 학생도 있으므로 반드시 조도가 높을수록 도움이 되는 것만은 아니다.

특히 백내장, 백색증, 홍채결손, 전색맹과 같은 안질환은 수명을 느끼는 경우가 많으므로 조도를 낮추거나 차광용 안경을 쓰게 해서 수명을 일으키지 않도록 배려를 해야 한다. 즉 조도도 저시력 학생 각 개인에게 맞도록 적절한 처치를 해야 한다. 이처럼 개개인의 조건을 만족시키려면 교실 전체 조명만으로는 어려우므로 어느 정도의 조도를 보장하기 위한 전체조명과 함께 스탠드를 사용해서 부분조명을 해야 한다.

또한 직사광선을 바로 받으면 수명으로 인해 오히려 잘 보이지 않는 경우도 있다. 이때는 채광을 조절해야 하므로 교실에는 반드시 블라인드나 커튼을 설치해야 한다.

5. 책상의 선정

의자와 책상의 높이나 넓이는 KS규격으로 정하여져 있다. 의자는 저시력 학생도 KS규격으로 별 지장이 없으나, 책상의 높이는 이 규격이 적절하다고는 할 수 없다. 왜냐하면 표준 규격으로 정한 책상의 높이는 정안 학생을 대상으로 한 것으로, 30cm 이상의 시거리에서 작업 하는 것을 전제로 하여, 피로감이 적고 바른 자세를 장시간 유지할 수 있도록 정한 것이기 때문이다.

그러나 저시력 학생은 시거리 조건이 이와는 다르므로 표준 규격보다는 조금 높고 넓은 책상을 배려해야 편리하다. 적절한 책상의 높이에 대해서는 개인차가 있으므로 저시력 학생에게 실제로 사용하게 해서 교사가 적절한 높이를 판단한다. 그리고 이상적으로는 책상 면이 약간 경사가 있으면 좋은 자세를 유지하는 데에 도움이 되기 때문에 책상의 경사면을 조절할 수 있으면 더욱 좋다.

6. 학용품 선정

학용품의 예로는 공책, 연필, 색연필, 지우개, 자, 삼각자 등을 들 수 있다. 저시력 학생에게 적절한 학용품은 될 수 있는 대로 보기 쉽고 사용하기 쉬운 학용품이다. 일반적으로 판매되고 있는 학용품 중에는 저시력 학생에게 잘 보이지 않는 것도 있고 잘 보이는 것도 있다. 먼저 일반적인 학용품 중에서 적절한 것을 골라 저시력 학생이 효과적으로 사용할 수 있도록 지도하거나 도와주는 것도 좋은 방법이다.

그리고 공책에 있는 가는 선을 보기 쉬운 굵은 선으로 다시 그어주는 등 보통 학용품을 개작하면 사용하기 쉬운데, 이와 같이 조금만 재구성해 주면 저시력 학생이 쉽게 사용할 수 있는 것도 많다. 그러므로 저시력 학생을 위해 정안 학생이 사용하는 학용품을 개작하여 제공하거나 일반적으로 구입하기 어려운 교재는 교사가 손수 저시력 학생의 욕구에 맞게 적절하게 만들어서 제공해야 한다.

미국의 경우, 저시력 학생에게 적합한 학용품을 공급하는 전문적인 회사나 연구 단체도 있으나 우리나라에는 아직 없다. 그러나 화실용품이나 제도용품을 판매하는 곳이나 대형 문구점에서 저시력 학생에게 적합한 학용품을 구할 수 있다. 또 저시력 학생에게 알맞은 학용품이나 일상생활용품을 전문적으로 공급하는 웹사이트를 이용해서 학용품을 구하는 방법을 이용할 수도 있다. 많은 장애인용 물품에 통관세(관세법 91조)가 부과되지 않으므로 국제 우편을 이용해서 구입할 수 있다.

제2장 눈의 구조와 기능

안과학 발전은 저시력 교육에 크게 이바지 하였으며 저시력 학생을 보다 잘 이해하는데 도움을 주고 있다. 특히, 눈의 해부와 생리 그리고 질환에 대한 이해는 시각장애의 원인에 대한 특징과 예후 등 저시력 학생에게 보다 실질적이고 질적인 교육과 지원을 제공할 수 있게 했다. 이 장에서는 저시력 학생의 교육에 있어서 핵심이 되는 눈의 해부와 생리를 중심으로 살펴보고자 한다.

Ⅰ. 안 구

눈은 임신 3주부터 형성되기 시작하여 5주말에 전반적인 구조가 완성된다. 안구 각 부위의 형태학적인 발달은 조직에 따라 다르지만 망막, 시신경, 수정체, 유리체, 포도막 등의 주요 조직은 8주까지 고유 상태로 형성된다.

안구 전체는 임신 8개월경까지 거의 완성되지만 황반부의 중심와는 생후 4개월까지 발달한다. 이 때문에 풍진과 같이 임신 초기에 모체의 이상을 야기시키는 질병은 눈에 선천적 이상을 초래한다.

신생아 안구의 길이는 약 16mm로 성인의 평균 눈의 길이인 약 24mm의 70%에 해당된다. 안구는 생후 1년에 약 20mm까지 급격히 성장하지만 그 후에는 완만히 발달하여 13~15세에 성인의 크기가 된다.

안구는 안와의 전반부에 위치하고 있는 지방 및 결체 조직으로 외막, 중막, 내막 그리고 안내용물로 구성되어 있으며 용적은 6.5cc이다. 안구의 모양은 구형으로 전극과 후극이 있는데, 이 두 극을 잇는 가상의 선인 안축(眼軸)의 길이는 약 24mm이다(그림2-1).

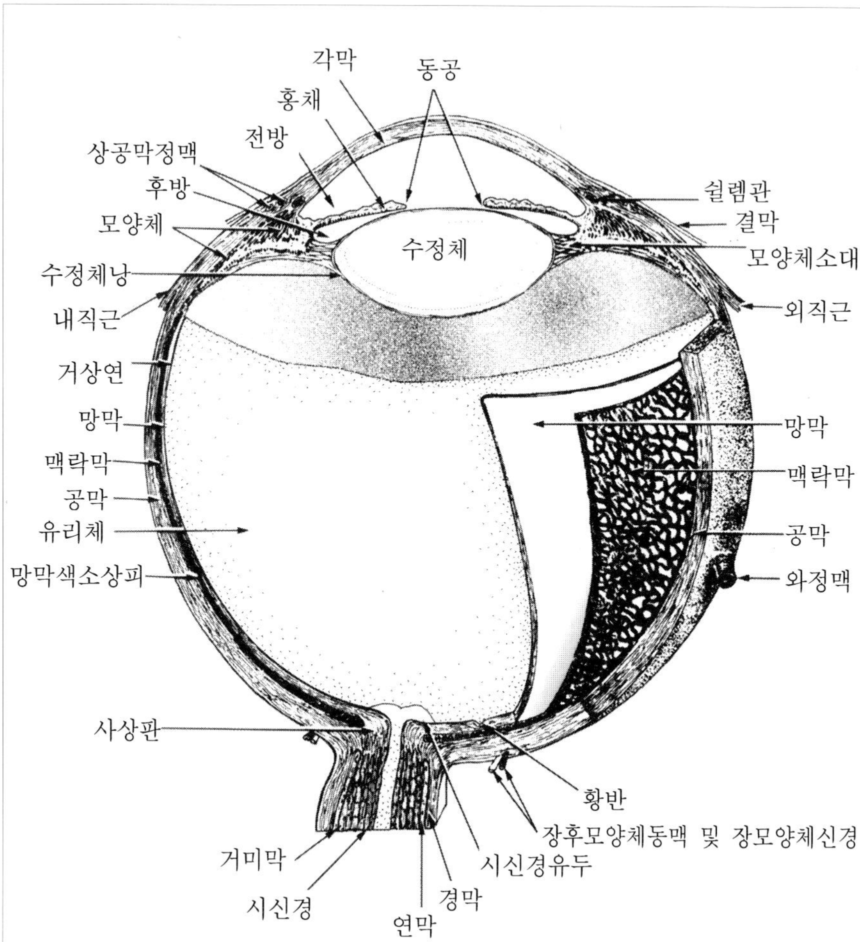

<그림 2-1> 눈의 구조(윤동호 외, 2005)

1. 외 막

외막은 안구의 가장 겉면을 이루는 무혈관성 섬유층으로 두께는 약 1mm이며 각막과 공막으로 구성되어 있다.

1) 각막(角膜: cornea)

각막은 눈의 외막으로 거의 둥글고 투명하며 외막의 1/6을 차지하고, 각막윤부에서 공막과 연결된다. 각막 중심부의 두께는 약 0.5~0.6mm이고 주위는 약 1mm이며, 크기는 가로 11.4mm, 세로 10.8mm이다. 각막은 눈 굴절력의 약 65%인 43D의 굴절력인 1.376의 굴절 계수를 가지고 있으며, 각막 표면의 만곡 반경은 약 7.8mm로 수정체보다 크다(윤동호 외, 2005).

각막은 다섯 층으로 되어 있는데, 표면에서부터 각막상피, 보우만막(Bowman's layer), 각막간질(corneal stroma), 데스메막(Descemet's membrane), 내피로 되어 있으며(그림 2-2), 이와 같은 각막이 투명한 이유는 구조가 균일하고, 혈관이 없으며, 조직이 상대적으로 건조하기 때문이다(윤동호 외, 2005). 각막상피는 5~6층의 규칙적인 세포로 구성되어 있으며, 보우만막은 세포가 없는 투명한 교원섬유로 한번 파괴되면 재생되지 않고 반흔이 남게 되며, 각막간질은 각막 두께의 약 90%를 차지하며, 데스메막에는 투명하고 탄력성 있는 교원섬유가 있고, 각막내피는 단층의 평평한 6각형의 세포로 이루어져 있다.

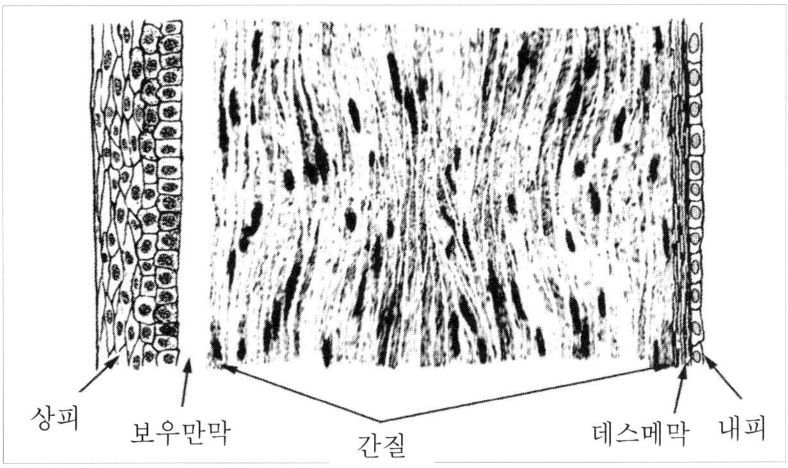

<그림 2-2> 각막의 단면도

각막은 신체에서 가장 예민한 조직으로, 신경 섬유가 풍부하여 작은 자극에도 심한 통증을 느낀다. 각막이 외상이나 질환으로 장애를 입으면 각막의 전체 또는 일부가 혼탁되고, 빛의 통과가 감소되며 시력이 심하게 손상된다.

각막의 감각은 제5뇌신경의 제1분지인 안신경의 지배를 받는다. 각막상피는 신경섬유가 풍부한 망을 형성하고 있으며, 이 신경섬유는 수초가 없는 자율신경 말초로 외부의 자극에 매우 민감하게 작용한다.

각막의 영양공급은 방수와 눈물 및 각막윤부(角膜輪部: corneal limbus)의 모세혈관으로부터 받으며, 그 주요 기능은 안구를 보호하는 방어막의 역할과 광선을 굴절시켜 망막에 도달시키는 창으로서의 역할이다.

2) 공막(鞏膜: sclera)

공막은 외막의 뒷쪽 5/6을 차지하는 백색의 불투명한 조직으로 앞에서는 각막과, 뒤에서는 시신경초(視神經鞘: optic nerve sheath)와 연결되어 있다. 두께는 시신경 주위를 이루는 후부가 1mm이고, 중앙부는 0.5mm이며, 외안근의 직근이 부착되는 부분이 0.3mm이다.

시신경 섬유들이 여러 개의 다발로 나뉘어 안구 속으로 들어가는 공막 부위는 매우 얇고 작은 체 모양으로 이루어져 있는데 이것을 사상판(篩狀板: cribriform plate)이라고 한다.

공막의 외층은 상공막으로 공막에 영양을 공급하는 혈관이 많이 있으며, 내층은 맥락막에 연결되어 영양을 공급받는다. 공막의 실질은 교원 섬유로 이루어져 있으며, 공막이 불투명한 이유는 크기가 서로 다른 교원 섬유가 여러 방향으로 불규칙하게 배열되어 있고, 각막보다 수분의 함량이 많기 때문이다.

공막의 신경은 모양체 신경이 지배하며, 공막에는 지각 신경이 풍부하게 발달되어 있어 염증이 생기거나 조직에 손상이 있을 때에는 통증을 쉽게 느낀다.

공막의 기능은 안구의 형태를 유지하고, 외안근이 부착되므로 안구 운동의 지주 역할을 한다.

2. 중 막

중막은 홍채, 모양체, 맥락막으로 구성되어 있으며 포도막이라고도 하고 중막은 혈관과 색소가 풍부하다.

1) 홍채(虹彩: iris)

홍채는 안구의 전방에 있는 얇은 원반 모양의 조직으로, 각막과 수정체 사이에 있으며, 각막 후면과 동공 사이의 전방과 동공과 수정체 전면 사이의 후방의 경계가 된다(그림 2-3). 홍채 가운데에는 둥근 구멍이 있는데 이것을 동공이라 하며, 동공은 빛의 양을 조절하고, 후방의 방수가 전방으로 흘러 들어가는 통로의 역할을 한다.

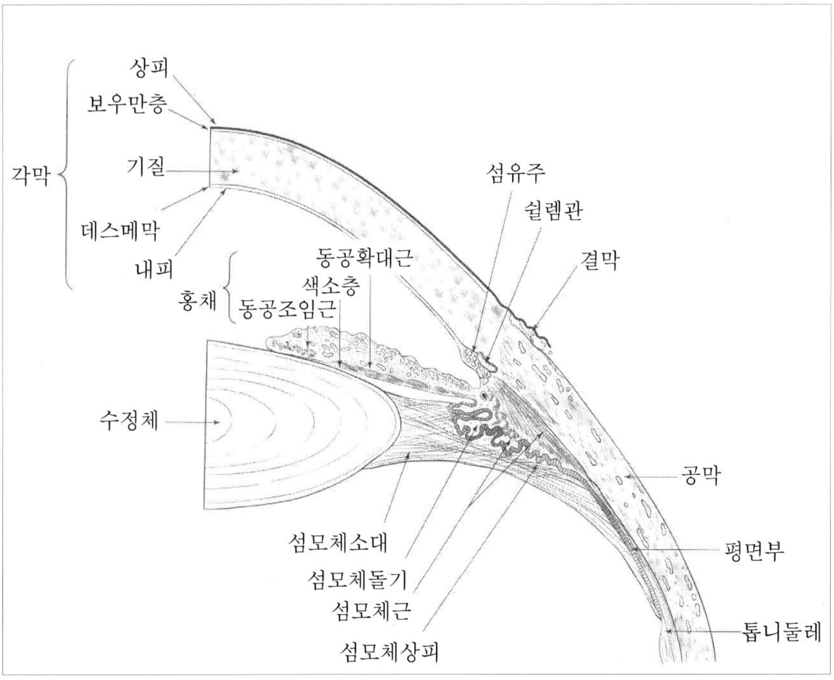

<그림 2-3> 홍채와 모양체의 구조(윤동호 외, 2005)

홍채의 주변부를 홍채근부(虹彩根部: iris root)라고 하며, 홍채의 앞면은 불규칙하고, 동공연(瞳孔緣: pupillary margin)의 가까이에 원형의 불규칙한 융기선이 보이는데 이를 권축륜(捲縮輪: collarette)이라고 한다. 이는 혈관 때문에 잘 보인다.

홍채의 색깔은 인종이나 개인에 따라 차이가 많고, 동일한 사람에게서도 양안에 차이가 있을 수 있으며, 한 쪽 눈에서도 홍채 내의 부위에 따라 다르다. 홍채의 색소는 태어날 때는 비교적 적어 유아기에는 푸른색을 띤다. 일반적으로 동양인은 갈색이고 서양인은 푸른색인데, 유전적으로 갈색이 우성이고 푸른색은 열성이다. 홍채의 혈액 공급은 모양체에서 만들어진 대홍채동맥륜(大虹彩動脈輪: major arterial circle of the iris)에서 홍채간질로 나오는 그물모양의 작은 혈관을 통해서 이루어진다.

신경은 감각신경, 운동신경, 자율신경섬유가 모두 있는 장·단모양체신경(長·短毛樣體神經)이 분포되어 있다. 동공산대근(瞳孔散大筋: dilator pupillae muscle)은 교감신경의 지배를, 동공괄약근(瞳孔括約筋: sphincter pupillae muscle)은 부교감신경의 지배를 받는다.

홍채 중심에 있는 동공은 빛의 세기에 따라서 눈으로 들어오는 광선의 양을 조절한다. 즉 빛이 강하면 동공괄약근의 작용으로 축동(縮瞳: miosis)되고, 빛이 약하면 동공산대근이 산동(散瞳: mydriasis)되어 빛의 양을 조절한다.

2) 모양체(毛樣體: ciliary body)

모양체는 망막 거상연의 전방에 위치하고, 맥락막과 홍채를 연결해주며, 맥락막의 전방 끝에서부터 홍채근부까지 걸쳐 있는 삼각형 조직으로 평활근과 혈관으로 구성되어 있다(그림 2-3).

모양체근(毛樣體筋: ciliary muscle)은 수정체의 형태를 변형시켜 조절력을 적절하게 유지하며, 모양체 돌기에는 두 층의 상피세포로 쌓여 있는 혈관핵이 있는데 여기에서는 방수의 생산과 배출 기능을 한다. 모양체는 모양체관과 평면부로 나누어지는데, 모양체관은 수정체의 전방 약 2mm의 폭을 가진 부분으로 주름이 많이 있고, 평면부는 공막 쪽의 후반 약 4mm의 폭을 가진 부분이다. 모양체관은 약 70개의 모양체 돌기가 안구의 내면에 돌출되어 있으며, 이 돌기 사이의 함몰부에서 모양체소대가 시작되면서 수정체에 부착되어 있다.

모양체근은 평활근으로 불수의근이다. 모양체근은 종주섬유, 방사상섬유, 원형섬유로 구성되어 있으며 혈관이 많고, 모양체소대는 수정체를 고정시키고 수정체의 두께를 조절한다. 즉, 모양체근이 수축하여 쉴렘관(canal of Schlemm)이 열리면 모양체소대가 늘어져서 수정체가 두꺼워지는데, 이런 현상을 조절이라 한다.

모양체의 혈액 공급은 대홍채동맥륜에서 받으며 와정맥으로 나간다. 감각신경은 장모양체로부터 나오고, 운동신경은 동안신경의 분지인 단모양체신경으로부터 나온 부교감신경의 지배를 받는다. 모양체의 기능은 홍채의 지붕을 형성하고, 그 곳의 근섬유들이 조절을 통하여 수정체의 크기를 조절하며, 방수를 생산하고 방출한다.

3) 맥락막(脈絡膜: choroid)

맥락막은 망막과 공막 사이에 위치하며, 두께는 0.1~0.2mm로 얇고 부드러우며 갈색을 띠고 있으며, 시신경 유두연에서부터 망막의 주변부 끝인 거상연을 지나고 이내 모양체로 바뀐다. 맥락막은 혈관이 풍부하며, 눈에 혈액을 공급하고, 유아기에는 공막이 얇기 때문에 공막을 통해 맥락막이 투시되어 푸른빛을 띈다. 여기에는 색소세포, 동맥, 정맥, 모세혈관이 있는데, 이들은 망막의 색소상피층의 기저막 근처에 있다.

맥락막 혈관층은, 안으로는 브루크막과 밖으로는 맥락막상강으로 나누어진다. 혈관층은 망막 쪽으로 갈수록 혈관의 굵기가 가늘어져서 가장 안쪽에서 한 층의 모세혈관층을 형성한다. 맥락막의 혈액공급은 여러 개의 단후모양체동맥, 2개의 장후모양체동맥, 7개의 전모양체동맥에서, 신경분포는 접합되지 않고 단모양체신경에 동반한 교감신경의 지배를 받는다.

맥락막의 기능은 망막의 바깥 1/3 부분의 대사작용을 주관하는 것으로,

공막을 통해 들어오는 광선을 풍부한 색소로 차단한다. 따라서 광선을 흡수하여 광선의 반사에 따른 시력 결손을 방지하는 역할을 한다.

3. 내 막

1) 망막(網膜: retina)

망막은 안구 후면에 있고, 맥락막의 내면 2/3를 덮고 있는 얇고 투명한 신경조직으로, 앞쪽에서는 거상연, 뒤쪽에서는 시신경유두와 단단히 붙어 있으며, 그 두께가 거상연에서는 0.1mm이고, 후극부에서는 0.23mm이다.

(1) 망막의 조직학적 구조

망막은 바깥쪽에서부터 안쪽으로 10개의 층 즉 색소상피, 시세포층(추체 및 간체), 외경계막, 외과립층, 외망상층, 내과립층, 내망상층, 신경절세포층, 신경섬유층, 내경계막으로 구성되어 있다(그림 2-4).

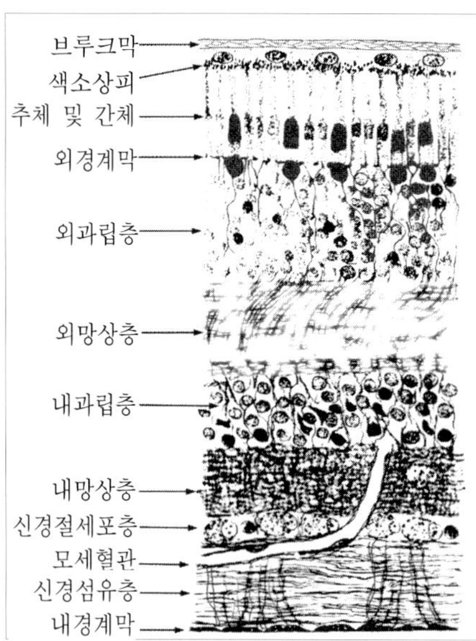

<그림 2-4> 망막 층의 구조

그 중 시세포층은 감각신경망막이라고도 하는데, 여기에는 추체세포(錐體細胞: cone cell)와 간체세포(杆體細胞: rod cell)가 있어 빛, 색깔, 물체의 형태를 지각한다. 망막 전체에는 약 600만개의 추체세포와 약 1억 개의 간체세포가 있다(윤동호 외, 2005). 추체세포는 안저의 중심부에 많이 존재하며, 주변부로 갈수록 적어지고, 간체세포는 안저 주변부에 많고 중심부에는 적다. 추체세포는 밝은 곳에서 물체의 형태와 색깔에 가장 예민하다. 그러나 간체세포는 어두운 곳에서 추체세포가 감각하지 못하는 미약한 광선을 느끼며 색각기능은 없으나 0.01럭스 이하의 저조도(低照度)로 빛을 감지한다. 어두운 곳에서 활동하는 동물의 망막은 거의 간체세포로 되어 있다

(2) 망막의 특수부위

① 황반(黃斑: macula)

망막의 중심부에 타원형의 함몰부가 있는데 이를 황반이라고 하며, 황반부의 중앙에 가장 함몰된 부위를 중심와(中心窩: fovea centralis)라 한다. 중심와에는 혈관이 없으며, 중앙의 직경 0.5～0.6mm의 부위에는 간체세포는 없고 추체세포만 있다(그림 2-5). 황반의 시세포와 연결되는 신경섬유는 전체 신경섬유의 1/3을 차지하고 시신경유두로 직행하며, 유두의 외측을 차지한다.

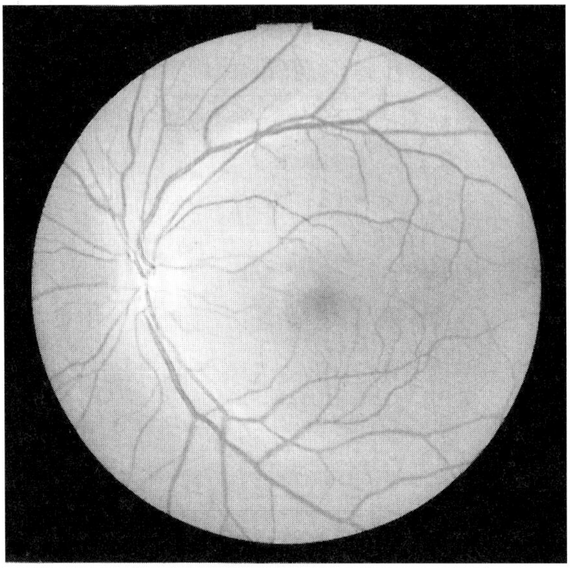

<그림 2-5> 황반부

② 시신경 유두(視神經 乳頭: optic disk)

시신경섬유로만 구성되어 있으며 사상판, 맥락막과 밀착되어 있다. 이 부위에는 시세포가 없어 시야검사에서 생리적 암점이 나타난다.

③ 거상연(鋸狀緣: ora serrata)

망막의 앞쪽 끝부분으로 부분적으로 톱니와 같은 모양을 하고 있는 것을 말하는 것으로 시세포가 없으며 망막은 거상연에서 모양체상피가 되어 홍체 후면까지 이어진다.

(3) 망막의 혈관과 신경

망막의 바깥 1/3은 맥락막의 모세혈관층으로부터만 혈액 공급을 받고, 나머지 2/3는 망막중심동맥의 분지로부터 혈액 공급을 받으며, 내부 부위는 중심동맥에 의해서 영양을 공급받는다. 그러나 중심와는 맥락막 모세혈관에서만 혈액 공급을 받기 때문에 망막박리가 되었을 때 손상을 받게 된다. 망막에는 교감신경섬유가 분포되어 있으나 지각신경이 없어 어떤 손상이나 질환에도 쉽게 통증을 느끼지 못한다.

4. 안내용물

1) 방수(房水: aqueous)

수정체의 앞과 각막의 뒤에 있는 공간을 안방이라 하고, 이곳에 채워진 투명한 액체를 방수라고 하며, 안방은 다시 전방과 후방으로 나눠진다(그림 2-6). 전방은 각막 후면과 동공 사이이고, 후방은 동공과 수정체 사이를 말한다. 방수의 용적은 0.2ml로 전방에 80%, 후방에 20%가 있으며, 주로 단백질과 수분으로 구성되어 있다.

방수는 모양체돌기의 상피세포에서 계속 생산되어 후방에서 동공을 통해 전방으로 흘러 들어간다. 전방에서 방수는 각막과 홍채가 서로 만나는 전방각 부위의 섬유주와 쉴렘관을 거쳐 방수 정맥에 흡수된다.

방수의 생산량은 개인에 따라 다르나 1분에 평균 2~3mm^3 정도이다. 전방각의 섬유주에는 무수한 판이 있고, 많은 구멍이 뚫려 있어 방수는 그 구멍을 통해 쉴렘관으로 들어가고, 여기서 외집결판을 거쳐 정맥으로 배출된다. 1분 동안에 배출되는 양은 생산량과 같으며 약 50분 만에 완전히 바뀌게 된다. 이 배출 능력도 나이가 많아지면서 조금씩 줄어든다.

방수의 기능은 크게 각막과 수정체에 영양을 공급하고, 이곳에서 나온 노폐물을 제거하며 안구의 모양을 유지시켜주는 역할을 한다.

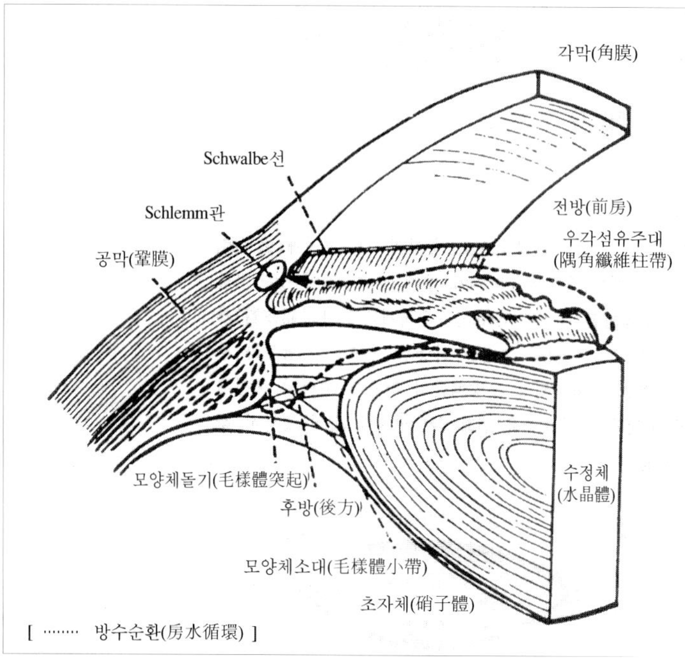

<그림 2-6> 전방과 후방

2) 수정체(水晶體: crystalline lens)

수정체는 동공의 바로 후방에 위치하며 볼록하고 무혈관성이며, 색깔이 없다. 성인의 경우 지름이 약 9mm, 두께 4mm로 투명한 조직이다. 수정체는 모양체와 연결된 모양체소대에 의해 홍채에 부착되어 있으며, 앞쪽에는 방수, 뒤쪽에는 유리체가 있다. 수정체 전면의 중앙을 전극이라 하고, 후면의 중앙을 후극이라 하며, 전·후극을 연결하는 가상의 선을 축이라 하고, 전·후면의 이행부를 적도라 하는데 면이 평활하지 못하고 함몰부가 다소 있다. 적도부와 모양체 사이에는 모양소대가 있어 수정체를 고정시키고 있다.

수정체는 수정체낭, 전면상피, 수정체섬유로 구성되어 있다(그림 2-7). 수정체는 약 65%의 수분과 35%의 단백질로 구성되어 있으며, 소량의 광물질을 함유하고 있는데 특히 칼륨은 신체의 어느 부위보다 많다. 수정체는 보라 빛을 많이 흡수하므로 나이가 들면 노란색이 되고, 점점 단단해져서 조절력이 약해진다. 이 때문에 대개 40세 이상이 되면 수정체의 굴절력이 급격히 줄어서 노안이 된다. 그 결과 모양체근이 수축되어도 수정체에서 굴절률은 증가하지 않아 가까운 사물을 잘 보지 못하는 원시가 된다.

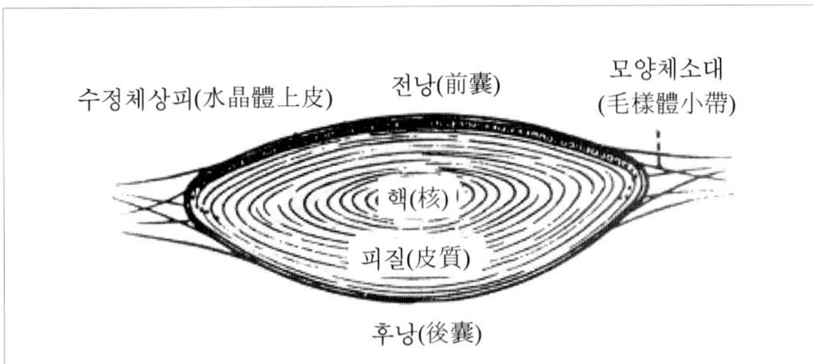

<그림 2-7> 모양체 · 소대 · 수정체를 후방에서 본 모습

수정체는 혈관이 없으므로 방수와 유리체로부터 대사에 필요한 영양을 공급받는다. 수정체는 다른 조직처럼 염증은 잘 발생하지 않으며, 가장 보편적인 변화는 수정체의 혼탁 즉 백내장이다. 수정체의 굴절률은 약 19~20디옵터의 렌즈와 같다. 수정체의 기능은 망막에 초점을 맺게 하는 것으로 각막 다음으로 굴절력이 크다. 부교감 신경은 모양체근을 수축시키고 이로 인하여 수정체가 두꺼워지는데, 이를 조절이라 한다.

3) 유리체(琉璃體: vitreous)

유리체는 초자체라고도 하며, 투명하고 혈관이 없는 젤라틴(gelatin) 물질로 안구 용적 및 무게의 2/3인 약 4.5cc 정도를 차지한다. 성분은 99%가 수분이고, 1%는 콜라겐(collagen)과 히알루론산(hyaluronic acid)으로 이루어져 있는데, 이것은 유리체의 특유한 물리적 특성을 지니게 한다. 유리체는 광학매체의 일부를 이루며 안구의 형태를 유지하는데 중요한 역할을 한다. 만일 유리체가 없으면 눈은 찌그러진다. 유리체를 수술할 때 식염수로 대치할 수 있는데, 이 때 세포 물질이나 특별한 파편이 광학적 통로로 자유롭게 이동할 수 있다. 유리체는 주변 조직의 감염이나 출혈 때문에 흐리게 되고, 빛의 투과성이 감소하여 망막에 영향을 준다.

유리체 앞쪽에는 수정체, 모양체소대, 모양체가 닿아 있고, 뒤로는 망막과 시신경 유두가 맞닿아 있어서 이들 조직에 병변이 있을 때 영향을 받는다. 유리체의 기능은 내압으로 안구의 외형을 유지하고, 망막을 안구 내면에 밀착시키는 작용을 한다.

Ⅱ. 안부속기

안부속기에는 안와, 안검, 결막, 누기, 외안근 등이 있다.

1. 안와(眼窩: orbit)

안와는 내・외・상・하의 4벽으로 싸여 있고, 얼굴의 정중선 양쪽에 자리하며, 7개의 뼈(전두골, 협골, 상악골, 누골, 접형골, 사골, 구개골)로 둘러 싸여 있다. 바닥이 앞을 향하고 있는 피라미드형의 공간으로, 그 크기는 가로 40mm, 세로 35mm, 깊이 40mm이며, 용적은 30cc이다(그림 2-8).

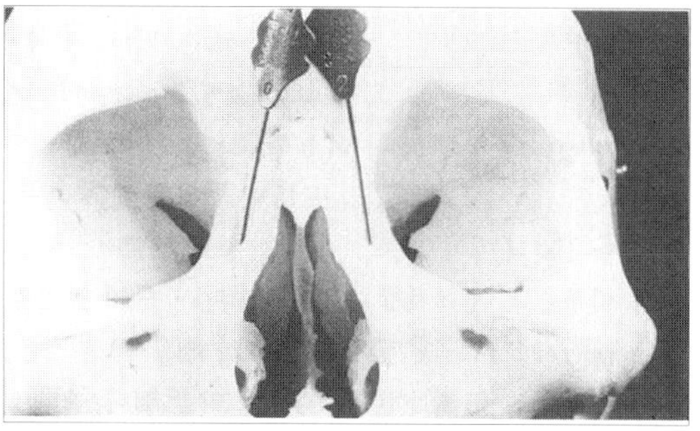

<그림 2-8> 안와

안와 전면의 둘레를 안와연이라고 하고, 안와의 개구부(開口部) 중 시신경공은 안와첨에 있는 타원형의 구멍인데 약 6mm 정도의 시신경관이 되어 두개강으로 연결된다. 시신경공에는 시신경, 안동맥 및 교감신경섬유가

통과한다. 안와의 기능은 안구를 보호하는 것이며, 안와에 질환이 있을 경우 시력 장애가 일어날 수 있다.

2. 안검(眼瞼: eyelid)

안검은 안구를 덮고 있는 눈꺼풀로 상안검과 하안검으로 나눈다. 안검은 피부층, 근육층, 검판, 결막의 4층으로 구성되어 있다. 안검의 피부는 피부층 중에서 가장 얇고 피하조직이 느슨하기 때문에 쉽게 부어오르나 빨리 회복된다.

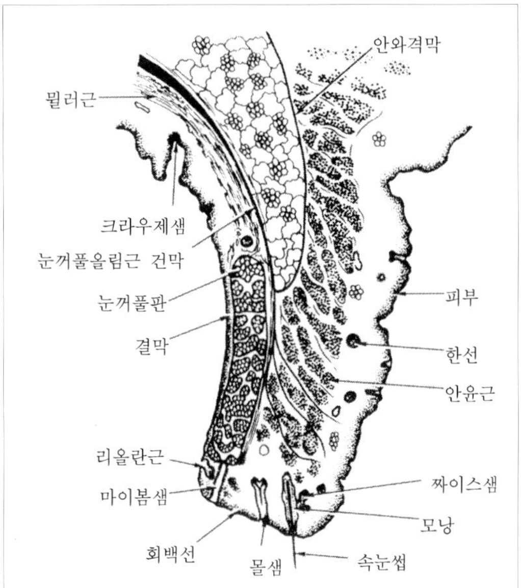

<그림 2-9> 안검의 구조

눈을 뜨고 있으면 상하 안검 사이에 타원형의 열공이 생기는데 이것을 검열이라 하고, 코 쪽의 검열이 만드는 각을 내안각, 귀쪽의 검열이 만드는 각을 외안각이라고 한다. 검열의 가장자리를 검연이라 하는데 여기에는 첨모가 있다(그림 2-9).

안검의 기능은 외부의 자극으로부터 눈을 보호하고, 눈으로 들어가는 광선을 차단하거나 제한하며, 안구 표면 위로 눈물이 고르게 퍼지게 하고, 잠을 잘 때에 안구를 보호하고 누액의 증발을 막는다.

3. 결막(結膜: conjunctiva)

결막은 안검 뒷면과 안구의 전면에 있는 얇고 투명한 점막으로 검판 후면에 붙어 있는 검결막, 안구 앞의 공막을 덮고 있는 구결막 그리고 이 두 부분을 연결하는 원개결막의 세 부분으로 되어 있다(그림 2-10).

검결막은 붉고 혈관이 풍부하며 부종이 잘 일어나고, 눈꺼풀테와 평행한 눈꺼풀테 밑고랑(검판하구)이 있어 이물이 잘 걸리며, 구결막은 공막에 느슨하게 붙어 있고 투명하며, 원개결막은 다른 조직과 느슨하게 부착되어 있고 많은 주름이 있어 잘 움직이는데 이 주름은 각막에 외부 물질을 들어오지 못하도록 하여 이물질을 누구(淚丘: caruncle) 쪽으로 보내는 역할을 한다.

결막에 있는 부누선에서 분비되는 점액과 누액은 결막 및 각막의 표면을 매끄럽게 만들어 안검 운동과 안구 운동이 잘 이루어지게 한다. 결막은 안신경의 통제를 받으며, 통증섬유는 적게 분포되어 있다.

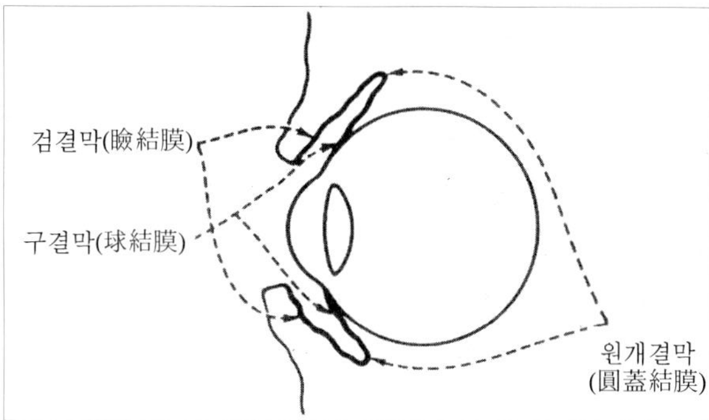

<그림 2-10> 결막의 구조

4. 누기(淚器: lacrimal apparatus)

누기는 눈물을 생산하는 누선과 눈물을 배출하는 누도로 구성되어 있다. 누선은 상선과 하선으로 구분되며, 누도는 누점, 누소관, 누낭, 비루관의 순서로 되어 있다(그림 2-11).

누액은 불규칙한 상피조직의 표면을 고르게 하여 평평한 광표면(optical surface)을 만든다. 또한 각막과 결막의 상피세포를 적셔 상피세포의 손상을 막고, 눈물의 물리적인 방출과 항생물질이 있으므로 결막과 각막에서 미생물이 성장하는 것을 억제시키며 각막에 필요한 영양분을 제공한다. 눈물은 주누선과 부누선에서 생산되며 분비된 눈물의 50%는 증발되고, 50%는 누낭 안으로 들어간다.

눈물은 표면의 지방층, 중간의 수성층 및 심층의 점액층으로 이루어져 있다. 누액 안의 리소자임(lysozyme)이라는 효소는 눈물의 전체 단백질의 약 21～25%를 차지하고, 세균이나 바이러스의 분해 또는 증식을 억제하며, 안검 및 결막에서 분비되는 점액성 및 지방질의 물질이 섞여 각막과 결막면에 얇은 막을 형성하여 건조를 방지하며, 안검과 안구 사이의 마찰을 감소시킨다.

눈물의 기능은 결막낭 내의 습기를 보존하여 각막의 건조를 방지하고 각막에 산소를 공급한다. 그리고 누액 속에는 리소자임 효소가 있어 결막낭 내의 세균의 분해나 증식을 억제하며, 안검과 안구 사이의 마찰을 감소시키는 기능도 한다. 눈을 감거나 수면을 취할 때 눈물이 분비되지 않는다.

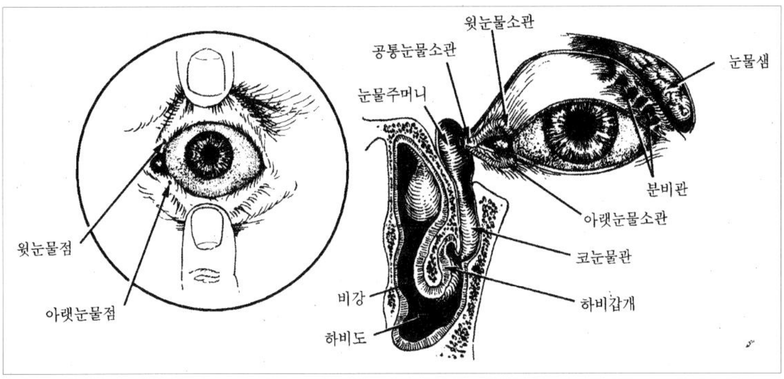

<그림 2-11> 누기의 구조(윤동호 외, 2005)

5. 외안근(外眼筋: extraocular muscles)

안구를 움직이는 주요 근육은 4개의 직근과 2개의 사근이다(그림 2-12). 직근에는 내직근, 외직근, 상직근, 하직근이 있고, 사근에는 상사근과 하사근이 있다. 직근의 길이는 약 40mm이고, 각막윤부로부터 46mm에 정지하며, 부착부의 넓이는 약 10mm이다.

외안근의 신경 지배를 보면 동안신경(제3뇌신경)은 내직근, 상직근, 하직근 및 하사근을 지배하고, 외향신경(제6뇌신경)은 외직근을, 활차신경(제4뇌신경)은 상사근을 지배한다.

외안근에서 혈액 공급은 안동맥이 담당하며, 내직근 · 상직근 · 하직근에는 두 개의 전모양동맥이 있고, 외직근에는 한 개의 전모양동맥이 분포되어 있다.

안근의 기능은 직근이 안구의 수직과 수평 운동, 폭주와 개산 운동을, 사근은 안구의 회전운동을 담당하고, 내직근과 외직근의 안쪽에 있는 제어인대가 안구의 과도한 운동을 제어하는 구실을 한다.

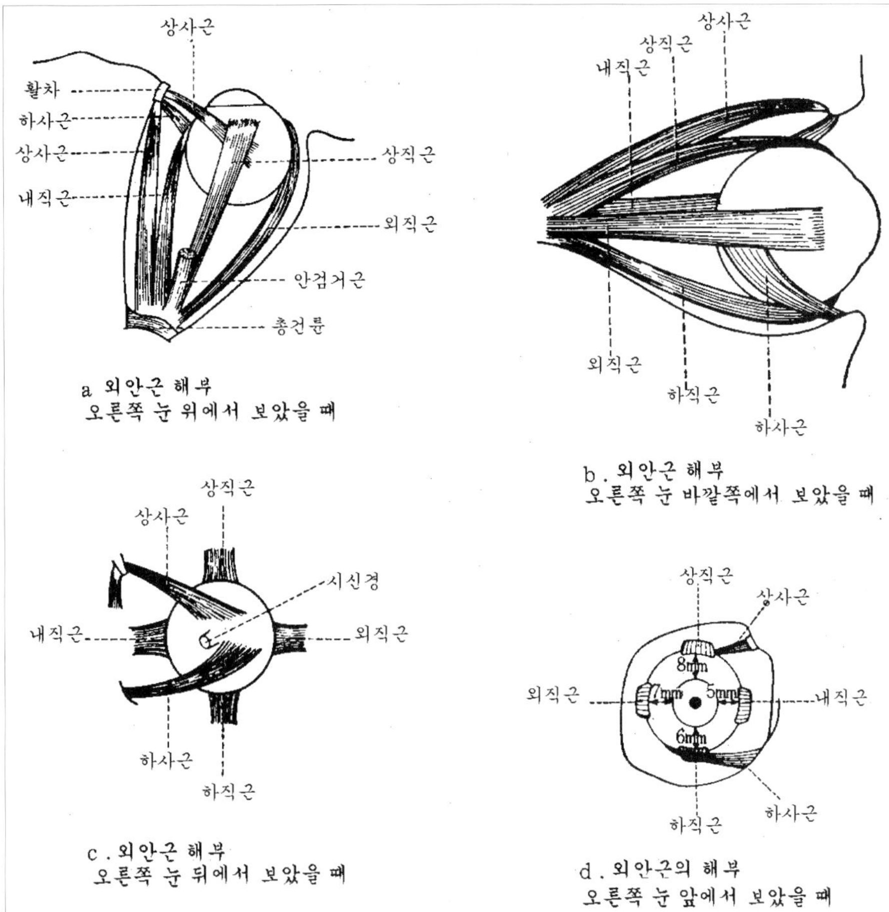

a 외안근 해부
오른쪽 눈 위에서 보았을 때

b. 외안근 해부
오른쪽 눈 바깥쪽에서 보았을 때

c. 외안근 해부
오른쪽 눈 뒤에서 보았을 때

d. 외안근의 해부
오른쪽 눈 앞에서 보았을 때

<그림 2-12> 외안근(原田改美, 1989)

Ⅲ. 시신경과 시로

1. 시신경(視神經: optic nerve)

망막에 맺힌 상은 시신경을 통해 뇌로 전달된다. 망막에 도달한 빛은 시세포를 통해 전기자극으로 바뀌고 이 자극은 망막의 신경절세포로 전달된다. 신경절세포의 축삭들은 신경섬유층을 형성하고, 시각에 관여하는 감각신경인 시신경은 약 100만 개의 신경절세포의 축삭으로 이루어진다(그림 2-13).

망막의 신경섬유층이 모여 시신경유두를 형성한 후 안구를 빠져 나온다. 안구를 둘러싸는 안와의 뒤쪽 끝에는 시신경이 지나가는 시신경공이 있으며, 이곳을 지난 시신경은 시신경관을 지나 두개강 안으로 들어가 양쪽 눈에서 온 시신경과 만나 시신경교차부를 형성한다.

시신경유두로부터 시신경교차부에 이르기까지 시신경 주행 경로에 따라 시신경을 공막 내부, 안와 내부, 시신경관 내부, 두개강 내부의 네 부분으로 분류할 수 있다. 공막 내부의 길이는 0.7mm이고 사상판 내에서는 수초가 없으므로, 직경이 1.5mm이고, 사상판을 통과한 후부터는 시신경이 수초에 싸여 있기 때문에 직경이 약 3mm가 된다.

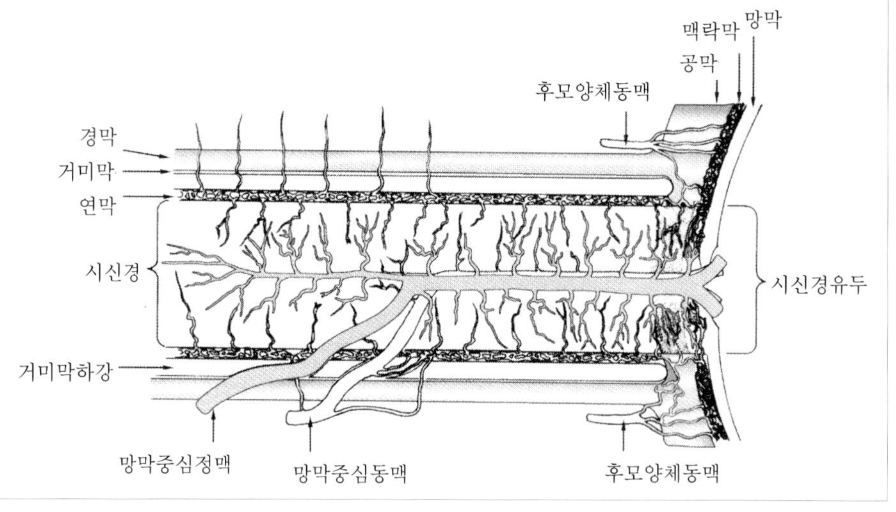

<그림 2-13> 시신경

안와 내부의 시신경은 S자 모양이며, 길이는 25~30mm로, 공막에서 시

신경공까지의 거리인 18mm 보다 길어 안구가 움직일 때 시신경도 여유 있게 움직일 수 있다.

시신경관 내부에 있는 시신경의 길이는 약 4~9mm로 시신경을 싸고 있는 경막은 골막과 단단히 붙어 있다(윤동호 외, 2005).

두개강 내부의 시신경 길이는 약 10mm의 길이로 하부에는 안격막과 해면정동맥이 있으며, 상부에는 전대뇌동맥, 취신경이 있고, 외측에는 내경동맥이 있다.

시신경초(視神經鞘: optic nerve sheath)는 뇌막의 연장으로서 경막은 시신경관에서 골막과 유착되어 있고, 안구에서는 공막으로 이행한다. 거미막은 섬세한 섬유주로 시신경공의 두개강 끝부분에서 시신경과 만난다. 연막은 시신경과 밀착되며 혈관이 가장 풍부하다.

시신경섬유 중 80%는 시섬유이고, 20%는 동공섬유로 되어 있으며, 시신경 섬유는 중추신경계이므로 Schwann초가 없어서 재생능력이 없다.

2. 시로(視路: visual pathway)

시로란 망막에서부터 대뇌 후두엽에 있는 시각중추에 이르는 신경섬유 경로로서 시신경, 시신경교차, 외측슬상체(外側膝狀體: later geniculate body), 시방선(視放線: optic radiation), 시각중추로 구성되어 있다(그림 2-14).

양쪽 눈에서 나온 시신경은 두개강 내에서 서로 만나 시신경교차를 이루는데 그 위치는 중두개강에서 시상하부의 앞쪽 끝 중간에 있으며, 제3뇌실의 앞쪽 벽을 형성한다. 시신경교차의 아래쪽에는 뇌하수체가 있다. 시신경교차의 둘레에는 Willis 동맥륜이 있으며, 전대뇌동맥이 상부에, 후교통동맥이 시삭의 하부에 있다. 망막의 비측부에서 온 시신경섬유는 시신경교차에서 반대쪽 시삭으로 교차하고, 이측부에서 온 섬유는 동측 시삭으로 진행한다.

시신경교차를 지난 시신경섬유는 양쪽 시삭을 이루어 후외방으로 주행하여 시신경섬유의 80%는 외측슬상체에 이르고, 나머지 20%는 외측슬상체를 거치지 않고 중뇌로 가서 동공대광반사에 관여한다. 시방선은 외측슬상체에서 시작하여 후두엽 내면에서 부채같이 퍼져서 끝나는데, 이 후두엽 부위를 시피질이라 하여 Brodmann 제17야에 해당된다. 이 때 시로가 손상을 받으면 시력에 장애를 입는다(윤동호 외, 2005).

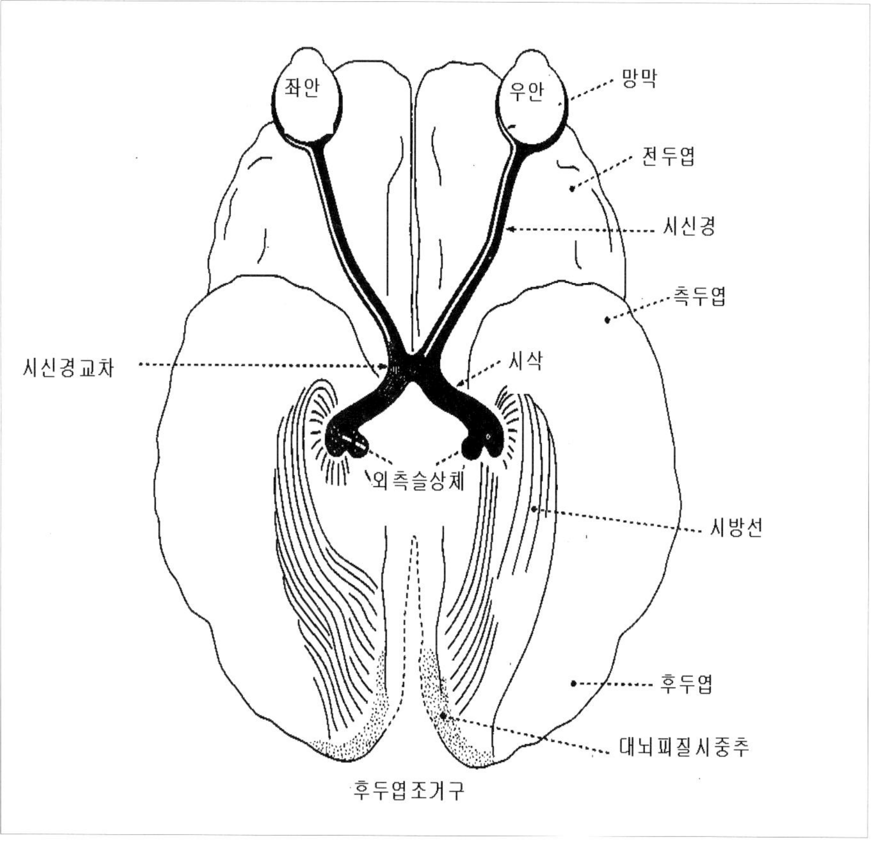

<그림 2-14> 시로 (大川原 外, 2001)

제3장 눈의 질환과 교육적 조치

눈은 뇌의 일부분으로 외부로 노출된 기관이다. 정보화가 발달되어 갈수록 외부로부터 가장 손상되기 쉬운 기관이며, 눈의 기형 또는 손상으로 인해 발생하는 질환이 저시력이다. 따라서 저시력 학생의 잔존 시력을 보다 효율적으로 활용하기 위해서는 이들 질환에 대한 이해와 교육적 조치가 선행되어야 할 것이다. 이 장에서는 눈의 부위별 질환과 실제적인 교육적 조치에 대해 기술하고자 한다.

Ⅰ. 각막 질환

1. 각막염(角膜炎: keratitis)

각막염에는 세균, 바이러스, 진균 등이 침입하여 발생하는 감염성 염증이 가장 많다. 최근에는 트라코마로 인한 실명은 줄어들었으나, 일상생활이나 산업장에서 작은 손상을 입은 후, 병원균으로 인하여 각막이 깊이 패이고 심한 염증이 생기는 경우가 많다. 이렇게 각막 실질까지 패이게 되는 것을 궤양이라 하고, 이 경우 치료를 받아 염증이 치유되더라도 백색 혼탁이 남게 된다.

정도가 심하면 눈이 아프고 두통이 생기며, 각막 전체가 곪기도 한다. 더 나아가 눈 전체에 염증이 생기면 실명한다. 그밖에도 매독성 각막염, 임균성 각막염, 결핵성 각막염 등이 있다.

<교육적 조치>

① 자료를 가까이 대고 볼 때는 지면이 어두워지지 않도록 광원배치를

고려한다.

② 글자와 종이가 충분히 대비되도록 학습자료를 제공하며, 확대독서기를 사용하는 것도 효과적이다.

③ 칠판의 판서를 볼 때는 단안경을 사용하며, 칠판의 조명도 적절히 배려한다.

④ 수명 방지와 외모를 위해 혼탁된 부분은 착색 콘택트렌즈를 사용하게 하고 실외를 보행 할 때에는 색안경을 쓰게 한다.

2. 각막 외상

가장 흔한 눈의 외상은 상해, 타박상, 이물질 및 화상 등이다. 공장에서 철편, 탄가루 또는 화공약품이 눈에 들어가 외상을 입을 수도 있고, 장난감 때문에 상처를 입을 수도 있으며, 교통사고로 인해 각막이 상할 수도 있다.

용접하는 것을 오래 구경한 후, 갑자기 눈이 뜨이지 않고, 눈물이 많이 나며, 통증이 심할 때가 있는데 이것은 각막과 결막이 다량의 자외선으로 인해 손상을 입었기 때문이다. 각막이나 결막 표층의 상처가 나아도 내부의 이상을 그냥 지나쳐 버리면 치료시기를 놓쳐 시력을 상실할 수 있다.

3. 원추 각막(圓錐 角膜: keratoconus)

원추 각막은 각막 중심부가 얇아져 앞으로 원뿔 모양으로 돌출되는 것으로, 주로 열성유전이며 20대에 양안에 발생한다. 주된 증상으로는 각막이 돌출되기 때문에 난시가 심해지고, 원거리 시력이 점차로 나빠지며, 증세가 심하거나 치료를 받지 않으면 반흔이 생기거나 각막이 파열되어 시력을 잃게 되는데, 이때 각막을 이식함으로써 나빠진 시력을 회복할 수 있다.

원추 각막은 망막색소변성, 무홍채안, 마르팡 증후군, 다운 증후군과 같은 다른 질환에 수반되어 나타날 수도 있다.

Ⅱ. 중막 질환

1. 무홍채증(無虹彩症: irideremia)

무홍채증이란 선천성 유전 질환으로 홍채의 일부만 있거나 홍채가 자라지 않은 경우를 말한다. 무홍채증은 주로 양안에 나타나고, 보통 안구 진탕, 수명, 수정체 탈구 그리고 백내장과 같은 다른 질환을 수반하기도 한다(그림 3-1). 녹내장은 자주 나타나는 증상으로 이 질환을 앓고 있는 학생은 녹내장 때문에 불안해하며 눈에 통증을 느끼기도 한다.

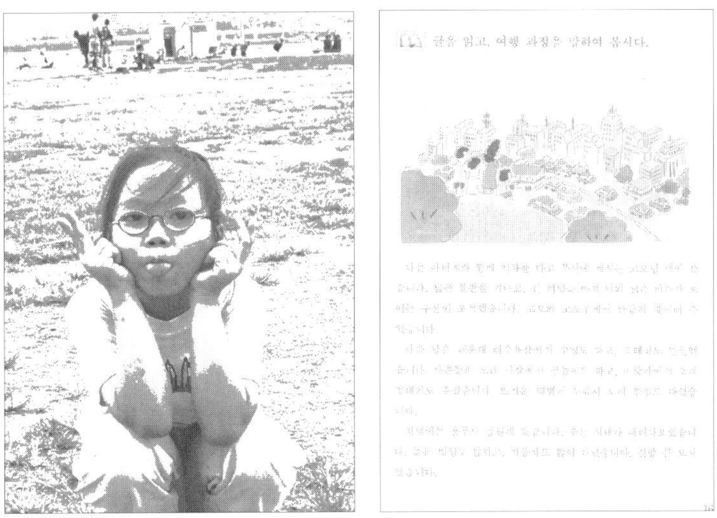

<그림 3-1> 무홍채증, 백색증

<교육적 조치>

① 근거리 작업을 하는 동안 눈의 피로, 두통 또는 불쾌감이 나타나므로 약 40~50분 작업을 한 후에는 10분 정도 쉬었다가 하도록 한다.

② 글자와 종이가 충분한 대비가 되도록 학습 자료를 만들어 준다.

③ 저시력 기구(핀홀, 콘택트렌즈, 색안경 등)를 사용하는 것이 좋다.

④ 안구진탕이 있으면 의사에게 진료를 받게 한다.
⑤ 색안경과 차양이 달린 모자를 착용하는 것이 좋다.
⑥ 창문에서 떨어져 빛을 등지고 앉을 수 있는 자리에 앉게 한다.
⑦ 밝은 조명 보다 약간 어두운 조명이 좋다.
⑧ 유전성 질환으로 유전 상담이 필요하다.

2. 베세트병(Behçet diseases)

베세트병은 실명률이 높은 안질환으로 눈뿐만 아니라 전신의 여러 장기 조직을 침범하는 만성 질환이다. 주 증상으로는 구강점막 궤양, 피하 결절성 정맥염, 홍채, 모양체염, 외음부 궤양 등이 있고, 그 밖의 증상으로는 관절염, 소화기 증상, 부고환염, 혈관계 증상 등이 나타날 수 있다.

눈에서 증상이 가장 심하며, 안저에 출혈이 있고, 형광 안저 촬영을 하면 혈관염과 모세혈관폐색 등이 나타나며, 병이 오래 지속됨에 따라 망막 기능이 저하되어 궁극적으로 실명하게 되는 경우가 많다(윤동호 외, 2005).

Ⅲ. 수정체 질환

수정체 혼탁을 백내장이라 한다. 백내장은 발생원인, 시기, 혼탁의 진행상태, 위치, 형태 등에 따라 분류할 수 있으며, 발병 원인에 따라 선천성 백내장과 노인성 백내장 그리고 외상성 백내장 등이 있다.

1. 선천성 백내장(先天性 白內障: congenital cataract)

선천성 백내장은 원인 불명인 경우와 유전성인 경우 그리고 임신기의 감염, 중독, 대사 이상, 태아의 산소 결핍 등에 의하여 발생되며, 대개 양안에 생기고, 안구진탕이나 사시를 동반할 수 있다(그림 3-2).

대부분의 선천성 백내장은 진행성이 아닌 정지성이며, 혼탁이 심하지 않은 경우에는 적당한 시기를 기다려 수술하는 것이 바람직하다. 수술 시기는 가능한 빨리 의사와 상의해서 수술하는 것이 좋다.

백내장을 치료하지 않으면 사시가 나타나고, 동일한 시력을 가졌다고 평가된 백내장을 가진 학생의 기능 시력은 개인에 따라 다르다. 백내장은 환경적 부대 상황의 결과로 발생할 수 있다. 예를 들어, 자외선에 눈이 많이 노출되면 백내장에 걸릴 확률이 높다(Masen & Gale, 1997). 백내장은 다운증후군과 같은 다른 질환과 수반하여 나타나고 태어나기 전 풍진에 감염된 유아에게서도 나타난다. 또한 백내장 수술을 받은 학생의 눈은 백내장에 걸린 수정체를 적출한 상태이거나 인공수정체를 삽입한 상태이다. 학생의 눈이 현재 백내장이 있는지, 백내장 수술을 받은 후인지를 알아야 한다.

<그림 3-2> 백내장일 때 보이는 상

<교육적 조치>

① 직사광선이나 광택이 있는 표면으로부터 눈부심을 피하게 한다.

② 글자와 바탕 종이의 색깔이 적절한 대비를 이룬 학습자료를 사용한다.

③ 알맞은 글자의 크기나 대비를 파악하기 위해서 읽기 매체 평가를 해야 한다.
④ 근거리, 원거리 활동에 저시력 기구를 제공하고 적절한 훈련을 시킨다.
⑤ 책을 읽을 때 독서대를 사용하도록 한다.
⑥ 시력은 백내장의 위치, 크기, 정도에 따라 다르므로 백내장이 수정체 주변에 있는 학생은 밝은 조명을 해주어야 하고, 중심부에 혼탁이 있는 학생은 어두운 조명을 해주어야 한다.
⑦ 안경을 끼면 일반적으로 중심 시력은 증가되지만 주변 시력이 감소되어 일상생활에서 안전한 보행에 영향을 미치므로 보행 교육을 철저히 해야 한다.
⑧ 선천성 백내장의 약 1/3은 유전성이므로 유전 상담이 필요하다.
⑨ 점안약을 사용하는 학생은 정확한 시간에 투약할 수 있게 배려한다.

2. 노인성 백내장(老人性 白內障: senile cataract)

노인성 백내장은 연령이 많아짐에 따라 조직의 노화로 수정체 섬유 단백질의 양이 많아지면서 수정체가 혼탁된다. 또한 혼탁의 정도가 점차 진행되며, 시력이 나빠지는 현상으로 나타나나 동통이나 염증은 없다. 40세에 나타나는 수도 있고, 60대에 나타나는 수도 있는데, 80세 이상 고령에서는 거의 모든 사람에게 약간씩 수정체 혼탁이 생기게 된다.

3. 외상성 백내장(外傷性 白內障: traumatic cataract)

외상성 백내장은 외상이나 타박상으로 수정체가 파열되거나 혼탁되는 경우이다. 사회가 복잡해져 외상성 백내장으로 인한 시각장애인 수가 증가하고 있다.

모든 백내장의 치료법은 수술인데 백내장의 종류와 상태에 따라 수술 시기와 방법이 다르다. 백내장이 심하면 수정체를 적출하는 수술을 하는데,

이것을 백내장 수술이라고 한다. 이 수술과 함께 인공 수정체 삽입을 하기도 한다. 백내장 수술 후 굴절 이상 교정을 위해 볼록렌즈 안경이나 콘택트렌즈를 착용한다.

Ⅳ. 방수 질환

방수의 유출 장애로 안압이 높아져 생기는 질병을 녹내장이라고 한다. 일반적으로 녹내장은 녹내장의 증후나 시기에 따라 원발성과 속발성, 선천성과 후천성 녹내장으로 분류한다.

1. 원발성 녹내장(原發性 綠內障: primary glaucoma)

원발성 녹내장은 개방각 녹내장(open angle glaucoma)과 폐쇄각 녹내장(closed angle glaucoma)의 두 가지 종류로 나눈다.

개방각 녹내장이란 전방각의 넓이는 정상이지만 섬유주의 장애로 방수 유출이 잘 안되어 안압이 상승하는 것을 말한다. 대개 만성으로 초기에는 별 자각 증상 없이 안압이 정상보다 약간 높게 지속되어 시력이 서서히 저하되고, 시야가 좁아지며, 시야가 좁아질수록 야맹 증세도 심해지고, 실외 활동이나 낯선 장소에서 보행에 어려움을 느끼고, 실명에 이르게 된다. 녹내장 환자의 90% 이상이 개방각 녹내장이다. 치료에는 약물 치료와 수술법이 있으나 조기 진단으로 적절한 치료를 하는 것이 가장 중요하다.

폐쇄각 녹내장은 홍채근부가 각막과 접촉되고 전방각이 폐쇄되어 방수의 유출이 잘 되지 않아 발생한다. 평소에 전방각이 좁은 상태에 있는 사람이 전방각 유출로가 막혀서 갑자기 안압이 상승하게 되면, 심한 안통이나 두통이 생기고 구역질과 구토를 하게 되는 일도 있다. 안압이 급상승할 때는 약물 치료나 수술을 하여 안압이 오르지 않도록 해야 한다. 24~48시간 내에 치료하지 않으면 시신경이 손상되어 실명할 수 있다(그림 3-3).

<그림 3-3> 녹내장과 망막색소변성

2. 속발성 녹내장(續發性 綠內障: consecutive glaucoma)

속발성 녹내장은 홍채염, 모양체염, 수정체의 이상, 안저 출혈, 안종양 등이 원인이 되어 2차적으로 발생하는 것을 말한다. 주로 전방각의 폐쇄나 섬유주의 폐쇄로 방수 유출로에 장애가 발생하여 발병한다.

3. 선천성 녹내장(先天性 綠內障: congenital glaucoma)

전방각 조직의 형성 이상으로 방수가 유출되지 않아 안압이 상승되는 것인데 각막과 공막이 충분히 발육되지 않은 출생 시 또는 생후 1년 사이에 발생되므로 안구가 늘어나고 확장되어 각막의 직경이 12~13mm 또는 그 이상까지 커지게 되는데, 이를 거대각막이라고 한다. 각막의 직경은 8~9mm가 정상이다. 이와 같이 커진 눈은 마치 소의 눈과 같다 하여 우안(牛眼)이라고도 한다. 진행이 되면 각막이 붓고 혼탁이 생기며, 데스메막이 파열되고(內藤, 1994), 시신경이 위축되어 시력을 상실하며, 때로는 망막 박리와 안구 파열이 되기도 한다.

<교육적 조치>

① 안약은 정상 안압을 유지하는데 도움이 되지만 동공을 팽창시켜 심한 수명을 느끼게 할 수 있다.

② 정확한 시간에 안약을 투약해야 하므로 교사는 수업 중에도 약을 넣도록 지도한다.

③ 약물 치료를 하는 학생들은 감각이 둔해질 수 있으므로 감각 훈련을 시켜야 한다.

④ 녹내장이 진행되어 시야가 좁아진 학생은 독서할 때 읽는 줄을 자주 잃으므로 마커를 사용하도록 한다.

⑤ 시야가 좁은 경우 보행에 어려움이 있으므로 보행 지도를 해야 한다.

⑥ 특히 밝은 빛에는 눈부심을 호소하므로 책을 읽을 때 학생에게 맞게 빛을 조절해야 한다.

⑦ 피로와 스트레스로 인해 안압이 증가할 수 있으므로 스트레스를 받지 않도록 주의해야 한다.

Ⅴ. 망막 질환

1. 당뇨망막병증(糖尿網膜病症: diabetic retinnopathy)

가장 흔한 서구인의 실명 원인 중 하나이다. 근래에는 인슐린의 보급으로 당뇨병 치료법이 향상되어 환자의 수명이 연장되면서 당뇨망막병증 환자 수가 증가하고 있다. 초기에는 소출혈이 망막 중심부에 나타나고, 경과된 후에는 망막에 널리 나타나며, 대출혈이 생겨 초자체 내부로 들어가 시력 저하는 물론 합병증으로 녹내장이 되는 수도 있다(그림 3-4).

당뇨망막병증의 발생은 당뇨병의 중증 정도 보다는 이환 기간과 치료와의 관계가 더 중요하다. 20년 이상 된 대부분의 당뇨병 환자는 시력을 상실한다(Vaughan & Asbury, 1980).

<교육적 조치>

① 인슐린 의존형일 경우에는 매일 인슐린을 맞도록 격려해야 한다.

② 점차 촉각이 둔감해지므로 듣기 교재를 사용하여 학습 능력을 길러야 한다.

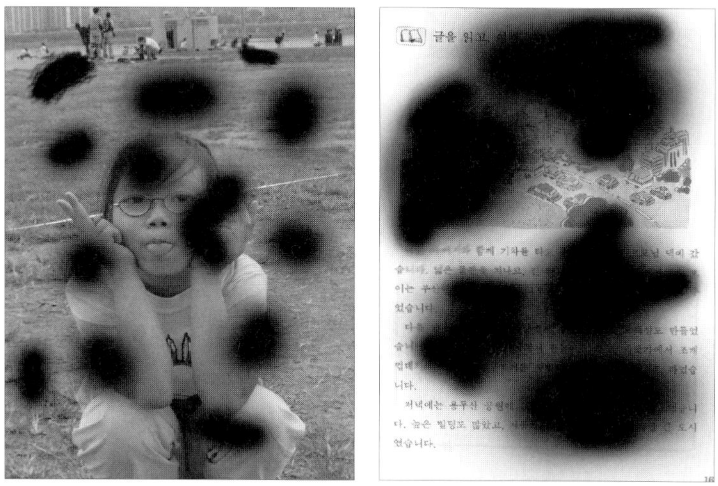

<그림 3-4> 당뇨망막병증, 미숙아망막병증, 베세트병

2. 미숙아망막병증(未熟兒網膜病症: retinopathy of prematurity)

과거에는 수정체후 섬유증식증(retrolental fibroplasia: RLF)이라 했으나 현재는 미숙아망막증(retinopathy of prematurity: ROP)이라고 한다. 이 미숙아망막증은 미숙아에게 오랫동안 과도한 산소를 공급할 때 초래되는 질환으로, 보육기에서 나와 공기 중의 산소로 호흡하면 조직의 산소 결핍으로 혈관이 확장, 증식되어 신생 혈관이 형성되는데, 이 신생 혈관은 육아 조직을 동반하여 유리체 내에 차서 수정체 후부의 섬유 조직으로 변하면서 망막박리를 유발시킨다. 미숙아 망막증이 심한 경우 전맹이 되거나 시력이 매우 약해지며, 근시, 녹내장, 망막박리 또는 안구진탕을 수반하기도 한다. 미숙아망막증은 1500g 이하의 극소 저체중 출생아에게 발병률이 높다.

<교육적 조치>

① 미숙아망막증을 가진 학생에게는 작은 근육 운동과 큰 근육 운동, 시각 기술, 보행 기술을 지도해야 한다.

② 미숙아망막증은 예후가 매우 불량하며, 20대 이후에 망막 박리가 일어날 가능성이 높다.

③ 시각장애의 정도를 보면 전맹에서 저시력까지 다양하며, 진행성인 경우와 정지성인 경우가 있으므로 관찰이 중요하다.

④ 망막박리가 예상되는 학생은 얼굴이나 머리에 충격을 받지 않도록 주의해야 한다.

3. 망막박리(網膜剝離: retinal detachment)

망막박리는 망막이 색소 상피층을 남기고 유리체가 있는 안쪽으로 떨어지는 병적 상태이다. 망막의 일부분이 찢어져(裂孔), 그곳이 시발점이 되어 주변의 망막이 들뜨게 되고, 떨어진 부위에 해당되는 시야가 결손되어 그 부분이 보이지 않게 되지만, 망막 중심부도 떨어지면 실명하게 된다.

그 외에 망막박리는 고도 근시인 사람에게 잘 생기고, 백내장 수술 후에도 생기기 쉬우며, 다른 질환으로 의한 속발성으로 망막박리가 되기도 한다.

4. 망막모세포종(網膜母細胞腫: retinoblastoma)

망막에 발생하는 악성 종양으로, 우리나라의 경우 눈 안의 조직에 생기는 악성 종양 중에서 가장 많이 발생한다. 유아 특히 3세 이전에 편안성으로 오는 경우가 많으나, 32%는 양안성으로 오며, 발병 환자 중에는 유전성인 경우가 더 많다.

종양의 크기가 작을 때에는 광응고술과 냉동법으로 치료가 가능하나, 그 시기를 놓치면 동공을 통해 백색 또는 황백색으로 반사되는 빛을 볼 수 있게 된다. 이것을 흑내장성 묘안(猫眼)이라 하는데 밤에 고양이 눈으로부터 반사되는 광택과 같은 현상이다. 현재의 치료법으로는 안구를 적출하는 방법이 있다.

5. 망막색소변성(網膜色素變性: retinitis pigmentosa)

유전성이 많으며 병소는 망막의 시세포 중 간체이나, 결국 모든 시세포에 장애를 일으킨다. 그 결과 터널 시야와 야맹증이 나타난다. 주로 발병하는 연령은 10~20세 경으로 남자에게 많이 나타나며 Usher증후군, Leber증후군, 흑내장, Laurence Moon Biedel증후군에 수반되어 나타난다. 이 질환은 진행성이지만 청소년기에 매우 빠르게 진행될 수 있고 일부 학생은 시력을 사용하여 학습할 수 없을 정도로 나빠지고 시야 협착과 야맹증을 자각하게 된다.

망막 주변에 흑색의 색소가 많이 발생하며, 진행됨에 따라 시야 검사에 변동이 나타나게 되고, 처음에는 주변시력만 저하되지만 진행되면서 중심시력도 저하되고, 안경 교정도 되지 않는다(그림 3-3).

<교육적 조치>

① 학생의 시력을 검사하여 그 시력의 변화를 기록하고, 책을 읽을 때 주사와 추시 기술을 가르쳐야 한다.

② 필기를 할 때에는 굵고 진한 선이 그려진 종이와 검정색 사인펜을 사용하도록 한다.

③ 볼 수 있는 글자 중 가장 작은 글자를 사용하여 시야에 많은 글자가 들어오게 하여 정보의 양을 증가시킨다.

④ 책을 잘 읽을 수 있도록 글자 위에 노란색 아세테이트지를 덮어 대비가 잘 되도록 한다.

⑤ 밝은 곳에서 어두운 곳으로 들어가면 암순응이 잘 이루어지지 않으므로 학생이 어두운 곳에 가거나 밤에는 야맹증이 있다는 것을 이해하

고 지도해야 한다.

⑥ 밝은 곳에서는 눈이 부시므로 색안경이나 차양이 달린 모자를 써서 눈부심을 피하도록 한다.

⑦ 보행에 어려움을 느끼므로 지팡이를 사용하도록 해야 한다.

⑧ 망막색소변성은 진행성이므로 점자를 익히도록 해야 한다.

⑨ 학생과 가족은 전문의로부터 유전 상담을 받아야 한다.

6. 황반변성(黃斑變性: macular degeneration)

이 질환은 유전성과 노인성으로 중심와와 황반부에 나타나며, 근거리 시력과 원거리 시력이 나빠진다. 망막 중심부에 발병하고 암점이 나타나며 특수한 치료법은 없다. 진행성 황반변성은 심한 시각장애를 초래하며, 색각과 대비 그리고 민감도에 영향을 미친다(그림 3-5).

<그림 3-5> 황반변성

<교육적 조치>

① 손잡이형 확대경 또는 확대독서기를 사용하는 것이 좋다.

② 모든 과제에 적절한 조명이 필요하다.

③ 독서할 때 줄을 잃지 않도록 마커를 사용하도록 한다.
④ 글자와 종이의 대비가 선명한 교과서 및 자료를 사용하도록 한다.
⑤ 필기 할 때, 굵고 진한 선이 있는 종이와 검정색 사인펜을 사용하도록 한다.
⑥ 교실 환경을 눈부시지 않도록 한다.
⑦ 삽화 위에 글씨가 쓰인 교과서나 책은 사용하지 않도록 한다.
⑧ 암점이 발달하고 확대되므로 중심외 보기 방법을 지도한다.

7. 백색증(白色症: albinism)

이 질환은 모든 인종에게서 나타나는 것으로 색소 결핍 또는 신체의 멜라닌 색소의 감소가 함께 나타나는 유전성 질환이다. 백색증 학생은 흰 머리, 흰 피부를 가지며 홍채, 동공, 안저는 적색을 띠고 있다(그림 3-1).

안증상으로는 만성 안검경련, 수명, 안구진탕, 시력장애 등이 나타난다. 또한 흰 피부의 백색증 학생은 강한 햇빛이나 자외선에 노출되었을 때 쉽게 심한 화상을 입는다. 백색증 학생은 보통 시력 장애의 정도가 심하고, 스넬렌 시력표의 0.1 이상의 시력이 되기는 어려우나 저시력 기구 또는 확대독서기를 사용하면 도움이 된다.

<교육적 조치>

① 백색증 학생은 햇빛이 비치는 실외로 나갈 때 빛을 흡수하여 여과시키는 안경을 착용하고 차양이 있는 모자를 쓰는 것이 좋다.
② 교실의 자연 조명도 조절해야 한다. 예를 들면, 직사광선을 차단하기 위하여 커튼이나 블라인드를 설치해야 한다.
③ 광택이 있는 표면은 반사되어 눈이 부시므로 교실의 전체 조명보다 낮은 조명을 해주어야 한다.
④ 백색증 학생은 원거리 활동을 가까운 거리에서 하는 것을 좋아하므로 독서대 또는 높이를 조절할 수 있는 책상을 배치해야 하고, 저시력

기구를 사용하도록 해야 한다.

8. 색맹(color blindness) 또는 추체이영양증(Cone Dystrophy)

이 질병은 여성 보다 남성에게 많이 발생되는 유전성 질환으로, 망막의 중심부가 발달하지 못하여 색맹 또는 원거리 시력이 감퇴된다. 추체 세포의 기능이 상실되고 간체 세포는 밝은 곳에서 기능을 잘 하지 못하므로, 이 질환을 가진 학생은 심한 수명과 안구진탕을 나타낸다. 교육적 조치는 백색증과 같다.

Ⅵ. 시신경 질환

1. 시신경염(視神經炎: optic neuritis)

시신경염은 급격한 고도의 시력 장애와 시야 장애로 중심 암점이 나타난다. 안저 변화에 따라 유두염(乳頭炎)과 구후(球後)시신경염의 두 종류로 나눈다.

유두염은 유두 부분의 시신경에 장애가 있는 것이다. 안구 운동을 하면 심부(深部) 통증을 일으키는 경우가 많다. 대부분은 양안에 오지만 한 눈에 오는 경우도 적지 않다.

구후시신경염은 급성과 만성이 있는데, 급성인 경우는 급격한 시력저하, 중심 암점, 심부 통증 등이 나타난다. 만성인 경우는 시력이 서서히 저하되어 중심 암점과 Mariotte 암점이 연결된 테니스 라켓 모양의 암점이나 큰 중심 암점을 볼 수 있다. 만성인 경우는 시력 회복이 느리고 중도에 멈추는 수가 많으나 어느 쪽이나 시신경 위축이 온다(內藤, 1994).

2. 시신경위축(視神經萎縮: optic atrophy)

시신경위축이란 시신경 유두가 퇴색하여 하얗게 보이는 상태로 시력 감퇴와 시력 결손을 일으키는 것으로, 원발성 시신경위축, 속발성 시신경위축, 안질환성 시신경위축, 녹내장성 시신경위축, Leber 시신경위축 등으로 나눈다(內藤, 1994).

시신경은 망막에 맺힌 상을 뇌의 시피질로 전달하는데 이러한 시신경이 나빠지는 것을 시신경위축이라 한다. 그 결과 시력, 시야, 대비가 감퇴되어 주변이 어두워지면 적응하기 어렵다. 이것은 진행성 또는 비진행성으로 다른 질환과 함께 나타날 수도 있다.

시신경 축삭이 손상되면 재생되지 않는데, 이는 축삭을 재생시키는 Schwann 세포가 없기 때문이다. 위에서 설명한 시신경염이 정도가 심해서 치유되지 않을 경우, 시신경이 위축되어 시력 저하가 일어나며 이는 회복되지 않는다.

그 원인으로는 뇌막염 후유증, 태생기의 뇌질환으로 오는 선천성 시신경위축, 뇌의 외상, 녹내장으로 오는 것 등이 있다.

<교육적 조치>

망막변성의 경우와 유사하다.

① 눈부심을 피하고 스탠드와 같은 부분 조명을 설치해 준다.

② 조명이 있는 손잡이형 확대경, 확대독서기, 망원 렌즈를 사용하도록 한다.

3. 시로 장애

시로 장애로 반맹(hemianopia)과 시력 장애가 나타난다. 반맹은 한쪽 눈의 시야 절반에서 시력이 상실되거나 양쪽 눈의 시야 절반에서 각각 시력이 상실된 상태를 말한다.

시신경 교차에 장애가 있으면 양이측 반맹을 일으키는 수가 있다. 시신경 교차의 중앙부가 장애를 받으면 양안의 시신경 안쪽 반 즉, 양안의 코쪽 섬유가 장애를 받기 때문에 시야는 양안의 외측 반이 결손된다. 시신경 교차는 하수체의 상부에 있기 때문에 하수체 종양일 때는 압박을 받아서 양이측 반맹이 되기 쉽다. 시신경 교차 주변에는 동맥이 둘러싸고 있기 때문에 동맥경화증으로 경화된 동맥에 의해 시신경 교차로가 압박을 받아 양비측 반맹이 나타나기도 한다(그림 3-6).

시삭, 외측슬상체, 시방선, 대뇌 후두엽이 장애를 받으면 동측 반맹을 일으킨다. 예를 들면, 왼쪽 시삭이 침범받으면 좌안 망막의 외측 반과 우안 망막의 내측 반으로부터 나오는 시신경 섬유가 장애를 받기 때문에 시야에서는 모두 우측 반이 결손된다. 이것을 우동측 반맹이라고 한다. 뇌종양이나 뇌출혈 등에 의한 혈관 장애 또는 외상 등에 의하여 반맹이 나타나기도 한다.

<그림 3-6> 반맹

<교육적 조치>

① 양안 시야의 반쪽의 결함으로 추시와 주사가 어렵고 독서에 영향을 미치므로 저시력 기구를 사용하도록 한다.

② 교실의 좌석 배치가 매우 중요하므로 학생이 시야를 될 수 있는 대로 넓게 사용할 수 있는 곳에 자리를 배치한다.

③ 어린 학생에게는 시지각 훈련을 시켜야 한다.

4. 뇌피질 시각장애

이 질환은 시로 또는 후두부 돌출부의 장애로 인해 일시적 또는 영구적인 시력 상실이 나타난다. 조산아에게 산소가 과다 공급되었을 때, 뇌 기형, 머리 외상(사고로 인한 외상도 포함), 뇌수종을 포함한 많은 원인 때문에 발생한다.

이 질환은 망막은 정상이지만 다음과 같은 시각적 행동 특성을 나타낸다.

① 보는 시간이 아주 짧다.

② 아주 작은 것을 볼 수 있고, 보는 기술에 아주 미세한 변화가 있다.

③ 선과 형태를 볼 수 있으나 그것을 인식하지 못한다.

④ 색깔을 구별할 수 있다. 특히 검정색과 흰색 물체보다 노란색과 빨간색의 물체를 더 쉽게 식별한다.

⑤ 주변 시력이 중심 시력 보다 더 좋아서 대상을 볼 때, 머리를 돌린다.

⑥ 태양 빛과 같은 빛을 바라본다(매우 위험함).

⑦ 움직이는 대상을 흐릿하게 인식한다.

⑧ 보행에는 특별한 문제가 없다.

⑨ 아주 가까운 거리에 있는 대상을 볼 수 있다.

⑩ 정지된 대상만을 보고 인지할 수 있다.

⑪ 불규칙적이고 비정상적인 안구 운동(안구진탕은 아님)을 나타낸다.

⑫ 낮은 시기능과 협응 능력을 보인다.

Ⅶ. 외안근 이상

1. 사시(斜視: strabismus)

두 눈에는 6개의 근육이 각각 붙어 있어서 안구운동을 제어한다. 양안의 근육은 서로 짝을 이뤄 안구를 움직여서 두 눈이 하나의 대상물에 시선을 맞추게 한다. 이것으로 인해 두 눈으로 사물을 보아도 단일한 상을 볼 수 있다. 두 눈에 비친 상을 하나로 보는 능력을 융합(融合: fusion)이라고 한다. 사시는 좌·우안의 시축이 동일점을 향하지 않는 상태를 말하며 마비성 사시와 비마비성 사시가 있다.

양안 시기능은 대개 6세 전후까지 거의 완성되므로 그 전에 사시를 치료하면 기능 회복이 용이하나 그 이후에는 치료하기 어렵다. 특히 12세 이후에는 양안시의 회복은 거의 불가능하다. 사시 학생은 돌아간 쪽의 눈을 사용하지 않아서 시력이 나빠지므로 정상적인 눈을 가리면 시력이 좋아진다. 이를 가림치료라고 한다. 학생에게 마비성 사시가 있을 경우에 주시하는 물체의 상이 양안 망막의 대응점에 결상되지 못하고 어긋나게 맺히므로 물체가 이중으로 보이는 복시(複視: diplopia) 증상이 나타난다(윤동호 외, 2005).

사시는 특정 연령에서 나타날 수 있지만 대부분의 경우 선천적이고, 학교에 입학하기 전에 치료해야 한다. 사시가 발생하는 결정적인 시기는 1~4세이다.

<교육적 조치>

① 일부 학생들에게는 눈이 고정되지 않을 때 복시 현상이 나타나므로 게임, 화학 실험, 식품 다루기, 단안 시력을 사용하는 활동 등을 할 때에는 학생을 관찰하면서 지도해야 한다.

② 시력을 잘 사용할 수 있도록 좌석을 배치해야 한다.

2. 안구진탕(眼震: nystagmus)

안구가 규칙적, 반복적, 불수의적으로 움직이는 것을 말한다. 안구진탕은 단독으로 나타날 수 있으나 백색증, 무홍채증, 선천성 백내장과 같은 다른 질환을 수반하기도 한다. 안구진탕은 스트레스를 받으면 더 심해진다. 특히 고시 능력에 문제가 많으며, 어떤 자세를 취해도 안구를 고정시키기 어렵다.

<교육적 조치>

① 책을 읽을 때 읽는 줄을 표시하면서 읽도록 한다.
② 글씨가 깨끗하고 대비가 선명한 자료를 사용하도록 한다.
③ 한 지점을 주시하는 훈련을 시킨다.
④ 근거리 과제는 눈을 피로하게 하므로 오랜 시간 계속하지 않도록 한다.
⑤ 머리를 돌리거나 몸을 기울일 때 초점을 잘 맞출 수 있으므로 그러한 행동에 대하여 꾸중을 하거나 자세를 교정시켜서는 안된다.

Ⅷ. 굴절 이상

물체를 똑똑히 보기 위해서는 외부에서 들어오는 광선이 각막, 동공, 수정체, 유리체를 통과하여 망막 위에 초점을 맺어야 한다. 이처럼 망막 위에 초점을 맺는 것을 정시(그림 3-7)라고 한다. 그러나 때로는 망막 앞이나 망막 뒤에 초점을 맺게 되는데 이를 비정시라고 하며, 이러한 것을 굴절 이상이라고 한다. 이에는 근시, 원시, 난시 등이 있다.

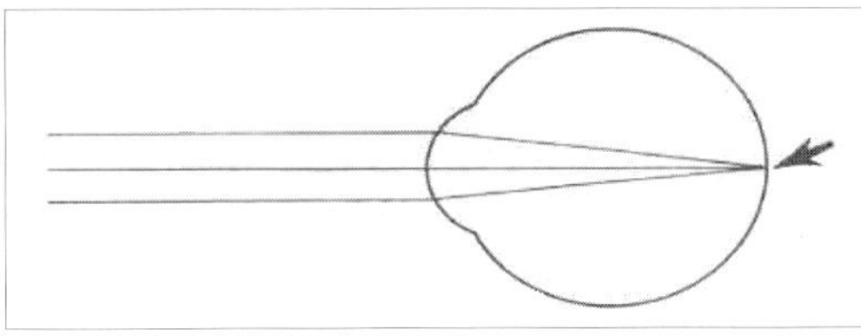

<그림 3-7> 정시

1. 근시(近視: myopia)

근시란 가까운 곳이 잘 보이고 먼 곳이 잘 보이지 않는 것을 말한다. 즉 눈에 들어오는 평행 광선이 각막이나 수정체를 통과하여 망막까지 도달하지 못하고 그 앞의 유리체 내에 초점을 맺는 것이다. 근시에는 안축이 정상적인 눈보다 길어서 발생하는 축성 근시와 각막이나 수정체의 굴절력이 강해서 생기는 굴절성 근시가 있다(그림 3-8).

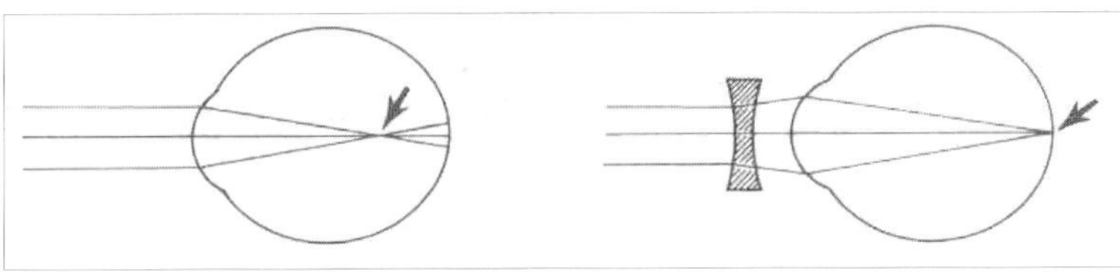

<그림 3-8> 근시

근시는 10세 경에 시작되어 서서히 진행되다가 25세 경에 정지되는 것이 보통이다. 따라서 이렇게 정지되거나 큰 변동이 없는 대부분의 근시를 단성 근시라 한다. 이것을 정상적인 눈의 변동이라고 생각한다. 그러나 계속적으로 진행되는 근시는 진행성 근시 또는 악성 근시라고도 하고, 고도 근시(-6D 이상)에 해당되며, 안경이나 콘택트렌즈를 사용하여도 정상 시력을 얻기 어렵다. 안구의 계속적인 성장이 원인이 되어 망막 주변부 또는 중심부에 열공과 같은 망막박리가 발생하기 쉽다.

가성 근시는 모양근의 긴장으로 수정체가 너무 조절된 상태를 말하며, 초등학교 상급반에서 많이 발견되는 굴절 이상으로 전문의와 상담하고 치료하면 쉽게 회복된다.

<교육적 조치>

① 책을 읽을 때 오목렌즈를 사용하도록 한다.
② 일정 시간 동안 책을 읽은 후에는 5~10분 정도 눈을 쉬게 하는 것이 좋다.
③ 근시 학생은 칠판의 글씨를 잘 보지 못하기 때문에 앞 좌석에 앉게 한다.
④ 높이를 조절할 수 있는 책상을 사용하여 읽거나 쓸 때, 바른 자세를 유지하도록 한다.
⑤ 학생에게 주는 인쇄물은 적당한 글자 크기와 선명한 대비가 이루어진 것이어야 한다. 각 학생에게 알맞은 글자의 크기나 대비를 파악하기 위해서 읽기 매체 평가를 해야 한다.
⑥ 고도 근시 학생의 경우 신체적 운동 즉 권투, 레슬링과 같은 운동에 참가하기 전에 안과 의사에게 문의해야 한다.
⑦ 고도 근시가 있는 학생은 책을 읽을 때 안경을 벗고 읽는 경우가 있다. 이는 안경을 벗으면 글씨가 더 잘 보이기 때문이다.

2. 원시(遠視: hyperopia)

원시는 평행 광선이 망막 뒤에 결상되는 것으로(그림 3-9), 이런 현상은 굴절력이 약하거나 안축의 길이가 짧을 경우에 발생한다. 그러므로 망막 뒤에 맺은 초점을 망막 위에 맺게 하려면 볼록렌즈를 사용해야 한다. 이에는 축성 원시와 굴절성 원시가 있다.

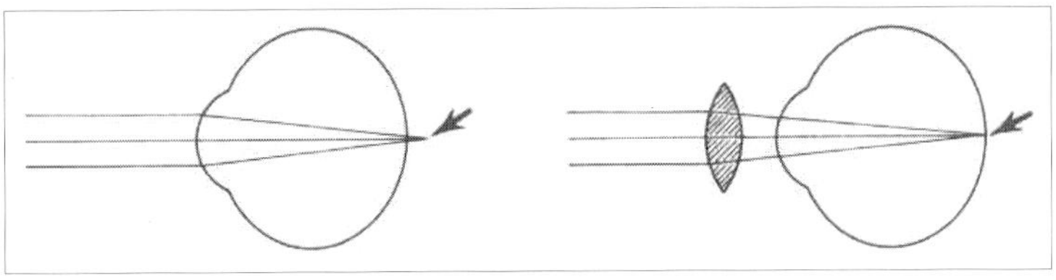

<그림 3-9> 원시

출생시 모든 눈은 거의 2~3D 정도의 원시안이다. 원시 학생은 오랫동안 책을 읽으면 눈이 피로해지고, 시력 감퇴, 두통, 안통, 충혈, 건조감 등을 느낀다. 고도 원시(+ 5.0D 이상)일 때에는 먼 곳도 희미하게 보인다.

단순한 원시는 빛이 중심와에 맺히게 하기 위해서 볼록렌즈를 사용하면 정상 시력으로 교정된다. 원시가 백내장과 함께 나타날 때 문제가 발생하며 이러한 경우 안경을 처방하더라도 시력은 감퇴하고, 사시를 수반하게 된다.

<교육적 조치>

① 원시 학생이 오랫동안 책을 읽으면 눈의 피로, 두통을 느끼므로 장시간의 독서는 피하는 것이 좋다.

② 일부의 학생은 확대경, 망원경, 확대독서기와 같은 저시력 기구를 처방 받아 충분한 훈련을 시키고 그 기구를 사용하도록 격려해야 한다.

3. 난시(亂視: astigmatism)

난시에는 정 난시와 부정 난시가 있다. 정 난시는 평행 광선이 한 점으로 모아지지 않고, 두 초선이 생기는 상태를 말하며, 각막 또는 수정체의 만곡면이 선천적으로 올바른 구면을 이루지 못하거나 수정체의 편위가 원인이 되어 나타난다(그림 3-10). 이때에는 원주 렌즈 또는 원주 렌즈와 구면 렌즈를 함께 사용하여 교정하기도 한다. 고도 난시의 교정에는 콘택트렌즈가 효과적일 수도 있다. 부정 난시는 각막 반흔, 원추각막 및 백내장의 초기에 발견되며, 시력에 장애가 있고, 원주 렌즈로도 교정되지 않으며, 피로를 자주 느낀다.

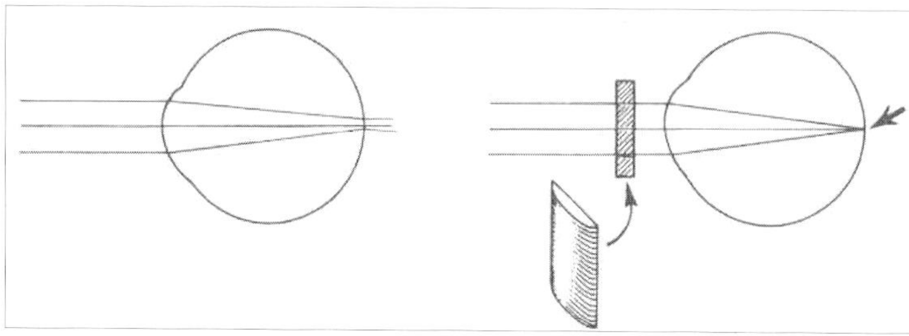

<그림 3-10> 난시

난시의 주요 원인은 각막 또는 수정체의 불균형한 굴곡에 의한 굴절력의 차이 때문이며, 그 결과 황반부에 찌그러진 상이 맺히게 된다. 난시는 원주렌즈로 교정할 수 있으나 다른 시각장애가 수반된 경우에는 교정의 어려움이 있으며, 그 결과 시력이 감퇴된다.

<교육적 조치>

원시와 유사한 점이 있으나 다음과 같은 점에 유의해야 한다.

① 어린 학생은 글자와 숫자를 혼동할 수 있다.

② 시각적 활동을 한 후 또는 오후에 눈의 피로를 느끼므로 충분히 쉬도록 한다.

4. 무수정체증(無水晶體症: aphakia)

무수정체증은 백내장이나 수정체 탈구 등으로 인해서 수정체를 적출한 눈을 말한다. 굴절력을 조절하는 수정체가 없기 때문에 원시가 된다. 기본적인 굴절이상에는 원시, 근시, 난시가 있으나 저시력 학생 중에는 무수정체인 학생이 더러 있다. 무수정체증은 원거리와 근거리에 모두 초점이 맞지 않기 때문에 기본적으로 원거리에 초점을 맞춘 보행용 안경을 처방받아서 사용하고 책을 읽는 등의 근거리 작업을 할 때에는 독서용 또는 근거리용 안경을 처방받아서 사용해야 한다. 그러나 무수정체안에 맞는 안경은 굴절력이 커야하므로 매우 두껍다. 따라서 무수정체증 학생은 여러 이유로 안경을 착용하지 않으려는 경향이 있다.

또 무수정체증은 조기에 발견해서 적절한 시자극을 주면 시력이 정상적으로 될 수 있다. 시각장애의 병명을 기재할 때 원일질환만 적고 현재 상태를 적지 않기 때문에 적절한 교육적 조치를 할 기회를 놓칠 수도 있다. 예를 들어, 백내장 수술을 받은 학생은 학생의 종합생활기록부에 '백내장'으로 기재되어 있으며 이 학생이 현재 백내장 상태이어서 사물이 흐리게 보이는지, 백내장 수술을 받아 무수정체이기 때문에 초점이 맞지 않게 보이는지 알 수 없다. 따라서 교사는 이런 학생은 무수정체증인지 확인해서 적절한 교육적 조치를 해야 한다.

무수정체안에 인공수정체를 삽입하는 경우도 있는데, 인공수정체는 조절력이 없으므로 수정체와 같은 역할을 할 수 없다. 따라서 이런 학생도 시작업에 알맞은 적절한 안경을 착용하도록 해야 한다. 또, 무수정체안은 흔히 난시를 동반하기도 한다.

<교육적 조치>

① 보행용 안경과 독서용 안경을 적절하게 바꿔 착용하면서 시각과제를 수행하도록 지도한다.

② 원거리 안경을 착용해도 효과가 미미할 때가 많아 안경을 착용하지 않으려고 한다. 그러나 미미한 차이를 인지할 수 있도록 시자극을 지속적으로 주는 것이 좋다.

③ 수정체가 없어서 그만큼 자외선이 망막으로 투영되는 양이 많을 수 있으므로 자외선 흡수 코팅이 된 안경을 착용하도록 한다.

④ 무수정체안은 4배 이상의 확대경은 모두 도움이 될 수 있다. 반드시 안경을 착용한 상태에서 확대경을 사용하도록 지도한다.

⑤ 무수정체증은 한 쪽 눈의 시력이 다른 쪽에 비해서 현저한 차이가 있을 때는 입체감을 상실, 부등시, 사시, 안구진탕 등의 증상도 함께 있

을 수 있으므로 안과의사와 상담하도록 한다.

⑥ 야간이나 익숙하지 않은 장소에서 보행 문제가 있을 수 있으므로 적절한 보행지도를 해야 한다.

⑦ 때로 조명을 조절할 필요가 있다.

Ⅸ. 기타 질환

1. 결손증(缺損症: coloboma)

눈의 구조 중 일부가 결손되어 있는 선천적 · 병리적 · 수술적 비정상적인 상태를 말한다. 예를 들면, 맥락막 결손, 안검 결손, 홍채 결손, 수정체 결손 등이 있다. 이는 안구진탕, 사시, 수명을 수반하고 시력이 감퇴된다. 결손증 학생 중에는 소안구증(작고 발달하지 못한 눈)이 나타날 수도 있다. 망막과 관계될 경우 결손증이 눈의 망막 아래쪽에 나타나기 때문에 시야 상실이 초래된다. 일반적으로 결손증은 양안성이고, 소안구증, 머리나 얼굴의 이상, 다지증이나 정신지체와 같은 다른 질환과 관계된다.

<교육적 조치>

① 학생이 가장 잘 볼 수 있는 좌석에 앉게 한다.

② 교실의 직사광선이나 눈부심을 피할 수 있도록 색안경을 착용하도록 하거나 블라인드를 설치한다.

③ 미용 상 동공이 아름답지 않으면 동공이 정상으로 보이는 콘택트렌즈를 착용하도록 하는 것이 좋다.

④ 시야 상실이 학생의 보행 기술에 크게 영향을 주지 않을 경우에도 학생이 나뭇가지나 계단의 끝부분 같은 장애물을 발견하기 어려우므로 보행 지도를 해야 한다.

2. 풍진(風疹: rubellar)

풍진은 태아가 바이러스에 감염된 시기에 따라 결과가 다른데, 임신 초 3개월까지 감염된 경우가 가장 위험하다. 눈, 귀, 머리, 심장, 폐의 발달에 영향을 미칠 수도 있으며, 백내장, 각막혼탁, 녹내장, 그리고 소안구증 등을 수반하기도 한다. 풍진에 감염된 학생들은 빛에 매우 민감하며, 눈에 바이러스 감염 증세가 있는 경우에는 백내장 수술이 어렵다.

3. 다운 증후군(Down Syndrome)

다운 증후군은 백내장, 안구 진탕, 굴절 이상, 사시를 포함한 시각장애를 수반할 가능성이 높다.

4. 마르팡 증후군(Marfan Syndrome)

마르팡 증후군은 유전성 질환으로 비정상적으로 길고 가는 골격과 선천성 심장 질환을 가지고 있으며, 일반적으로 근육이 발달하지 않고, 수정체 탈구와 같은 눈의 결손과 일반적 흐림 또는 복시의 결과 홍채의 파열과 같은 안구 결손의 문제를 가진다. 특히 원거리 시력 과제와 근거리 시력 과제에서 초점을 맞추기가 어렵다.

5. 어셔 증후군(Usher Syndrome)

어셔 증후군은 이중 감각 장애로 인한 진행성 질환이다. 성인기 청각장애의 주된 원인이 되며, 망막 색소 변성을 수반하여 전맹이 될 수 있으므로, 이 질환을 앓는 학생에게는 많은 주의가 필요하고 유전 상담과 지도를 해야 한다.

제4장 시각인지의 발달

눈은 외부로부터 들어오는 정보의 창구로 중요한 역할을 하고 있으며 인간이 인지하는 정보의 80% 이상이 시각을 통해서 들어오고 있다. 이 정보의 창구인 시각에 이상이 생기면 여러가지 정보 획득에 문제가 발생한다. 이런 문제를 이해하려면 인간의 시각인지 발달에 대해 알아야 한다. 이를 위해 이 장에서는 시기능과 인간 행동 그리고 시각인지와 지도에 대해 다루고자 한다.

Ⅰ. 시기능과 인간 행동

1. 시기능의 발달

1) 태생기

난자가 수정된 후 3주가 되면 뇌의 기원이 되는 신경관이 발생한다. 이 시기까지 눈의 기원이 되는 안소와(眼小窩)가 생긴다. 이것이 제1차 안포(眼胞)이며, 제1차 안포의 형성에 이상이 생기면 무안구, 단안증 또는 소안구가 될 수 있다.

수정 후 4주가 되면 척주의 신경 세포가 분화되기 시작한다. 제1차 안포는 표면이 함몰되어 제2차 안포(안배)를 형성한다. 안배의 복측(腹側)은 안배열(眼杯裂)이 된다. 한편 안배 전면에는 수정체판이 형성되며, 안배와 수정판 사이에는 제1차 유리체가 생긴다. 이 시기에 이상이 발생하면 소안구나 선천농포안(先天囊胞眼)이 될 수 있다.

5주째에 인간의 특징인 대뇌가 머리의 양측에 부풀어 오르듯이 생기고 신체가 움직이기 시작한다. 안배열의 양연(兩緣)은 발육하고 접근하여 접착융합(接着融合)한다. 이 접착융합은 6주까지 완성된다. 폐쇄부전(閉鎖不全)이 생기면 홍채결손, 맥락막결손, 시신경공형성(視神經孔形成), 시신경결손이 될 수 있다. 안배외벽은 망막색소상피가 되며, 내벽은 나중에 쌍극세포(雙極細胞), 수평세포, 시세포와 신경절세포, 뮬러 세포(Müller cell), 아마크린 세포(amacrine cell)로 분화한다. 또, 수정체판은 수정체소낭(水晶體小囊)에서 수정체소포(水晶體小包)로 변화하는데, 그 형성 이후에 이상이 생기면 소안구, 무수정체안, 선천성 백내장이 될 수 있다.

눈의 구조는 임신 6주째 거의 완성되며, 이후에는 눈의 각 부분의 분화가 진행된다. 일반적으로 이런 분화는 임신초기에는 후안부(後眼部)의 분화가 빠르고, 후기에는 전안부의 분화가 빨리 진행된다.

7주째에는 척주의 신경세포가 거의 완성되며, 기능을 발휘하기 시작한다. 경부(頸部)와 두부(頭部)의 횡문근의 운동신경 지배가 발생하며, 사지와 체간에 있는 근군(筋群)의 신경지배가 완성된다. 8주째 접촉, 압박, 진동 등의 기계적인 반사운동을 볼 수 있다. 9주째에 호흡, 섭취, 배설과 같은 자발운동(自發運動)이 나타나고, 그 후 바로 손가락의 움직임과 표정, 자세유지와 자세를 바꾸는 등의 기능이 발달한다. 유리체 동맥은 이 시기에 가장 많이 발달하고 이후에는 퇴화하며, 36주 전후가 되면 소실되는데, 이것이 소실되지 않고 일부 남았을 때 일차 유리체 잔류가 된다. 같은 시기에 제2차 유리체가 뮬러 세포 기저에서 생겨 제1차 유리체는 중앙부로 압박을 받아 들어가서 10주까지 흡수된다. 제1차 유리체가 흡수되지 않고 증식된 것을 제1차 유리체 잔류라고 한다.

17주가 되면 대뇌의 신경 세포 형성이 어느 정도 완료되어 140억개 정도의 신경세포가 대뇌피질을 형성한다. 대뇌피질의 신경세포수는 이 시기에 가장 많으며, 이후에는 차차 줄어든다. 수정 후 20주가 되면, 뇌간이나 척수를 중심으로 신경세포 축삭의 수초화(髓鞘化)가 시작된다. 수초화는 신경세포간의 강한 연결과 신호의 전달, 처리기능의 향상을 가져온다.

22주가 되면 뇌간에서 동안신경(動眼神經)에 이어 삼차신경과 청신경, 내이신경 등의 감각신경에 수초화가 시작된다. 26주가 되면 대뇌 표면에 중심구(中心溝)와 두정후두구(頭頂後頭溝), 실비우스열이 확실히 관찰되어 인간 대뇌의 특징이 나타난다. 뇌간은 계속 발달하여, 소리와 빛에 대한 반사를 보인다. 수정 후 30주가 되면, 시신경과 뇌간, 척수와 연결되는 축색의 수초화가 시작되며, 중이(中耳)가 형성되어 외부의 소리를 들을 수 있는 준비가 되며, 광자극이 뇌로 전달될 수 있게 된다. 또 수정 후 37주가 되면 대뇌 내부의 축삭도 수초화가 시작된다.

2) 눈과 시기능의 발달

출생 후 눈의 성장은 신체의 다른 부위의 성장과 비교해 볼 때 빨리 끝나버린다. 출생 후 안구의 직경은 앞에서 뒤까지의 직경이 약 17mm이고, 성장이 완료되면 24mm에 이르지만, 이 크기는 출생 때에 비하여 1.5배에 지나지 않는다. 각막의 직경은 출생할 때 8~9mm이고, 성인 각막의 크기는 10~11mm인데, 2세가 되면 이미 이 크기가 된다.

수정체는 출생할 때 거의 구형인데, 굴절력이 대단하다. 이것은 안구의 짧은 전후경(前後徑) 때문에 생기는 원시화를 광학적으로 방지하는 역할을 해야 하기 때문이라고 생각한다. 수정체는 나이가 들면서 평평해지고 또 경화(硬化)되어 간다. 수정체 조절은 출생 후부터 생후 1개월까지는 75cm, 6개월 전후가 되면 150cm 거리에서 초점을 맞출 수 있다고 여겨진다.

모양체는 7세 전후가 되면 완전한 형태를 갖추게 되고, 모양체근(毛樣體筋)은 4~6세가 되면 성인과 같은 기능을 지닌다. 망막황반부는 출생 당시에는 해부학적, 생리학적 그리고 심리물리학적으로 불완전하고, 성인의 망막주변부의 기능과 비슷한 성질을 지니고 있다. 황반부는 그 후 발달하여 약 4개월이 되면 추체 세포의 숫자가 성인의 그것과 같아지고, 5세 전후까지 기능이 계속 발달한다. 그러나 시신경의 수초화는 생후 수주가 되면 완성된다.

출생 직후의 신생아도 여러 감각에 대해 상당한 변별반응을 보이고 있다. 신생아에게 시각자극, 청각자극을 주면 심박수가 감소한다. 또, 생후 48시간 지난 신생아에게 특정한 시각 형태를 보여주면 그 형태를 선택적으로 주시하는 선호주시(選好注視)를 보이고 소리가 나는 쪽으로 머리나 손을 뻗는 반응도 보인다. 이러한 정위반응(定位反應)은 같은 자극의 반복으로 순화(馴化)된다고 한다.

이런 반응 즉, 선호주시를 근거로 하여 유유아의 시기능을 측정하여 그 발달의 정도를 파악할 수 있다. 이 때 사용하는 장치에 따라서 그 측정치가 조금씩 다르게 나오기는 하지만, 생후 2개월에 한쪽 눈의 시력은 0.02, 3개월에는 0.03, 4개월에는 0.05, 5~6개월에는 0.04~0.07, 11~12개월에는 0.08~0.15, 17~18개월에는 0.20~0.22, 24개월에는 0.36, 36개월에는 0.91이 된다는 보고가 있다(大川原 外, 2001).

자각검사를 실시하는 나이인 3세가 되었을 때 시력이 1.0이 되는 비율은 67%가 되고, 4세 아동은 72%, 5세 아동은 83%가 된다. 이 시기에는 여러 개의 시표(視表) 중에서 하나를 읽게 하여 검사하는 시력표보다는 한 개의 시표만을 보이고 시력을 검사하는 방식이 더 좋은 결과가 나오며, 위에 제시한 결과는 글자 한 자 한 자를 따로 보여주어서 검사한 결과이다. 시력 발달은 6~8세까지 진행된다고 알려져 있다.

신생아는 수시로 별다른 목적 없이 안구운동을 한다. 또 시대상을 주변 시야 안에서 보여주면 그 대상을 보고자 하는 안구운동도 한다. 이 안구운동은 모두 충동성 안구 운동이다. 운동대상을 향한 능숙한 추시운동(追視運動)은 생후 3개월이 되어도 아직 완전하지는 않고 차차 발전한다. 폭주운동(輻輳運動)은 3개월 이전에도 보이는데, 질적으로 성인과 같은 정도에 달하는 것은 6개월 정도가 되어서이다.

지금까지 시야의 발달은 측정방법이 어려워서 따로 개발되지 않고 별도로 연구되어 오지 않고 있었다. 주변시야 내에서 보여준 시대상물을 향한 충동성 안구 운동을 살펴서 시야를 측정한 시야 측정 결과에서는 생후 8주 이후의 시야는 차차 넓어져 학령기 이후에도 계속 발달하여 12세 전후가 되면 성인의 시야와 같은 범위에 이른다.

2. 시각과 인간 행동

1) 심리적 발달

생후 초기에 외부에서 들어오는 정보 중 부모로부터 받는 영향의 비중은 아주 크다. 일상생활에서 보이는 기쁨의 공유는 심리적인 발달을 촉진시키는 촉매가 된다. 부모가 유아에게 제공하는 경험의 질과 양은 문화적 요인, 사회적 요인 및 경제적인 요인에 따라 영향이 달라지는데, 이것보다 영향력이 강한 것은 부모의 정서적인 상태이다.

유아가 장애를 지니고 있다는 것을 발견하고, 의사의 검사와 진단, 조기 치료와 같은 과정을 밟고 있는 사이에 부모는 자연스럽게 충격이나 슬픔, 불안, 우울과 같은 반응을 나타낸다. 이 때문에 유아의 반응 형태는 부모의 스트레스를 한층 더 강하게 할 수도 있다.

예를 들어, 시각장애 유아는 부모에게 눈을 맞추지 못한다. 이야기를 걸어도 표정이 없으며, 갑자기 안으면 놀라서 울기 시작한다. 이러한 유아의 행동은 부모에게 정서적인 피로를 가져다준다. 그 결과 유아의 장애에 대처하는 부모의 의욕은 저하되고 유아에게는 아주 중요한 부모와의 상호 작용이 저하되고 만다.

정안 유아는 시각을 통해서 매력적이고 동적인 광범위한 세계의 존재를 알게 된다. 그 결과 일생을 통해 여러 가지를 획득하기 위한 마음과 몸의 상태를 향상시키는 높은 질의 퍼스낼리티 즉, 동인(動因)이 형성된다.

부모의 눈과 얼굴에 나타나는 표정은 정서적 발달과 상호 교류의 획득에 꼭 필요한 애정과 의사소통의 감각을 중계한다. 이와 같은 시각적인 정보가 결여되면 심리적인 기본 요소가 발달하지 못한 상태로 남는다. 유유아가 생후 수개월 내에 '쾌'와 '불쾌'와 같은 내적 감정뿐만 아니라, 외부에 대한 흥미와 반응을 발달시키지 못하면 이 발달은 더 지체된다. 그래서 생후 수개월이란 기간이 특히 중요하며, 시각장애가 예상될 때는 정서적인 지원과 부모를 대상으로 한 발달에 대한 상담을 하는 것이 아주 중요하다.

유아의 시각장애로 인하여 괴로워하는 부모들을 도와주고, 부모로서의 자신감을 회복시켜주는 것이 중요하다. 예를 들어, 시각장애 유아에게 이야기를 걸었을 때 얼굴 표정에 변화가 없는 것은 흥미가 없는 것이 아니라 단지 듣기만 하기 때문이라는 것을 이해시켜야 한다. 이야기를 걸 때 유아의 손을 부모의 얼굴에 대어주면서 부모의 얼굴이 생생하게 변화하는 것을 만져 볼 수 있게 해 주어야 한다. 이런 개입이 시각장애 유아와 그 부모의 관계 발달에 커다란 도움이 된다.

2) 촉각의 발달

취학 전 시각장애 유아는 촉각과 촉각의 변별 능력 및 촉각을 사용한 탐색 능력 기술이 정안 유아보다도 낮다고 알려져 있다. 다른 감각과 같이 촉각의 발달은 시각에 의해서 정상적으로 발달할 수 있도록 자극받는데, 시각장애 자체가 촉각 발달의 저해 요인이 된다.

다른 감각과 같이 신경회로가 구축되는 임계시기가 존재하므로 미숙아 망막증, 우안 등 장래에 전맹이 될 가능성이 높은 취학 전 유아에 대해서 촉각 발달을 꾀하는 특별한 지도가 필요하다.

3) 언어의 발달

최근의 연구에서 '시각장애 아동의 언어는 정안 아동보다 자기중심적이고, 단어의 의미도 제한적으로 사용하고 있다'고 밝혀지고 있다. 시각장애 아동은 시각적인 참조가 곤란하고, 부모가 아동에게 말을 걸 때, 몸짓과 같은 비언어적인 요소를 더하거나 물체를 상세하게 묘사하는 것이 아니며, 시각적인 정보를 포함한 말도 거의 사용하지 않는 것들이 그 원인으로 여겨지고 있다. 따라서 시각장애 아동은 실제 세계와 언어를 연결하는 단서가 부족하기 때문에 언어를 발달시켜야 한다.

시각장애 아동은 언어에 대해 지연성 및 즉시성, 따라하기 반응을 보이는 빈도가 높다. 이는 다른 감각으로부터 들어오는 정보가 부족하기 때문이라고 생각되는데, 시각장애 아동에게 발달한 청각적 기억 기술을 보이는 것이라고도 생각한다. 시각장애 아동은 정안 아동보다도 대화중에 청각적인 단서가 존재하면 그것을 쉽게 찾아내기는 하지만, 그 의미를 정확하게 해석하고 있는 것 같지는 않다.

특히 선천성 시각장애 아동에게 있어서 추론하는 기술은 청각적 기억 기술보다 발달이 지체되어 있다. 그 결과 화제(話題)의 변화를 좇아가면서 폭넓은 단어의 의미를 이해해야 하는 상황이 되면 단어를 잘 모르고 사용하는 경향을 보인다.

이상은 시각장애 아동 중에서도 주로 맹아동에 대해서 서술한 것으로 저시력 아동도 이와 같은 발달 지체가 일어나기 쉽다고 생각한다. 따라서 저시력 아동에게 있어서도 유유아기에 사물이나 사상(事象) 또는 동작의 이미지를 명확하게 알 수 있는 방법을 고안하고 이 명확한 이미지와 단어의 대응 관계를 형성시킬 수 있는 방법이 필요하다.

생후 1년간 발달하는 다른 기능으로는 팔뻗기, 손으로 쥐기, 동작에 필요한 손과 팔의 기능, 이동에 필요한 신체부위의 각 기능, 운동 형태의 세련과 조정, 자세와 방어반응 등이 있다. 유아에게 시각장애가 있어 저시력이 예상될 때 이런 모든 발달에 영향을 줄 수 있으며, 저시력 아동은 시각적인 작업을 피하는 경향이 나타난다.

그러나 잘 보이지 않는다고 해도 적극적으로 눈을 사용하고 능동적으로 외부를 대하게 하는 것이 시기능의 발달과 팔과 손동작과 같은 신체 동작의 발달에도 바람직한 영향을 준다. 그러므로 외부를 향한 적극적이고 능동적인 자세를 신장시키는 것이 무엇보다 중요하다.

Ⅱ. 시각인지와 지도

1. 시각장애가 시각인지에 미치는 영향

인지란 인간의 외부 환경과 사상(事象)을 이해하는 것이다. 즉, 생활환경 속에서 발생하는 여러 자극을 받아들이면서 그것을 적절히 처리하여 주변 세계를 알아 가는 과정이 인지이다.

'눈은 마음의 창'이라고 하는데, 이 말은 시각인지는 인지기능의 기초적인 과정이라는 것을 표현하고 있다고 해도 좋을 것이다. 저시력 학생은 이 인지기능의 기초가 되는 시각을 통해 외부로부터 들어오는 시각정보를 받아들이는 단계에서 많던 적던 불편을 겪고 있다. 그러면 실제로 시각장애가 시각을 통해 외부의 사상을 인지할 때 어떤 영향을 주고 있는지 알아보자. 이것을 이해해야 저시력 학생의 시각인지의 난이도와 시각인지의 지도 방법을 연구할 수 있는 단서를 얻을 수 있다.

佐藤(1988)은 저시력 학생의 시각장애에 대해 다음과 같은 8개 항목을 들고 있다. ①세세한 부분을 잘 모른다 ②큰 부분을 볼 때는 전체 파악을 하지 못하는 경우가 많다 ③전체와 부분을 동시에 파악하기 어렵다 ④경계를 확실하게 알지 못한다 ⑤입체감이 결여되어 있다 ⑥운동지각에 어려움을 겪는다 ⑦지각 속도가 느리다 ⑧눈-손 협응 동작이 잘 되지 않는다.

따라서 저시력 학생의 장애를 이해하려면 佐藤이 지적한 바와 같이 여러 장애가 있으며, 또 실제로 저시력 학생이 보는 것은 개개인마다 다르다고 생각해야 한다. 이것을 전제로 하고 시각에 장애가 있다는 사실과 보이는 것이 다르다는 점 그리고 이로 인해 외부에 있는 사물과 사상을 시각적으로 인지하는데 영향을 받는데 첫째, 시각 대상의 세부까지는 명확하게 보이지 않는다. 둘째, 보이는 부분에 제한이 있어서 전체와 부분이 명확하게 구분이 되지 않는다는 것이다.

1) 세부 파악이 곤란한 정도

저시력 학생은 시각 대상을 시각적으로 보고 정보를 얻을 때, 정도의 차이는 있지만 세부까지 명확하게 보지 못한다고 할 수 있다. 이 때문에 아주 비슷한 대상을 보고 그것을 서로 다르다고 판단하지 못하거나 세세한 형상과 형태를 파악하는 데에는 어려워하고 있다.

예를 들어, 문자 학습을 할 때는 모양이 비슷하면 대강 같은 글자로 인식하는 경우가 많으며, 점과 획을 잘못 알고 있으며, 선의 돌출부분과 휘어진 부분을 잘못 알고 있거나, 모양이 비슷한 글자를 잘못 이해하거나, 비슷한 모양이긴 하지만 실제로는 모르는 글자를 잘못 쓰거나 하는 등의 행동을 보이며, 획수가 많은 한자 즉, 세부까지 잘 보아야 하는 한자가 나오면 잘못 쓰거나 잘못 읽는다.

다른 예를 들어 보면 자동차인지는 알아도 흐릿하게 보이기 때문에 창의 새시 부분까지는 모르거나, 나뭇잎은 모두 같은 모양으로 보이거나, 작은 물고기를 볼 때 세세한 부분의 특징까지는 보이지 않기 때문에 눈인지 아가미인지도 구별하지 못하는 식의 일이 흔히 있다.

또한 사람의 얼굴을 제대로 알아보지 못하는 것도 세세한 부분의 차이를 알아보지 못하기 때문이라고 할 수 있다. 즉, 사물의 세세한 작은 부분까지는 보이지 않기 때문에 애매하게 기억하고 있거나 잘못 기억하고 있거나 또는 서로 닮은 부분과 다른 부분의 차이를 구별하지 못하기도 한다.

동시에 세세한 부분의 차이를 구별하지 못하기 때문에 물체에 공통적인 특징과 속성을 알아보지 못하므로 생기는 어려움을 겪고 있다. 예를 들어, 형태, 색, 크기가 서로 다른 꽃이라도 꽃이라는 인식을 하려면 각 꽃마다의 특징과 차이를 알고 공통되는 꽃의 특징도 알아야 한다. 또, 여러 색이나 크기 및 형태를 한 자동차를 스포츠카형, 웨건형, 세단형과 같이 분류하려면 각 자동차의 세세한 부분까지 모양을 인식하고 그것을 근거로 자동차의 형태, 공통점, 속성을 이해해야 한다. 저시력 학생은 대상물의 세세한 부분까지 잘 보이지 않으므로 세세한 특징과 서로 다른 차이점을 잘 알지 못하기 때문에 하나의 사물에 관한 여러 측면을 알아차리거나 많은 사물에서의 공통성과 관계성을 규명하는데 곤란을 겪고 있다.

2) 전체와 부분의 관계 파악의 어려움

시각장애와 시각 자체에 대한 이해를 하는데 알아두어야 할 것 중의 하나는 실제 시계(視界) 범위 즉, 시각적 대상물을 한 번에 파악할 수 있는 범위에 차이가 있다는 것이다. 대상물을 보는 범위의 제한이라고 하면 시야에 장애가 없는 저시력 학생에게는 관계가 없는 것이 아닌가 하고 생각할 수 있으나 그렇지 않다.

저시력 학생은 시각장애를 극복하려고 대상과의 시거리를 좁혀서 물체를 본다. 즉, 시거리를 짧게 해서 자신이 인지할 수 있는 크기로 대상물을 확대하여 본다. 이 확대 작업은 다시 말해서 총체적으로 대상물을 한꺼번에 볼 수 있는 범위가 좁아질 수밖에 없게 된다고 할 수 있다(그림 4-1).

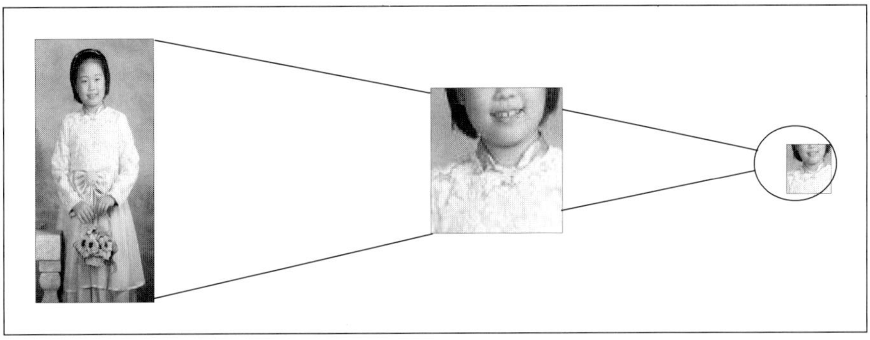

<그림 4-1> 시거리와 보이는 범위의 한계

실제로 0.1 정도의 시력을 가진 학생은 1.0의 시력을 지닌 학생이 40~50cm 떨어져서 읽을 수 있는 글자를 4~5cm 라는 극히 짧은 시거리를 두고 읽어야 한다. 시거리가 10분의 1이 되면 계산상으로 시거리는 같은 비율로 짧아진다. 즉, 정안 학생이 대상의 전체상을 한꺼번에 보는 데 비하여 시거리를 짧게 하여 망막상을 크게 확대하여서 보는 저시력 학생은 정안 학생에 비해 몇 분의 1의 범위만을 보는 것이다.

小林와 五十嵐(1992)는 한꺼번에 파악할 수 있는 이 범위의 제한이 시각인지에 어떻게 영향을 미치는지에 대해 퍼스널 컴퓨터의 화면에서 보이는 범위를 제한하여서 검토했다. 그 결과 누가 보아도 곧 알 수 있는 것도 보이는 범위를 제한시키자 초등학교의 교과서에 나오는 복합도형과 같은 구체물을 인지하는 데에도 훨씬 더 많은 시간이 필요했다. 또, 복합도형 중에는 시간이 많이 걸려도 무엇이었는지를 알아보지 못하는 경우도 있다는 것을 보고했다. 보이는 범위가 좁으면 눈을 뜨기만 해도 알 수 있는 것을 모르는 경우도 있다.

이 점에 대해서 池田와 內河(1978)는 보이는 범위에 의해 대상의 시각적 형태가 인지할 수 없게 되는 요인은 시각정보를 받아들이는 데 시간이 걸리며, 이것은 바로 한꺼번에 정보를 수용하지 못하기 때문이라고 생각한다고 했다. 이 현상을 감소시키려면 하나의 그림을 가로와 세로로 각각 5조각 즉 25조각으로 나누어 하나 하나의 간격을 두고 전등을 깜빡이게 하는 방법 즉, 그림 조각 표시법을 사용하여, 시각 이미지가 형성되려면 어느 정도의 시간 내에 모든 정보가 수용되어야 하는지를 조사해야 한다고 했다(그림 4-2).

<그림 4-2> 그림 조각 표시법

그리고 그림을 인식하려면 0.6초 이내에 25조각으로 된 그림 전부가 시각적 정보로 수용되어야 하며, 1초 가까이가 되면 대부분의 학생들이 본 것이 무엇이었는지 판단할 수가 없었다. 그 시간을 넘으면 이 조건의 실험에서 뇌는 시각적으로 하나의 형태로 인식하지 못하는 것으로 보인다.

2. 시각인지와 정보처리

1) 시각장애로 인한 시각인지

小林 등(1995)은 저시력 학생이 시거리를 짧게 해서 좁은 실제 시계에서 인지하는 것을 '눈으로 만져본다'고 표현하고, 촉각인지와 비슷한 인지라고 언급했다. 즉, 앞에서 언급한 연구(小林 外, 1992; 池田, 1978)에서 지적했듯이 만질 때와 같이 차례차례 입력되는 부분들이 모아진 정보(계시적 정보)를 결합시켜 재구성하고, 대상의 전체상을 파악하는 과정을 거친다. 이와 같은 과정을 거쳐 그림 4-3-(B)와 같이 저시력 학생은 시각인지를 할 때 부분들을 조각조각으로 보고 이것을 합쳐서 판단하는 방법에 매우 익숙해져 있다(小林, 1983)고 했다. 아래 그림의 도형 패턴의 인지는 저시력 아동이나 정안아동이나 V형으로 발달한다(A). 그러나 저시력 아동의 발달은 1~2학년 지체되기 쉽다.

이것을 다시 정리하면 ①시각장애로 인해 선명하지 않게 들어오는 시각정보를 보충하기 위해서 ②시각대상을 확대하려고 ③실제로 좁은 시계 속의 대상을 잘라서 보며 ④대상을 구성하는 부분들의 시각정보를 계시적으로 본다는 것이다. 이 때문에 ⑤시각대상의 인지에 시간이 필요하며 ⑥전체상을 부분들로 보기 쉬우며 ⑦전체상을 통합해서 보는데 어려움이 있다. 정리하면 '나무는 보되, 숲은 보지 못 한다'고 할 수 있다.

또한 시각장애학생은 시각대상의 세부까지 명확하게 보는 것은 어렵기 때문에 ①비슷한 대상들의 차이를 알아보지 못하며 ②정확한 형태를 인식하지 못하며 ③이와 함께 하나의 사물에 관한 다양한 측면을 알아보지 못하며 ④많은 사물의 공통성, 관련성을 찾아내는데 장애를 지니고 있다.

시각인지의 기초지도는 이러한 저시력 학생이 처해 있는 시각인지 상황을 이해하고, 그 학생이 보유하고 있는 시각을 최대한 활용하게 하기 위한 기본적인 '보는 힘'을 기르는데 있다.

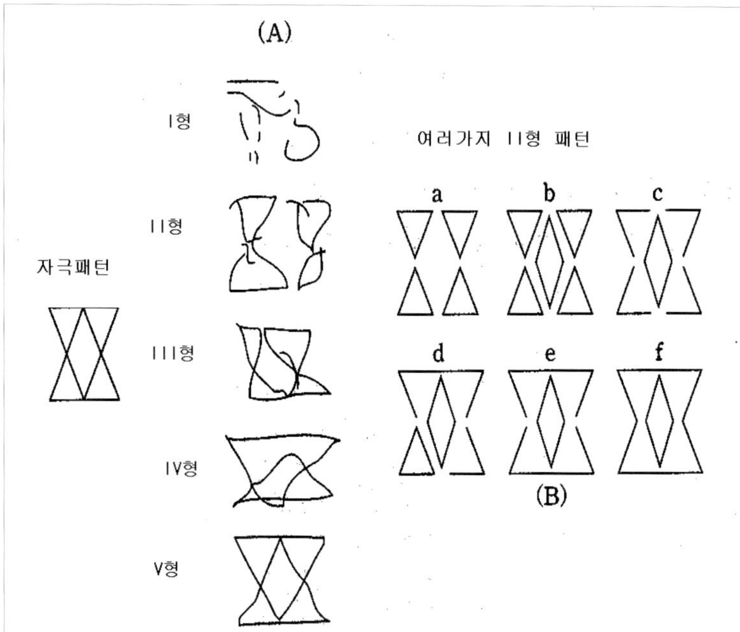

<그림 4-3> 도형인지의 단편적 분절화(小柳 外, 1983)

2) 시각인지에 의한 시각정보

전술한 바와 같이 시각인지는 인지기능의 기초 과정이다. 학생들은 시각을 통해 외부의 다양한 사상(事象)에 관한 정보를 자신의 머릿속으로 받아들이고 학생 나름대로 인지의 세계를 넓혀간다. 즉, 외부로부터 새로운 사상이 학생의 지적욕구를 일으키고 스스로 현상을 탐색, 작용하여 미지의 세계를 자신의 것으로 하여 이미 알고 있는 세계로 내재화한다. 이런 환경과 사진과의 상호작용에 의해 학생은 보다 고차원적인 질적으로 다른 인식의 세계를 넓혀간다. 시각정보는 자신과 환경과의 상호작용을 뒷받침하는 중심 역할을 하며, 학생이 외부 세계에 흥미와 관심을 가지게 하고, 생활의 세계를 넓혀 가는 원동력이 된다.

이와 같은 학생의 발달 시점에서 보면, 저시력 학생들은 시각을 통해 매력 있는 외부를 인지하고, 그 속에 있는 사물에 대한 흥미와 관심으로부터 동기를 부여받아 주체적으로 환경에 작용하고, 그 결과 피드백을 실감하고 내재화하여 그 기본이 되는 보는 능력을 향상시킬 수 있는 지도를 필요로 한다.

만일 보는 힘이 충분히 신장되지 않고, '잘 보이지 않기 때문에 모른다,' '잘 보이지 않기 때문에 할 수 없다'는 상황이 계속되면 미지의 사상이 미지가 아니라 자신과 환경과의 상호 작용에 의해 새로운 세계로의 인식을 넓히는 데에 제한을 받을 수밖에 없다. 그리고 무엇보다도 이런 상황은 학생에게 필요하지 않은 실패의 경험을 축적시켜 외부로 향한, 새로운 세계를 향한 학생의 관심과 흥미 그 자체를 감퇴시키게 한다.

이렇게 되면 보는 것에 대한 의욕을 잃고 보는 것 자체가 싫게 되어 보유하고 있는 시력을 충분히 활용하지 않는 상황으로 바뀌게 된다. 香川(1996)은 저시력 학생의 시각인지 능력에 대해 ①보여도 보이지 않는 단계 ②보는 능력만큼 보이는 단계 ③보이지 않는 것까지 보는 단계로, 보는 단계를 셋으로 나누어서 설명하고 있다.

보여도 보이지 않는 단계란 보는 것에 대한 의욕이 충분히 신장되지 않은 상태라고 할 수 있다. 저시력 학생의 지도에 있어서는 먼저 '보는 것이 싫지 않았다'에서 '보는 것이 즐겁다'로 느끼게 되고, '적극적으로 보자'로 적극적인 의욕과 그것을 뒷받침하는 기본적인 시각 활용의 기능을 키워주어야 한다. 시각인지의 기초지도는 저시력 학생이 외부에 대해 흥미와 관심을 가져 새로운 인식을 넓혀 가기 위한 기본적인 지도이다.

3. 시각 활용을 위한 지도

시각을 통해 외부의 환경을 인식하기 위해서는 자극을 받고 시각정보를 선택해야 한다. 즉, 시각적인 대상물에 목적을 두고 눈을 돌리거나, 필요한 정보를 찾기 시작하는 것은 시각을 활용하기 위해 필요한 가장 기초 학습 내용이다.

이러한 시각인지에 관련된 보기 능력은 신생아기부터 유아기 사이 초기에 급격하게 발달하고 획득된다. 눈 앞 30cm에 제시한 시각적 대상물에 신생아는 생후 곧 바로 아주 짧은 시간이긴 하지만, 그것을 쳐다보고 차차 조건을 바꿔 가면 제시한 물체를 눈으로 따라갈 수도 있다.

생후 4주가 되면 대상물을 지속적으로 주목할 수 있으며, 12주가 되면 기본적인 추시능력을 갖춘다. 그리고 생후 4개월에서 6개월이 되면 이미 눈과 머리를 자유롭게 움직여 물체를 보고 수 분간 지속해서 보면서 즐거워하고 본 것을 향해서 손을 뻗을 수도 있다. 즉 생후 4~5개월이 되면 이미 외부의 환경을 파악하기 위한 초기 시각활용 능력은 길러지고, 바로 이 능력에 힘입어 보다 큰 움직임이 있는 시각 세계에 대해 시각 인식의 세계를 넓혀 간다.

그러나 이런 초기 발달은 시각에 장애가 없고, 적절하게 시각 정보가 피드백 되는 상호작용 속에서 자라나는 학생의 경우가 그렇다는 것이다. 시각에 장애를 지닌 학생은 배려가 없으면 그것을 학습하는 기회를 양적으로도, 질적으로도 충분히 얻을 수 없다. 이것이 저시력 학생의 시각 활용과 외부로 향한 의욕에 영향을 준다.

저시력 아동에게는 1년 6개월에서 2세 사이에 주시, 추시, 주사의 능력을 충분히 길러주어야 하고, 또 시각적 탐색은 유아기 전체를 통해서 계속적으로 지도해야 한다. 이러한 시각 활용의 초기 학습은 보려는 대상에 눈을 향하고 그것을 이미지로 받아들인 후 필요 없는 정보를 배경에서 제거하는 것이다.

이를 위해서는 '그림-글자 변별'의 능력을 길러주어야 한다. 또한 이러한 지도는 저시력 아동의 기본적인 보는 능력을 키워주는 지도이기도 하다. 보다 고차원적인 의미를 살펴보면 시각정보의 선택적 주의와 주의를 지속하는 능력을 길러주어야 하는데, 이것은 도형인지나 형태인지를 길러 주는 기초가 되기도 한다.

1) 주시(注視: fixation)

주시를 촉진하는 지도를 할 때는 연령이 낮은 학생이나 중도(重度) 저시력 학생에게 시각 활용의 초기 단계인 '아무래도 보이지 않는다'는 상황에서부터 목적적, 의식적으로 대상을 보는 단계로 옮겨가게 하는 것을 목표로 한다. 이 학습은 동시에 시각을 활용하여 외부의 사물과 사상에 관심을 가지고 그것들을 보려고 하는 흥미와 의욕을 키우는 기본적인 지도이기도 하다.

주시에는 또 대상물에 수의적으로 눈을 향하는 '시각정위'와 본 것을 시각적으로 파악하기 위해 계속해서 집중해서 보는 '지속적 주시'가 있다. 실제로 지도할 때는 시각정위와 지속적 주시를 각각 관찰해서 지도하는 것이 바람직하다.

(1) 초기 단계의 지도

초기 단계에서는 빛이 나는 교재를 사용하는 것이 효과적이다. 예를 들어, 스위치를 누르면 빛이 나는 교재나 회전시키면 빛이 나는 말 등을 사용하여 학생의 흥미를 끌어내도록 한다. 방을 조금 어둡게 하고 환등기의 빛을 벽에 쏘면서 노는 '플래시 라이트 놀이'도 아주 효과적이다. 이런 활동들을 통해서 시각대상을 지속적으로 보는 것과 활동을 반복해서 수행하면서 시각을 활용할 수 있는 시간을 길게 늘인다.

단, 이런 활동은 시각적으로 대상물을 정위할 수 있는 단계까지 계속되지는 않는다. 보려고 하는 의욕이 아주 약한 초기 단계에서는 효과적인 활동이다. 외부로부터 들어오는 자극을 충분히 인지할 수 있도록 능력이 신장되면 가능한 한 조기에 빛에서 실물로 교재를 바꿔서 학습하게 한다.

(2) 실물을 사용한 지도

학습 중에서 실물을 사용한 주시를 촉진시키는 것으로써 아동의 흥미를 끌어 낼 수 있는 모든 것을 교재로 사용할 수 있다. 아동의 주의를 가장 잘 끄는 것은 폭 1.5cm 정도의 흰 색과 검은 색으로 된 줄무늬 모양의 얼룩말이다. 또, 만지면 소리가 나는 것을 이용해서 주시를 촉진시키는 것도 효과적이다. 아동이 흥미를 보이는 것부터 활동을 시작하여 보다 작은 물건을 주시하도록 진행해 간다. 이 때 교재로 사용하는 것들은 대비가 잘 되는 것이라야 한다.

주시를 촉진할 때 주의해야 할 점은 큰 것을 먼 거리에서 막연하게 보게 하지 말고, 근거리에서 물체를 보도록 하여 눈을 사용하는 능력을 키워주어야 한다는 점이다. 실제로 이런 학습을 계속하면 1년 2개월 단계에서 4～5cm 근거리의 시각대상물을 보는 눈의 사용법을 익힐 수 있다.

(3) 주시점 이동

빛이나 실물을 보고 주시를 촉진시키는 학습을 통해서 시각정위와 지속적인 주시가 쉽게 되는 단계가 되면 주시점의 이동을 촉진시킨다. 주시점 이동은 추시의 발달과 관련되는 주사의 기초가 된다. 익숙하지 않은 장소에서도 대상물에 곤란을 많이 느끼지 않고 시점을 움직이도록 촉진시키기도 하고, 복수의 대상물에 시선을 옮기게 하거나 대상물을 번갈아 가면서 볼 수 있도록 학생의 눈의 움직임을 확인하면서 도와주는 것이 효과적이다.

2) 추시(追視: tracing)

추시는 아래 표 4-1에 보는 바와 같은 단계를 거쳐 발달한다(Erhardt, 1990). 생후 6개월에는 두부와 눈을 마음대로 움직이며, 안구를 수평 방향뿐만 아니라 위쪽, 아래쪽으로도 자유롭게 움직여 표적을 쫓을 수 있다.

<표 4-1> 추시의 발달(Erhartd, 1990)

생후 개월 수	추시의 범위
1개월	정중선에서 수평 60° 범위에서 추시한다. 움직임은 거칠다.
2개월	정중선을 조금 벗어난 곳으로부터 수평 90°의 범위에서 추시한다. 움직임은 거칠다.
3개월	머리를 움직이면서 한 방향으로 연속적으로 수평 180°의 범위를 추시한다. 움직임은 거칠다.
4개월	눈은 머리와 독립해서 움직이기 시작하며, 수평 180°의 범위를 추시한다. 정중선상에서는 거칠게 움직인다.
5개월	눈은 머리와 완전히 독립하여 움직이고, 수평 180°를 아주 자연스럽게 움직인다.
6개월	어떤 속도내의 무한대의 거리에서 수평 180° 범위 안에서 자연스럽게 추시한다.

그러나 근거리에서 시각대상을 쫓을 수밖에 없는 저시력 학생은 실제 시계가 좁기 때문에 움직이는 대상을 추시하는 데 많은 부담을 가지고 있다. 동시에 근거리에서 보기 때문에 발생하는 좁은 시야 때문에 추시를 하려면 머리를 많이 움직일 수밖에 없다. 이것이 생후 6개월 후 두부의 움직임에서 안구의 움직임이 독립하고 다양한 대상을 자연스럽게 쫓을 수 있는 정안 학생과의 큰 차이점이다. 저시력 학생은 머리를 적극적으로 움직이면서 대상을 추시하는 방법을 향상시켜야만 한다.

추시의 발달은 초기 단계에서는 주시점 이동이라는 활동의 흐름 속에서 근거리에서 60° 정도의 범위로부터 추시를 촉진시킨다. 지도 단계는 표 4-1을 참조하여 보다 넓은 범위, 보다 빠른 속도로 단계를 높여 가야 한다. 추시의 방향은 수평방향으로부터 상, 하, 사선 방향으로 옮겨간다. 기본 단계에서는 천천히 움직여서 확실하게 추시할 수 있게 하는 것부터 시작한다.

머리를 적극적으로 움직이면서 넓은 범위의 추시를 촉진시키는 방법을 사용하기 위해서는 도입단계에서 커다란 대상을 사용하고, 40~50cm 정도 떨어진 거리에서 넓은 범위를 추시하는 활동이 효과적이다. 줄무늬 모양이 그려져 있는 빈 깡통을 책상 위에서 굴려 추시를 하게 하거나, 공을 굴려서 빈 깡통을 맞추어 넘어뜨리는 놀이를 하면서 움직이는 물체의 추시를 촉진시키는 것이 좋다.

또 근거리에서 구슬과 같이 작은 것을 이용하는 추시에서는 처음에는 가로 30cm × 세로 50cm 정도의 테가 있는 쟁반을 사용해서 대상이 움직이는 범위를 한정시키는 것이 좋다. 그리고 한정된 범위 내에서 머리를 움직이면서 추시하게 하고 차차 범위를 넓혀 간다.

3) 주사(走査: scanning)

주사란 시각적인 탐색으로 일정한 시야에서 필요한 정보를 찾아내는 것을 말한다. 그리고 주시점 이행과 추시 학습과 깊은 관련이 있으며 그 발달을 기초로 한다. 주사 능력은 도형인지와 같은 시각대상 전체를 파악하여 형태를 식별하는 기초가 된다.

실제 활동은 주시점 이행과 추시 학습의 발전으로 이루어진다. 즉, 주시점 이행과 추시를 하는 도중에 대상을 발견하여 시각적으로 정위하는 것이 주사의 시작이 된다. 또 시각-운동 협응을 고려한 학습에서 시각적 탐색 능력을 충분히 발달시켜야 한다. 예를 들어, 독서대 위에 자석판을 놓고, 여러 장소에 붙여 놓은 자석을 찾아 모두 떼어서 모아 놓는 활동, 판에 쓰여 진 표시를 지우는 활동, 종이 위에 아무렇게나 점을 찍어 놓고 점과 가는 선으로 점을 이어 붙이는 활동 등이다.

그리고 변별학습을 할 수 있는 학생은 여러 개의 자석 중에서 특정한 색을 찾아서 떼어내게 하거나 같은 모양의 자석만을 떼어내게 하는 활동, 몇몇 숫자와 모양이 무질서하게 인쇄된 종이 위에서 특정한 숫자나 모양을 찾게 하는 활동이 효과적이다. 이런 학습은 유아기 때 여러 기자재와 교재를 사용하여 경험을 충분히 쌓도록 하는 것이 바람직하다.

4. 시각-운동협응을 위한 지도

구체적인 조작을 통한 시각-운동협응(눈과 손의 협응)의 지도 목표는 손의 조작성(운동계)이 우월한 상황에서 시각적으로 우월한 상황으로 단계를 높이는 것이다. 예를 들어, 어떤 상자 속에서 블록을 꺼내어 그것을 일정한 모양이 되도록 맞추는 놀이를 하면 다음과 같은 시각적 단계라고 생각할 수 있다.

제1단계(모두 손으로만 하는 단계): 손의 운동감각이 선행(만지기)하며, 블록을 바구니에서 꺼내 손에 쥐고 손 감각으로 블록의 모양을 살펴보고 끼워 넣는다(시각보다 운동감각이 선행).

제2단계(눈으로 보고 손으로 하는 단계): 바구니 속에서 블록을 눈으로 찾아 손에 쥔다. 일단 손에 쥔 후 블록을 쌓을 때는 시각적으로 확인하지 않고, 손의 운동감각으로 작업을 한다.

제3단계(눈으로 장소를 정위하는 단계): 블록을 바구니에서 찾아 꺼낸 후 블록을 쌓을 자리를 확인하는 것까지는 시각적으로 확인하지만, 블록을 쌓을 때는 손 감각으로만 쌓는다.

제4단계(눈으로 방향을 정위하는 단계): 블록을 구멍에 넣을 때에도 시각적으로 손의 움직임을 확인하고 운동을 조정하면서 쌓는다.

저시력 학생은 조작적 활동을 할 때 블록을 잘 쌓지 못하는 상황이 되면 시각을 사용하지 않고 운동감각에 의지하게 된다. 그리고 조금만 더 잘 보면 할 수 있는데도 불구하고 제3단계에서 머무는 학생들이 의외로 많다. 운동감각에 의지하지 않고 자신의 움직임을 시각으로 통제하고 눈으로 확인하면서 움직임을 조정하는 단계로 향상시키는 것이, '보여도 보이지 않는 단계'에서 '보는 능력에 맞게 보는 단계'로 학생의 시각활용 능력을 키워주는 것이다. 따라서 이 학습에 있어서는 시각을 활용하여 자신의 손의 움직임을 미리 계획(운동계획)하고, 조정하는 여부를 교사나 보호자가 늘 확인하면서 지도해야 한다.

이와 같이 시각으로 확인하면서 자기의 움직임을 조정하는 지도는 개념 형성의 기본이 되는 손의 조작적 활동을 통한 변별학습에서도 의식하면서 행하는 것이 중요하다. 예를 들어, 여러 개의 모양 중에서 같은 모양을 맞추어 끼우는 활동이나 색을 분류하고 따로 나누어서 바구니에 넣는 학습에서는 미리 시각을 이용하여 보면서 비교하고 맞는 짝을 확인하고 나서 손을 움직이도록 해야 한다. 즉, 손으로 조작해 보고, 서로 모양이 맞지 않으니까 다른 곳에 또 끼워보는 식의 조작적 변별에서 시각이 선행하고, 보고서 식별하는 '시각적 변별' 방식으로 바뀔 수 있도록 항상 의식하면서 지도해야 한다.

저시력 학생 중에 형태 개념을 알고 있음에도 불구하고 충분히 보고 비교하지 않기 때문에 실패하거나, 보고 비교하는 데 익숙해 있지 않은 학생도 있다. 변별학습에 있어서 확실하게 보고 비교할 수 있게 되면 '보는 능력에 맞게 보는 단계'에 보다 더 가깝게 됐다고 생각해도 좋다.

시각-운동협응을 촉진하는 활동에는 블록 쌓기, 매듭 묶기, 물따르기, 양산을 이용하는 놀이 등 다양하다. 학생 개개인의 흥미와 발달 단계에 따라 적절하게 학습 내용을 준비해야 한다.

5. 시각인지의 유의 사항

1) 다른 감각과의 협응

신체 활동은 시각뿐만 아니라 다른 감각과 관련시키면서 전개해야 한다. 특히 시각과 운동감각을 관련짓는 것은 중요하다. 원래 눈과 손의 협응은 시각-운동협응이라고 할 정도로 시각과 운동은 불가분의 관계에 있다.

인간은 자기가 본 세계를 자신의 신체를 중심으로 한 좌표축으로부터 시작해 공간적 관계를 인식하고 있다. 이것은 자신의 조작을 통해서 피드백되는 체간 및 운동감각과 시각과의 관계 속에 모든 학습과 생활의 세계가 있다고 할 수 있기 때문이다.

지금까지 시각인지에 관한 학습의 실제적 사례를 제시하면서 설명했는데 시각-운동협응은 활동을 통해서 이루어져야 한다.

2) 지도의 독립성과 관련성

시각인지의 기초지도에 관계된 각 영역과 영역의 하위요소, 예를 들어

주시, 추시 등을 실제로 지도 할 때는 이들을 각각 별도로 가르치는 것은 아니며, 시각 활동 속에 몇 개의 영역과 요소가 포함되어 복합적으로 사용될 때가 많다. 따라서 지도의 전개에서는 각각의 영역, 요소에 대해서 독립된 구체적인 목표를 세워 학습 내용을 구성해야 한다.

또 몇 개의 영역과 요소로 구성되는 복합적인 활동에서는 포함되는 요소와 영역들에 목표를 맞춰 학생의 달성 상황과 변화를 기록하는 것이 중요하다. 각 영역과 요소에 대해서 하나하나를 습득하면 생활 속에 종합적으로 반영되어 결국 학생 자신의 생활 세계를 넓혀가게 된다. 학생의 생활 세계를 넓혀 가는 것이야말로 이 학습의 의미를 확인하는 것이라고 할 수 있다. 시각인지 지도 영역의 독립성과 관련성이라는 면에서 항상 의미를 부여하고, 의식적으로 활동 내용을 선택해야 한다.

3) 학생의 흥미에서 시작

시각인지의 기초지도는 외부환경에 대한 학생의 능동적인 인지와 참여를 바탕으로 학생 자신의 자발적인 흥미와 의욕을 키우면서 전개되어야 한다. 이렇게 하려면 활동 내용에서 다음과 같은 조건을 갖추어야 한다.

첫째, 대상 학생에게 정보가 될 만한 '보이는 대상'을 사용해야 한다.

둘째, 보고 재미있다고 느껴지거나 보고 알 수 있는 것으로, 다시 말해 학생의 지적 욕구 수준에 맞는 것을 사용해야 한다.

셋째, 학생이 스스로 반복할 수 있는 것으로 해야 한다.

부언하면 학생 스스로가 '보이는, 알 수 있는, 할 수 있는 활동'을 이용해서 지도를 시작해야 한다. 이런 면에서 먼저 학생으로부터 흥미를 끌어내는 활동 내용과 교재를 학생에게 적절한 것으로 선택할 수 있는 능력을 갖도록 해 주어야 한다.

4) 지도의 기본 단계

학생들이 '보이는, 알 수 있는, 할 수 있는 활동'으로부터 시작하는 지도란 다음과 같은 단계를 밟아야 한다. 각각 시점에서 '보이는, 알 수 있는, 할 수 있는' 것부터 시작하며, 보다 작은 것과 보다 많은 것을, 보다 넓은 범위 내에서 보다 효율적으로 단시간 내에 보고 알거나 할 수 있게 되도록 그 정도를 심화시켜 가야 한다.

현재 할 수 있는 단계에서 만족하지 말고, 다음 단계까지 전체적인 과정을 고려해 가면서 지도한다. 또한 '보이는, 알 수 있는, 할 수 있는' 능력 중 학생이 어느 정도 할 수 있는지를 아는 것은 학생의 현재 상태를 평가하고 지도계획을 작성하는 기초 단계의 기본이라고 할 수 있다. 그 외에도 각 시점마다 저시력 학생의 시각적 인지 능력을 파악해야 한다.

5) 학생에게 흥미를 주는 환경

학생 자신의 능동적인 인지와 활동을 일으키는 흥미와 의욕을 이끌어내기 위해서는 시각장애 정도에 맞는 환경을 배려해야 한다. 가장 중요한 것은 자세의 배려이다. 시각인지 기초지도는 근거리 시각 활용 또는 눈과 손의 협응을 촉진시키는 활동이 중심적 내용이다. 이런 활동을 제대로 하게 하려면 학생에게 맞는 책상과 의자를 준비하고, 독서대를 활용하는 등 잘 볼 수 있는 자세를 유지할 수 있도록 해줘야 한다.

불안정한 자세는 시각 활동에 관계되는 다른 모든 활동에도 불이익을 주며, 학생이 활동하려는 적극적인 의욕을 상실하게 한다. 또한 시각대상의 대비, 광량의 조정 등 대상 학생의 보유 시력의 정도에 따라 적절하게 배려해야 한다.

제5장 저시력 평가

저시력 학생이 잔존시력을 효율적으로 사용할 수 있는 능력을 배양하기 위해 저시력 지원 교사는 저시력 학생의 모든 능력을 평가하여 그 학생의 요구에 맞는 저시력 서비스를 제공해야 한다. 학교와 가정에서 저시력 학생의 일상생활을 관찰하고 시기능을 평가하여 수집한 자료를 기초로 교육계획을 세워야 한다. 이 장에서는 다양한 장면에서의 저시력 평가에 관한 내용과 절차에 대해 살펴보고자 한다.

Ⅰ. 저시력 평가의 개요

1. 저시력 평가의 목적

의학 분야에서 하는 시기능 검사는 안질환을 예방하고 발견하며, 치료계획을 세우거나, 치료 효과를 객관적으로 파악하는 것이 목적이다. 따라서 시력, 시야, 색각, 명순응, 암순응, 안구운동, 조절, 양안시 등의 모든 검사는 이런 의학적 목적 때문에 실시한다. 이런 검사는 검사의 조건이나 방법이 엄밀하게 정해져 있고 표준화되어 있으며, 결과를 해석하는데 전문적인 지식을 필요로 하는 의학적인 검사이다.

그러나 교육적 저시력 평가는 학생들이 살아가는 힘을 길러 주며, 생활을 보다 풍요롭게 하기 위해서 어떤 장면에서 어떤 정도로 시력을 활용할 수 있는 지를 파악하고, 검사한 결과를 보고 보다 쾌적하고 효과적인 학습과 생활환경을 만드는 것을 가장 큰 목적으로 하여 검사하며, 일상생활을 통해서 실시한다는 점에서 의학분야에서 하는 시기능 검사와는 차이가 있다. 이런 목적을 달성하려면 의학적 저시력 검사와는 달리 일상생활에 보다 가까운 상황과 과제를 통해서 시기능을 어느 정도나 활용할 수 있는 지를 평가해야 한다. 교육적 저시력 평가의 주요 목적은 다음과 같다.

1) 자기 이해의 촉진과 재활능력의 회복

저시력 학생 자신이 자신의 눈의 상태를 잘 알면 자신에 대한 이해가 촉진된다. 또한 사회에 적응하는데 있어 적극적인 태도와 풍요로운 생활을 영위하고자 하는 마음 자세와 같은 심리적인 치료에 필요한 자료를 얻을 수 있다.

2) 행동의 이해

저시력 학생이 밝은 빛이 있는 곳을 향하여 손을 흔들거나 작은 구멍을 쳐다보는 등과 같은 행동을 할 때 그 행동을 이해하기 위한 자료를 얻을 수 있다.

3) 필요한 조치의 결정

어떤 생활 장면에서 시각을 활용하는 지, 또한 어떤 과제를 해결할 때 시각 이외의 감각을 어떻게 활용할 지를 결정하는 데 필요한 자료를 얻을 수 있다.

4) 보조기구의 처방과 환경 정비

욕구에 따라 차광안경, 저시력용 확대경, 확대독서기 등을 사용하게 하거나 차광 장치나 커튼 등을 이용하여 광량을 조정하거나 단차(段差)에 대비를 주는 등과 같은 환경을 수정하는 데 필요한 시기능 정보를 얻을 수 있다.

5) 훈련 프로그램의 작성

독서 저해 요인을 찾아내어 훈련에 필요한 요소를 결정하는데 필요한 자료를 얻을 수 있다.

2. 일반적인 저시력 평가

시간이 허락하면 검사장소가 아닌 다른 장소에서 개인의 시기능을 관찰하고 평가하는 것이 보다 더 유익하다. 이 관찰·평가를 실시할 경우 저시력 학생의 평가 서식을 사용할 수 있다. 이 서식은 방대한 리스트로 보일 수 있으나 저시력 학생의 광범위한 평가를 목적으로 하는 매우 기본적인 것이다. 이 서식은 구체적인 평가활동의 기본 지침이 된다.

저시력 학생 평가 서식

· 성명: ________ · 생년월일: ____________ · 학년: ________________

· 주소: ______________________________

· 기타 중요 장애: ______________________________

· 광학보조구(빈도, 목적): ______________________________

● 사물을 볼 때의 자세와 행동:

① 감각의존(촉각·시각): ______________________________

② 머리나 몸의 움직임: ______________________________

③ 주로 사용하는 눈: ______________________________

④ 중심외보기: ______________________________

⑤ 눈의 찡그림: ______________________________

⑥ 기타: ______________________________

● 근거리 시작업(**코로부터** 40cm)

① 표준작업거리: ______________________________

② 읽기 거리: ______________________________

③ 어떤 것을 읽는가? ______________________________

④ 글씨를 쓸 때 거리: ______________________________

⑤ 취미: ______________________________

⑥ 기타 근거리 시작업: ______________________________

⑦ 문제가 있는 근거리 시작업: ______________________________

● 중간거리 시작업(40cm에서 90cm)

① 타자기를 사용하는가?______________________________

② 악보를 읽는가?______________________________

③ 중간거리 시작업을 필요로 하는 취미가 있는가?______________

④ 학교에서 중간거리 시작업을 필요로 하는가?______________

⑤ 기타 중간거리 시작업:______________________________

⑥ 문제가 있는 중간거리 시작업:______________________________

● 원거리 시작업(90cm 이상)

① 상대방의 얼굴을 자세히 알아보는가?______________________________

가능한 거리는?______________________________

② 텔레비전을 보는가?______________________________

거리는?______________________________

③ 영화를 보는가?______________________________

거리는?______________________________

④ 움직일 때 장애물을 피할 수 있는가?______________________________

지금까지 경험한 문제점은?______________________________

⑤ 칠판 글씨를 읽을 수 있는가?______________________________

거리는?______________________________

⑥ 교통표지, 신호를 볼 수 있는가?______________________________

⑦ 시각을 이용해서 보행할 수 있는가?(지팡이나 기타 보조구가 필요한가?)

____

익숙한 장소에서______________________________

안내하지 않았을 때는__________________________

⑧ 기타 원거리 시작업:_________________________

직업·교육:__________________________________

사회적_____________________________________

● 조명

선호하는 조명:_______________________________

야간 시력: __________________________________

● 기능평가: 일반적인 안구운동 능력(해당항목에 ○표 하시오.)

① 명암순응	문제	문제없음	모름
② 원근조절	문제	문제없음	모름
③ 고시	문제	문제없음	모름
④ 추적능력	문제	문제없음	모름
⑤ 양안시	문제	문제없음	모름
⑥ 폭주	문제	문제없음	모름
⑦ 주사	문제	문제없음	모름
⑧ 시야	문제	문제없음	모름

● 시각지각 능력(해당항목에 ○표 하시오.)

① 시각과 운동의 협조	문제	문제없음	모름
② 그림·땅 관계 인식	문제	문제없음	모름
③ 심도·공간 감각	문제	문제없음	모름
④ 시각기억	문제	문제없음	모름

● 임상의사에게 하고 싶은 질문 및 평가 실시자 추가 조언

____

____

____

____

● 평가자: ________________ , 평가 실시일: ____________________

위의 서식에 기입할 때 다음을 참고하여 평가한다.

(1) 보조 기구의 사용: 전에 광학보조구의 사용에 실패한 적이 있는지를 아는 것은 중요하다. 만일 그렇다면 처음에 보조 기구의 사용을 꺼려할 수 있다. 마찬가지로 보조 기구를 잘 사용했다면 무슨 목적으로 사용하고 있는지를 아는 것도 중요하다.

(2) 명암순응: 저시력 학생이 눈을 뜨지 않는지, 항상 선글라스를 착용하는지, 차양이 넓은 모자를 사용하는지, 창문 쪽을 피하는지 등을 관찰하는 것, 밝은 장소에서 어두운 장소로 이동하는 것, 또는 그 반대의 경우에 멈추어서 순응할 필요가 있는지 등 보통의 광량에서 눈을 찡그리는지도 관찰한다.

(3) 원근조절: 눈 가까이에 있는 것을 보는 것을 어려워하는지를 관찰한다. 눈을 사물에 가까이 대고 작업할 때 두통이 생기는지, 눈을 사물에 가까이 대고 작업하면 시력에 변동이 있는지도 관찰한다.

(4) 시선 고정 능력: 하나의 물체에서 다른 물체로 시선을 정확하게 이동하는데 힘들게 한다. 결과적으로 보는 것이 힘들고, 독서할 때 읽고 있는 것을 놓치기 쉽다.

(5) 추적능력: 특히 게임을 하거나 스포츠를 관전하거나 영상을 감상할 때 등, 움직이고 있는 물체를 잘 추적하지 못한다.

(6) 양안시: 양안시가 잘 되지 않는 경우 물체를 향해서 손을 뻗었을 때 물체를 제대로 보고 만지지 못하거나 특정한 거리에서 양안의 초점이 맞지 않거나 또는 한쪽 눈을 차폐시키기 위해서 머리를 한쪽으로 매우 심하게

기울이는 증상을 보인다.

(7) 폭주: 가까운 물체에 동시에 초점을 맞출 수 없어서 눈 가까이에서 하는 작업을 할 때 복시를 호소한다. 따라서 이런 작업을 피하거나 눈 가까이에서 작업하면 두통을 느끼거나 한 쪽 눈을 차폐시키려고 머리를 한쪽으로 심하게 기울이거나 시선이 부자연스럽거나 독서력이 떨어지는 현상을 보인다.

(8) 주사: 환경 속에 있는 물체를 계통적으로 찾기 위해서 머리와 눈을 조화롭게 사용해서 작업이 이루어져야 한다. 머리를 지나치게 움직이면 물체를 발견하는데, 시력에 비해서 매우 많은 시간이 걸리거나 머리를 움직이지 않고 눈을 움직일 수 없는 것은 주사에 문제가 있다는 것을 나타내는 현상이다. 또 시야가 좁으면 주사 능력도 저하된다.

(9) 시야: 물체와 자주 충돌하거나, 걷다가 멈칫거리는 행동은 시야가 좁다는 것을 나타낸다. 발을 끌면서 걷는지, 또는 계단의 모서리 끝을 밟거나 구부러지는 각도를 눈으로 보고 잘 모른다. 특정 위치, 크기 및 대비가 있는 물체를 보고서 잘 판단하지 못한다. 머리가 정상적이지 않은 위치에 있거나 주사 동작이 한쪽으로 치우치면 시야가 좁아진다.

(10) 시각 · 운동의 협조: 시각 · 운동능력이 저하된 사람은 물체를 정상적으로 쳐다보기 어려우며, 스포츠 및 기타 일상생활이 원활치 않다. 글씨를 쓰거나 그림 모양 오리기 등을 잘 못한다. 일반적으로 눈과 손의 협응 능력이 떨어진다.

이상의 능력에 관한 정보는 단순한 조사 또는 주의 깊은 관찰에 의해서 알 수 있다. 그러나 다음의 능력에 대해서는 보다 높은 수준의 검사가 필요하다.

(11) 위치관계의 인식: 위치의 상호관계 인식에 문제가 있으면 동시에 복수의 자극에 반응하는 주의력이 산만한 학생이 된다. 이런 학생은 주사 능력에 문제가 있는 것으로 판단되며, 배경이 명료하지 않으면 눈앞에 있는 것도 발견하지 못한다. 또 물체의 구별이 부정확하고 평상시에는 작은 점

을 잘 보지 못한다.

(12) 심도·공간 감각: 심도·공간 감각 평가는 어렵다. 이에 문제가 있는 학생은 운동기능 전체에 문제가 있을 수 있으며, 동작이 원활치 않다. 언어로 하는 지시에 당황해 하며 눈과 손의 협응을 잘 못하며, 단어 및 문자의 순서가 잘못된 경우가 있다.

(13) 시각기억: 시각기억을 상실한다는 의미는 어떤 물체가 보이지 않게 되면 그 형상을 생각해내지 못하는 것이다. 이는 단기 및 장기 기억과 관련이 있다. 특히 움직이고 있을 때 이 문제가 보다 명료해진다. 목표를 잃거나 단순한 길도 잃거나 익숙하지 않은 길에서 방향감각을 잃거나 익숙한 장소에서도 물체를 잃어서 찾지 못한다. 또한 읽기 능력에 문제가 있으며, 단안경을 사용하면 시야에 문제가 있어 방향을 잃으므로 훈련시간이 길어진다.

지금까지 관찰할 수 있는 전형적인 행동을 개략적으로 설명했다. 이런 행동은 문제가 있는 분야의 단서가 되므로 위와 같은 행동의 유무를 관찰하고 다양한 상황에서 어떤 능력을 발휘하는 지, 또는 어떤 능력이 결여되어 있는지를 판단해야 한다.

다음의 6개 항목은 지정된 작업을 실시하는 능력을 관찰에 의해 또는 실제의 상황을 설정하여 평가하는 데 사용할 수 있다. 시간이 없으면 저시력 지원 교사가 앞에서 진술한 검사를 하지 않고, 이 시점에서 기능평가를 시작해도 무방하다.

(14) 시각·자세행동: 시각 및 자세행동 관찰은 기타 운동, 감각, 시력 및 시야결손 문제를 명확하게 파악하는데 크게 도움이 되므로 중요하다. 시각을 사용하려고 노력하고 있는지, 시각과 함께 촉각에 의존하고 있는지 어떻게 시각을 사용하고 있는지 즉, 몸이나 머리를 기울이는지, 중심외보기를 하는지, 물체를 비스듬하게 보는지, 왼쪽 눈과 오른 쪽 눈 중에서 어느 눈을 더 사용하는지, 또는 양쪽 눈을 번갈아가면서 사용하는지 등, 이런 행동을 다양한 환경에서 관찰한다.

(15) 근거리 시작업: 눈으로부터 40cm 이내의 여러 근거리 시작업에 필요한 기능을 관찰한다. 놀이, 독서, 쓰기를 할 때 적절한 거리는 어느 정도인지, 취미활동과 학교생활에서 어떤 근거리 시작업을 하고 있는지, 학생이 사용하고 있는 작업거리, 환경, 조명 조건 및 보조 기구 등에 대해서도 기록하여 평가한다.

(16) 중간거리 시작업: 눈으로부터 40cm에서 90cm 사이의 거리에서 하는 작업을 평가한다. 대상이 되는 주된 작업은 타자하기, 글씨 쓰기, 그림그리기 등이다. 취미활동과 학교생활 중에 중간거리 시작업을 필요로 할 때 그 작업을 어느 정도 원활하게 수행할 수 있는지 관찰한다. 그리고 가장 중요한 것은 중간거리에서 시각능력의 장애가 개인의 목표달성에 커다란 장애가 되는지 또는 현재 작업 실시에 방해가 되는지 여부이다.

(17) 원거리 시작업: 얼굴, 표지, 조명 또는 가게 입구 등의 인식 및 장애물을 인식하는 능력 등의 보행행동과 텔레비전 또는 화면을 보는 감각, 교실 내의 실내 활동 등의 다양한 거리와 작업에서 시각을 어떻게 사용하는지를 살펴본다. 이동할 때 시각에 의존하는지 또는 흰지팡이, 안내견, 타인에게 의존하는지도 살핀다. 이런 학생에게는 조명조건의 변화에 따라 영향이 현저하게 나타난다. 따라서 조명 수준, 어지러움을 느끼는지 충분한 주의를 기울여야 한다.

(18) 조명: 평가 과정에서 조명은 중요하다. 일반적으로 사용하는 조명의 정도, 눈 어지럼증의 회복, 순응할 때 문제 또는 야맹에 대처하는데 사용할 수 있다.

(19) 의사에게 하는 질문 및 추가 조언: 이는 저시력 지원 교사가 검사에 직접 관여하는 내용을 제공하는 항목이다. 교사는 수집된 자료를 해석하고 평가에 의해서 명확해진 문제의 우선순위를 지적한다. 저시력 학생의 의욕, 가족 및 다른 사람의 지원에 대해서도 교사가 조언 할 수 있다.

이 서식을 이용해서 보고서를 작성할 수 있다. 상황에 따라 보고서 작성 시간은 몇 시간에서부터 며칠이 걸릴 수도 있다. 시간이 충분치 않으면 (14)번부터 시작하고, 적절하게 처리하면 그 나름대로 다음의 3가지 중요한 질문에 대한 답을 얻을 수 있다.

① 잔존시력을 어느 정도나 사용할 수 있는가?
② 임상검사를 할 때 반드시 다루어야 하는 구체적인 중요 문제는 무엇인가?
③ 대상 저시력 학생의 재활 목적은 무엇인가?

이 장에서 설명한 서식은 고정된 것이 아니며, 상황에 따라서 수정할 수 있다. 그러나 이 서식에 의해 중요한 문제점을 명확히 파악할 수 있다. 또한 그에 따라서 임상 자료를 보다 개별화해서 기능적으로 해석할 수 있으며, 대상 저시력 학생에 대한 최적한 보조 기구를 결정하는 데 중요한 역할을 한다.

3. 교육적 저시력 평가

저시력에 대한 평가는 시기능을 표준화한 조건과 환경을 변화시킨 수정 조건이라는 양면을 모두 고려해야 한다. 표준화된 시기능이란 일반적으로 안과 검사에서 사용하고 있는 표준검사로 시기능을 분류하고 비교하는 데 도움이 된다. 그러나 수정 조건을 고려한 시기능은 예를 들어, 서로 다른 조명을 주고 시력을 측정하는 것을 말하며, 개인에게 맞는 가장 좋은 환경을 알아내고, 가능한 시행동을 찾아내는데 효과적이다.

즉, 환경을 수정하고 시기능을 측정하는 것은 환경과 시기능을 정량적(定量的)으로 측정하는 것이라고 할 수 있다. 저시력인들을 어떻게 대할 것인지를 알아내려면 이 변화된 환경 중 어떤 것이 가장 적절한 지를 알아내야 한다.

1) 시력 평가

시력은 얼마나 세밀하게 볼 수 있는지를 나타낸 것이다. 즉, 얼마나 작은 것까지 발견할 수 있는지(最小視認閾), 얼마나 좁은 간격을 분리하여 볼 수 있는지(最小分離閾), 얼마나 작은 문자나 모형을 변별할 수 있는지(最小可讀閾), 직선과 윤곽이 휘어지는 것을 인지할 수 있는지(副尺視力)를 나타내는 능력이다.

교육적 관점에서는 '1m 거리에서 사람을 알아본다.', '50cm 떨어진 인형을 알아본다.', '좋아하는 가수의 얼굴이 텔레비전에 나오면 손을 뻗는다.'와 같은 행동을 누가 보아도 알 수 있도록 객관적으로 표현한 것이 '시력'이다. 즉, 시력이란, '학생에게 무엇이 정보가 될지'를 알 수 있는 척도이며, 어느 정도 크기의 물건을 어느 정도 거리에서 알아볼 수 있는지를 표현한 것이다. 다시 말해 지수 정도의 시력이 있으면 '30cm 떨어진 곳에서 2cm 정도의 물건이 있다는 것을 알 수 있다.'와 같이 객관적인 행동을 예측할 수 있는 단서가 된다.

2) 표준 시력 검사

시력은 검사기구, 검사실의 환경 조건, 검사거리, 검사 순서에 영향을 받는다. 예를 들어, 시표를 인쇄한 잉크와 검사지의 대비, 시표를 비추는 조명과 실내조명의 밝기에 영향을 받는다. 그래서 누가, 어디서 실시해도 신뢰할 수 있는 자료를 얻을 수 있도록 검사방법이 구체적으로 정해져 있다. 이와 같이 표준검사는 엄밀하게 정해진 조건에 따라서 실시되어야 한다.

시력은 이 표준 시력 검사에 의해서 측정된 것을 말한다. 표준 시력 검사는 기구의 관리, 검사방법을 엄밀하게 실시해야 하며, 자료의 해석에도 전문지식이 필요하기 때문에 의료기관에서 검사를 받아야 한다. 교육현장에서 실시되는 시력 평가는 앞에서 말한 조건을 수정한 후에 실시 한 평가라는 것을 잊어서는 안 된다.

3) 시야 평가

교육적으로 시야는 시력과 마찬가지로 중요한 의미를 가진다. 보통의 시야 검사는 시표를 읽을 수 있는지 여부를 보고 측정하며, 어느 정도의 광량에서 시표를 볼 수 있는지를 정량적으로 측정하여 감도분포(感度分布)로 나타낸다. 이 시야검사법은 망막에서 시로(視路) 및 시각중추에 연결되는 기능을 자세하게 조사하는 데 적합하다. 따라서 안질환의 예측에 매우 중요하다.

그러나 저시력 교육에서 중요한 것은 시야 중 특정 영역의 기능 저하로 인해 볼 수 있는 외계가 좁아지기 때문에 생기는 행동변화이다. 즉, 저시력 교육에서는 사물을 보는 상태와 행동을 알기 위해서 시야를 측정한다. 예를 들어, 가로등과 같이 크고 밝은 빛을 느낄 수 있으면 보행지도에 이를 활용할 수 있다. 또한 1cm 크기의 문자를 볼 수 있는 범위를 알 수 있으면 묵자 교재를 만들어 줄 때 이런 점을 반영할 수 있다.

4) 유효 시야 평가

저시력 학생이 독서할 때 가장 큰 과제는 문자의 크기이다. 문자를 크게 하면 글자 한 자 한 자는 읽기 쉬워지는 반면에 단어나 문장 전체를 한 눈에 읽지 못할 수도 있다. 그러나 시력이 약하면 작게 인쇄한 문자를 전혀 읽을 수 없다. 이 두 요소를 잘 배려하면서 적절한 크기의 문자를 선택해야 한다. 이것을 결정하는데 필요한 광학적 근거로, 시야 검사 결과는 중요한 의미를 지니지만, 일반적인 시야 검사로는 문자를 읽을 수 있는 범위를 바로 알아낼 수가 없다.

교육 현장에서 시야 검사 결과를 그다지 중시하지 않았는데, 그 이유는 쉽게 검사하기 어렵고 검사 결과를 교육적 처치로 바로 투입하기 어렵기 때문이라고 생각한다. 즉, 독서와 직접 관계있는 문자를 시표로 삼아 유효 시야를 평가하는 것이 중요하다. 그러나 독서에 알맞은 문자처리에 필요한 유효 시야를 측정 할 수 있는 객관적인 시스템은 실험용으로 제작한 것(齊田 外, 1994)이나 영어권에서 실용화가 검토되고 있는 것(Mackebe et al., 1994)을 제외하고는 아직 없다.

5) 수명 평가(羞明 評價)

일반적으로 수명이 무엇이며 수명 때문에 겪는 어려움을 잘 모른다. 수명 장애는 두 가지 장애로 나누어 생각할 수 있다. 첫째, 학생 스스로 수명이 있다고 호소하기 전까지는 괜찮다고 하는 생각이다. 그러나 이런 생각은 적절하지 못하다. 왜냐하면 선천성 저시력이나 유유아는 어떤 상태가 수명인지를 잘 모르기 때문이다. 둘째, 수명이 있는 아동에게 색안경을 쓰게 하면 수명은 없어질 것이라고 생각하는 사람이 많지만, 대부분의 경우 색안경이 크게 도움이 되지 않는다. 다만 실·내외 활동에서 색안경이 도움이 되는 경우도 더러 있다.

그러나 보통 색안경이라고 간단하게 말하지만, 실제로는 그 종류도 다양하며 어떤 상황에 어떤 색안경이 좋은지를 알려 줄 수 있는 사람은 그렇게 많지 않다. 또 실내에서 느끼는 수명은 어떻게 대처해야 좋은지 잘 모른다. 예를 들어, 실외 활동에서와 같이 색안경을 쓰게 하는 것이 좋은지, 아니면 다른 방법이 있는지를 역시 잘 모른다.

수명 장애를 제대로 이해하지 못하면 저시력 학생에게 보다 좋은 환경을 제시하지 못할 뿐만 아니라, 적절치 못한 환경에 적응하라고 강요하는 결과를 가져올 수도 있다. 그러나 수명을 검사하기 위한 글래어 테스트(glare test)는 시력이나 시야와는 달리 일반적인 안과검사에 들어 있지 않다(藤原, 1990). 그래서 복지나 교육을 담당하는 관계자들이 평가할 수밖에 없는 경우도 많다.

6) 수명으로 인한 문제

(1) 불쾌감과 통증

완전히 안 보이는 것은 아니지만, 불쾌감과 통증을 수반하는 경우가 있다. 이 느낌은 정도의 차이는 있으나, 정안인이 밝은 햇빛 속에서 느끼는 것과 같은 느낌이다. 그 때문에 밝은 곳에 들어가지 못하거나 집중력이 없어지고 쉽게 피곤해지기도 한다.

(2) 시기능 저하

시력과 시야가 제한되어 시기능이 떨어진다. 불쾌감을 자각하지 못하는 경우도 있다. 결과적으로 독서와 보행능력이 떨어진다.

7) 수명의 교육적 평가

글래어 테스트는 수명을 검사하는 의학적인 검사로 광원의 밝기를 변화시키면서 시력을 검사하여 일반적인 환경과 비교하는 검사법이다. 이 검사의 목적은 수명이 있는 안질환을 발견하거나 예후를 평가하는 데 있다. 백내장 진단에도 이용되며 처방한 색안경이 적절한지 알아내는 데도 사용된다.

그 원리는 밝은 조명하에서 시표를 보게 했을 때 시기능이 저하되는 정도를 측정하는 것이다. 그런데 교육 현장에서 수명을 평가할 때는 구체적인 서비스 내용에 따라 수명이 어느 정도 감소하는지를 검사해야 한다. 예를 들어, 교실 내에 설치된 조명을 조절하는 것은 가능하므로 조명을 바꿨을 때 수명이 얼마만큼 줄어드는지를 평가하는 방식이라고 할 수 있다. 교육적 관점에서 본 수명의 평가 방법은 다음과 같다.

(1) 흑백 반전 시력 평가표

Legge 등(1985), 古田, 青木(1989), 中野 등(1991)은 연구를 통해 광학매체 혼탁, 전색맹, 홍채결손이 있는 저시력 학생은 흰색 배경에 검은색 글자보다는 검은색 배경에 하얀 글씨(흑백반전효과)를 보다 더 잘 읽는다는 사실을 발견했다.

일반적인 시력평가표와 흑백반전표(검정 배경에 흰색 란돌트환)로 측정한 시력을 비교하면 흑백반전효과의 유무를 간단하게 평가할 수 있다. 평가한 결과 흑백반전 효과가 있다고 인정되면 문자를 학습 할 때 흑백 반전 교재가 보다 더 편리하다고 예측할 수 있다. 또한 이런 안질환이 있는 학생은 수명을 호소하는 경우가 많으므로 채광(採光)을 적절하게 배려해야 한다.

<그림 5-1> 일반 란톨트환과 반전 란톨트환

(2) 타이포스코프(typoscope)

독서할 때 수명의 원인이 되는 것은 지면(紙面)에 반사되어 눈으로 들어오는 빛과 주변에서 들어오는 빛이다. 주변에서 들어오는 빛은 조명을 조절하거나 벽과 바닥의 색 바꾸기, 책상 표면을 가공하면 경감시킬 수 있다. 그러나 독서할 때는 지면에 조사되는 광량을 지나치게 낮춰서는 안 된다.

타이포스코프는 읽을 부분이 잘 보이도록 읽지 않는 부분을 검은 색으로 가리는데 사용한다. 이 타이포스코프를 이용해서 조명을 바꾸지 않고 지면에서 반사되어 눈으로 들어오는 광량을 감소시킬 수 있다. 또한 이것은 글줄을 놓치는 것을 막아주는 기능도 한다. 마분지, 염화비닐 판의 가운데를 네모나게 파서 사용하며, 같은 원리를 활용해 시력에 영향을 주는 지면 밝기 효과를 평가할 수도 있다.

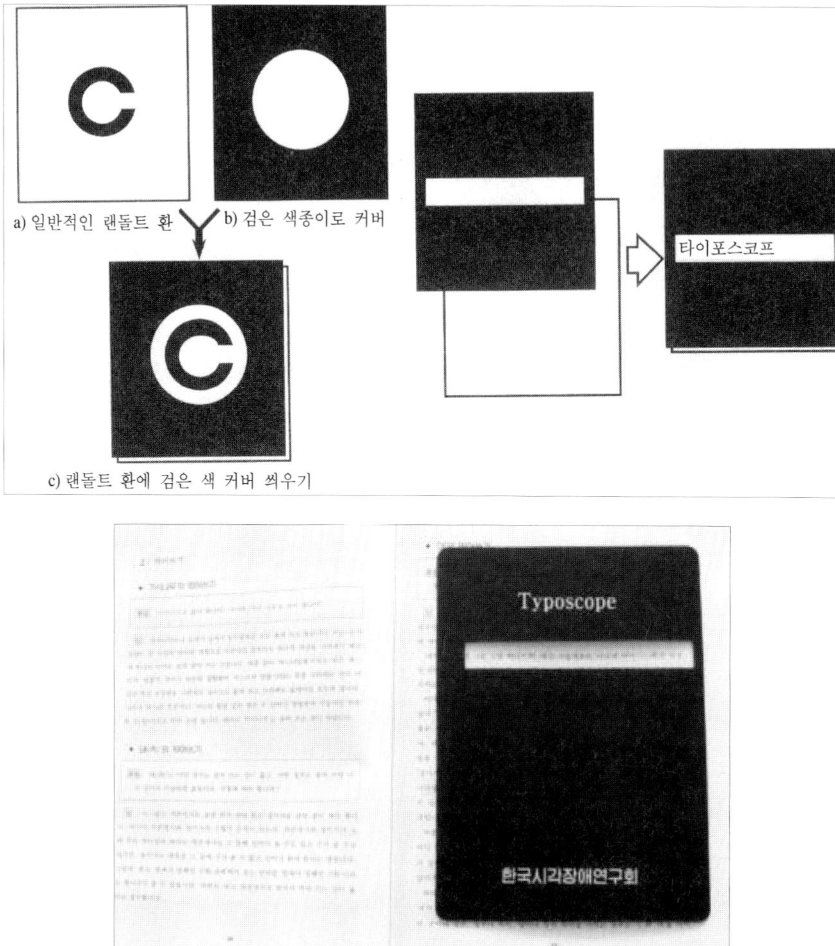

<그림 5-2> 종이 면을 가려서 눈부심을 방지한다.

8) 독서효율 평가

(1) 문자 크기 결정

저시력 학생에게 제공할 교재에 사용할 문자의 크기를 결정하는 방법으로, 시력이나 최대 시인력을 보고 읽을 수 있는 문자의 크기를 재는 방법과 여러 크기의 문자를 저시력 학생 스스로 보고 비교하게 한 후에 마음에

드는 문자의 크기를 고르게 하는 방법을 사용했다.

그러나 같은 시력이라도 필요한 문자의 크기가 다를 경우도 있으며, 문자 크기를 확실하게 정할 수 없는 경우도 있기 때문에 이런 방법들이 결정적인 방법이 되지는 못한다.

(2) 독서 기준 문자 크기: M 시스템

미국에서는 문자 크기를 표현하는 방법으로 매트릭스 시스템(metrics system)이라는 방식을 사용하고 있다(Nowakowaki, 1994). 이것은 기준이 되는 문자의 크기를 정해 놓고, 그 기준이 되는 문자 크기와의 관계에 따라 문자의 크기를 표시하는 방법이다.

기준이 되는 1M 문자의 크기는 1m 시거리에서 보았을 때, 시각 5분에 해당하는 문자라고 정의되어 있다. 1m에서 볼 때 시각 5분이 되는 시대상물의 크기는 1.45mm이며, 신문에 사용하는 작은 문자 크기 정도이다. 이 정도 크기의 문자를 읽을 수 있으면 별 문제 없이 독서할 수 있다고 판단할 수 있다. 즉, 1M 문자 크기는 저시력 훈련과 보조기구를 선택할 때 기준이 되는 문자 크기가 된다.

M 시스템에서는 이 1M을 기준으로 배가 되는 문자는 2M이라고 표시한다. 이렇게 하면 문자 크기를 포인트나 밀리미터로 표시하는 것보다 알기 쉬운 이점이 있다. 예를 들어, 포인트로 표시되어 있을 때, 신문에 사용하는 문자 크기와 비교하려면 신문에서 사용하는 문자 크기가 몇 포인트인지를 기억해 두어야 한다.

그러나 M 시스템으로 문자 크기를 표시하면 신문을 읽기 위해 필요한 보조기구의 배율을 직관적으로 알 수 있다는 이점이 있다. 예를 들어, 4M 문자를 읽는 사람이 신문에 사용하는 1M 크기 문자를 읽고 싶으면 4배 짜리 확대경을 사용하면 된다고 바로 알 수 있다.

(3) 독서검사법: MNREAD

독서 효율을 직접 평가하는 방법으로 미국에서 발달했다. 현재 가장 효과적인 방법으로 알려진 것은 미네소타 대학의 Legge교수가 개발한

Minnesota Low Vision Reading Test(Legge, 1989)이다. 이 차트는 MNREAD acuity charts(미네소타 독서 시력 차트)라고 부른다(그림 5-3).

Legge와 그의 동료들에 의해 저시력인의 독서에 관한 체계적인 연구가 실시되었다. 기초 자료 수집 단계에서는 보다 상세한 조정을 하기 위해서 컴퓨터를 이용한 시스템이 사용됐는데, 임상 현장에서의 응용을 고려해서 카드 형식으로 된 것을 개발했다. 이 검사표는 유의미한 문장을 인쇄한 것이다.

<그림 5-3> MNREAD Acuity Chart

문자 사이즈는 40cm 시거리를 유지했을 때, 1.3log MAR(시거리 20/400에

상당)부터 -0.5log MAR(시력 20/6.3에 해당)까지 0.1log MAR 간격으로 되어 있다. 하얀 색 배경에 검은 색 문자와 검은 배경에 하얀 문자(흑백반전)로 된 것이 있어서 흑백반전 효과도 평가할 수 있다. 영어판은 뉴욕 라이트하우스의 홈페이지(http://www.lighthouse.org/index_main.htm)에서 구입할 수 있다.

Ⅱ. 시 력

1. 시력의 분류

시력이란 물체의 형상을 인식하는 능력이며, 형태 감각의 예민성을 의미한다. 시력은 다음과 같이 분류할 수 있다.

1) 나안시력과 교정시력

굴절이상을 안경 또는 콘택트렌즈에 의해서 완전 교정한 시력을 교정시력이라 하고, 교정하지 않은 시력을 나안시력이라 한다.

2) 단안시력과 양안시력

일반적으로 시력이라고 하면 한쪽 눈을 가린 상태에서 측정한 단안시력을 말하고, 두 눈을 뜬 상태에서 측정한 시력을 양안시력이라 한다.

3) 원거리 시력과 근거리 시력

원거리 시력은 검사거리 5m 또는 6m에서 실시하고, 근거리 시력은 검사거리 30cm또는 40cm에서 실시한다. 유아기에는 원거리 시력보다 근거리 시력이 좋을 경우가 있다. 서양에서는 원거리 시력은 6m(20feet)에서, 근거리 시력은 40cm나 14인치(35cm)에서 측정한다.

(1) 원거리 시력

① 비형식적 평가

떨어뜨린 물건이나 장난감을 찾을 수 있는지를 평가하기 위하여 물건 또는 장난감의 크기, 조명, 학생과 물건과의 거리, 한 눈 혹은 두 눈의 사용 등을 기록한다. 장난감과 물체를 대응시키는 능력을 평가하기 위하여 색상 이외에 다른 요소가 동일한 두 세트의 장난감을 사용한다. 거리를 바꾸어 대응하는 능력을 기록한다.

② 형식적 평가

원거리 시력을 평가하기 위하여 여러 가지 시력표를 사용한다. 시력표를 사용하기 위하여 실내의 전체 조명, 부분 조명, 시력표의 반사율, 중심외보기나 눈 가리기 등의 특별한 행동, 머리를 숙이거나 돌리기, 고시할 때 눈의 위치, 눈을 가렸을 때 안진의 비율, 물체 크기의 감소에 따른 안진의 증가 비율, 머리의 위치가 바뀔 때 감소되는 비율 등을 기록한다.

시력표를 사용하여 시력을 측정하는 경우에 가까운 곳에서 20/200 크기의 시표를 식별하도록 한다. 다음에 카드까지의 거리를 60cm로 연장하고 양 쪽 눈을 뜨고 동일한 카드를 식별하도록 한다. 정확하게 식별할 경우에는 거리를 1.5m, 3m 등으로 연장하는데, 학생이 어릴 경우 거리를 연장하면 주의 집중력이 떨어지므로 최고 1.5m로 하는 것이 좋다. 학생이 좋아하는 거리에서 검사를 실시하고, 한 눈을 검사한 후, 두 눈을 검사하며 나안시력과 교정시력을 각각 검사한다(Brown & Brown, 1980).

카드를 사용해서 시기능을 평가하는 경우에는 일관성 있는 말 또는 짝맞추기 반응이 필요하므로, 학생에게 카드를 보는 방법을 가르치기 위하여 부모의 도움이 필요한 경우도 있다. 훈련 활동에는 다음과 같은 두 가지 형태가 있다.

첫째, 카드 두 세트를 사용하여 가까운 곳에서부터 시작한다. 가장 큰 기호가 있는 카드의 집과 집을 짝 맞추도록 한다. 다음에 다른 과일이나 옷의 그림 짝 맞추기를 하게 한다. 그 다음 20/200 세트를 사용해서 최소의 세트까지 일관성 있게 조합할 수 있을 때까지 서서히 크기를 작게 하면서 실시한다.

둘째, 60cm, 1.5m, 3m의 거리에서 한 쪽 눈과 양 쪽 눈 그리고 나안시력과 교정시력에 대한 학생의 반응과 성공률을 기록한다.

이 카드들은 시각장애아의 시력을 다른 학생의 시력과 비교하는 방법을 교사에게 보여주기 위하여 필요하다. 교실에서 검사하면 산만한 환경이 학생의 기능에 어떤 영향을 주는지를 알 수 있다. 조명의 적절성을 평가하고 창으로부터의 자연광이나 인공조명이 학생의 어깨 너머로 비치거나 얼굴에 직접 비칠 때 그리고 조명이 있는 경우와 없는 경우에 학생의 수행 능력에 차이가 있는지를 관찰한다.

(2) 근거리 시력

① 비형식적 평가

비형식적 평가는 만화책, 그림책, 그림, 사전, 전화번호부, 신문과 같은 읽기자료 중에 학생이 학교나 가정에서 무엇을, 어떻게 읽는지 관찰하는 것으로 읽는 속도, 눈과 책과의 거리, 조명 등을 기록한다.

② 형식적 평가

근거리 시력표에는 Lighthouse Near Acuity Card, Near Vision Symbol Test, Sloan Continuous Text Reading Cards, 진용한 근거리시력표(그림 5-7) 등이 있다.

슬로안 카드의 크기는 20cm × 25cm이고, 문장이나 문단이 씌여 있다. 인쇄는 실제의 생활에서 상황을 반영하도록 검은색의 글씨로 되어 있다. 카드를 사용하여 얻을 수 있는 정보는 미터법 표기, 40cm의 시력, 추가 초점 거리로서 1M 활자를 읽는데 필요한 디옵터이다.

슬로안 카드에는 아동의 자세, 머리와 눈의 움직임, 융통성, 카드나 줄 표시기로 손가락의 사용, 오독, 활자의 크기를 작게 했을 때 생기는 수행 능력의 차이, 이해력, 문장대 문단을 비교할 때 능력과 수행 상의 차이 등을 기록한다. 읽기 능력은 아동의 기능과 경험 수준, 글자의 크기, 조명, 대비, 중심 암점의 밀도나 다른 시야의 결손 및 안구 운동 기능에 따라 다르다.

그러나 교사는 이러한 평가에서 얻어진 시력에 집착해서는 안 된다. 이렇게 얻어진 측정 결과와 안과 보고서의 기록을 비교하여 자료의 축적, 학생의 시기능을 이해하는데 보조 자료로 사용해야 한다. 또한 학생이 자연 환경에서 자신의 능력을 더 잘 발휘하기 때문에 가정과 학교에서 측정하는 것이 좋다.

2. 시력의 측정

1) 시력 단위

1909년 국제안과학회에서 표준시표는 Landolt환으로 측정하도록 결정했다. Landolt환은 직경이 7.5mm이고, 폭이 1.5mm인 고리를 그려, 그 고리에 1.5mm의 간격을 둔 것을 5m 거리에서 보게 해서 그 간격의 방향을 알아맞히고, 이보다 작은 시표를 식별하지 못하는 눈의 시력을 1.0으로 하였다.

2) 측정 기준

시력은 일반적으로 5m용 시시력표로 표준조도(200～500럭스)에서 측정한다. 시시력표는 그 종류가 다양한데, 국제안과학회에서는 란돌트환 시표(그림 5-4)를, 유럽과 미국에서는 스넬렌 시표(그림 5-5)를 표준시표로 하고 있다.

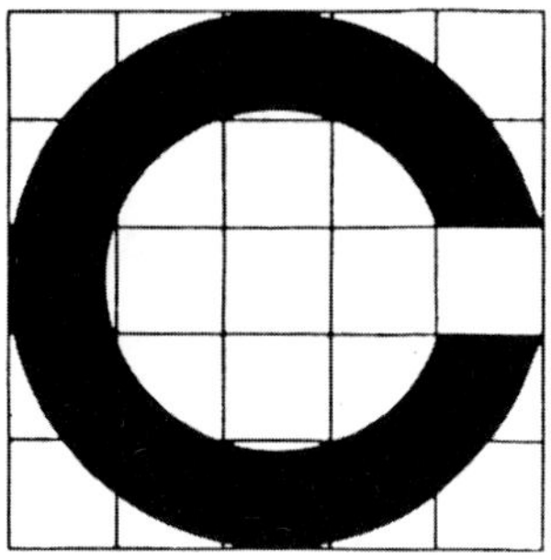

<그림 5-4> Landolt 'C'

<그림 5-5> Snellen 'E'

우리나라에서는 한천석 시시력표(그림 5-6)를 주로 사용하여 왔으나, 근래에는 진용한시시력표가 보급 중이다(그림 5-7). 유아의 경우, 문자를 읽을 수 없으므로 고리모양의 뚫린 방향을 물어 측정하고 있다.

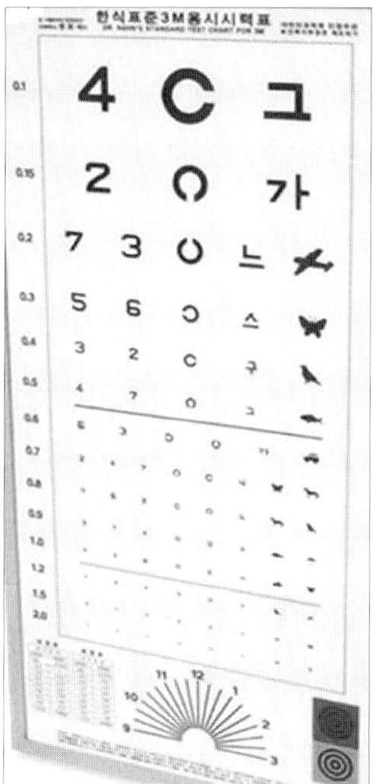

<그림 5-6> 한천석 시시력표

<그림 5-7> 진용한 시력표(자료: http://www.jvinstitute.net/)

시력은 일반적으로 1.0~1.2로 하고 있으며, 표준 시력표에서는 0.1~2.0까지의 시표가 배열되어 있는데, 0.1의 시표를 식별할 수 없는 경우는 시표를 볼 수 있는 위치에까지 접근시킨다. 시표와의 거리를 χm라고 하면 시력은 $0.1 \times \chi/5$가 되며, 1m의 거리에서 시표를 식별했을 때는 $0.1 \times 1/5 = 0.02$가 된다. 0.01미만의 시력은 안전지수(眼前指數: finger count, F.C), 안전수동(眼前手動: hand movement, H.M), 광각(光覺: light perception, L.P)으로 나타낸다.

안전지수는 손가락을 식별한 거리가 20cm이면 '안전지수 20cm(F.C./20cm)'로 나타내며, 안전지수를 알 수 없을 때는 눈앞에서 손을 흔들고 그 움직임을 알 수 있으면 '안전수동' 또는 'H.M'이라 한다. 손의 움직임을 알 수 없을 때는 암실 내에서 동공에 빛을 비추어 명암을 판별할 수 있으면 '광각' 또는 'L.P'라고 하며, 빛을 전혀 느낄 수 없으면 시력은 '0'이고, '전맹(全盲: total blind)'이라 한다.

Ⅲ. 시 야

1. 시야의 정의

시야란 눈을 움직이지 않고 한 점을 주시했을 때 볼 수 있는 범위이며, 시각의 넓이이다. 시야는 주시점을 중심으로 하는 각도로 나타내며, 시야의 각 부위에 따라 시감도가 다르다.

2. 시야의 넓이

정상시야는 백색 시표에서 위쪽 60°, 아래쪽 70°, 안쪽 60°, 바깥쪽 100°이다(그림 5-8). 시야는 시표의 색상, 크기, 밝기에 따라 다르다. 색상에는 백색, 청색, 적색, 녹색 순으로 좁다. 정상시야에는 귀쪽 15° 위치의 지름 5° 크기의 마리오트 맹점(Mariotte's blind spot)이 있는데, 이것은 안저의 시신경유두에 해당된다. 이 부분은 시세포가 없으므로 시각이 전혀 없어서 그 존재를 느끼지 못한다.

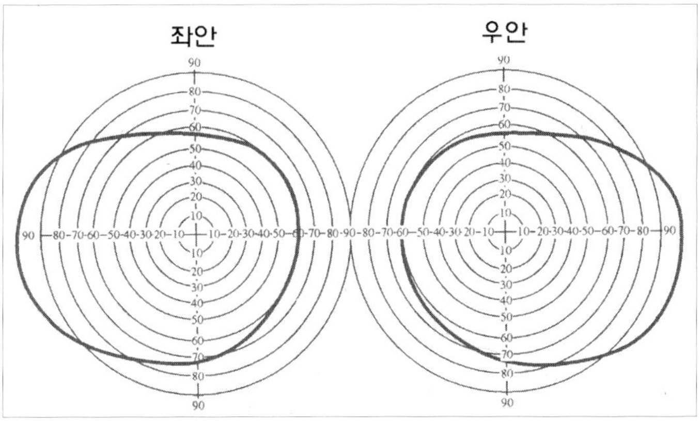

<그림 5-8> 정상 시야의 넓이

우안 시야의 경우 외측 순으로 백, 청, 적, 녹색의 시야를 나타낸다. 귀쪽 15°에는 마리오트 맹점이 있다.

3. 시야 이상

1) 협 착

협착에는 시야 전체가 좁아지는 구심성 협착과 시야가 불규칙하게 좁은 불규칙성 협착, 주시점을 통한 수직선을 경계로 하여 양안 시야의 반이 보이지 않게 되는 반맹 등 3종류가 있다.

2) 암 점

암점은 시야 속에 점이나 얼룩 형태로 결손이 발생한 것으로, 병적으로 일어난 것과 마리오트 맹점과 같은 생리적인 암점이 있다.

4. 시야 측정

시야는 양적인 시야로서 시각의 감도분포를 나타낸다. 시야는 그 위치에 따라 중심부(주시점에서 25° 이내), 중간부(25～50° 사이), 주변부(50° 이상)로 나누고, 시야검사법에는 고시를 필요로 하는 대면검사법과 자동시야계 측정법이 있다.

1) 비형식적 평가

학생의 시야를 평가하기 위하여 두 가지 비형식적 관찰법을 사용한다. 이에는 대면법과 근거리 시력에 의한 시야 검사법이 있다.

(1) 대면법

비형식적 평가에는 대면법이 많이 사용된다. 대면법은 시야의 결손 또는 협착을 발견하는데 사용하는 방법으로 기계와 도구를 사용하지 않아서 편리하다.

대면법은 검사자와 학생이 약 35cm 떨어져서 마주 보고 앉는다. 학생을 주목시키기 위하여 검사자의 코에 스티커를 붙이거나, 펜라이트를 깜박거린다. 학생의 주변 시야에 장난감 또는 불빛을 비추고(코쪽, 귀쪽, 위쪽, 아랫쪽), 물체가 보이면 '보여요' 라고 말하게 한다. 학생의 대답이 늦어지는 수가 있으므로, 보았다는 학생의 표정이나 몸의 움직임 자체에 주목해야 한다.

깜박이는 빛과 다른 빛을 함께 사용해도 좋다. 학생이 점멸하는 불빛에 시선을 고정시킬 때 그 불을 끄고, 주변의 불을 켠다. 학생이 저시력 지원 교사의 코에 시선을 고정시키지 않을 때에는 그 활동을 중지한다. 물체를 제시하는 거리를 변화시키면서 같은 작업을 반복하고, 학생의 반응을 기록한다. 작은 거울을 학생의 눈 높이의 벽에 고정시키고, 학생의 뒤에 서서 물체나 불빛을 제시하고, 학생의 반응을 관찰 기록한다. 이때 부모가 학생의 주의력을 끌도록 하는 것이 좋다. 그러나 대면법은 검사자의 시야가 정상이라야 정확하게 검사할 수 있다.

(2) 근거리 시력에 의한 검사법

근거리 시력에 의한 시야 검사법은 가로 20cm 세로 28cm 크기의 낱말 카드를 사용한다. 카드 가운데에 '×'를 표시하고, 그 '×'를 고시하도록 하여 두 눈을 각각 평가한다. 물체를 대비시켜 놓고(예: 연필 지우개) 학생이 40cm의 거리에서 볼 수 있는 정도를 기록한다. '×'로부터의 거리를 변화시키고, 새로운 카드로 반복 실시하여 보이는 부분과 보이지 않는 부분을 표시한다. 검사에 사용했던 목표물의 크기를 기록한다.

그 밖의 방법으로는 책상 위에 물건을 흩어 놓고, 그 물건을 보고 수를 세고 빠진 부분을 발견하는 능력을 관찰하게 하는 것이 있다. 이 때 사용한 물건의 크기와 형태, 학생의 눈과의 거리를 기록한다.

2) 형식적 평가

시야는 그 위치에 따라 중심부(주시점에서 25도 이내), 중간부(25~50도 사이), 주변부(50도 이상)로 나누어 적어도 세 부분으로 나누어 검사해야 한다. 즉 최소한 세 개의 아이숍터로 측정해야 하며 시야 전반에 걸친 기능 상태를 파악할 수 있다(윤동호 외, 2005).

Ⅳ. 색 각

1. 색각의 정의

빛은 여러 파장의 혼합체이며, 색각은 인간이 볼 수 있는 가시광선의 파장에 따라 물체의 색상을 구별하여 인식하는 능력이다. 이에는 망막의 추체세포가 관여하며 시야의 중심부에서 가장 예민하다.

2. 색각 이상

1) 선천성 색각 이상

유전성이며 진행하지 않는다. 선천성 색각이상의 치료법은 없지만 시력, 시야에 이상이 없고 사회생활에도 거의 지장이 없다. 전색맹은 추체의 기능이 없어서 색각이 완전히 결여되어 있고, 수명이나 안구진탕을 수반한다.

한국인 남자는 전 인구의 5.90%, 여자는 0.44%로 색각장애가 나타난다(윤동호 외, 2005). 전색맹의 시력은 0.3을 넘지 못하는 경우가 대부분이다.

2) 후천성 색각 이상

선천성 색각 이상을 제외한 모든 색각이상을 말하며, 광학매체나 시로 중 한쪽 또는 양쪽 질환이나 장애 때문에 발생하지만, 맥락막 질환인 것이 가장 많다. 원래 정상 색각이라도 이차적으로 이상을 나타내기 때문에 선천 이상과는 달리 정형적인 이상 형태를 나타내지 않는다.

3. 색각검사

선천성 색각 이상은 이시하라 색각검사표나 색상배열검사를 이용해서 진단하고 이상의 정도를 판정한다. 후천성 색각 이상의 검사는 이시하라 색각검사표로 할 수 있으나 시력 0.3 이상이라야 하고, 색상배열검사로 검사할 때는 시력 0.1 이상을 필요로 한다. 색각경검사는 시력이 0.1 이하라도 가능하지만, 중심암점이 있는 경우에는 검사가 불가능하다(그림 5-9).

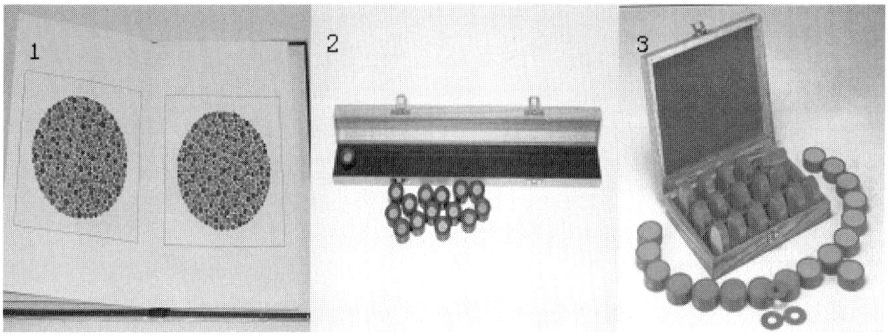

이시하라 색각검사 D-15 PV-16

<그림 5-9> 여러 가지 색각 검사

1) 비형식적 검사

비형식 검사에는 색 그림 카드, 블록, 털실 등을 모아 놓고 색상의 이름을 부르면 학생이 그 색상의 물건을 집어 오게 하는 방법 등이 있다.

색상을 구별하지 못할 경우 학생이 색상을 대응시키거나 흩어 놓은 카드를 같은 색상끼리 정리하도록 한다. 학생이 식별하거나 분류하기 위하여 비교와 대비를 잘하고 있는지 기록한다.

2) 형식적 검사

형식적 색각 검사에는 판스워드(Farnsworth)의 D-15 검사와 이시하라(Ishihara) 검사를 사용한다.

D-15 검사는 열다섯 가지 색의 원형의 디스크를 미리 정해진 기준색에서 색상이 가까운 순서로 늘어놓는 검사법이다. 검사는 2분 이내에 실시해야 한다. 이 방법은 색각 이상의 형태와 정도에 따라 특징 있는 배열이 보이고 단기간에 피검자의 이상을 발견하여 분류할 수 있다. 더욱 정밀하게 검사하려면 색맹 검사경(anomaloscope)이 필요하다.

이시하라 검사는 적녹 색맹 검사에는 적당하지만, 청황 색맹의 발견에는 적당하지 않으며, 특히 청황 이상이 많은 후천성 색각 이상에는 부적당하다. 또 색각 이상의 정도를 아는 것도 이 방법으로는 부적당하다(김진구, 박동욱, 1996).

V. 광 각

1. 광각의 정의

빛을 느끼고 강도의 차이를 구별하는 능력이다. 명소시(明所視)에서는 망막의 추체가, 암소시(暗所視)에서는 간체가 활동한다. 박명시(薄明視)에는 추체와 간체세포가 모두 활동한다.

2. 순 응

1) 명순응

어두운 곳에서 밝은 곳으로 나갈 때 눈이 밝기에 순응하는 것을 말하며, 명순응에 요구되는 시간은 대개 30~40초 정도이다.

2) 암순응

밝은 곳에서 어두운 곳으로 들어갈 때 눈이 어두움에 순응하는 것을 말한다. 암순응은 두 가지 과정을 거치는데, 처음 5~6분은 추체의 암순응이 일어나고, 다음은 간체의 암순응이 진행되며 약 50~60분 후에 최고에 달한다(윤동호 외, 2005).

3. 광각 이상

1) 주 맹

명순응 장애로 밝은 곳에서보다 어두운 곳에서 더 잘 보이는 것을 말한다. 전색맹이나 황반변성이 대표적인 질환이다. 수명에는 차광안경이나 차광 콘택트렌즈 등을 사용한다.

2) 야 맹

암순응 장애가 있으면 밤눈이 어둡다. 야맹을 초래하는 질환에는 정지성과 진행성이 있는데 망막색소변성증은 대표적인 진행성 질환이다.

Ⅵ. 굴 절

1. 굴절의 정의

빛은 안구의 광학매체를 통과하여 망막에 초점을 맺으며, 이로 인해 시각이 성립된다. 눈의 전체 굴절력은 약 60D(Diopter)인데 각막이 약 40D, 수정체가 약 20D이다. 눈의 굴절력과 안축장의 균형을 유지하여 평행광선의 초점이 망막 위에 맺음 상태를 정시라고 하며, 이러한 균형이 깨어진 상태를 굴절 이상이라 한다.

2. 굴절 이상의 종류

굴절 이상에는 근시, 원시, 난시가 있다. 굴절 이상은 원인에 따라 광학매체의 굴절력 이상에 의한 굴절성과 안축장의 이상에 의한 축성 이상으로 분류된다(그림 5-10). 신생아의 눈은 거의 원시이며, 안축장의 성장과 함께 6세 정도에 정시가 된다.

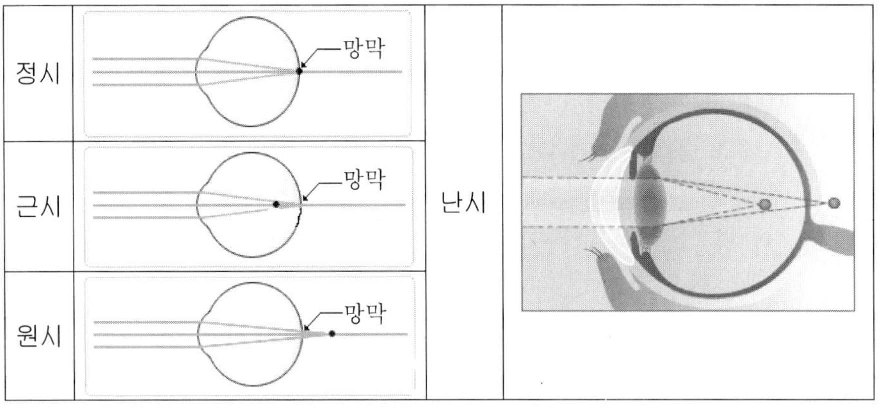

<그림 5-10> 굴절 이상의 종류

1) 근 시

평행광선이 조절되지 않은 상태로 망막보다 앞에 초점을 맺는 굴절 상태를 말하며, 일반적으로, -2.0D 이하를 경도 근시, -2.0～-6.0D를 중등도 근시, -6.0D 이상을 고도 근시, -10D 이상이면 초고도 근시라고 한다.

굴절력이 안축장에 비해 너무 강하면 굴절성 근시, 굴절력에 비해 안축장이 너무 길면 축성 근시라 한다.

2) 원 시

평행광선이 조절되지 않은 상태로 망막보다 뒤에 초점을 맺는 굴절 상태를 말하며, 축성 원시와 굴절성 원시가 있다.

3) 난 시

각막의 굴절력이 모든 방향에 걸쳐 동일하지 않아 눈으로 들어 온 평행광선이 한 점에서 초점을 맺지 못하고 두 곳 이상 초점을 맺는 것을 말한다.

4) 부등시

양안이 2D 이상 굴절력이 다른 상태로서 흔히 짝눈이라고 한다. 양안의 굴절력의 차이가 적으면 별다른 증상이 나타나지 않는다. 그러나 부등시가 심하면 사시나 약시가 될 수 있다.

제6장 임상 검사

임상 검사의 목적은 저시력 학생의 잔존 시력을 개선하고 이들이 일상생활에 효과적으로 대처하며 자립할 수 있도록 돕는 것이다. 이 검사는 저시력 학생이 자신의 시력은 쓸모없다고 생각하지 않고 자신의 시력이 사용할 가치가 있다고 생각할 수 있도록 하는데 목적이 있다.

따라서 검사 결과를 이용해서 저시력 학생에게 도움이 될 저시력 보조기구나 서비스를 효과적으로 처방할 수 있다. 이에 필요한 전형적 검사로는 ①병력 ②시력 ③시야 ④굴절 ⑤양안시 ⑥확대 등으로 각 영역에 대한 설명은 다음과 같다.

Ⅰ. 병 력(case history)

검안사는 병력을 조사하는 것으로 저시력 학생과 최초의 관계를 맺는다. 병력은 광범위하게 파악되어야 하며, 검안사 단독으로 작성해서는 안 된다. 실제 검사에 들어가기 전에 저시력 학생에게 확인해야 하는 일반적인 질문이 있다. 이 정보는 저시력 지원 교사, 사회사업가, 검안사, 의료기사 또는 그 외의 관련 전문가들이 수집할 수 있다. 일부 저시력 지원 교사는 저시력 학생에 대한 자료를 수집할 수 있는데, 다양한 검사가 실시되기 전에 수집된 자료를 검안사에게 제공해야 한다.

자료에 나타난 답변을 확인하는 것은 중요하기 때문에 검안사는 질문을 반복해야 한다. 검안사는 검사 이전에 수집된 모든 정보를 저시력 학생과 함께 반드시 검토해야 하며, ①가정 형편 ②검사의 설명 ③재정과 교통수단 ④저시력 학생과 저시력 지원 교사의 주요 관심사 ⑤눈의 병력 ⑥현재 잔존 시력의 활용 등과 같은 광범위한 영역을 조사해야 한다.

저시력 학생에게 해야 할 질문의 예는 다음과 같다.

- 언제 눈에 이상이 있다는 것을 알았습니까? (왼쪽, 오른쪽)
- 처음 문제가 생겼을 때 어떻게 했습니까?
- 자신의 시력에 관하여 얼마나 이해하고 있습니까?
- 눈 수술을 했습니까? 또는 약을 먹고 있습니까?
- 시력에 변화가 있습니까?
- 눈에 통증이 있습니까? 만약 있다면 어떤 종류의 통증입니까? 어느 정도의 간격으로, 어느 쪽 눈이 아픕니까?
- 가족 중에 시각장애인이 있습니까? 만약 있다면 병명은 무엇입니까?
- 다른 의학적 문제가 있습니까?
- 복용하고 있는 약은 있습니까?
- 유전 상담한 일이 있습니까?

저시력 학생 교육에 관한 질문에는 최종 학력과 특수한 훈련이 포함된다. 만약 저시력 학생이 특수한 훈련을 받고 있다면 받고 있는 교육·훈련 내용과 수준, 교사·검안사의 이름, 저시력 학생이 좋아하는 과목, 시력 정도가 학업에 미치는 장애 여부, 저시력 학생의 교육적·직업적 계획 등이 포함되어야 한다. 또한 과거에 즐겨했으나 시각장애로 인해 할 수 없는 활동과 시력 상실로 해서 생긴 가장 큰 좌절감은 어떤 것이 있는지도 포함해야 한다.

저시력 학생에게 해야 할 임상적 질문의 예는 다음과 같다.

- 몇 살 때 처방을 받았습니까? 지금 도움이 됩니까?
- 다른 광학기구를 가지고 계십니까? 있다면, 언제 어디서 구입했습니까?
- 보조 기구를 사용하거나 사용하지 않고 묵자를 읽을 수 있습니까? 묵자의 크기는?
- 독서할 때 가장 곤란한 점은 무엇입니까?
- 마지막으로 묵자를 읽은 것은 언제입니까?
- 텔레비전을 봅니까? 그렇다면, 컬러입니까? 흑백입니까?
- 텔레비전을 보기도 하고 듣기도 합니까?
- 색을 식별하는데 어려움이 있습니까?

· 밝은 태양 빛이나 섬광이 불편합니까?
· 날씨가 맑은 날에 사용하는 특별한 보조 기구가 있습니까?
· 날씨가 좋은 날과 비오는 날 중 어느 쪽이 보기 쉽습니까?
· 집에서 특별한 조명을 사용합니까? 만약 사용한다면 어떤 조명을 사용합니까?
· 조명의 변화에 적응하려면 시간이 얼마나 걸립니까?
· 오른쪽과 왼쪽 중 어느 쪽으로 더 자주 충돌합니까?
· 도로 표시나 버스 번호를 보는 데에 어려움을 느낍니까?
· 대중 교통수단을 이용합니까?
· 혼자 보행할 수 있습니까? 도로를 횡단하는 데에 곤란이 있습니까?
· 익숙하지 않은 곳에서는 천천히 움직입니까?
· 계단이나 연석에 대한 어려움이 있습니까?
· 자신의 집 주위를 걷는데 어려움이 있습니까?
· 보행할 때 가장 곤란한 것은 무엇입니까?
· 전에 즐겨했던 활동 중 시력 상실 때문에 할 수 없는 것이 있습니까? 있다면 무엇입니까?

저시력 지원 교사와 검안사가 수집한 모든 자료를 검토·비교하여, 병력 조사를 완성하면 저시력 학생이 지닌 몇 가지 문제 영역을 제시할 수 있다. 그 자료를 우선 순위에 따라 기록하고, 간단·명료하게 진술함으로써 ①직업 ②취미 ③몸단장, 청소, 요리 등과 같은 일상생활 ④교통과 보행 ⑤쇼핑 ⑥사회 활동 ⑦교육적 장면 등에서 광학기구와 저시력 훈련으로 해결할 수 없는 문제와 발생 가능한 문제를 알 수 있다.

Ⅱ. 시 력

물체의 존재 및 그 형태를 인식하는 능력은 눈의 가장 본질적인 기능으로 이 능력을 측정하여 눈의 능률을 단적으로 파악할 수 있다. 시력은 망막에 맺는 상의 크기에 따라 결정되는데, 이 상의 크기는 물체의 크기뿐만 아니라 눈과 물체와의 거리에 따라 다르다. 즉, 같은 크기의 물체라도 눈에서 멀어질수록 망막상(網膜像)은 작아진다.

보조 기구를 사용하지 않는 원거리 시력과 근거리 시력은 초진할 때 측정한다. 시력을 측정할 때 조명은 200lx가 표준이며 빛이 고르게 고루 비추도록 한다. 안경 없이 원거리나 근거리에서의 시력을 충분히 활용할 수 없으면 보조 기구를 사용하지 않은 시력을 반복하여 측정해야 한다. 검안사는 임시 처방으로 시력을 측정한 후 나안 시력과 교정 시력을 다시 검사해야 하며, 근거리 시력을 측정할 때 거리도 기록해야 한다(예: 3cm에 1M 혹은 .03/1M, 10cm에서 4포인트).

근거리 시력에는 몇 가지 기록법이 있는데 표 6-1은 검사자와 저시력 지원 교사가 수집된 자료를 해석하는데 참고할 수 있게 여러 표기법을 비교한 것이다. 시력에 따른 기능 시력을 평가하는 척도가 되는 문자의 크기를 여러 단위별로 비교할 수 있다. 숫자와 문자 시력, 독서 시력은 큰 차이가 있을 수 있으며, 검안사가 어떤 시력표를 사용하느냐에 따라 차이가 날 수 있으므로 사용한 시력표를 기재해야 한다.

<표 6-1> 근거리 시력의 표기법ⓐ

거리 (m)	스넬렌	제이거ⓑ	미국의 학협회	Lower - case point	글자 크기 (mm)	시각 (視角)	보통 책의 활자 크기ⓒ	독서시력ⓓ
0.4	20/20		14/14	3	.58	5.00	Footnotes	Paperback newsprint
0.5	20/25	J1-J2	14/17.5	4	.75	6.25	Paperback print	Magazines
0.8	20/40	J4-J5	14/28	6	1.15	10.00	Newspaper print	High school texts
1.0	20/50	J6	14/35	8	1.50	12.50	Magazine print	Children's books
1.2	20/60	J8	14/42	10	1.75	15.00	Children's books	Large print materials
1.6	20/80	J9-J11	14/56	14	2.30	20.00	Large print material	
2.0	20/100	J11-J12	14/70	18	3.00	25.00	Newspaper subheadines	
4.0	20/200	J17	14/140	36	6.00	50.00	Newspaper headlines	
5.0	20/250	J18	14/175		7.50	62.50	1/2inch letter	
10.0	20/500	J19	14/350		15.00	125.00	1 inch letter	
20.0	20/1000		14/700		30.00	250.00		

주: ⓐ시력표 마다 표시 값에 차이가 있다. 이들 시력표는 표준화가 되어있지 않을 수 있다.

ⓑ제이거(Jaeger) 시력표와 다른 시력표를 비교하면 문자, 단어의 크기에 25% 까지 차이가 난다.

ⓒ란은 문자의 크기를 비교한 것이다. 독서 라벨과 다른 식별 과제에 필요한 시력을 나타낸다.

ⓓ란은 제시된 자료를 저시력 학생이 편하게 읽는데 필요한 시력을 나타낸 것이다. 이것은 펜실베이니아 검안사대학 William Feinbloom 시력재활센터의 Richard Brilliant와 휴스턴대 검안사대학 Randall Jose가 개발했다.

모든 시력 측정은 검사 상황, 임상적 평가 또는 기능적 평가에 따라 다양하게 실시해야 한다. 저시력 학생의 시력을 결정하는 것은 검안사만이 아니다. 시력을 충분히 개선시키기 위해서는 실내·외에서 검안테에 렌즈를 삽입하여 볼 수 있는 기회를 충분히 주어야 한다. 저시력인의 시력은 임상적·객관적 측정법보다는 주관적 측정이 더욱 많이 사용된다.

만약 임의의 거리에서 손가락을 볼 수 있으면 저시력 학생은 시력표에 반응할 수 있다. 손가락보다는 기호를 보게 하는 것이 심리적으로 더 좋은데 시력은 ①NLP(no light perception): 전맹 ②LP(light perception): 광각 ③L, Proj(light projection): 광선투사 ④HM(hand movement): 안전수동 ⑤FC(finger count): 안전지수 등과 같이 기록할 수 있다.

또 10/400 스넬린 표기법은 3m의 거리에서 검사를 실시하는 것을 의미한다. 10/400이란 정안인이 400feet(120m)의 거리에서 5분각의 수를 보는 것을 저시력 학생이 10feet(3m)의 거리에서 보는 것을 의미한다. 이것은 20/800의 시력에 해당하고, 또한 20/20의 시력을 가진 학생이 800feet(240m)의 거리에서 볼 수 있는 것을 저시력 학생이 20feet(6m)의 거리에서 볼 수 있음을 의미한다. 20/20의 시력은 분자 20을 분모 20으로 나눈 것으로 1.0의 시력이다.

이러한 시력표는 저시력 학생이 쉽게 반응할 수 있게 광학적인 조건을 고려하여 설계되어 있음으로 과거에 측정한 시력보다 좋은 시력이 나올 수도 있다. 시력은 서비스를 결정하기 위해서가 아니라 진단용으로 사용해야 한다.

Ⅲ. 시 야

눈으로 한 점을 주시하고 있을 때 볼 수 있는 외계의 범위를 시야라 한다. 이 주변시로 외계의 물체를 발견하고 위치 관계를 파악할 수 있으므로 중심시 못지 않게 중요하다. 주변시로는 물체의 형태 및 색채는 선명하게 보이지 않지만 물체의 움직임에는 예민하며, 중심시가 양호하여도 시야가 좁아지면 외계와의 위치 관계가 파악되지 않기 때문에 자유로운 신체활동을 할 수 없다.

시야 측정을 위해서는 탄젠트 스크린(Tagent Screen), 주변 시야계, 암슬러 격자(Amsler Grid) 검사 등을 사용하거나 기능적 시야 결손을 관찰하여 검사한다. 이러한 관찰은 저시력 학생의 생활환경 장면과 저시력 클리닉에서 할 수 있다. 저시력 학생의 시야 제한에는 많은 요인이 관련되어 있으며, 이 검사는 정안인용이므로 질환의 존재를 파악하는 데 큰 효과는 없다.

저시력 학생의 시야 검사를 실시하는 목적은 어떤 부위의 시야에 중요한 손상이 있는지를 알아내는데 있다. 탄젠트 스크린 검사로는 시야의 중심 25도~35도를 측정할 수 있으며 저시력 학생이 검은 스크린으로부터 1m 떨어진 곳에 앉고, 스크린 상에 테이프로 만들어진 '×'를 고시(固視)하게 한다. 그리고 중심 시야 결손이 있는 저시력 학생에게는 스크린 위에 있는 '×'의 교차점을 중심시에 두고 보게 한다. 이런 학생에게는 실제로 '×'자의 교차부분은 보이지 않는다(그림 6-1).

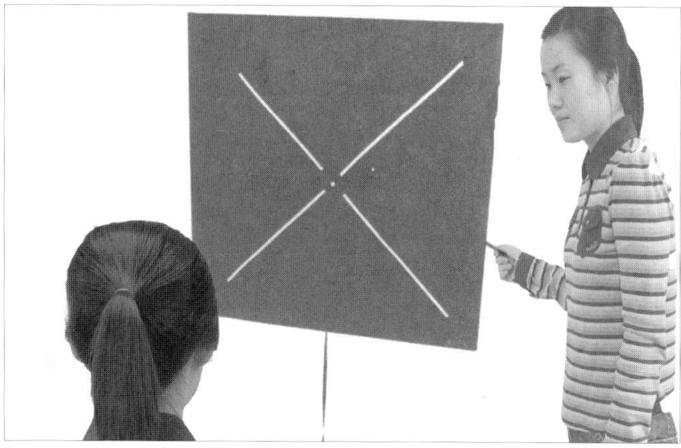

<그림 6-1> 탄젠트 스크린 사용 장면

검사자는 목표물을 안쪽으로 움직이면서 저시력 학생에게 목표물이 보이는지 묻는다. 검사 결과에 대해 더 정확하고 의미 있는 해석을 얻기 위해서는 저시력 학생의 자세와 보는 방법도 관찰해야 한다.

시야계는 90~100도의 주변 시야를 검사하는데 사용하는데, 예를 들어, 망막색소변성에서 중심 시야는 손상을 받지 않았으나 큰 윤상 암점이 중심 영역 주변에 있을 때 이 검사를 통해서 발견할 수 있다(그림 6-2). 윤상 암점은 15도에서 65도 이상으로 넓어질 수도 있는데, 이런 암점은 30~35도가 검사 범위의 한계인 탄젠트 스크린으로는 쉽게 발견할 수 없다. 그러므로 검안사는 주변 시야계가 없을 경우 저시력 학생의 시야에 대한 폭넓은 정보를 얻을 수 없으며, 시야 제한의 정도를 저시력 학생 스스로는 잘 느끼지 못하는 경우가 많다. 그러나 일단 윤상 암점을 찾아 저시력 학생의 보행 훈련 프로그램에 보유하고 있는 윤상 시야를 사용하도록 훈련시키면 저시력 학생의 시기능은 보조 기구를 사용하지 않고서 개선시킬 수도 있다.

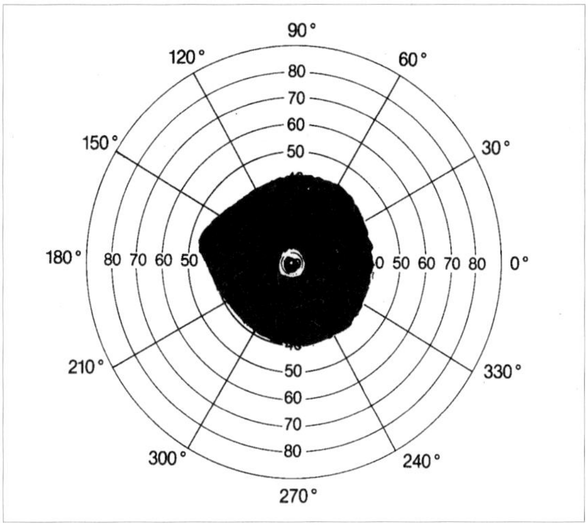

<그림 6-2> 탄젠트 스크린 검사만으로는 윤상암점(輪狀暗点)을 발견하지 못할 수 있다. 이런 저시력 학생은 주변 시야가 없는 것으로 진단되기도 한다.

주변 시야 중 도상시야(島狀視野)만 있는 학생이 그 존재를 인식하지 못하고 혼란을 느끼지 않으며 시력을 사용하는 방법을 모르는 경우가 많다. 암슬러 격자는 중심 20도 만을 측정하는 근거리검사인데, 이 검사는 교재 형태로 되어 있으며 작은 격자로 구성되어 있다(그림 6-3).

이 검사는 중심 암점의 위치와 범위를 결정하는데 사용되며, 저시력 지원 교사가 중심외보기 훈련 프로그램을 개발하는데 도움을 준다. 더욱이 저시력 학생이 중심외보기를 할 때 어느 방향으로 봐야 하며, 지금은 어떻게 사용하고 있는지, 그리고 다발성 중심 암점이 있을 때는 원거리 및 근거리 작업을 할 때 광학 보조 기구의 효과적인 사용법을 진단할 수 있다.

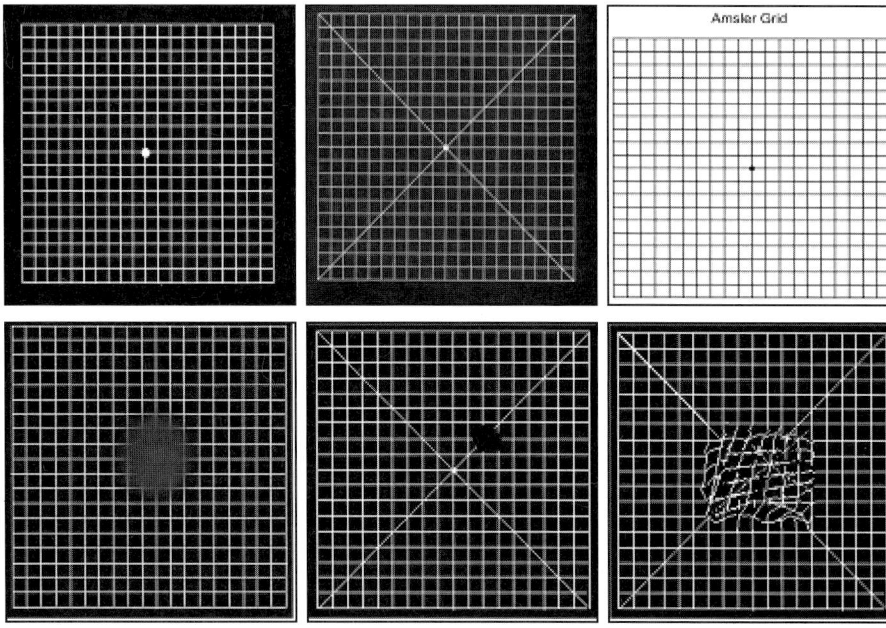

<그림 6-3> 암슬러 검사지와 자각증상의 표시. 암슬러 격자는 근거리 시야 검사이다. 중심 암점의 위치와 크기를 아는데 도움이 된다.

모든 시야 검사는 기능적이므로 보조 기구의 사용과 서비스에 대한 결정을 내리기 전에 시야에 관한 정보를 수집해 두어야 한다. 예를 들어, 가장 좋은 시력 부위를 알고 있으면, 저시력 학생에게 주변 시야에 대해 도움이 되는 시각적 정보를 쉽게 제공할 수 있다. 따라서 저시력 학생은 자신의 시각을 능숙하게 사용하면 할수록 보다 효과적인 보조 기구 처방을 할 수 있다.

Ⅳ. 굴 절

굴절 검사는 안질환검사의 기본 검사로 저시력 검사중에서도 기본 검사이다. 물론 저시력 학생들에게도 굴절 이상이 자주 나타난다. 굴절 검사는 시간이 걸리기 때문에 급하게 하거나 생략되는 수가 많다. 이 검사를 정확히 하면 시력의 실질적 개선에 원주렌즈를 사용할 수도 있고, 보다 낮은 배율의 광학 보조 기구를 처방할 가능성이 높아진다. 이 때문에 적합한 렌즈를 처방하기 위해서는 시간적인 여유를 두고 굴절검사를 정확히 실시해야 한다.

특히 콘택트렌즈는 고도 굴절 이상이 있거나 시야가 좁은 저시력 학생에게 유용한데, 저시력 학생이 두꺼운 교정렌즈를 착용하면 렌즈의 비뚤어짐이나 광학렌즈의 바른 위치(광학적 중심)로 시야를 유지하려고 머리를 기울이기도 한다. 그러나 콘택트렌즈는 각막 앞에 밀착해서 움직이기 때문에 저시력 학생은 눈을 움직여 자유롭게 보거나 선명한 영상을 얻을 수 있다.

각막만곡계(Keratomerter)는 각막의 굴절 이상 유무를 검사하는 기구이다(그림 6-4). 이 기계는 각막의 곡률을 측정할 뿐만 아니라 그 이전 검사에서 나타났던 고도 각막 난시나 안구진탕에 대한 정보를 파악하는 데도 사용한다.

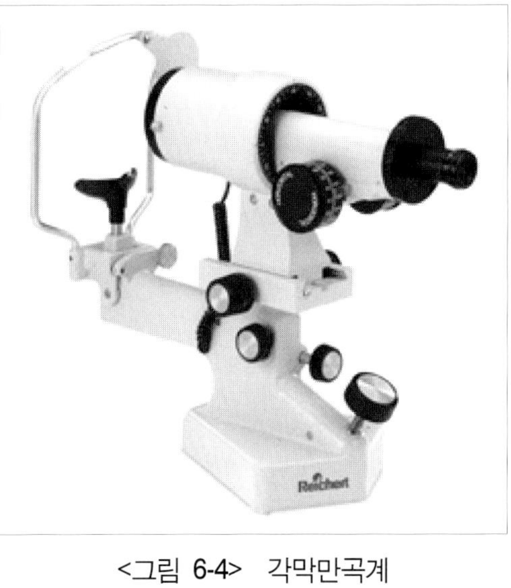

<그림 6-4> 각막만곡계

검영기(Retinoscope)도 굴절 이상을 검사하는 데 사용된다(그림 6-5). 빛은

저시력 학생의 눈으로 들어가서 망막에 반사되어 검사자에게 되돌아오기 때문에 빛의 움직임을 관찰해서 근시, 원시, 난시와 같은 굴절 이상을 파악할 수 있다. 특히 이 검사는 구두 반응을 필요로 하지 않기 때문에 어린 저시력 아동에게도 사용할 수 있다. 굴절이 다른 렌즈를 바꿔 안저로 빛을 투영하여 반사되는 광속의 변화를 관찰함으로써 굴절 이상의 교정에 필요한 렌즈의 도수를 결정할 수 있다.

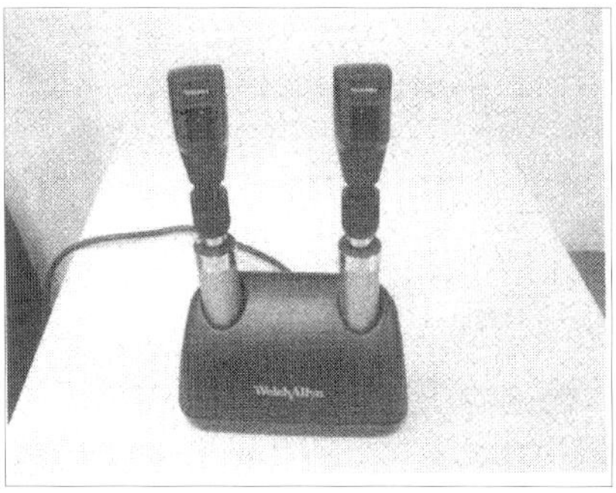
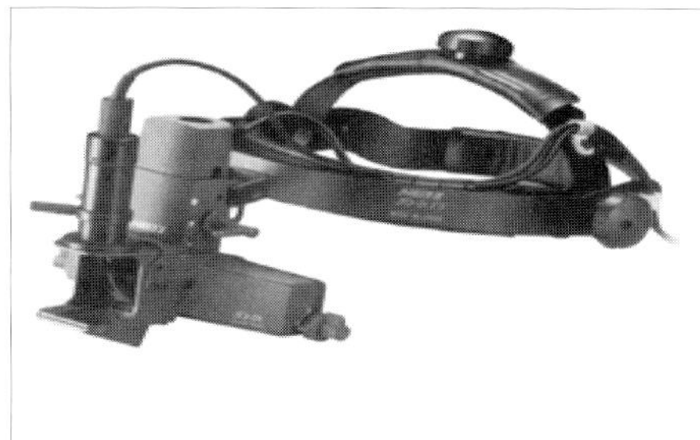

<그림 6-5> 직상 검영기와 도상 검영기

검사할 때 저시력 학생의 머리와 눈의 움직임을 볼 수 있는데, 눈의 움직임은 처방을 결정하는데 중요한 요인이 되므로 포롭터(phoropter: 보통의 굴절 이상 측정에 이용되며, 36개의 렌즈를 갖춘 시력 검사기)나 검안테를 사용하여 렌즈 교환법으로 검사한다. 저시력 학생이 포롭터를 사용하지 않고 기계를 통하여 보게 하면 부자연스러운 자세가 되어 눈과 머리를 자연스럽게 움직일 수 없다.

렌즈 교환법은 객관적인 검사이다. 대부분의 기계는 황반부와 중심 시력을 사용하여 보도록 만들어져 있다. 저시력 학생이 주변시를 사용하는 경우 저시력 학생이 자신이 어느 눈을 사용하고 있는지를 말하기는 어렵다. 또한 어떤 저시력 학생에게는 기계로 검사하기에 렌즈 변화 폭이 적어서 어렵다. 때로 저시력 학생은 굴절력이 큰 렌즈가 필요하며 이러한 변화는 렌즈 교환법으로는 구연할 수 없다. 렌즈 교환법으로는 심한 굴절 이상을 잘 측정하지만, 포롭터로는 굴절 이상을 정밀하게 측정하기 어려울 수도 있다.

저시력 학생이 망원경을 사용하고 있는 동안에 주관적 검사를 할 수도 있다. 망원경을 사용할 때 필요한 교정렌즈의 굴절률은 안경 교정시 필요한 것과 다를 수도 있는데, 망원경의 사용 가능성이 있다고 생각되면 더욱 더 중요하다.

V. 양안시

양안시는 저시력 평가에서 가끔 제외되기도 한다. 대부분의 저시력 학생은 시력이 좋은 쪽 눈만을 사용하기 때문에 대개 시력이 좋은 눈에 집중해서 검사한다. 그러나 과거 검사에서 시력이 좋은 눈이라고 생각하는 눈이 생각하지 않는 다른 눈의 시력이 더 좋다는 것을 발견하기도 한다. 그것은 저시력 학생의 경우 시력이 좋은 쪽 눈을 주로 사용하지만, 시력이 나쁜 쪽 눈을 사용할 수도 있기 때문이다. 그러므로 검사자는 주의 깊게 두 눈의 잠재 시력을 검사해야 하며, 저시력 학생의 진술에만 의존해서는 안 된다.

저시력 또는 백내장 수술 때문에 시력이 나쁜 쪽 눈의 굴절 이상을 교정하면 그 눈이 더 좋은 눈이 되게 할 수도 있다. 저시력 학생은 그 눈을 효율적으로 사용할 수 있도록 훈련받아야 한다. 시력이 비교적 비슷하고, 극단적으로 저하되지 않으면(3배 이하의 확대라면) 적절한 교정과 프리즘으로 보상하면 저시력 학생이 양안시를 사용할 수 있으나 대부분 단안 교정이 필요하다.

단안 교정으로 처방되면 처음 훈련 기간 중에 그 눈을 가려야 하는 경우도 있다. 단안시의 처방과 가림 치료는 저시력 학생을 불안하게 하며, 가린 쪽 눈의 시력이 저하될 것으로 생각되지만, 이것은 잘못된 생각으로 저시력 학생이 임상 훈련을 받기 전에 상담해 주어야 한다. 또 맹인이 될지도 모른다는 공포감은 처방과 훈련 프로그램에 많은 영향을 미친다. 따라서

한 눈으로 독서용 렌즈를 사용하고 다른 눈으로 쓰기용 렌즈를 사용할 수 있도록 훈련시킬 수도 있다.

Ⅵ. 확 대

검사자는 교정한 시력이나 시야에 기초를 두고 어느 정도 확대가 필요한지 결정해야 한다. 검사자는 저시력 학생의 시력과 몇몇 진단적 광학기구에 대한 주관적인 반응을 근거로 저시력 학생에게 필요한 확대경을 진단·처방해야 한다. 이에는 현미경, 망원 현미경, 망원경, 확대경, 확대 독서기와 다른 비광학기구 등이 있다.

저시력 학생에게 각 기구의 장점과 단점을 가르쳐야 하며, 조기에 주된 장애를 극복하기 위해 각 기구를 어떻게 사용할 것인지를 고려해야 한다. 검사자와 저시력 지원 교사가 밀접하게 유대 관계를 맺고 협의해서 작성한 훈련계획과 처방된 보조 기구라도 융통성 있게 수정할 수 있다. 전문가는 이것을 특별히 필요로 하는 저시력 학생이 있다고 해서 모든 저시력 학생에게도 같은 보조 기구를 처방해서는 안 된다. 선택 방법은 임상 자료와 동일하게 교육 및 재활의 욕구를 반영해야 하며, 이러한 공동 처방은 저시력 학생에게 추천하기 전에 저시력 지원 교사와 협의하면서 실시한다.

검안사는 검사 과정에서 관찰된 실제 문제에 대해 저시력 학생과 의논해야 한다. 저시력 지원 교사는 모든 저시력 학생과 함께 활동하고 경험한 모든 내용을 지시사항에 기록한다. 그리고 저시력 지원 교사는 저시력 학생과 함께 다음 사항을 논의해야 한다.

- 지금까지 저시력 학생이 호소한 문제를 보조 기구를 이용해서 해결한 사례
- 훈련에 사용하는 자료
- 가정에서 학습하거나 생활할 때 시야, 작업거리, 초점 맞추기, 자세, 조명, 위치 등의 문제
- 보조 기구를 교체해야 하는 이유에 대한 검안사와의 논의

저시력 지원 교사는 저시력 학생을 적어도 3회 방문을 해야 한다. 즉, 저시력 학생이 어떤 보조 기구를 사용하는지에 대한 처음평가를 위한 첫 번째 방문, 현재 학생의 수준과 능력을 평가하기 위한 두 번째 방문, 그리고 보조 기구의 처방을 위한 세 번째 방문한다. 대부분의 저시력 학생은 훈련 과정에 참가하여 도움을 받을 수 있으며, 훈련 횟수가 많으면 많을수록 임상실의 방문 횟수는 적어진다.

검안사와 저시력 지원 교사는 저시력 학생 개개인의 진도에 대해 정기적으로 정보 교환을 해야 하며, 모든 새로운 문제를 발견하여 해결해야 하고 저시력 학생의 시효율성이 최대로 향상될 때까지 검사를 종료하지 말아야 한다. 다음은 저시력 검사의 개요와 임상 기록지의 사례인데, 검사자는 이를 잘 설명할 수 있어야 하며 절차는 다음과 같다.

- 시력표를 이용해서 60cm~3m까지의 거리에서 원거리 시력을 검사한다.
- 검영법 - 저시력 학생의 눈에 빛을 비추어서 굴절 이상을 객관적으로 측정하고 망막상에 초점이 맺게 렌즈를 사용한다.
- 각막만곡계 - 난시 유무를 확인하고 처방된 콘택트렌즈를 평가하기 위해 각막의 곡률을 측정한다.
- 렌즈 교환법을 이용해서 저시력 학생에게 어떤 렌즈가 적합한지를 질문하여 주관적 검사를 한다
- 시야 검사 - 원거리 시야는 탄젠트 스크린과 주변 시야계로 측정하고 근거리 시야는 암슬러 격자 검사로 측정한다.
- 검안사는 전에 사용한 렌즈와 광학기구를 평가하여 이들에 대한 보조 기구를 만들거나 디자인을 개선할 수 있다.
- 저시력 학생에게 원거리 시력을 개선하는 수단으로 단안경을 소개한다.
- 특수 시력표로 근거리 시력을 측정한다. 작업 거리와 조명도 기록한다.
- 여러 가지 근거리 보조 기구로 병력에서 밝혀진 문제를 평가한다.
- 간단한 건강 평가는 모든 검사의 기본이다. 검안사는 동공, 안구 운동, 안압, 색각을 평가한다. 안과 의사는 검안경을 사용하여 망막을 관찰하고, 세극등 검사는 각막, 수정체 등 전안부를 보는데 사용한다.
- 임상 검사를 임상실에서 훈련할 때 저시력 학생과 저시력 지원 교사 사이에는 교육적인 관계가 이루어져야 한다.

· 저시력 학생에게 적합한 보조 기구를 시험적으로 사용해 보도록 빌려 준다.
· 마지막으로 임상실을 방문했을 때, 선택한 광학기구의 장점과 단점을 평가한다. 진단 검사를 끝냈을 때 광학기구도 처방한다.

<표 6-2> 병력지(case history sheet)

다음을 기록 하세요		
일　시 :		
학생 이름 :	성　별 :	생년월일 :
주　소 :		전　화 :
본인 소개 :		
시각 병력(visual history) :		
안과의사 :		
눈에 대한 가족사:		
건강상태(투약) :		
학　력 :		
여가활동 :		
눈에 대한 기록을 갖고 있는가 : ( )예		( ) 아니오
최근 처방 :		
현재 사용하고 있는 보조기구:		
활자 - 현재 시기능 :		
필요한 조명 :		
보행 문제 :		
주된 호소·목표 :		
조　언 :		
교　사 :		
학　생 :		

<표 6-3> 치료 기록지(treatment sheet)

학생 이름 :		생년월일 :
일시 :		치료 :
	시기능 평가	
현재 상태 :		
주된 호소 :		
시력 : 나안	교정	보조기구를 사용한 시력
원거리 시력 우안 :		좌안 :
근거리 시력 우안 :		좌안 :
양안시 :		
저시력 보조기구 :		
평 가:		
초기훈련계획 :		
초기훈련처방		
다음 병원방문 일자 :		
교 사 :		
학 생 :		
눈에 대한 평가 :		
외안 상태 :		
우안	중간광학매체	좌안
	유 두	
	유두함몰	
	동 정 맥 비율	
	혈 관 (고혈압, 동맥근)	
	황 반 부	
	중심와 반사	
	기 타	
안 압 :	혈 압 :	
	약 명 :	
(　) 직상경	(　) 도상경	(　) 세극등
초기검사일시 :		
색 각 :		
각막곡률 : 우안(　　　)	좌안(　　　)	

<표 6-4> 근거리 훈련

학생 이름 :		일 시 :	
<평 가> 읽 기 가 사		쓰 기 취 미	
<중심외보기>			
<읽 기>	1	2	3
보조 기구			
작업 거리			
조 명			
기 술			
초점 맞추기			
위 치			
읽기 기술			
주사하기			
다음행 찾기			
속 도			
비 교			
교 재			
비광학 보조 기구			
독서대 :			
차폐판 :			
라인가이드 :			
필 터 :			
조 언			

<쓰 기>	1	2	3
보조 기구			
작업 거리			
조 명			
기 술			
행따라 쓰기			
비광학 보조 기구			
쓰기 가이드			
특수 펜 · 종이			
스 탠 드			

조 언

<기 타>	1	2
수행 과제		
광학 보조 기구		
작업 거리		
조 명		
비광학 보조 기구		

조 언

<교재 및 선정 보조 기구>

저시력 지원 교사 이름:

Ⅶ. 보고서 작성

저시력 서비스를 성공적으로 제공하기 위해서는 기록을 하는 것이 좋다. 문서는 목적을 달성하거나 일련의 훈련 서비스를 명확히 하는데 필요하며, 문서를 통해서 저시력 서비스의 개요를 제시할 수 있다. 저시력 학생의 검사를 마친 후 임상적 자료를 저시력 지원 교사에게 제공해야 한다. 원칙적으로는 문서 보고가 각 영역별로 보내져야 하며 종합적인 보고문을 각 서비스 지원 때 마다 제공해야 한다. 다시 말하면 재방문할 때에 간명한 보고를 하고, 중요 정보와 비용의 발생을 저시력 지원 교사에게 알려야 한다. 여기서 종합 보고서 형식을 제시했는데, 이들 형식을 참고하여 저시력 서비스의 개인적인 요구에 적합하도록 변형시킬 수 있다.

검안사는 보고서에 현재의 문제점과 중요한 내용을 반드시 기록해야 하는데 수집된 정보 중 가장 양호한 시력과 안경으로 교정한 시력을 제시해야 한다. 이 보고서에는 시야의 제한으로 인해 생기는 문제와 훈련 프로그램의 잠재적 효과에 대해서 언급해야 하며, 조명의 필요성도 지적해야 한다. 또한 저시력 학생이 양안시를 사용하는지 단안시를 사용하는지를 아는 것이 매우 중요하다. 색각 이상도 보고해야 하는데 보조필터나 독서 스탠드 등과 훈련 프로그램에서 사용한 보조 기구는 상세하게 기록해야 한다.

그리고 보고서에는 저시력 지원교사가 훈련계획을 작성하는데 도움이 될 수 있게 보조 기구를 사용했을 때 가능하다고 생각되는 저시력 학생의 기대수준, 처방된 보조 기구에 의한 특별한 과제, 예상되는 어려움, 검사 과정에서 확인된 장애의 정도를 충분하게 정보를 제공해야 한다. 만일 다른 서비스나 진단용 자료가 필요하다면 그것도 기록해야 한다.

보고서로는 직접적인 의사소통을 대신하지는 못한다. 함께 활동하는 전문가들은 그들 자신의 문서기록 체계를 고안해야 한다. 다음에 예시하는 종합적인 보고 형식은 다양한 임상 프로그램에 의하여 몇 가지 수정된 형태로 사용되어 왔다. 모든 저시력 학생을 대상으로 단일 형식의 동일한 보고서를 사용할 수는 없으며 어느 정도의 상태만을 기록할 뿐이다.

따라서 이러한 형식은 하나의 지침으로서 저시력 학생 개개인에게 제공된 모든 서비스를 개괄적으로 파악하기 위하여 사용되어야 하며, 계획 형태(모형)에 따라 쉽게 바꿀 수 있는 융통성이 있어야 한다. 또한 이것은 훈련에 있어서 검안사들의 서비스에 대한 상세한 설명과 필요한 여러 가지 정보와 설명을 진술하기 위해 안과 의사가 기록한다.

◆ 저시력 학생에 대한 종합적인 보고서 형식(Ⅰ)

상 담 가 ______________________________ 귀하
학생 이름 :______________ 생년월일 :__________
주 소 :______________________________
검사일시 :______________________________
임상자료 :______________________________
병 력 :______________________________
주된 호소 :______________________________
시 력 : 나안시력 ______ 과거처방 ______ 시력 ______
원거리 시력 : 좌안 ______________ 우안 ______________
근거리 시력 : 좌안 ______________ 우안 ______________
현재 보조기구에 의한 시력(보조기구 모델명:) :__________
굴절률 :______________
양안시 : 저시력 학생은 좌·우안을 사용하며, 원거리·근거리·양거리에서 망원경을 사용함.

특기사항______________________________
____

색각 : 정상 ( ), 이상 ( )________ 테스트를 사용함
특기사항______________________________

일시 :____________________

시야 : 암슬러 격자 검사

Amsler	Dist.

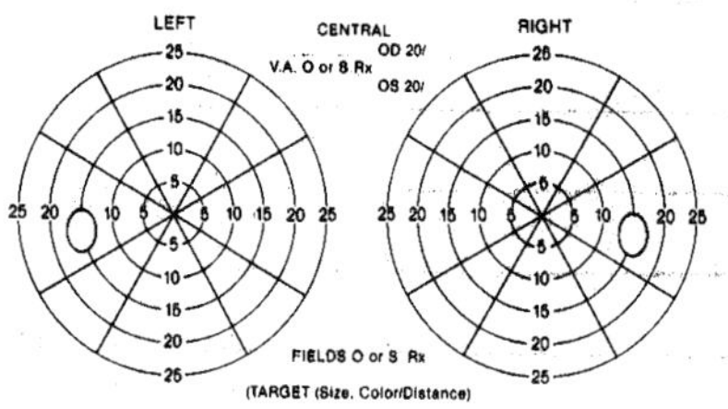

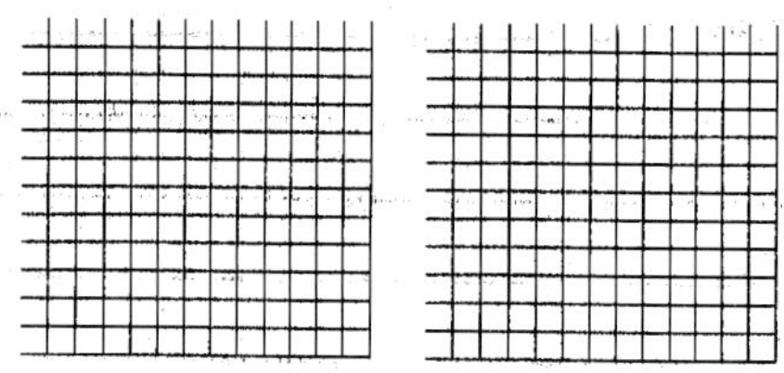

진단과 다른 눈의 상태를 알 수 있는 자료(안압 검사, 혈압 검사, 안저 검사)

____

____

평가한 저시력 보조 기구(조명 포함)

원거리 보조 기구　　　　중간거리 보조 기구　　　　근거리 보조 기구

____

____

훈련 (성공한 과제와 광학적 문제)

____

____

훈련 ____________________　　　검사일 ____________________

사회 서비스(병력, 개인의 자아개념에 대한 기술, 동기와 기대, 다른 필요한 협력, 지원체제와 처방 예후에 따른 적절한 프로그램, 필요한 추수지도)

____

____

사회사업가 ____________________

저시력 학생의 보행 평가(저시력 학생의 보행 능력에 대한 진술, 잠재적인 문제영역, 처방된 보조 기구의 이용, 필요한 부가적인 훈련과 도구, 보조 기구를 능숙하게 사용하게 할 수 있는 과제, 보행할 때 예상되는 장애, 저시력 학생이 보고한 주된 호소와 예후, 필요한 조명 등):

____

____

보행 교사 __________________

저시력 교육 평가(독서 기술과 수행, 쓰기 능력, 가장 적합한 자료, 비광학 보조 기구, 조명, 다른 교육적 욕구, 시야와 근거리 작업 수행과의 관계, 현재의 문제와 성공적으로 사용한 보조 기구, 주된 호소의 해결, 예후) :

____

____

담당 교사 __________________

저시력 치료의 선택적 계획

1. 초기 진단 평가에서 제공되는 서비스

☐ 사회적 서비스 정보	☐ 저시력 보행 평가
☐ 비임상적 평가	☐ 저시력 교육 평가
☐ 임상검사	☐ 2차 방문
☐ 훈련부문	☐ 기타

비용________________

2. 추천된 보조 기구나 서비스

치료선택______________________________

____

비용______________

장 점 : ______________________________

부가적으로 필요한 사항

☐ 단기 ☐ 안과학적 결론

☐ 중기 ☐ 심리 상담

☐ 장기 ☐ 교수 학습

☐ 훈련시간 ☐ 보행 훈련 시간

☐ 비임상적 평가 ☐ 기타

비용______________

서비스 완료 예상일______________

치료 선택 2 :______________________________

____

비용______________

장 점 :______________________________

____

____

부가적으로 필요한 사항

☐ 단기 ☐ 안과학적 결론

☐ 중기 ☐ 심리 상담

☐ 장기 ☐ 교수 학습

☐ 훈련 시간 ☐ 보행 훈련 시간

☐ 비임상 평가 ☐ 기타

총 비용______________

서비스 완료 예상일______________

치료선택 3 :____

____

비용__________________

장 점 :____

____

____

부가적으로 필요한 사항

- ☐ 단기
- ☐ 중기
- ☐ 장기
- ☐ 훈련 시간
- ☐ 비임상적 평가
- ☐ 안과학적 결론
- ☐ 심리 상담
- ☐ 교수 학습
- ☐ 보행 훈련 시간
- ☐ 기타

비용__________________

서비스 완료 예상일________________

선택은 위에 기술된 치료과정을 통해서 저시력 학생의 ____________의 작업 목표를 실현시킬 기회가 보다 증가되리라 생각합니다.

임상 책임자________________

◆ 저시력 학생의 종합적인 보고서 형식(II)

__________ 선생님 귀하

20____ 년 ____월 저시력 학생 ____________을(를) 만나 보았습니다. 우리가 평가한 저시력 검사는 시각장애인의 재활을 목표로 종합적이고 다전문 영역간 접근 방법을 사용하고 있습니다. ___________군(양)은 기록한 날짜에 다음의 전문가로부터 평가받았습니다.

다음은 앞에서 진술한 평가의 결과를 요약하여 제시합니다.

시력 : 나안__________ 과거 처방__________ 새로운 처방__________

원거리 : 좌안__________ 우안__________

근거리 : 좌안__________ 우안__________

시야(첨부한 시야표 참조) : 좌안__________ 우안__________

이 시력·시야는 이 저시력 학생이 시각장애인으로서 적합한 서비스의 대상자임을 의미합니다.

병 력

1) 저시력 학생의 연령, 관련 병적 진단과 진술과 시력의 변화(안정성, 진행성), 시력 상실의 시기나 기간에 대한 진술.
2) 저시력 학생이 시력을 사용하는 방법(예, 독서, 1회 독서시간, 잘 보이는 눈, 잘 수행하는 과제, 사용하고 있는 보조 기구, 사용하는 이유 등)을 포함하여 그의 시력에 관한 진술.
3) 저시력 학생의 건강 상태에 관한 증명, 건강이 시각장애에 미치는 영향 진술.
4) 저시력 학생의 자아개념, 장애의 수용 등 심리 상태를 설명하는 진술.
5) 다른 사회적 문제

목표와 문제점

<눈 건강>

1) 과거의 진단에 확신을 갖거나 의문을 갖는 진술, 과거의 진단에 의문을 가질 경우 새로운 진단을 제시한다. 과거의 진단을 확인할 경우 "우리의 견해가 과거의 ____________ 라는 진단과 일치한다"로 기입한다.
2) 다른 검사를 다시 수행할 경우 그것을 목록으로 작성하고 새로운 소견을 쓴다.
3) 눈의 예후(안정성, 진행성)를 들어, 저시력 학생을 의학적 전문가에게 소개하기 위해 추천서를 쓴다.

<안압·혈압 측정>

안압은__________로 측정했으며 우안은 _____mmHg, 좌안은 _____mmHg으로 안압은 정상, 정상보다 높다고 생각한다.

계속 주의가 필요하면, 저시력 학생에게 다시 의사를 방문하여 안압을 점검받도록 조언한다.

안압은 ________로서 과거의 자료에 포함되었다, 되지 않았다.

<색각>

______________을 사용한 색각 검사는 다음과 같다.

1) ___________은 본질적으로 정상 색각을 나타냈다.
2) ___________은 일부·완전히 1형, 2형, 3형 색각 이상을 나타냈다. 이 형태의 장애는 _________색과 _________색을 혼동한다. 저시력 학생의 시작업에 이 장애의 중요성을 표시하고, 저시력 학생의 생활(직업, 자동차 운전 등)에 대해 의논한다.

<양안시>

_____________는 (1)양안시, (2)단안시, (3) 교대시를 의미한다.

1) 두 눈은 협동해서 작업한다.
2) 원래 저시력 학생은 좌안 또는 우안을 사용한다
3) 저시력 학생은 눈을 독자적으로 사용할 수 있다. 그러나 외사시, 내사시 등으로 해서 두 눈은 동시에 협동하여 사용할 수는 없다.

광학적 보조 기구

조명의 필요성

특별한 스탠드, 선 필터(sun filter), 모자의 창 같은 조절기구의 필요성을 지적한다. 그것을 쓰기도 하고 또 벗기도 하는 것을 말하며, 근거리와 원거리 작업에서 가장 적합한 촉광에 대해 표시한다. 적절한 조명을 사용하지 않으면 어떤 영향을 받는지를 의논한다.

참고사항

1) ________군(양)의 최대 수준의 시기능을 발휘하기 위하여 _______cm 거리의 작업에 필요한 _________와트 전구가 장착된 자유롭게 굽힐 수 있는 스탠드가 필요하다.
2) _________군(양)은 특별히 처방된 저시력 보조 기구나 조명을 사용할 필요가 없다.
3) _____%의 선 필터는 밝은 조명이 있는 실외 보행에 사용하도록 처방하였다.
4) _________군(양)은 바른 조명하에서 1분에 50단어의 속도로 5포인트의 활자를 읽을 수 있다. 적합하지 않은 조명하에서는 10포인트 글자를 25단어 읽었고, 5배 확대경을 사용하는 데는 75촉광(45cm에서 50W 전구)이 필요하다.

원거리 시력 재활 계획

1) 현재의 저시력 학생의 보행 능력에 대한 기록
   ① 저시력 학생은 보행 문제를 호소하지 않고, 저시력 학생을 관찰했을 때 우리 역시 보행에 대해 의문을 제시할 만한 것을 발견할 수 없었다. 따라서 보행 훈련이나 평가를 할 필요가 없다고 생각된다.
   ② 저시력 학생은 보행 문제를 호소하지 않지만, 최적의 수준에서 기능을 발휘하고 있다고 생각하지 않는다. 왜냐하면 ________________이기 때문이다.
   ③ 저시력 학생은 다음과 같은 어려움을 호소했다. '리스트 작성'. 이러한 어려움들을 다음의 보조 기구나 훈련 계획으로 해결할 수 있다고 생각한다.
   '보조 기구와 훈련 프로그램에 관해 의논' 기록
   (   )

④ 저시력 보행 평가는 저시력 학생을 위해 다음의 문제를 제시하고 있으며, 원거리용 보조 기구는 이러한 상황을 개선할 것이다.

2) 현재 필요하다고 생각되는 보조 기구에 대한 논의

① 손잡이형 확대경은 ________군(양)에게 제시된 문제를 해결하는데 가장 적합할 것이다. 이 보조 기구는 다양한 실내와 실외의 상황에 사용되며, _______ 군(양)은 이 보조 기구의 사용에 대해 완전히 이해하고 그 한계를 알고 있다. 저시력 학생은 칠판, 도로 표지판을 ________의 거리에서 보는데 이 보조 기구를 능숙하게 사용한다.

② 저시력 학생을 대상으로 여러 가지 안경과 손잡이형 원거리용 보조 기구를 평가했으나, 어느 것도 저시력 학생에게는 도움이 되지 않았다. 그러나 임상적으로 다음과 같은 개선점을 발견했다.「개선점에 대한 목록을 작성하시오」

③ 임상적으로 시력이 충분히 개선되었지만, 저시력 학생은 도구 부문에서는 개선점을 입증하지 못했다. 따라서 더 이상 원거리용 보조 기구를 검토하지 않기로 했다.

④ 저시력 학생은 시력 개선을 어느 정도 보여 주었고 임상 및 보조 기구에서 나타난 바와 같이 한정된 활동에서 망원경을 사용함으로써 어느 정도 만족할 수 있었다. 그리고 다음 문제에서 필요한 것은 가정에서 훈련을 계속하도록 조언했다(보조 기구를 제시한다).

3) 예후는 「양호함, 우수함」, 훈련체제가 유지되면「좋음, 신중, 불량」등으로 하고 호소 내용이나 필요한 것이 무엇인지 명심한다.

근거리 시력 재활 계획

1) 현재 저시력 학생의 기술 능력에 대해 기록

① 지금 저시력 학생이 보조 기구 없이 혹은 과거의 보조 기구를 사용하여 읽고 있는 교재에 대하여 의논하시오.

② 저시력 학생이 읽고 싶은 책이나 바느질거리와 같은 관심사에 대해 의논하시오.

③ 저시력 학생이 얼마나 오랜 시간동안 계속 읽을 수 있었는지 기록하시오.

④ 저시력 학생이 밝힌 문제를 나열하고 평가 결과를 제시하시오.

ⓐ 개선이 충분하지 않다.

ⓑ 50촉광의 조명에서 10M의 신문 글씨를 읽는데 2.5배의 이중 초점렌즈를 처방했다. 저시력 학생은 이러한 임상적 조건하에서 1분간에 55단어를 읽을 수 있었다. 이 개선에 대해 그의 주관적인 반응은 중간 정도로 감격했다. 그의 주요한 관심사는 「가까운 작업거리, 시야의 넓이, 늦은 독서 속도, 렌즈의 무게 등」이었다. 독서 스탠드는 몇 가지의 장애를 완화시키기 위해서 제공했다. 연습하면 렌즈에 대한 불만이 감소될 것이다.

2) 저시력 학생에게 처방된 보조 기구를 사용해서 기능적으로 향상된 면을 의논하시오. 문제가 있으면 그것들에 대해서 언급하고, 왜 그러한 문제에도 불구하고, 처방을 했는지를 지적하시오. 원거리용 보조 기구를 사용할 경우 저시력 학생이 좋은 임상적 결과를 얻기는 했으나, 교육적인 문제에서 이 결과들을 입증하지 못했음을 지적하시오. 이와 같이 저시력 학생 ________군(양)의 처방을 검토하기로 했다.

3) 저시력 학생은 시력에 있어서 중간 정도의 개선을 보여 주었다. 임상 및 교육 부문에서 보여준 것과 같이 제한된 활동으로 근거리용 보조 기구를 사용하는데 어느 정도 능률성을 보여 주었다. 저시력 학생에게 다음의 작업을 위하여 근거리용 보조 기구를 사용하도록 조언한다. 훈련 부문에서 다음의 문제를 주목하고, 가정에서 계속적인 훈련 시간 동안 다음의 분야에 주목하도록 저시력 학생에게 조언한다(다음에 주의점을 열거한다).

4) 예후는 「양호함, 우수함」, 훈련을 유지할 수 있으면 「적당, 불량」 등으로 기술하고, 보조 기구는 심사숙고해서 사용하며, 중요한 관심사와 요구를 기록한다.

제7장 광 학

저시력 학생에게 우선적으로 필요한 것은 광학 보조 기구이다. 저시력 학생을 지도하는 관련자들은 이를 위해 광학 체제의 지식과 광학 보조 기구의 원리에 대해 알아야 한다. 이 장에서는 저시력 학생을 위한 광학과 확대경에 대한 구조에 대해 고찰하고 이를 처치하는 방법에 대해서도 진술하고자 한다.

Ⅰ. 기초 광학

광학 보조 기구나 확대 원리와 같은 광학적 지식을 습득하기 전에 렌즈를 통과한 광선의 진행 방향에 대해서 먼저 알아야 한다. 광선은 평행한 직선으로 진행하여 렌즈를 통과한 후 초점을 맺는다(그림 7-1).

교차해서 굴절된 광선이 상으로 맺고 렌즈를 통과한 광선은 일정한 거리에서 초점을 맺으며 하나의 렌즈나 여러 개의 렌즈를 통과한 광선은 렌즈의 총 굴절률에 따라 상을 맺는 초점거리가 달라진다.

<그림 7-1> 平行光線. 눈에서 6m 이상 떨어진 물체에서 발산되는 광선은 서로 평행한 광선으로 진행하고 그 진로에 광학매체(예: 렌즈)가 삽입되지 않으면 초점을 맺지 못한다.

평행광선(zero vergence)이란 교차하지 않고 직선으로 서로 평행한 광선을 의미한다. 눈이나 렌즈에서 6m 혹은 그 이상 떨어진 대상에서 생기는 광선은 광학적으로 평행광선으로 진행하며, 무한성이라고 할 수 있다. 따라서 일반적인 시력 평가는 6m 이내의 거리에서 실시한다.

평행광선이 광선의 진행 방향에 대해 수직인 얇은 유리판을 통과할 경우에도 광선의 방향은 변하지 않고 그대로 진행한다(그림 7-2).

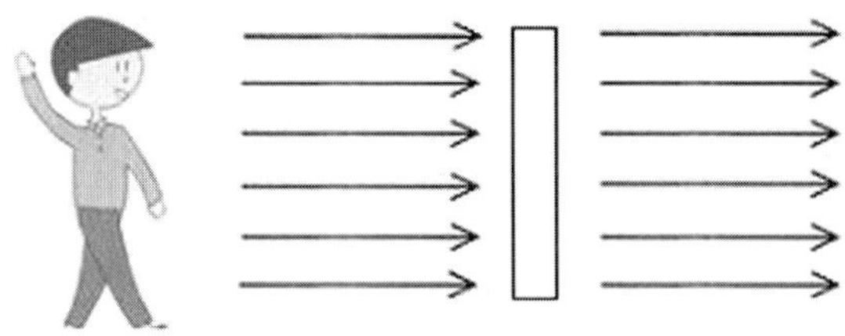

<그림 7-2> 유리판을 통과한 평행광선. 평행광선은 얇은 판처럼 수직인 표면으로 입사할 때, 굴절되지 않고 직진한다. 이 유리판은 '굴절률 0', 혹은 '0 디옵터'라고 한다.

양면이 평행한 유리판 또는 그와 같은 렌즈는 0디옵터라 하고, 입사한 광선은 휘어지지 않고 직진한다. 볼록렌즈가 광선의 진로에 있을 경우, 광선은 렌즈의 중심을 통과하는 광축광선의 방향으로 굴절한다(그림 7-3).

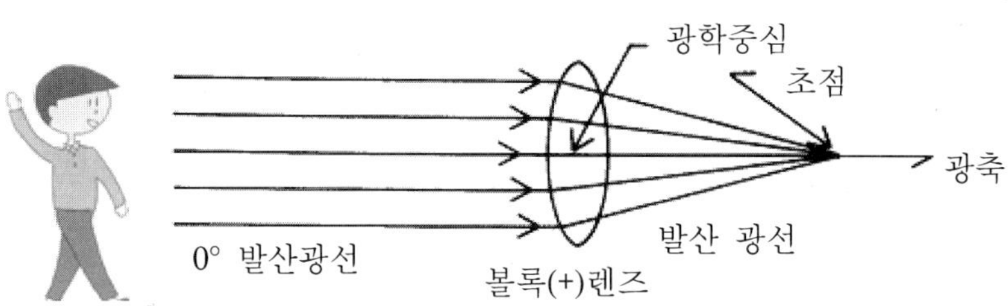

<그림 7-3> 光軸光線. 광축광선은 광학적 중심선으로 렌즈에 수직으로 입사하여 렌즈를 그대로 통과한다. 렌즈의 주변부에 입사한 광선은 광축광선 쪽으로 휘어서(볼록렌즈일 때) 초점이라는 입사구와는 반대쪽의 일정한 점으로 모인다.

광축광선은 렌즈의 광학 중심점을 통과하는 광선이다. 렌즈의 광학 중심점은 평행 유리판처럼 작용하여 빛을 굴절시키지 않는다. 광축광선은 항상 굴절하지 않고 렌즈를 통과하므로 렌즈의 굴절률(diopters)를 결정할 때 참고선으로 사용된다.

다른 광선은 모두 렌즈의 다른 쪽에서 광축광선과 교차한다. 모든 광선은 광축광선 상의 동일점(초점)에 모이기 때문에 볼록렌즈는 굴절률인 디옵터로 변환될 때에 플러스(+)로 표시한다. 보다 두꺼운 렌즈(보다 심하게 굽은 렌즈)의 경우 광선은 보다 강하게 굴절하고, 초점은 렌즈 뒤쪽에 보다 가깝게 맺히며, 디옵터는 커진다(그림 7-4). 렌즈의 디옵터를 결정할 때는 볼록렌즈의 뒤쪽과 초점과의 거리인 초점거리를 cm단위로 측정한다. 100을 cm단위로 측정한 거리로 나누면 렌즈의 디옵터를 알 수 있다.

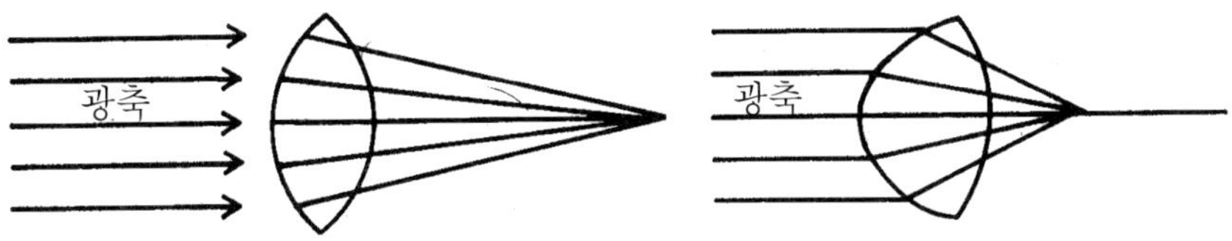

<그림 7-4> 볼록렌즈. 왼쪽의 렌즈는 보통의 볼록렌즈로 광선은 렌즈를 지나 먼 곳에 있는 점에 모인다(긴 초점거리). 이것은 굴절률이 낮은 얇은 렌즈이며, 디옵터 수치가 낮다. 오른쪽의 렌즈는 심하게 굽었기 때문에 초점거리는 짧고, 굴절률이 높으며, 디옵터 수치가 크고 렌즈를 지나서 렌즈 가까이에 초점이 맺힌다.

오목렌즈의 경우, 광선은 렌즈를 통과 한 후 광축광선에서 바깥쪽으로 굴절한다(그림 7-5). 따라서 오목렌즈는 발산렌즈라고 하며, 굴절률인 디옵터 수치를 변환할 때 마이너스(-)로 표시한다. 렌즈의 주변부를 보다 두껍게 하고 곡선이 심한 경우 보다 많은 광선의 발산이 생기고 디옵터의 수치가 커진다. 오목렌즈의 초점은 렌즈 앞쪽에 있다. 그래서 광선이 렌즈 앞쪽에서 발산하는 것처럼 보이는 근거가 된다.

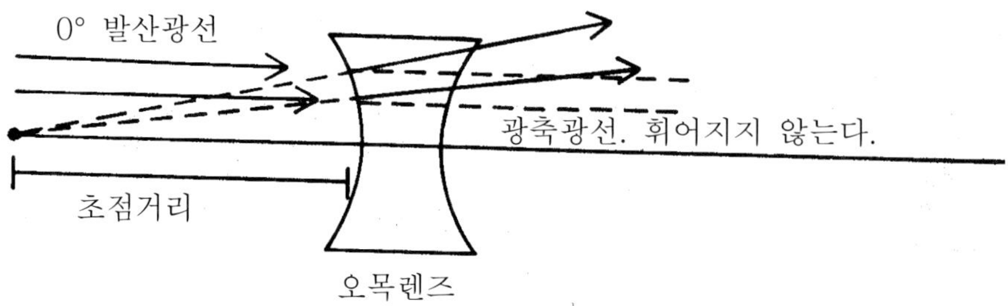

<그림 7-5> 오목렌즈. 오목렌즈는 광축광선으로부터 크게 굴절된다. 초점을 발산하는 광선이 도달하는 것처럼 보이는 점이 렌즈 앞쪽에 있다.

오목렌즈의 초점거리는 렌즈 앞쪽에서 초점까지의 거리인데, 렌즈의 디옵터는 cm로 초점거리를 측정하고 100으로 나눈다. 이 경우 마이너스(-) 디옵터로 나타낸다.

렌즈의 디옵터를 알고 있을 경우 광선이 어느 지점에 상을 맺는지를 결정할 때에는 다음 공식을 사용한다.

$$\frac{\mathbf{100}}{\textbf{렌즈의 디옵터}} = \textbf{초점거리(cm)}$$

10디옵터 렌즈(+10)의 경우 위의 공식을 적용하여 초점을 구하면 다음과 같다.

$$\frac{\mathbf{100}}{\mathbf{10}} = \mathbf{10(cm)}$$

플러스는 초점이 렌즈 뒤쪽에 있는 것을 의미한다(그림 7-6).

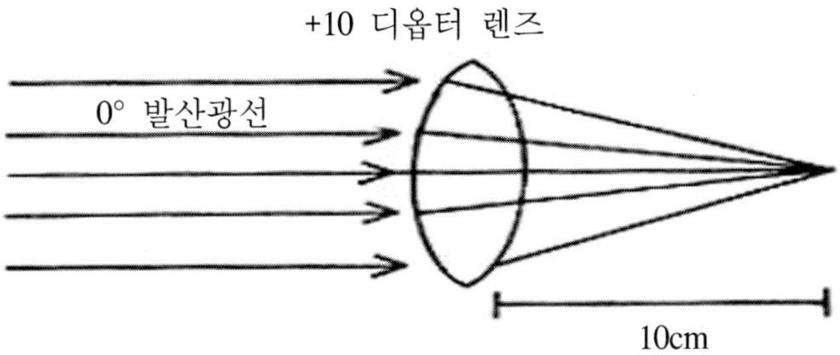

<그림 7-6> +10디옵터 렌즈. 평행광선은 +10디옵터의 렌즈에 입사하면 렌즈의 뒤쪽 10cm지점에 모인다.

10디옵터의 오목렌즈(-10)의 경우 위의 공식을 적용하여 초점을 구하면 다음과 같다.

$$-10(cm) = \frac{100}{-10}$$

마이너스는 초점이 렌즈 앞쪽에 있는 것을 의미한다(그림 7-7).

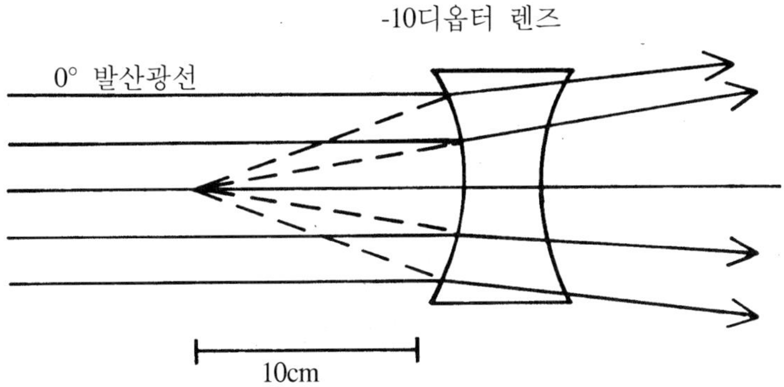

<그림 7-7> -10디옵터 렌즈. 평행광선은 -10디옵터의 렌즈에 입사하여 발산하며, 발산광선의 중심점은 렌즈의 앞쪽 10cm로 이곳에 초점을 맺는다.

중요한 법칙은 물체와 렌즈와의 거리가 6m 이내 일 때 광선은 평행광선이라고는 간주되지 않고 발산광선으로 렌즈에 광선이 입사한다는 점이다. 물체가 렌즈에 가까우면 가까울수록 광선의 발산 방향이 굴절하는 각도는 커진다(그림 7-8).

발산하는 광선은 물체의 모든 점에서 광다발로 나오는데 이 장의 그림에서는 광축상에 있는 점에서 발생하는 광다발만 제시하였다. 발산하는 광선을 시각화하여 3개의 대표적인 광로 중 하나는 광축으로 제시되어 있으며 물체가 6m 이내에 접근할 때에 이들 광선은 발산하기 시작한다(광축광선은 예외이다). 이들 광선의 발산량은 렌즈의 치환 디옵터 수치로 생각할 수 있다.

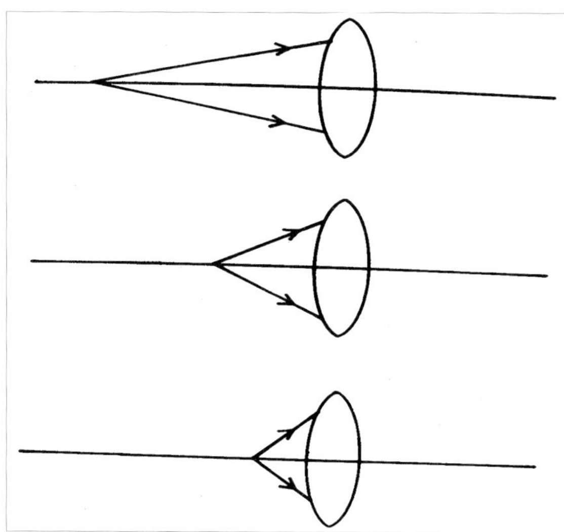

<그림 7-8> 평행광선에서 발산광선까지의 변화. 광선이 렌즈에서 6m보다 가까운 물체에서 발산될 때 광선은 발산하면서 렌즈에 입사한다. 물체가 렌즈에 가까우면 가까울수록 입사광선의 발산도가 커진다.

광선의 굴절 정도는 다음 식에 의해 결정된다.

$$D(\text{디옵터}) = \frac{100}{\text{렌즈에서 물체까지의 거리}}$$

따라서 렌즈에서 50cm에 있는 물체는 -2D의 굴절률이 된다.

렌즈 앞쪽 50cm의 장소에서의 광선이 그림 7-6에서와 같이 +10디옵터 렌즈를 통과하면 +10디옵터 렌즈의 실제적인 굴절률은 감소하고 초점이 변화한다. 렌즈 자체의 굴절률은 +10디옵터 그대로이지만 광선은 평행광선으로 렌즈에 입사하지는 않기 때문에 실효 굴절률은 +8디옵터가 된다. 이것은 +10디옵터 렌즈와 -2디옵터 렌즈를 합성해서 나온 결과이다(그림 7-9). +10디옵터의 굴절률 중 광선은 처음 2디옵터만큼 평행광선이 되며 나머지 8디옵터만큼 굴곡된다. 이 때문에 상은 렌즈 뒷쪽에서 12.5cm에서 초점을 맺는다.

$$FD = \frac{100}{8D} = 12.5cm \ (FD=\text{초점거리})$$

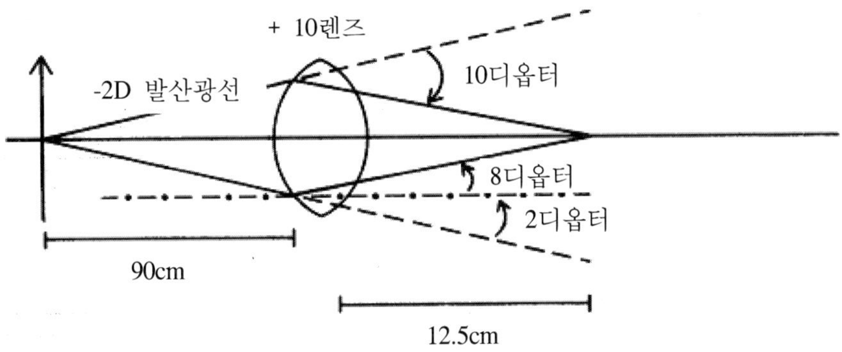

<그림 7-9> +10디옵터 렌즈와 -2디옵터 렌즈의 광선과 결합. 렌즈에서 50cm에 놓여 있는 물체로부터 발산광선은 -2디옵터의 오목렌즈와 동일하게 보인다. +10디옵터 렌즈는 그림에 제시되어 있는 것처럼 10디옵터 분산광선이 된다. 볼록렌즈의 입사광선을 평행광선으로 하기 위해 +2디옵터만 사용하여 렌즈 뒤쪽에서 12.5cm에 초점을 맺는다. 그것은 +8디옵터에 평행광선이 입사한 것과 같다.

렌즈에서 물체까지의 거리와 초점거리가 같은 경우에 일어난다. 이때 광선은 렌즈의 집중력과 동등하게 발산하기 때문에 광선은 평행광선이 되어 렌즈를 통과한다(그림 7-10). 이것이 현미경에서 사용하는 렌즈체계이다.

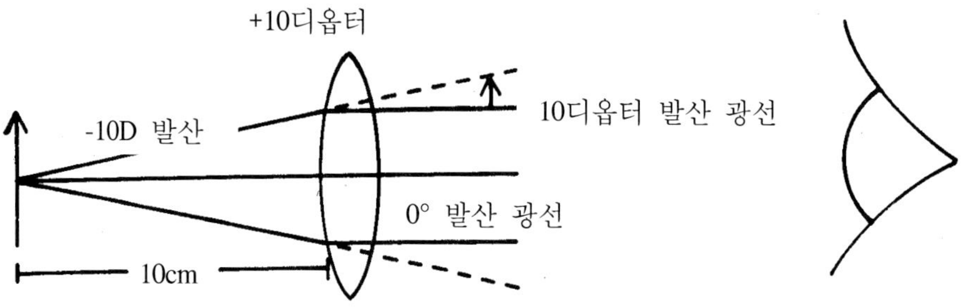

<그림 7-10> +10디옵터의 볼록렌즈에서 10cm에 놓인 물체에서의 광선은 -10디옵터의 발산력을 가진 오목렌즈로써 렌즈에 입사하고, 또한 +10디옵터 렌즈에 입사하면 평행광선이 된다. 만약 읽기 자료가 초점거리와 같은 거리의 렌즈 앞에 둘 경우 평행 광선으로 눈에 입사하여 조절은 필요 없게 된다.

6m 이상 떨어진 물체의 발산광선은 광학적으로는 무한대라고 할 수 있다. 따라서 누구라도 조절은 필요 없다.

오목렌즈의 발산력은 물체가 렌즈에 가까울수록 커진다(그림 7-11). 물체가 50cm의 거리에 있을 때 전체 광속은 발산되어 발산광선으로 렌즈에 입사하기 때문에 -2디옵터가 되고 오목렌즈 자체가 -10디옵터이기 때문에 결과적으로 -12디옵터가 된다. 따라서 이 렌즈의 초점거리는 8.5cm가 된다.

$$\mathbf{FD} = \frac{\mathbf{100}}{\mathbf{-12}} = \mathbf{-8.5cm}$$

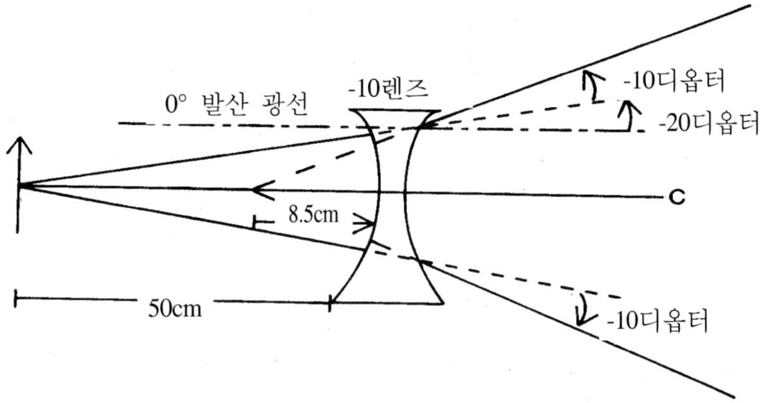

<그림 7-11> 오목렌즈의 작용. -10디옵터의 오목렌즈에서 50cm 떨어져 있는 물체에서 발산하는 광선은 -2디옵터의 굴절률을 지니며 -10디옵터의 렌즈에 입사한다. 그러므로 모두 -12디옵터 굴절한다. 따라서 초점거리는 오목렌즈 앞쪽 8.5cm이다.

렌즈 앞쪽에 있는 이 초점거리는 망원경의 도수를 계산할 때 또는 굴절오차를 조정할 때 참고로써 사용하는 상상점이다.

Ⅱ. 굴 절

굴절 이상의 교정은 광학 수단으로 안경, 콘택트렌즈 또는 기타 광학적 보조 기구를 필요로 한다. 눈의 안축은 약 1.66cm이고 각막과 수정체가 빛을 굴절시키는 특별한 구조로 되어 있다(그림 7-12). 각막과 수정체는 약 +60디옵터의 굴절력을 가지고 있으며, 각막을 통과한 광속은 1.66cm 뒤에 있는 망막상에 초점을 맺는다.

$$\frac{100}{60D} = 1.66cm$$

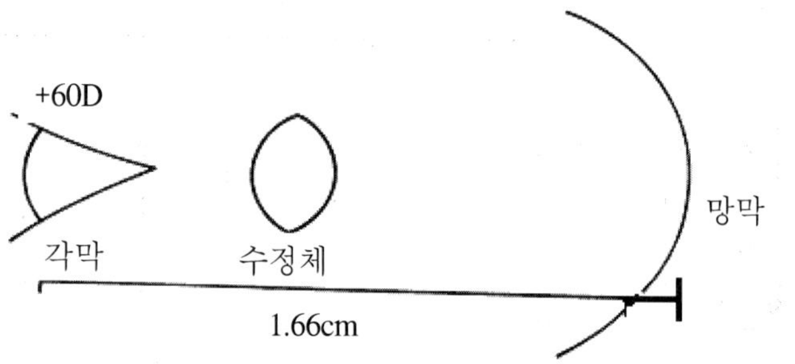

<그림 7-12> 눈의 모형도. 이 그림에서 눈은 전체 굴절률이 +60디옵터이며 안축의 길이는 1.66cm이다.

물체가 눈에서 6m 이상 떨어져 있을 때 그 물체에서 반사된 광선은 평행광선으로 눈에 입사한다. 그 광선은 +60디옵터를 통과하여 망막상에 초점을 맺는다. 그림 7-13은 눈의 구조를 간략하게 도식화한 것이다.

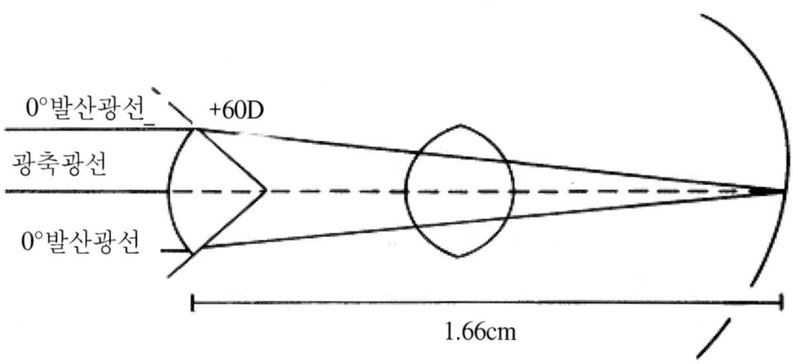

<그림 7-13> 정상안의 모형도. 평행광선은 +60디옵터의 정상안에서는 망막상에 초점을 맺는다. 초점은 정상안에서 시력이 가장 양호한 황반부에 맺힌다.

근시는 눈의 굴절력이 정상안보다 크거나 안축이 긴 경우에 일어난다. 굴절률이 큰 각막의 굴절력은 커져서 1.66cm보다 가까운 망막의 앞쪽에 초점을 맺는다. 눈의 굴절률이 +70디옵터인 경우 각막에서 1.43cm의 거리

(100/70)에 초점을 맺게 된다(그림 7-14). 눈이 정상 시력의 굴절률(+60)보다 크면 근시가 된다(그림 7-15).

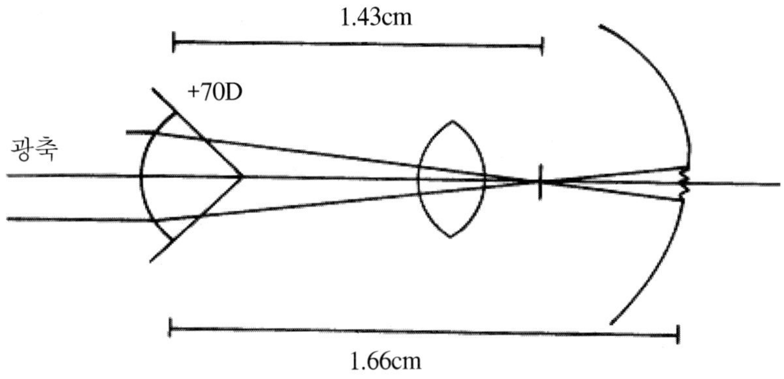

<그림 7-14> 근시안. +70디옵터의 근시안은 각막에서 1.43cm의 거리에 광선이 모인다. 이 때문에 유리체내에 상이 맺히게 되며 망막에는 상이 희미하게 맺힌다.

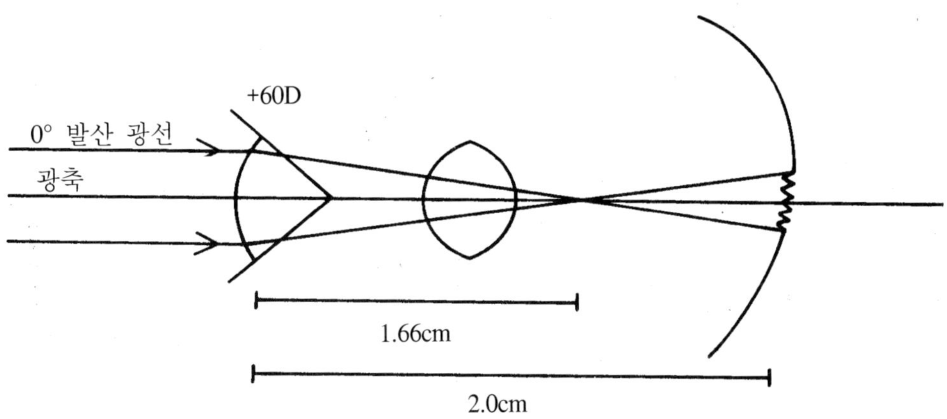

<그림 7-15> 안축이 연장된 근시안. 안축이 연장된 근시안은 각막에서 1.66cm인 곳에 상을 맺지만, 안축이 2cm이기 때문에 상은 유리체 내에 생기며 망막에는 상이 희미하게 맺힌다.

상을 망막에 맺게 하기 위해서는 그림 7-14에 제시한 것처럼 눈이 +60디옵터의 굴절률을 가지고 있어야 한다. 따라서 +70디옵터의 굴절률을 가진 학생은 -10디옵터 렌즈가 필요하다. 광학조건은 모두 +60디옵터가 된다. 광선은 망막에 초점을 맺고 학생의 황반부가 양호하면 시력이 1.0이 된다(그림 7-16).

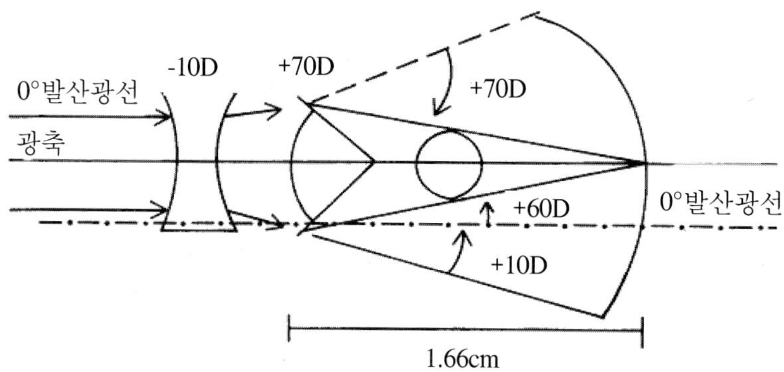

<그림 7-16> +70디옵터의 근시안에 명료한 상을 망막에 맺게 하는데 필요한 렌즈. 평행광선이 -10디옵터의 오목렌즈에 입사하여 발산한 광선은 +70디옵터의 근시안에 입사한다. 처음 -10디옵터의 발산광선을 중화하는데 +70디옵터의 근시안 중 +10디옵터가 사용되므로, 나머지는 +60디옵터가 되며, 1.66cm 떨어진 망막상에 초점을 맺는다.

그림 7-15에 안축이 길어져서 +60디옵터가 된 눈에 -10디옵터의 렌즈를 착용하면 +50디옵터의 굴절률이 된다(그림 7-17). 그러므로 각막에서 2cm에 초점을 맺는다.

$$\text{발산} \quad \frac{100}{10\text{cm}} = -10\text{D}$$

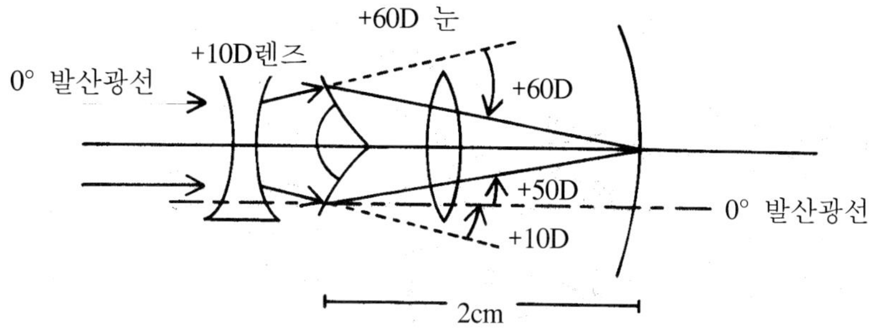

<그림 7-17> 안축이 길어진 근시안에 물체가 명료하게 보이게 하는데 필요한 렌즈. 안축장 2cm의 근시안에 -10디옵터의 렌즈는 입사광선을 -10디옵터 발산하며, +60디옵터의 눈에 입사한다. 나머지 +50디옵터는 각막에서 2cm에 초점을 맺는다.

물체가 눈에서 10cm 떨어진 곳에 있을 때 광선은 -10디옵터 발산되어 +70디옵터의 눈에 입사한다. 결과적으로 +60디옵터가 되어 광선은 망막에 모인다. 그러므로 근시안 학생은 가까운 곳에 있는 것을 잘 볼 수 있다. 물체를 눈 가까이에 두면 근시안 학생은 뚜렷이 볼 수 있기 때문에 근시안인 저시력 학생은 독서나 수작업을 할 때에 안경을 벗는다.

눈의 굴절력이 +60디옵터 이하(그림 7-18)이거나 안축이 정안 학생에 비해 짧은 경우(그림 7-19)를 원시안이라고 한다.

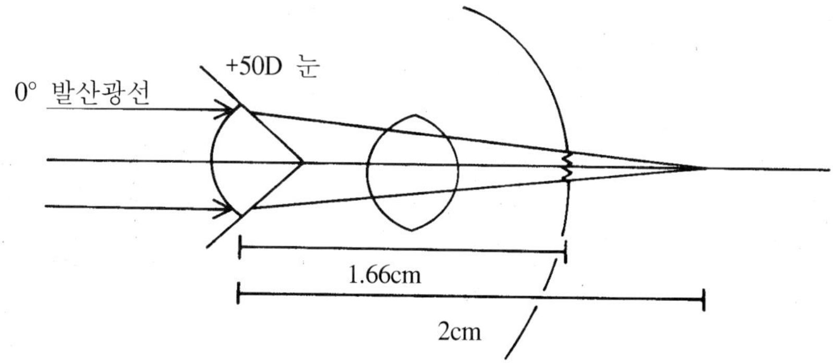

<그림 7-18> 원시안. +50디옵터의 원시안일 때 평행광선은 각막에서 2cm 되는 곳에 초점을 맺는다. 광선이 망막에 모이지 않기 때문에 망막에는

상이 희미하게 맺힌다.

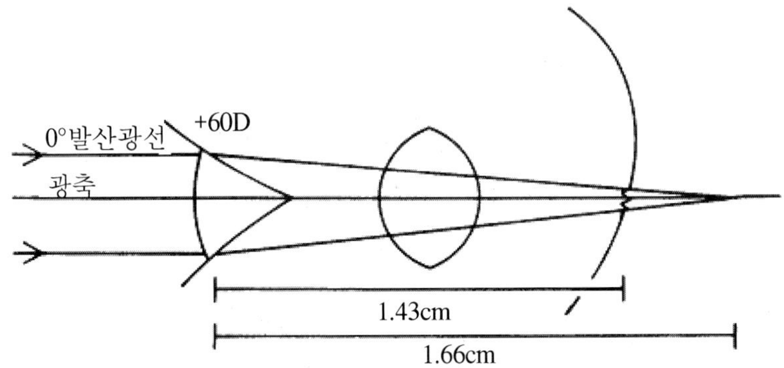

<그림 7-19> 안축이 짧은 원시안. 안축의 길이가 짧은 원시안이 +60디옵터에서 평행광선을 굴절시켜 각막에서 1.66cm 뒤쪽에 초점을 맺는데 이때 망막에는 희미한 상이 생긴다.

일반적으로 이 두 가지의 광학조건이 혼동되고 있다. 망막의 뒤쪽에 모인 광선을 망막상에 모우기 위해서는 광선이 광축 방향으로 굽게 해야 한다. +50디옵터의 굴절률을 가진 눈을 +60디옵터가 되게 하기 위해 +10디옵터 렌즈를 부가한다. 그러면 빛은 망막에 초점을 맺는다(그림 7-20). 안축이 짧을 때는 전체 굴절력이 +70디옵터 되도록 +60디옵터의 눈에 +10디옵터 렌즈를 부가한다. 그러면 망막까지의 거리인 1.43cm(초점거리는 100/70)에 빛이 모인다.

원시안의 굴절 이상을 교정하는 또 하나의 방법으로 조절이 있다. 수정체의 두께를 두껍게 하여 굴절이 아주 큰 렌즈로 형태를 변화시킴으로써 렌즈의 플러스 굴절률을 증가시키고 망막에 초점을 맺도록 눈의 굴절률을 (예를 들면 50에서 60으로) 증가시킨다. 따라서 원시안을 가진 어린 저시력 학생은 1.0의 시력을 가질 수 있으며, 조절에 의해 굴절 이상을 교정할 수 있다. 그러나 고령자는 조절 능력이 감퇴되기 때문에 렌즈를 이용해서 조절해야 한다. 예를들어, +5디옵터의 조절이 필요하면 +5디옵터의 렌즈를 착용케 해야 한다.

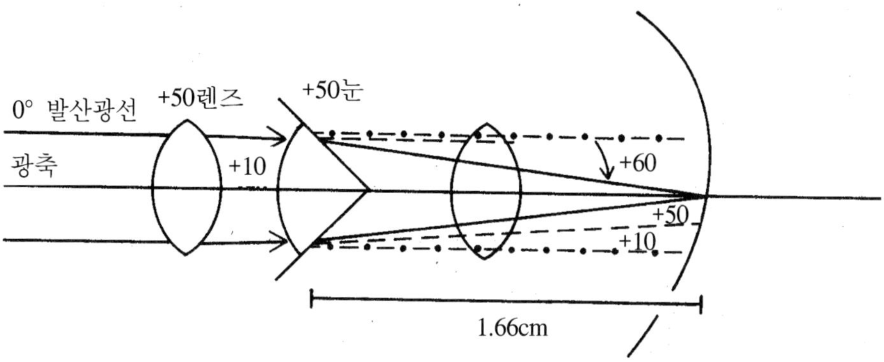

<그림 7-20> +50디옵터의 원시안에 상을 명료하게 맺게 할 때 필요한 렌즈. +10디옵터의 볼록렌즈가 +50디옵터의 눈에 부가되면 결과적으로 +60디옵터가 되고, 망막에 초점을 맺어 상이 명료하게 보인다.

눈 가까이에 있는 물체를 명료하게 보려면 어느 정도의 조절이 필요한가? 눈앞 10cm에 있는 물체를 볼 때 전체 굴절률은 +50디옵터가 필요하며 (굴절률은 +60디옵터의 눈과 -10디옵터의 입사광선으로 된다), 빛은 망막의 후방에 초점을 맺는다(그림 7-21).

물체의 상은 10디옵터의 조절에 의해 망막에 초점을 맺거나(그림 7-22), +10디옵터의 교정렌즈 이 외에 망막상에 초점을 맺는데 이것을 이중초점이라고 한다(그림 7-23).

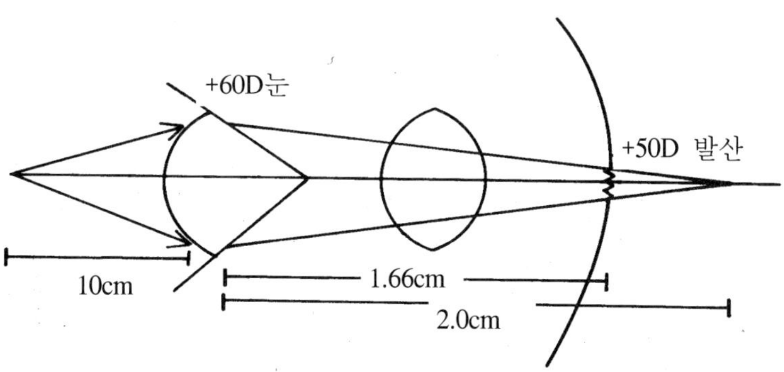

<그림 7-21> 눈에서 10cm 떨어진 물체의 발산광선은 -10디옵터의 발산광선이 되어 눈에 입사한다. 실제적으로 눈의 전체 굴절률은 +50디옵터가 된다. 눈에 입사한 광선을 평행광선으로 만들기 위해 +10디옵터가 사용되고, 나머지 +50디옵터는 평행광선을 모우기 위해 사용된다. 물체의 상은 각막에서 2cm 떨어진 곳에 상이 맺히며 저시력 학생은 희미한 상을 보게 된다.

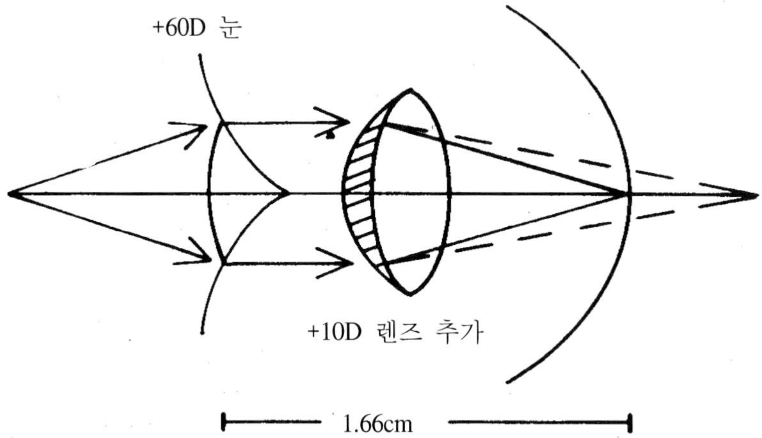

<그림 7-22> 가까운 물체의 상이 초점을 맺게 하는 방법으로 -10디옵터의 발산광선이 더해지면 +60디옵터의 눈은 +50디옵터의 눈으로 변한다. +60디옵터에 수정체가 +10디옵터의 굴절률을 증가시켜 망막상에 상을 맺게 한다.

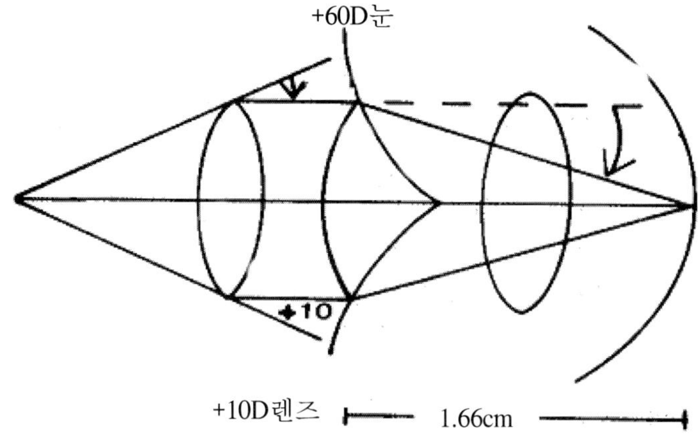

<그림 7-23> 이중초점 렌즈를 이용하여 가까운 물체의 상을 초점 맺게 하는 방법. 조절에 의해 눈의 굴절률을 증가시킬 필요는 없고, -10디옵터의 광선을 중화시키기 위해 +10디옵터의 볼록렌즈를 부과한다. 광선은 평행광선으로 렌즈를 출사하여 눈의 굴절률 +60디옵터에 의해 망막상에 초점을 맺으며 상이 명료하게 보인다.

어떤 경우라도 눈의 전체 굴절률은 +60디옵터가 된다. 일반적으로 눈의 조절력은 +2.5디옵터이며, 대부분의 저시력 학생은 6 또는 8디옵터를 조절할 수 있다. +10디옵터의 굴절력이 필요한 경우 -6디옵터 렌즈를 처방하고 다시 +4디옵터의 조절력을 활용한다.

고령의 저시력인은 필요한 도수를 렌즈로 교정한다. 예컨대, -10디옵터의 안경을 착용한 +70디옵터의 근시안일 때, 눈에서 10cm 거리에 있는 물체는 다음과 같은 경우에 망막에 초점을 맺는다.

(1) -10디옵터의 안경렌즈로 10cm의 물체를 보려고 하면 +10디옵터를 부가한 이중초점 렌즈를 사용한다.

(2) 물체에서 반사된 -10디옵터의 발산광선을 중화시키기 위해 +10디옵터의 조절력을 활용한다.

(3) -10디옵터의 근시는 교정을 하지 않고, +60디옵터를 획득하기 위해 눈과 물체와의 거리를 눈앞 10cm로 당겨서 -10디옵터의 발산광선을 활용한다.

따라서 +65디옵터의 저시력 학생은(-5디옵터 렌즈) 교정하지 않고 시거리 20cm(초점거리 100/5)의 물체의 상이 초점을 맺는다. 만약 +5디옵터의 독서용 안경을 착용하면 눈-렌즈의 전체 굴절률은 +70디옵터(+65디옵터의 근시와 +5디옵터의 안경)가 된다. 이는 자연 상태에서의 +60디옵터의 눈보다 +10디옵터가 많다는 것을 알 수 있고, -10디옵터의 안경을 처방하면 눈앞 10cm 읽기 교재를 명확하게 읽게 할 수 있다.

굴절 이상의 교정이 충분하지 않을 때, 안경의 초점거리는 중요하다. +5디옵터의 안경을 +65디옵터의 근시가 착용하면 초점거리는 10cm가 된다. +5디옵터의 렌즈를 굴절 이상 없는 +60디옵터의 눈에 착용하면 초점거리는 예상했던 바와 같이 20cm(100/5)가 된다. 이것은 굴절 이상이 있어도 +60디옵터로 교정한 눈에도 적합하다. 만약 +5디옵터 렌즈를 +58디옵터의 눈(+2디옵터의 원시)에 착용시키면 +5디옵터 중의 +2디옵터는 굴절 이상 교정용으로 사용되고, 나머지 3디옵터는 근시 교정용으로 사용된다. 이것은 초점거리가 33.3cm(100/3)인 것을 의미한다.

앞에서 말한 바를 고려해 보면 +5디옵터 렌즈는 초점거리가 셋이 될 수 있다.

(1) -5디옵터의 근시(+65디옵터의 눈)일 때에는 초점거리는 10cm가 된다.

(2) 굴절 이상이 없는 눈의 경우 초점거리는 20cm가 된다.

(3) +2디옵터의 원시(+58디옵터의 눈)는 초점거리가 33.3cm가 된다.

따라서 조절력이 다르면 초점거리도 변화하므로 초점거리가 실제로 읽고 있는 물체와의 거리와 일치하지 않으면 저시력 학생의 조절력으로 조절할 수 있는지를 고려해야 한다.

Ⅲ. 난 시

근시나 원시의 초점은 망막의 앞이나 뒤에 모인다. 난시의 주된 원인은 각막이 럭비공처럼 직각인 방향으로 굽은 곡률이 다른 경우에 일어난다. 가장 급격하게 굽은 것과 가장 평탄하게 굽은 것은 90도를 벗어난다. 가장 평탄하게 굽은 것이 수평이고, 가장 급격하게 굽은 것이 수직인 경우 수직 방향의 광선은 보다 큰 굴절률을 가지고 수평 평면으로 입사한 광선보다 각막 쪽으로 근접한 점에 초점을 맺는다(그림 7-24).

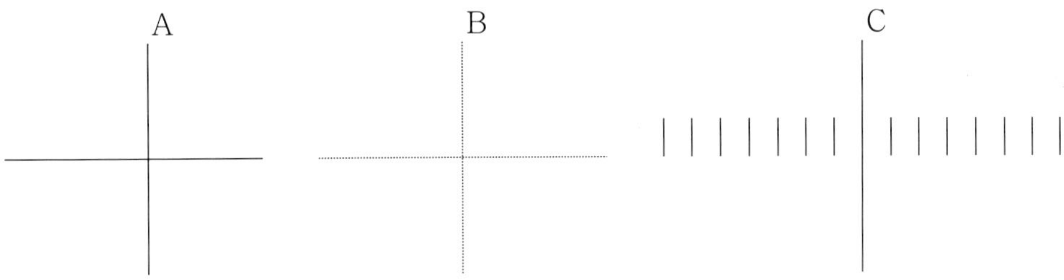

<그림 7-24> 난시. (A)수직 · 수평인 선, (B)점광원인 선, (C)난시 눈에 수평 경선을 통하여 만들어진 상. 난시가 있는 학생은 희미하거나 비뚤어진 십자 모양으로 보인다.

따라서 눈 전체의 굴절력 차 때문에 광선은 다양하게 초점을 맺는다. 이를테면,

(1) 수직과 수평 양쪽의 광선이 망막보다 뒤에 초점을 맺는다.

(2) 수직과 수평 양쪽의 광선이 망막보다 앞에 초점을 맺는다.

(3) 광선의 일부는 망막에 초점을 맺고 다른 일부는 망막 뒤에 초점을 맺는다.

(4) 광선의 일부는 망막에 초점을 맺고 다른 일부는 망막 앞에 초점을 맺는다.

(5) 광선의 일부는 망막 뒤에 초점을 맺고 다른 일부는 망막 앞에 초점을 맺는다.

이런 현상이 동시에 일어나면 학생이 십자 표시를 볼 때 십자 표시의 한쪽 선은 초점에 상을 맺지만 다른 쪽은 초점 밖에 상을 맺는다. 각막에서

가장 급격히 굽은 선은 반드시 수평 혹은 수직에 한정되지는 않는다. 예외도 있기는 하지만 서로 90도를 벗어나 있다.

처방할 때에 처음의 수치는 근시(-) 혹은 원시(+)를 교정하기 위해 필요한 렌즈를 표시하고, 다음에 나타낸 수치는 렌즈를 착용한 상태에서 가장 급격한 자오선과 가장 평탄한 자오선간의 차이, 즉 난시의 도수를 표시한다.

이들의 표시는 저시력 학생이 보조 기구를 사용할 때 좌절감을 느끼거나 의욕을 잃기 전에 저시력 지원 교사가 충분히 이해하고 있어야 한다. 이 장에서 언급하는 도식은 광학의 기능적인 매개변수를 기술하고 있음을 나타낸다.

Ⅳ. 배 율

배율은 보조기구를 사용하지 않고 망막에 생긴 상의 크기를 기준으로 보조기구를 이용하여 생긴 망막의 상의 크기의 확대 비율이다. 저시력 학생에게 필요한 배율은 원시 굴절 이상을 교정한 후 결정한다. 망막상의 크기를 확대시켜 배율을 높이는 방법에는 상대적 크기 확대법(relative-size magnification), 상대적 거리 확대법(relative-distance magnification), 각도 확대법(angullar magnification), 투사 확대법(projection magnification) 등과 같이 4가지가 있다.

1. 상대적 크기 확대법

상대적 크기 확대법은 물체의 실제 크기를 확대하는 방법이다. 그림 7-25는 물체가 확대될 때 망막상의 크기가 어떻게 변하는지를 보여준다. 광축광선 중 물체의 상과 하의 점을 통한 2개의 광선을 보면, 그 물체에 대한 망막상의 크기를 알 수 있다. 물체의 크기가 커짐에 따라 망막상의 크기도 커진다. 물체의 크기가 2배가 되면 망막상의 크기도 2배가 된다.

따라서 확대 인쇄된 책이나 자료를 보거나 볼펜 대신에 사인펜을 사용하면 효과적이다. 그러나 자료가 확대되어 무게가 무거워지는 불편함이 있는 반면에 독서거리가 안정되어 저시력 학생이 독서하기에 좋다.

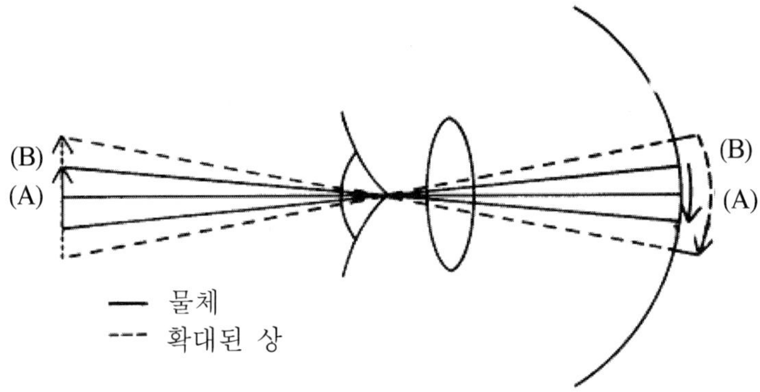

<그림 7-25> 상대적 크기 확대법. 상대적 크기 확대법은 대상 크기를 실제로 확대함으로써 망막상의 크기를 확대시킨다. 대상물(A)의 상을 시신경을 자극하여 뇌로 보내 인지할 수 있을 정도로 망막세포는 충분하게 자극받지 않는다. 만약 대상물의 크기가 2배가 되면 (B), 상의 크기는 2배가 되고 자극받는 세포수도 2배가 된다.

2. 상대적 거리 확대법

상대적 거리 확대법은 물체가 눈에 가까우면 가까울수록 망막상의 크기도 확대된다는 성질을 이용한 것이다. 물체가 떨어져 있는 거리가 현재 거리의 1/2이 되면 망막상의 크기는 2배가 된다. 만약 그 거리가 1/4 혹은 1/8이면 망막상의 크기는 각각 4배 혹은 8배가 된다(그림 7-26). 즉, 물체를 눈 앞으로 당겨보면 그 만큼 커 보인다.

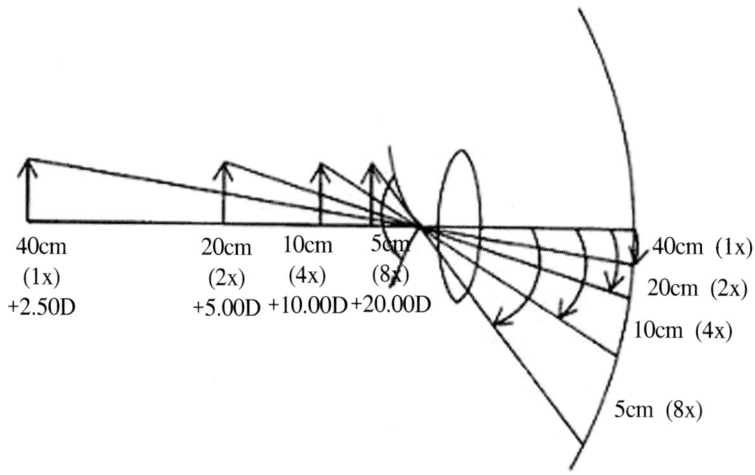

<그림 7-26> 상대적 거리 확대법. 물체가 눈에 근접하는데 비례하여 확대된다.

어떤 사물의 크기가 다른 사물의 2배로 보이는 거리를 알기 위해서는 어떤 거리를 기준으로 정해 두어야 한다. 이 경우에는 참고 거리를 40cm로 하고 있는데, 그림 7-26에서 1배는 눈 앞 40cm에 놓인 물체상의 크기이다. 물체가 눈 앞 20cm에 있을 때 배율은 2배, 10cm에서는 4배, 5cm에서는 8배가 된다. 이 방법으로 확대 상을 얻고자 하면 안경을 사용하지 않아도 가능하다. 렌즈는 상을 확대하는 것이 아니라 시거리를 감소시킨다. 따라서 렌즈는 뚜렷한 확대상을 얻는데 사용된다.

눈앞 40cm에 있는 물체는 2.5디옵터(100/40)의 발산광선으로 눈에 들어온다. 망막상에 초점을 맺는 확대상을 얻기 위해 +2.5디옵터만큼 조절해야 하며, +2.5디옵터의 이중초점 렌즈를 사용하거나 2.5디옵터의 근시라야 한다. 물체가 눈 앞 20cm의 거리에 있을 때 배율은 2배이다. 이것은 물체가 눈 앞 40cm의 거리에 있을 때의 망막상에 비해 2배 크기이다. 따라서 -5디옵터의 근시 학생의 경우 -5디옵터의 렌즈나 +5디옵터의 조절력을 활용하여 망막에 뚜렷한 상을 맺는다. 이 거리와 확대율의 관계는 표 7-1과 같다.

<표 7-1> 40cm에서의 확대율

물체 거리(cm)	확대	필요 렌즈(D)ⓐ
40	1X	2.5
20	2X	5.0
10	4X	10.0
5	8X	20.0
4	10X	25.0
2	20X	50.0
1	40X	100.0

주 ⓐ: 필요 렌즈는 렌즈나 렌즈의 조절, 교정하지 않은 근시에 때문에 달라질 수 있다.

표 7-1을 보면 알 수 있듯이, 모두 1배가 2.5디옵터라는 것을 알 수 있다. 따라서 이 체제에 관한 배율은 M = 디옵터/2.5 가 되며, +5디옵터 렌즈는 2배(5/2.5)가 된다. 같은 형태로 2배는 +5디옵터의 굴절률을 필요로 한다.

이 공식은 어느 정도의 배율을 어떤 거리에서 얻을 수 있는지를 나타내고 있다. 25cm는 본문 중에서 참고 거리로 사용하여 많은 종류의 안경을 분류하기 위해 이용한 기준이다(표 7-2).

<표 7-2> 25cm에서의 확대율

물체 거리(cm)	확대	필요 렌즈(D)ⓐ
25	1X	4
12.50	2X	8
6.25	4X	16
5.00	5X	20
4.25	6X	24
3.30	8X	32
2.50	10X	40
1.00	25X	100

주 ⓐ: 필요 배율은 렌즈의 조절, 교정하지 않은 근시의 굴절력 때문에 달라질 수 있다.

이들 두 표는 다소 이해하기 어려울 수도 있다. 5cm 앞에 놓인 교재는 +20디옵터의 렌즈로 읽을 수 있으며, 제시된 보조 기구의 배율보다는 렌즈의 디옵터로 생각하는 경우가 일반적이다. 따라서 이들 두 표에 관한 것은 시야에 대한 문헌을 검토할 때에 혼란을 막을 수 있다.

상대적 거리 확대법의 주된 단점은 시작업을 근거리에서만 해야 한다는 제한과 렌즈를 사용할 때 시야가 제한된다는 점이다. 참고 거리를 기준으로 사물의 크기를 2배로 보려면 참고 거리의 1/2 거리에 물체를 두면 2배로 보인다. 결과적으로 대상 물체의 크기를 2배로 확대한 것과 같다.

물체에 반사된 광선은 일정한 경로를 따라 눈에 들어온다(그림 7-27). 눈은 광학적인 차이를 알 수 없으며 광선이 입사하는 방향만 판단한다. 물체를 확대하거나 가까이 함에 따라 2배로 보이는 데는 다른 지각 단서에 의해 결정된다.

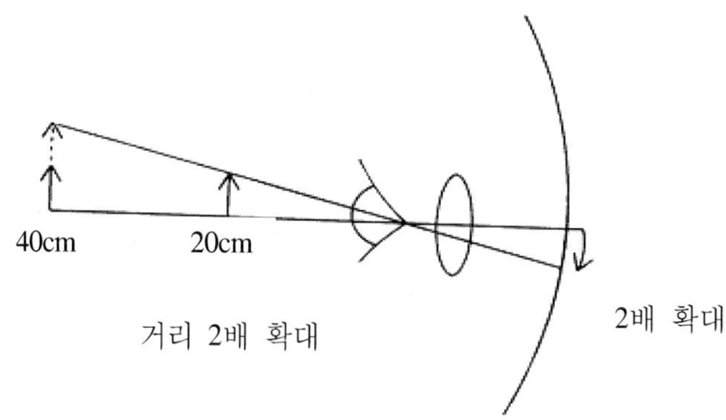

<그림 7-27> 망막상의 크기를 결정짓는 광선은 상대적 크기 확대법과 상대적 거리 확대법과 같다.

3. 각도 확대법

각도 확대법은 망원경이나 확대경을 사용할 때 경험하는 확대법이다. 각도 확대법은 물체가 매우 가까이 있거나 너무 커서 가까이 이동시킬 수 없을 때 그리고 너무 커서 크기를 변화시키기 어려울 때 필요하다. 망원경의 렌즈는 광선을 굴절시키고 광선이 망원경을 통과해서 눈에 닿을 때는 마치 물체에 접근했을 때 입사하는 광선과 같은 방향에서 입사하는 것처럼 보이게 한다. 멀리 떨어진 물체에서 들어온 광선의 작용은 그림 7-28, 7-29와 같다.

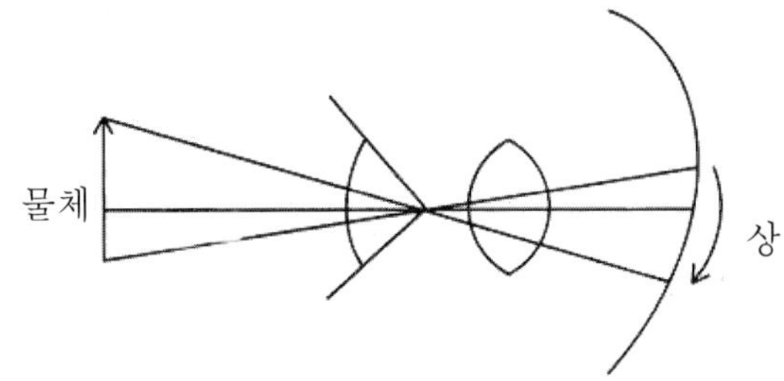

<그림 7-28> 각도 학대법. 그림은 망막상의 크기를 결정짓는 선을 나타내고 있다. 시각자극을 일으킬 정도로 크기가 충분하지 않으면 상을 확대해야 보인다. 망원경을 통과한 광선은 굴절되어 망막을 보다 넓게 자극한다.

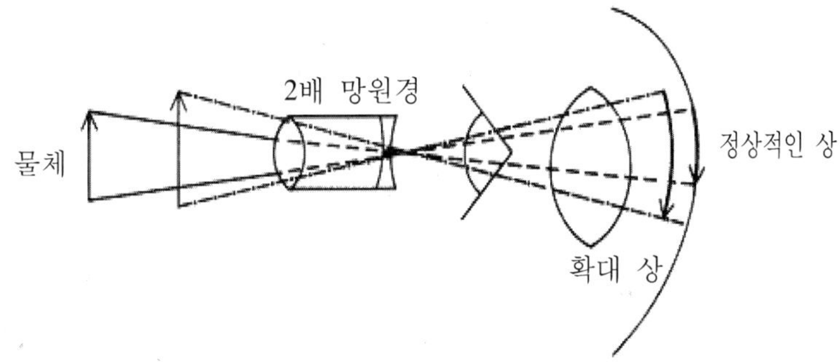

<그림 7-29> 각도 확대법(망원경을 통과한 광선). 광선은 망원경으로 입사하여 입사 방향과 같은 방향으로 나가고 정립상을 맺는다. 망원경은 물체에서의 입사각을 증가시켜 마치 물체가 눈에 가까운 곳에 있는 것처럼 광선을 입사시킨다. 따라서 뇌는 물체가 보다 크고, 보다 가까이 있는 것처럼 지각하여 세부까지 잘 볼 수 있다.

광선은 망원경을 통과하면서 굴절하며, 눈은 망원경을 무시하고 광선은 조금 전의 예와 같이 시세포를 자극한다. 또 뇌는 물체 모양은 변하지 않고 크기가 2배가 됐다고 해석하며 물체가 확대되어 보이기 때문에 가까이 있다고 느낀다.

따라서 물체를 쌍안경이나 확대경을 통해서 보면 가까이 있는 것으로 지각하므로 망원경은 확대가 불가능하고 가까이 당겨서 볼 수 없는 물체를 볼 때 효과적이다. 그러나 망원경을 통해서 물체를 볼 때 시야를 충분히 확보할 수 있으면 자연스럽게 보이지만 시야가 제한되어 있으면 움직임은 과장되어 보인다. 그리고 물체가 실제보다 가까이 있는 것처럼 보이기 때문에 계속해서 망원경을 사용할 수 없으며 필요할 때에만 사용해야 한다. 또한 망원경의 앞뒤를 바꾸어 거꾸로 보면 광학체계는 역전하여 물체가 작게 보인다. 시야 협착이 있는 학생이 이 성질을 이용하면 도움이 된다. 이렇게 망원경을 거꾸로 보고 넓은 시야를 확보해서 보는 것을 역망원경 기술이라고 한다.

4. 투사 확대법

투사 확대법은 필름, 슬라이드 등을 스크린에 투영하는 확대법이다. 이 확대법을 이용한 보조 기구는 확대독서기이다. TV모니터상에 투영된 상의 배율은 TV모니터에 눈을 가까이하면 상대적 거리 확대법에 의해 더 크게 확대된다.

보조 기구는 이들 4가지 확대법 중 1가지 이상을 조합해서 사용하여 망막의 상을 크게 한다. 물체의 크기가 물리적으로 2배가 되고 거리가 40cm에서 20cm로 가까워지면(2배) 전체는 4배의 크기로 확대된다. 두 가지 형태의 확대법을 조합해서 사용하면 총 확대율은 2가지 확대법의 효과가 모두 나타난다. 따라서 상대적 거리 확대법에 의한 배율이 2배이고, 투사 확대법에 의한 배율이 4배이면 이 경우 총 확대율은 8배가 된다.

제8장 저시력과 조명

조명은 저시력 학생이 잔존 시력을 효율적으로 사용할 수 있는 방법을 배우는 여러 가지 요인 중의 하나로 시기능을 최대한으로 개발하기 위해서는 적절한 조명이 필요하다. 이 장에서는 조명의 기초를 설명하고, 실내·외의 환경 조도, 저시력 학생을 위한 교수·학습 전략에 관해 기술하고자 한다.

Ⅰ. 조명의 기초

인간이 쾌적하게 활동하고 생활하려면 알맞은 온도, 습도, 공기와 조명 환경이 필요하다. 조명은 태양광과 같은 자연의 빛인 주광 조명과 인공적인 광원에 의한 인공 조명으로 나눌 수 있는데, 주광 조명과 인공 조명을 적절하게 사용함으로써 물체를 보기 쉬운 밝은 상태로 만들고 시각적으로 안락한 분위기를 얻을 수 있다.

1. 빛

광학 이론에 의하면 빛은 연못의 잔물결과 같은 형태로, 광원에서 파도가 되어 넓게 퍼져 간다고 한다. 빛은 파장에 따라 특유한 성질을 가지고 있는데, 이를 방송파, 적외선, 광선, 자외선, X선, 감마선 등으로 구별할 수 있다.

광각을 일으키는 파장은 스펙트럼 상에서 380~760nm 범위의 광선으로 이를 가시광선이라 하며, 가시 스펙트럼(visible spectrum)을 보여주는 색판을 보면, 파장에 따라 빛이 달라진다. 파장이 짧은 빛은 자색이나 청색, 중간 정도 되는 빛은 녹색이나 황색, 그리고 파장이 긴 빛은 오렌지색이나 적색으로 보인다. 자외선은 10~380nm의 범위로서, 화학, 살균 및 형광 작용을 하며, 적외선은 760~3000nm의 범위로 온열 효과가 있다.

2. 시각의 개관

1) 눈의 구조

눈은 안구와 안부속기로 구성되어 있다. 눈의 구조와 기능을 카메라와 비교해서 살펴보면, 수정체는 렌즈와 같은 작용을 하며, 모양체는 수정체의 두께를 조절하여 망막 위에 상을 맺도록 하고, 홍채는 빛의 양을 조절하는 조리개 역할을 한다. 카메라는 렌즈와 필름사이에 기체가 들어 있으나 눈은 수정체와 망막사이에 유리체가 들어 있다.

망막에는 약 1억만개 이상의 간체 세포와 600만개 정도의 추체 세포라는 시세포가 분포되어 있다. 간체 세포는 눈의 망막에 있는 막대 모양의 세포로, 0.03럭스 이하의 어두운 곳에서 약한 광선을 받아들이고, 명암을 식별하는 작용을 한다. 추체 세포는 낮과 같이 밝은 곳에서만 광선을 받아들이고, 색각을 일으키는 작용을 한다. 황반부와 중심와에는 추체 세포가 많이 분포되어 있으며, 이로부터 멀어짐에 따라 간체 세포의 분포가 증가한다.

안구 내에는 수많은 추체 세포가 있고, 각 수용기는 다른 파장의 빛을 받아들이는데, 예를 들어, 어떤 추체 세포는 550nm 파장의 빛만을 수용하고, 또 다른 추체 세포는 380nm의 빛만을 수용한다. 그러므로 눈은 다양한 파장의 빛을 동시에 감수할 수 있게 되어 있다.

2) 시 각

망막으로 들어 온 빛 때문에 시신경이 자극받아 홍분한다. 이 홍분은 시신경을 통해서 뇌로 전달되는데 이 때 일어나는 감각을 시각이라 한다. 시각에는 색각과 명암각, 형태각, 운동각 등이 있다. 육안에서 빛으로 느끼는 파장은 380~760nm의 범위로, 파장 555nm에서 감도가 제일 높다.

3) 시 력

시력이란 물체의 형상을 식별하는 눈의 능력으로 시력은 조도에 따라서 크게 변하는데, 어느 한계까지는 밝으면 밝을수록 시력은 더 좋아진다. 정상적인 한국인의 시력은 표준 조도 200lx에서 1.2~1.5이다.

4) 색 각

색각이란 빛을 가려내는 감각으로, 색상이나 색의 지각은 주로 추체의 수용기에 닿은 빛의 파장에 의존하고 있다. 빛의 삼원색은 적색, 녹색, 청색으로, 이들의 혼합비에 따라 백색을 포함한 모든 색을 얻을 수 있다. 예를 들면, 450nm의 푸른빛과 540nm의 초록빛이 눈에 들어와 각각의 수용기에 동시에 닿게 되면, 이 두 색의 혼합색인 청록색으로 보이게 된다. 각 추체 세포는 이들 빛의 파장에 반응하는 색소를 가지고 있으며, 색의 판단은 추체 세포를 동시에 자극하는 모든 빛의 파장의 평균치에 의거하고 있어, 색의 지각은 하나의 파장에 대한 지각과는 다른 것도 될 수 있다.

빛에는 색상(hue), 명도(luminosity), 채도(saturation)라는 세 가지 속성이 있다. 색상이란 밝기, 선명도 외에 빨강, 노랑, 파랑 등 각기 다른 빛을 지니고 있는 빛깔의 구별을 의미하며, 명도는 빛이 지니고 있는 밝고 어두운 정도를 나타내는 것으로, 무채색을 기준하여 가장 낮은 명도는 흑색을 명도 10, 가장 높은 백색을 명도 20으로 하고, 흑색으로부터 백색까지를 11단계로 나누었다. 채도란 빛의 선명하고 흐릿한 느낌을 나타내는 것을 의미한다.

5) 명순응과 암순응

눈에 들어오는 빛의 양에 따라 시감도가 변하는데, 눈에 들어오는 빛이 극히 적거나 전혀 없을 경우에는 눈의 감광도는 대단히 높아지며 반대로 눈에 들어오는 빛의 양이 많으면 감광도는 떨어진다. 이 현상을 총칭하여 순응이라 한다.

또한 밝은 곳에서 같은 밝기로 보이는 청색과 적색이, 어두운 곳에서는 적색이 어둡고 청색이 더 밝게 보이는데 이런 현상을 푸르키네(purkinje)효과라 한다.

(1) 명순응(light adaptation)

명순응이란 어두운 곳에서 갑자기 밝은 곳으로 옮겼을 때 처음에는 눈이 부셔 아무 것도 보이지 않으나, 그 밝기에 익숙해져서 사물들이 잘 보이는 것을 말한다. 명순응에 소요되는 시간은 보통 1~2분 정도로 비교적 짧고, 명순응하여 추체 세포가 기능하는 상태를 명소시(明所視)라고 한다.

(2) 암순응(dark adaptation)

밝은 곳에서 갑자기 어두운 곳으로 들어갔을 때, 잠시 동안은 컴컴하여 아무 것도 보이지 않다가 차츰 어두움에 눈이 익숙하게 되어 주위의 물건들을 잘 볼 수 있게 되는 데 이것을 암순응이라 하며, 망막은 1~2만 배의 감광도를 얻게 된다. 암순응에 걸리는 시간은 약 30분 정도 필요하다. 전순응 상태가 밝지 않거나 또는 순응 후의 배경 휘도가 너무 어둡지 않은 경우에는 암순응에 소요하는 시간이 더 짧아진다. 암순응하여 주로 간체 세포만 기능하고 있는 상태를 암소시(暗所視)라고 한다.

명순응된 눈과 암순응된 눈의 최대대비시감도는 차이가 나는데, 명순응된 눈의 최대대비시감도는 555nm이고, 암순응된 눈의 최대대비시감도는 510nm로서 최대대비시감도가 짧은 파장 쪽으로 이동한 것을 알 수 있다. 이것은 밝은 곳에서 같은 밝기로 보이는 청색과 적색이 어두운 곳에서는 적색이 어둡게, 청색이 더 밝게 보이는 것과 관련이 있다. 어두운 실내의 비상시 안내판을 청색으로 하는 것은 이 때문이다.

3. 명시론(明視論)

조명과 인간을 관련시키는 것으로 인간이 볼 수 있는 정도를 결정하고, 가시도(可視度) 요인을 구성한다. 그리고 개인의 수행 능력과 가시도에 영향을 주는 다른 요인에는 작업의 종류, 자료의 크기, 자료의 특질, 보는 거리, 자료와 배경과의 대비, 명순응, 눈부심, 피로, 연령, 사용되는 인공 조명의 종류 등이 포함된다. 눈의 피로를 최소화하고, 시기능을 최대한으로 발휘하기 위해서는 적절한 조명이 필요하다.

1) 조명의 요소

빛 없이는 물체를 볼 수 없고 만약에 볼 수 있다 하더라도 그 양과 질이 충분하지 않다면 물체가 잘 보이지 않는다. 즉, 물체를 보는데 가장 중요한 첫 번째 조건은 밝기이다. 그러나 밝기가 충분해도 세포나 박테리아와 같이 아주 작은 것은 보이지 않으므로 물체의 크기도 보이는 것을 좌우한다고 할 수 있다. 이것이 두 번째 조건이다. 여기서 물체의 크기란 물체의 치수가 아닌 시각(視角: visual angle)의 크기로 물체의 두 끝에서 눈에 이르는 두 직선이 이루는 각을 의미한다.

그리고 물체를 보이게 하는 세 번째 조건은 대비이다. 예를 들어, 흰 눈 위에 엎지른 숯가루는 잘 보이지만 백묵가루는 잘 보이지 않는다. 따라서 배경의 밝기와 물체의 밝기의 대비의 차가 많이 나지 않으면 눈에 잘 보이지 않기 때문에 대비는 일상생활에서 사물을 인지하고 필요한 시각적 정보를 받아들이는데 중요한 역할을 한다.

네 번째 조건은 시간이나 속도도 물체를 보이게 하는 요소가 된다. 아주 빠르게 날아가는 권총의 탄환은 눈에 보이지 않으며, 카메라의 셔터를 통하여 물체를 볼 경우, 1/10초 정도의 노출에서는 물체를 잘 볼 수 있지만

1/50초 정도의 짧은 노출시간으로는 물체를 명확히 볼 수 없다. 따라서 시간이라는 조건이 물체의 보임을 좌우한다(지철근, 1996). 이상과 같이 밝기, 물체의 크기, 대비, 시간 등의 4가지 조건이 물체를 보이게 하는 데 큰 영향을 미친다.

2) 조도(照度: illumination)

조도란 어떤 물체에 빛이 투사됐을 때 빛을 받는 단위 면적이 단위 시간에 받는 빛의 양을 나타내는 것으로, 단위로는 럭스(lx) 및 포토(photo)를 사용한다.

조도가 증가함에 따라 시력과 대비감도도 증가하며 긴장과 피로는 감소하고 눈을 껌벅이는 도수도 감소한다. 그러나 조도가 감소함에 따라 심장 고동도 감소하며 혈액 순환은 느려진다.

<표 8-1> 조도의 계수

장 소	조 도(lx)	장 소	조 도(lx)
직사일광의 地面위(여름)	100,000	만월(滿月)의 (여름)	0.2
약간 흐린 날 (〃)	30,000~50,000	맑은 날의 북쪽의 창가	2,000
몹시 흐린 날 (〃)	10,000~20,000	밝은 방 (맑은 날)	200~500
청공광(青空光)(〃)	10,000	독서에 적당한 밝기	200~500

3) 눈부심

시야 내의 어떤 휘도로 인하여 불쾌, 고통, 눈의 피로나 시력의 일시적인 감퇴를 초래하는 현상을 눈부심이라 한다. 눈부심을 일으키는 주요 원인은 ①휘도가 높은 광원을 직접 볼 때 ②반사면이나 광택이 있는 것으로부터 광원의 모양이 눈에 들어올 때 ③시야 내에 휘도의 차이가 심할 때 ④순응의 결핍 ⑤망막에 들어오는 빛이 너무 많을 때 ⑥시선 부근에 노출된 광원

⑦눈부심을 주는 광원을 오랫동안 주시할 때 등이다.

휘도(輝度: luminance)란 넓이를 갖는 광원으로, 그 단위 면적으로부터 일정한 방향으로 단위 시간에 발산되고 있는 빛의 양을 의미한다. 즉, 관찰자의 입장에서 조사되는 빛의 양을 의미하는 것으로, 물체를 본다는 것은 휘도의 차를 느낀다는 것이다. 휘도의 단위로는 스틸브(stilb; sb) 및 니트(nit; nt)가 사용된다.

눈부심을 일으키는 휘도의 한계는 주위의 밝기에 따라서 다르며, 대체로 항상 시야 내에 있는 광원에 대해서는 0.2 스틸브 이하이고, 때때로 시야 내에 들어오는 광원에 대해서는 0.5 스틸브 이하라야 한다. 형광등의 휘도는 약 0.4 스틸브로서 0.2~0.5 스틸브 사이에 속하므로 잠깐 보아서는 눈이 부시지 않으나, 항상 시야 내에 있으면 안 될 정도의 휘도이다. 고휘도 때문에 생긴 눈부심은 잠시 동안 잔상을 남겨 놓는다.

눈부심이 있으면 작업 능률이 저하되고, 부상이나 재해의 원인이 되며, 오랫동안 이런 상태에 있게 되면, 피로, 불쾌감 등을 촉진시키고, 경제적인 손실도 초래하며, 눈에 나쁜 영향을 주므로 조명에서 눈부심은 적극 피해야 한다.

시야 내가 고르게 밝으면 눈부심은 일어나지 않으나, 고르지 않을 경우에는 정도의 차이에 따라 눈부심이 일어난다. 시야 내의 밝기가 고를수록 시력이 좋아지고, 전시야가 거의 같은 광속 발산도일 때 최고로 예민한 시각이 얻어진다.

4. 교수 · 학습 전략

저시력 학생이 효율적으로 자신의 잔존 시력을 사용할 수 있는 방법을 배우는 데는 여러 가지 요인이 작용한다. 가장 중요한 두 가지 요인으로 생리적 요인과 환경적 요인을 들 수 있다. 생리적인 요인에는 눈의 손상 부위와 손상 정도를 들 수 있으며, 환경적인 요인으로는 부모나 교사와 같은 주변의 가까운 사람으로부터 받는 눈 사용 기회의 부여와 격려를 들 수 있다.

Corn(1983)은 시력이 효과적으로 기능을 하는데 필요한 요소를 다음과 같이 크게 세 가지 범주로 구분하였다.

첫째, 선천적으로 혹은 후천적으로 학습에 의하여 획득하여 사용할 수 있는 개인적 특성으로, 여기에는 인지, 감각 발달 및 통합, 지각, 심리적 · 물리적 보안이 요인으로 구성되어 있다.

둘째, 다양한 시각 능력으로, 시력, 시야, 운동 능력, 뇌 기능, 빛과 색상 수용 능력 등이 포함된다.

셋째, 환경 내의 단서이다. 여기에는 색상, 대조, 시간, 공간, 조명 등이 포함된다.

Corn은 이 구성 요인들이 잔존 시력을 활용하는 데 미치는 영향에는 개인차가 있으나, 특정한 과제를 수행하기 위해서는 이 모든 요인들이 적어도 최소한으로 작용하여야 한다고 주장했다. 따라서 저시력 학생의 잔존 시력을 사용하는 능력을 개선하기 위해서는 위의 제반 요인들을 최대로 활용할 수 있도록 교육 프로그램을 작성해야 한다.

1) 조 명

저시력 학생에게는 조명이 대단히 중요하다. 저시력 학생들은 최적 조명 조건에서 보다 더 효과적이고 편안하게 시기능을 발휘할 수 있으며, 이들 가운데는 안질환의 종류에 따라 보통 조명보다 더 강한 조명에서 더 잘 보는 학생이 있는 반면에 덜 강한 조명에서 더 잘 보는 학생도 있다. 그러므로 조명이 유효한 것이 되게 하기 위해서는 학생 개개인의 필요와 과제를 고려해서 조명의 양과 질을 적절히 조절해야 한다.

백색증, 수정체 중앙에 백내장이 있는 학생, 결손증, 안구진탕, 색맹, 무수정체안, 녹내장, 원추각막, 히스토플라스마증에 의한 황반부 감염, 황반색소변성, 망막박리(황반부 박리), 무홍채안의 학생에게는 조도가 낮은 환경에서 활동하게 하고 반면에 고도근시, 반맹, 시신경 위축, 시신경 형성 부전, 수정체 가장자리에 백내장이 있는 학생은 조도가 높은 환경에서 활동할 수 있도록 환경을 만들어 주어야 한다.

확대독서기나 개인용 컴퓨터와 같은 공학 기기는 저시력 학생이 작은 글씨, 기호, 그림, 그래프를 판독하는데 도움이 될 수 있지만 조명의 영향을 많이 받는다.

2) 눈부심

섬광은 보기에 방해가 될 뿐만 아니라 피로, 불쾌감, 작업의 효율성을 저하시키는 원인이 되므로 제거하거나 차폐해야 한다. 직사광선은 발, 차양, 덧문 또는 차광기로 가릴 수 있다. 학생의 좌석 배치를 검토해서 시각에 장애가 있는 학생들이 창밖에 반짝이는 섬광을 피할 수 있는 곳에 앉도록 배치하거나, 교사의 위치를 적절히 정함으로써 교사를 바라보는 학생의 시선에 섬광이 비추지 않게 할 수 있다. 그리고 칠판, 마루, 책상 위, 액자 등의 표면의 번쩍임과 종이가 광택 혹은 반사가 있는 재질인지, 학습 자료를 광원 가까이에서 제시하는지 등을 고려하여 저시력 학생들을 지도해야 한다.

3) 대 비

앞에서도 진술한 바와 같이 배경과 전경 사이의 대비는 일상생활에서 사물을 인지하고 필요한 시각 정보를 받아들이는데 중요한 역할을 한다. 시각과제를 수행하는데 있어서 대비를 증가시키는 것은 물체의 크기를 증가시키는 것보다 도움을 더 많이 준다.

교사는 대비를 증가시키기 위해서 저시력 학생에게 사인펜, 심이 부드러운 굵은 연필과 같은 필기도구와 굵은 선이 그어진 광택이 나지 않는 종이를 사용하게 하는 것이 좋다. 그리고 책 위에 노란 아세테이트지를 올려놓으면 대비가 더 선명해진다.

Luckiesh와 Moss(1948)는 하얀 종이가 학생들의 읽기 속도를 향상시키는데 어느 정도 도움이 되지만, 저시력 학생들에게는 담황색 종이가 특히 편안하다고 했다. 이밖에도 청-황, 진홍-황, 황-녹, 백-녹, 백-청, 백-진홍 등의 배합이 좋은 대비를 이룬다.

저시력 학생들은 작은 그림들 속에 문자가 있거나 색칠된 그림 위에 문자가 있으면 잘 읽지 못한다. 따라서 필요 이상으로 자세하게 된 부분은 삭제하고, 필요한 부분만 확대해 주며, 확대 과정에서 색이 없어져 색의 차이에 의한 구별을 하지 못하게 되는 경우에는 확대된 그림에 대비가 잘 되는 색을 칠하여 지도한다. 이처럼 저시력 학생이 가정이나 학교생활을 성공적으로 수행하기 위해서 교사는 학생이 사용하는 교재와 인쇄물 그리고 칠판 판서도 대비를 증가시켜 잘 볼 수 있도록 배려하면서 지도해야 한다. 그리고 교사는 가르칠 때 복잡한 배경 앞에 서 있는 것을 피하고 복잡한 무늬의 옷을 입지 않는 것이 바람직하다.

4) 크 기

저시력 학생들은 상이나 문자의 크기가 어느 정도 이상이 되지 않으면 그것을 보면서도 인지할 수 없다. 일반적으로 사용하고 있는 문자 크기는 문자의 세로 길이를 기준으로 결정하고 있는데 그 표시법으로는 포인트, 호, 급 등이 있으며, 주로 포인트를 많이 사용하고 있다.

현재 우리나라의 여러 교재에서 사용하고 있는 문자 중 가장 일반적인 것은 10포인트이며, 중·고등학교 교과서의 주요 부분도 10포인트 그리고 초등학교 교과서는 14포인트이다.

그러나 저시력 학생의 경우는 개인의 시력 정도에 따라 선호하는 적합한 문자 크기가 다르겠으나 미국은 주로 출판물에 18포인트를 사용하고 있으며 우리나라의 저시력 학생은 22포인트의 문자를 선호하는 것으로 나타났다(이해균, 2003).

5) 시 간

저시력 학생들은 시야가 좁고 눈의 피로를 자주 느끼게 되기 때문에 물체를 보는데 많은 시간이 필요하다. 그리고 개인에 따라 모양 및 세부를 변별하는데 요구되는 시간이 다르지만, 시간을 충분히 주면 잠깐 보아서는 볼 수 없는 자세한 부분까지 잘 볼 수 있다.

광선의 밝기가 변화하고 눈이 적응하려면 어느 정도의 시간이 걸리고, 근거리 과제를 하다가 원거리 과제를 할 때는 휴식 시간을 주어 피로를 줄여 주는 것이 좋다.

6) 거 리

시거리가 짧아지면 대상을 확대한 것과 같은 효과가 얻어진다. 따라서 학생을 대상이나 칠판 앞으로 가까이 이동시키고, 책을 눈앞으로 이동시킴으로써 시각 자료를 확대시키는 역할을 한다. 그러므로 학생을 될 수 있으면 교사로부터 가까운 곳에 앉게 해서 배우는 내용을 눈으로 볼 수 있도록 해야 하며, 저시력 학생들이 벽에 걸린 괘도에 더욱 가까이 가서 볼 수 있도록 하거나, 가까이 대고 읽을 수 있도록 괘도를 책상 위에 놓아 주어야 한다.

저시력 학생들은 가까운 거리나 먼 거리에 있는 것을 잘 보기 위해서 저시력 광학기구를 사용할 수 있다. 저시력 광학기구는 눈과 보는 대상 사이에 놓이는 1개 이상의 렌즈를 말하는 것으로, 여기에는 확대경, 망원렌즈, 투시물 투영기, 환등기, 실물 환등기, 저시력인용, 확대독서기 등이 있다.

저시력 학생 개개인의 눈의 굴절력이 다양하고, 시각 과제 또한 다양하기 때문에 서로 다른 유형의 저시력 기구가 필요하다. 이러한 장치들은 일반적으로 저시력 전문가가 검사하고 처방한다. 교사들은 저시력 보조 기구를 조작하는 방법과 가장 효과적으로 사용할 수 있는 방법을 지도해야 하며, 이는 학생의 최대 시효율성을 향상시키는 데 결정적인 역할을 한다.

이상에서 설명한 것 외에도 칠판을 사용할 때 저시력 학생은 될 수 있는 대로 칠판 가까이에 앉게 하고, 교사는 칠판에 쓰면서 그 쓰고 있는 것을 동시에 소리 내어 말해 주어서 저시력 학생이 칠판의 문자를 읽는데 도움이 되도록 한다. 그리고 교사는 저시력 학생에게 필기를 해 주거나 자신의 노트를 베껴 주는 학생을 저시력 학생과 짝지어 줄 수 있다.

Ⅱ. 환경 조도

유효한 조명이 되기 위해서는 학생 개개인의 필요와 과제를 고려해서 조명의 양과 질을 적절히 조절해야 한다. 즉, 조명 설계는 주어진 장소의 사용 목적에 가장 알맞은 조명 환경과 시작업에 적합하도록 빛의 질, 양 및 방향을 고려하여 광원과 기구의 종류, 크기, 위치 등을 고려해서 조명 시설을 설치하는 것이 바람직하다.

1. 실내 환경 조도

조명은 목적에 따라 명시 조명과 분위기 조명으로 나눌 수 있다. 명시 조명이란 물체가 명확히 보이고, 물체를 보고 있어도 피로를 될 수 있는 대로 적게 느끼게 하는 조명을 말한다. 한편 분위기 조명이란 사람의 심리를 움직이게 하는 기분이나 분위기를 그 때의 생활 행동에 알맞도록 하는 조명을 의미한다. 좋은 조명을 위해서는 명시 조명과 분위기 조명을 모두 고려해야 하지만 이 두 조명이 항상 조화를 이루는 것은 아니다.

다양한 일을 할 때 사용하는 조명을 평가하는 것을 환경 조도 평가라고 한다. 환경 조도 평가를 할 때 고려해야 할 요인에는 대비, 조도, 눈부심, 휘도(빛의 반사율)분포, 광원의 위치 등이 있다.

1) 대 비

IES(The Illuminating Engineering Society: 조명학회)에서는 주위의 표면보다도 약간 밝은 장소에서 작업하는 것이 눈에는 가장 편안하다고 한다(Jose, 1992). 그러나 특별히 눈의 이상이나 질병을 수반한 저시력 학생에게는 이러한 기준이 맞지 않을 수 있다.

2) 조 도

조도가 증가함에 따라 긴장과 피로는 감소하고, 시력은 좋아지나 경제적인 부담은 증가된다. 즉, 조도가 높을수록 좋은 조명이 되지만 그 비용에 맞먹는 이익이 없으면 조도를 개선하는 의미가 없다. 이 이익은 물체를 보고 있어도 피로가 적고 또한 작업 능률이 높아진다는 것이다. 이와 같은 이익과 조명비를 감안하여 만든 것이 조도 기준인데, 우리나라에서는 경제적 이유 때문에 조도 수준에서 조도 범위의 최저 값을 적용하고 있는 실정이다.

<표 8-2> 조도 기준

조도단계	표준조도(lx)	조도범위(lx)	학 교	주 택	사 무 실
aaa	1000	1,500~700	정밀 제도 정밀 실험 재 봉	재 봉	설 계 제 도 타 이 프 계 산
aa	500	700~300	칠 판 면 도서 열람 재봉, 미술 공예 조작 정밀 공작	공 부 독 서	도서 열람 설계사무실 제 도 실 제 어 실 일반사무실
a	200	300~150	일반 교실 연구 및 실험실 서 고 교직원실 회 의 실 실내 운동장	독 서 세 탁 조 리 화 장 식 사 오 락	회 의 실 서 고 응 접 실 강당, 식당 화 장 실 조 리 실
b	100	150~70	관 리 실 복도, 계산 화 장 실 강 당	거 실 서 재 응 접 실 아 동 실 식당, 욕실	다 방 욕 실
c	50	70~30	농구 코트 테니스 코트	현관, 복도 변 소	차고, 창고
d	20	30~15	옥외 운동장	침실, 차고	석 탄 실
e	10	15~7	-	-	-
f	5	7~3	구내 통로	-	-
g	2	3~1.5	-	-	-

3) 눈부심

눈부심은 앞에서 설명한 바와 같이 불쾌, 고통, 눈의 피로, 또는 시력의 일시적인 감퇴를 초래하기 때문에 광원으로부터의 직접적인 눈부심이나 반사 때문에 생기는 눈부심이 있어서는 안 되며, 경제적인 손실도 초래하므로 조명할 때 눈에 나쁜 영향을 주는 눈부심은 적극 피해야 한다.

4) 휘도(빛의 반사율) 분포

시야 내에 조도의 차이가 있든지 휘도의 차이가 있으면 잘 볼 수 없으며, 이러한 조건에서 작업하면 피로를 빨리 느낀다. 그러므로 시야 전체가 균일하게 밝으면 눈에 좋지만, 실제로는 그렇게 할 수 없으므로 허용 한도를 정해 두고 있다.

<표 8-3> 시야 내의 휘도 분포가 허용하는 한도

대 상	사 무 실 학 교	공 장
작업 대상물과 그 주위와의 사이(책과 책상면)	3 : 1	5 : 1
작업 대상물과 그것으로부터 떨어진 면(책과 바닥)	10 : 1	20 : 1
조명기구 또는 창과 부근 면과의 사이 (천장, 벽면)	20 : 1	50 : 1
보통 통로 내의 각부	40 : 1	80 : 1

눈은 주로 직사광선보다는 반사된 빛에 반응하는데, IES에 의하면 가정 내의 주된 표면의 반사율로는 천장은 60~90%, 벽은 35~60%, 바닥은 15~35%가 바람직하다고 한다(Kaufman & Christensen, 1981). 그러나 좋은 광환경(光環境)을 만들기 위해서는 천장의 반사율은 80% 이상, 벽면은 50~60%, 바닥은 15~30%로 하는 것이 바람직하다. 이는 표 8-4와 같다.

<표 8-4> 실내 표면 반사율

장 소	표 면	반사율 범위 (%)
일 반	천 장	70 ~ 90
	벽	40 ~ 60
	바 닥	25 ~ 45
주 택	천 장	60 ~ 90
	벽	35 ~ 60
	커튼 · 직물	35 ~ 60
	바 닥	15 ~ 30
학 교	천 장	70 ~ 90
	벽	40 ~ 60
	칠 판	20
	바 닥	30 ~ 50

<표 8-5> 실내면 반사율 개수표

재 료	반 사 율	재 료	반 사 율
흰 진회벽	0.60~0.80	목재(노란니스칠)	0.30~0.50
흰 벽	0.60	창 호 지	0.40~0.50
엷은 색 크림벽	0.50~0.60	밝은 벽돌	0.15
진한 색의 벽	0.10~0.30	회색 텍스	0.40
목재 (백목)	0.40~0.60	콘크리트	0.25
흰 타일	0.60	엷은 색 페인트	0.35~0.55
리노늄	0.15	진한 색 페인트	0.10~0.30
흰 페인트	0.60~0.80	검은 페인트	0.05

5) 광원의 위치

광원과 사람, 또는 물체와 작업면과의 관계 위치가 나쁘면 작업면에 그림자가 생긴다. 일반 작업에서는 시선에 가까운 위치에 10% 이상의 어두운 부분이 생기지 않는 것이 좋다. 그러나 입체의 표면이 균일한 조도로 비추어질 경우에는 입체감이 엷게 보이므로 실제 모습대로 보기 위해서는 적당하게 어두운 부분이 생기는 것이 바람직하다. 밝은 부분과 어두운 부분과의 밝기의 비는 2 : 1~7 : 1 정도가 좋으나 보통은 3 : 1이 가장 적당하다.

6) 국부 조명

국부 조명이란 좁은 작업 범위에 높은 조도를 주는 것을 말한다. 즉, 충분한 조도를 얻을 수 없는 세밀한 작업, 또는 작업의 특성 때문에 전반 조명 이외의 특수한 효과를 필요로 하는 경우에 보조 조명을 사용하여 필요한 조도를 얻는 것을 의미한다. 그러나 국부 조명만으로 고조도를 얻으려고 하면 명암의 대비가 심해져서 조명이 불량해지므로 소요 조도가 300lx 이상이 되면 이를 병용하는 것이 더 경제적이다. 국부 조명과 전반 조명을 함께 사용할 경우에는 전반 조명의 조도는 보통 국부 조명의 1/7~1/5 정도로 하는 것이 바람직하다.

7) 적합한 실내 환경 구성

조명은 저시력 학생이 시작업을 성공적으로 수행하는데 있어서 가장 중요한 요인으로, 밝기가 적합하지 않으면 시기능에 장애가 있는 학생은 보기, 읽기, 쓰기 등의 문자 학습에 곤란을 겪게 되고 나아가 학습 지진의 요인이 되기도 한다. 그러므로 저시력 학생을 위한 실내 조명 설계는 문자를 보기 쉽고 편안한 기분이 들도록 하여 쾌적한 학습 환경의 개선이라는 차원에서 다루어져야 한다.

학교나 가정에서 저시력 학생에게 알맞은 양과 질의 조명을 하려면, 각 학습에 적합한 조도의 수준과 조명 방법 등을 알아야 한다. 따라서 위에서 언급한 대비, 조도, 눈부심, 휘도 분포, 광원의 위치 등을 고려하여 저시력 학생에게 쾌적하고 적합한 조명 환경을 구성해야 한다.

(1) 대 비

저시력 학생이 있는 교실에는 백묵과 대비를 잘 이루는 색의 칠판을 비치하고, 칠판의 조도가 300~700lx가 되도록 칠판 조명 장치를 해야 한다. 그리고 근접 거리의 표면에 대비를 갖게 하는 것도 효과가 있다. 예를 들면, 황색의 배경 위에 흑색은 대략 60%의 빛을 반사하지만 백색의 배경 위에서는 거의 80%가 된다. 이와 같은 것을 고려하여 학습 자료를 제시해야 한다.

(2) 조 도

조도는 시작업을 수행하는데 있어서 무엇보다도 중요한 요소로, 시기능에 장애가 있는 저시력 학생은 정안 학생보다도 특히 조도의 영향을 크게 받는다.

湖崎(1996), 安富(1967) 등은 저시력 학생은 정안 학생 보다 더 높은 조도를 필요로 한다고 했다. 1979년에 개정한 일본공업규격 중 학교 조도 기준에는 일반 학생이 사용하는 교실은 300~750lx, 칠판면은 300~1,500lx가 알맞은데, 저시력 학생이 사용하는 교실은 이것의 2배 이상의 조도라야 한다고 했다.

미국의 ANSI/IES RP-3-1977의 학교 조도 기준과 IES(The Illuminating Engineering Society: 조명학회) 조도 기준(1981)에는 각각 저시력 학급의 조도는 1,600lx, 1,000~2,000lx가 알맞다고 했다.

한국공업규격의 학교 조도 기준(1980)에는 일반학생이 사용하는 교실은 200~750lx, 칠판면은 300~1,500lx가 알맞은데, 시력이 약한 학생이 사용하는 교실은 이것의 약 2배 이상의 조도로 하여야 한다고 했다.

그러나 저시력 학생에게 알맞는 적정 조도는 개인에 따라서 그 차이가 대단히 크다. 예를 들어, 높은 조도를 필요로 하는 학생이 있는 반면에 보통 조도는 너무 밝아서 어려움을 겪는 학생도 있다. 그러므로 저시력 학급의 조도를 일반 학급의 조도보다 더 밝게 하기 위하여 실내 전체의 조도를 더 높게 하는 조명 방법으로는 저시력 학생들의 조명 문제를 해결할 수 없다. 따라서 저시력 학생에게 적합한 조명 방법은 실내 전체의 조도를 높이는 전반 조명 방법보다는 개인의 필요에 따라 조도를 조절할 수 있는 개인용 조명기구를 책상에 부착하여 사용하는 국부 조명 방법이 좋으며, 밤에는 이러한 국부 조명 방법과 전반 조명 방법을 병용하는 것이 좋다.

(3) 눈부심

저시력 학생이 공부할 교실의 창문에는 직사광선의 방해를 받지 않게 커튼, 발, 차양 등과 같은 가리는 물건이나 차광기로 강한 햇빛을 가려 직사광선을 피하게 해야 한다.

(4) 광원의 위치

저시력 학생이 근거리 작업을 할 때 조명을 얼굴에 접근시켜야 하는 경우가 많기 때문에 작업을 하고 있는 손의 반대쪽이나 시력이 좋은 쪽에 조명을 두어야 한다. 그리고 저시력 학생이 학습하는데 필요한 조도를 얻기 위해 전구와 지면과의 거리를 가까이 해야 할 때 전등갓의 밑 부분이 저시력 학생의 눈높이에 오게 할 수도 있다.

(5) 책 상

저시력 학생의 책상은 특별히 크게 만들어서 책상 위에 확대경, 실물화상기와 같은 광학기계를 올려놓고 교육 자료를 확대하여 볼 수 있게 해야 한다. 그리고 경사 조절이 불가능한 책상을 사용하고 있으면 경사를 조절할 수 있는 저시력인용 독서대를 사용하게 하는 것이 바람직하다.

(6) 교실 조명

교실 조명의 목적은 학교 교육과정 수행에 필요한 시작업을 하기에 충분한 밝기를 보장해 주는 데 있다. 교실은 장시간에 걸쳐 수업을 하는 곳으로 주간의 채광에 대해서 충분한 고려가 있어야 한다. 우리나라 학교 교육은 주로 주간 교육이므로 인공 조명의 이용이 적지만, 겨울철이나 흐린 날, 비오는 날은 조도가 저하되므로 이럴 때에는 전등 조명으로 보완하여 학생들이 공부할 수 있도록 도와주어야 한다. 그러나 저시력 학생이 있는 학급의 교실은 조명에 대해 보다 더 세밀한 검토가 필요하다.

위에서 살펴본 대비, 조도, 휘도, 반사율 등을 종합하여 바람직한 교실환경을 꾸미면 다음과 같다.

조명 방법은 효율이 좋은 형광등으로 전반 조명을 하고 저시력 학생의 책상에는 조도를 조절할 수 있는 조명기구를 부착하는 것이 바람직하다. 교실 내의 밝기를 적절하게 만드는 데는 천장, 벽, 밑바닥 등 밝은 색에 광택이 없는 마감제를 사용해서 빛을 유효하게 이용하여야 하는데, 천장은 백색으로 하여 반사율이 80～85% 정도로 하고, 벽은 연한 색으로 하며, 반사율은 50～60%로, 바닥도 밝게 하여 20～50%로 하는 것이 좋다.

책상면도 광택이 없는 밝은 색으로 반사율은 35～50%가 적당하고, 칠판은 흑색보다는 녹색 정도가 좋다. 그리고 창문에는 직사광선의 방해를 받지 않게 커튼, 발, 차양 등을 설치해서 강한 햇빛을 피할 수 있도록 해야 한다.

이와 같은 방법으로 교실환경을 꾸미면, 반사에 의하여 확산된 빛이 증가하고, 빛의 이용률도 증가된다. 그리고 작업대상물이 받는 조명은 부드럽고 밝기의 얼룩짐이 적게 된다. 또한 실내의 휘도의 분포도 균일해져서 시환경이 개선되어 피로를 적게 느낀다.

2. 실외 환경 조도

실외의 조명은 저시력 학생이 작업을 하는데 필요한 밝기이지만, 교사는 다음의 요소들을 관찰해야 한다.

첫째, 저시력 학생의 행동에 영향을 미치는 눈부심의 효과

둘째, 실외의 과잉 조도에 대처하기 위해 이용하는 방법

셋째, 실외의 조도가 급격히 감소함에 따라 일어나는 문제

넷째, 환경 내의 위험을 인지하는데 방해하는 대비나 그림자의 문제

다섯째, 해질녘과 같이 어두운 조명 아래에서의 행동 등이다.

창문의 반사광, 금속 표면의 휘광, 수면(水面)이나 설면(雪面)의 눈부심에 어떻게 반응하는지를 관찰하는 것은 실외의 조도를 조절하는 기구가 필요한지를 판단하는데 도움이 된다. 따라서 저시력 학생이 빛을 막기 위해 어떠한 방법을 이용하고 있는지 관찰해야 한다.

많은 저시력 학생들은 직사광선이 적을 때 시력을 더 효율적으로 사용할 수 있지만, 일부의 학생들은 햇빛이 밝은 곳에서 더 명료하게 볼 수 있다. 즉 장애의 원인, 정도, 과제의 성격에 따라 시기능이 다르므로 일반화하기는 어렵다(임안수, 2005). 즉, 밝은 빛에서 시력을 훨씬 잘 활용하는 시신경위축, 황반 퇴화, 백내장(수정체 가장 자리)이 있는 학생은 실외 환경 조도 설계에서 큰 어려움이 없지만, 낮은 조명에서 학습해야 하는 결손증, 백색증, 백내장(수정체 중앙부), 황반부의 망막박리가 있는 학생은 실외에서 학습할 때 과잉 조도에 대처하기 위한 방법을 고려해야 한다. 특히 백색증 학생에게는 색안경과 창이 있는 모자를 쓰도록 지도하고, 직사광선을 피하게 하며, 햇빛을 등지고 있도록 해야 한다.

제9장 저시력 보조 기구

광학 보조 기구의 처방은 저시력 학생의 치료 분야에 있어서 필수적인 수단이라 할 수 있다. 광학 보조 기구는 다른 분야의 전문가들로부터 수집한 정보와 추천에 기초하여 임상가에 의해 처방되는데 이러한 공동 작업은 시각장애학생에게 효과적인 처방을 제공하기 위해 반드시 필요하다. 특히 전문가들의 정확한 진단을 통해서 보조기구를 저시력 학생에게 처방해야 그들의 모든 활동을 증가시킬 수 있다. 따라서 이 장에서는 저시력 학생용 광학 보조 기구의 여러 형태, 특성 그리고 사용법에 대해서 고찰하고자 한다.

Ⅰ. 배 율

임상가는 저시력 학생의 희망과 필요한 배율에 따라 어떤 보조 기구가 적절한지 고려해야 한다. 저시력 보조 기구는 단순하여 임상가의 처방선택 범위도 한정되어 있다. 배율은 수행해야 할 과제에 따라 시력을 측정하여 결정된다. 저시력인용 광학보조 기구로 사용하는 확대경이나 망원경은 시판하는 것을 1개 이상 처방할 수 있다. 교정시력은 확대경 사용에 필요한 최저 시력이며, 결과적으로 필요한 대부분의 보조 기구를 잘 사용할 수 있고 보다 더 나은 시기능 발달을 기대할 수 있다.

필요한 배율의 계산은 하나의 출발점에 지나지 않는다. 예를 들어, 시력이 0.3일 때 과제 수행에 지장이 없는지를 파악해야 하며, 이 수치는 절대적인 것이 아니라 출발점에 지나지 않는다는 것을 명심해야 한다. 또, 정밀가공이나 설계 업무에 종사하는 사람은 1.0의 시력이 요구되는 반면에 건물을 유지 · 관리하는 사람은 0.3의 시력으로도 충분하다.

저시력 학생에게 적절한 배율을 결정하기 위해서는 몇 가지 문제점을 고려해야 하는데, 시력이 20/400 (=0.05)이고, 교정시력이 20/200 (=0.1)일 때 20/40 (=0.5)라는 목표 시력에 도달하기 위해 필요한 배율은 200을 40으로 나눈 값인 5배가 된다.

$$\frac{20/40}{20/200}$$ **(필요한 시력/교정 시력)**

= 20/40 × 200/20 = 200/40 = 5

(20/40 교정시력이 필요한 경우, 20/200의 시력을 가진 학생은 200/40 = 5배의 배율을 필요로 한다.)

그러나 만일 임상가가 저시력 학생의 굴절 이상을 간과하거나, 저시력 지원 교사가 굴절 이상을 고려하지 않고 처방을 하면 사태는 한층 더 복잡해진다. 안경을 착용하지 않았을 때 저시력 학생의 시력은 20/400(=0.05)이므로 그의 보조 기구는 10배의 배율이 필요하다. 굴절 이상을 적절히 교정하지 않으면 저시력 학생은 시야와 보조 기구로 인한 추가적인 제약을 감수해야 한다.

5배는 5cm의 작업거리를 필요로 하고, 10배는 2.5cm의 작업거리를 필요로 하게 되며, 보이는 범위도 1/2로 준다. 만약 교정시력이 20/200(=0.1)인 저시력 학생이 시력 20/20(=1.0)이 필요한 경우에는 10배의 확대가 필요하다. 이 때 배율은 10이다. 시력이 20/200(=0.1)인 저시력 학생에게 5배의 보조 기구를 착용하게 하거나 20/40(=0.5)보다도 양호하거나 혹은 그렇지 않게 했을 경우, 시력이나 심리적 문제 등 그로 인해 일어나는 문제에 까지 잘못 내린 결정은 임상가가 책임을 져야 한다. 이 때문에 임상가와 저시력 지원 교사 사이에는 원할한 소통이 이루어져야 한다.

한번 배율이 결정되면 적합한 보조 기구를 선택하게 되며, 이 때 필요한 렌즈의 굴절 도수와 시야, 작업거리 등 많은 요인을 고려해서 결정해야 한다. 저시력 학생의 지도상의 문제, 관련된 보조 기구의 특성과 사용법을 이해하기 위해서는 다음에 제시한 저시력 보조기구의 종류에 대해 알아야 한다.

①망원경(쌍안경도 포함)(telescope)

②망원현미경(telemicroscope)

③현미경(microscope)

④확대경(magnifiers)

⑤확대독서기(CCTV: closed circuit television)

⑥비광학 보조기구(nonoptical-accessory aids)

Ⅱ. 망원경(telescope)

망원경은 저시력 학생의 원거리 시력을 향상시키는 보조 기구이다. 원리는 쌍안경과 동일하고 각도 확대법을 이용하고 있다. 종래의 망원경을 사용할 경우 문제되는 것은 망원경을 통해서 보이는 물체의 움직임이 과장되거나 공간 판단이 어렵고 시야가 좁다는 것이다.

따라서 저시력 지원 교사는 다음과 같은 망원경의 광학적 구조에 대해 반드시 알아두어야 한다.

(1) 반사된 평행광선은 평행광선으로서 입사되고 망원경은 멀리 있는 물체에 대해 초점을 맞출 수 있다. 따라서 6m 혹은 그 이상의 거리에 있는 물체를 선명한 상으로 볼 수 있다.

(2) 대부분의 저시력 학생용 망원경은 원거리(6m)와 근거리(60cm)에서도 초점을 맞출 수 있도록 설계되어 있다. 저시력 지원 교사는 망원경 초점의 가변범위를 숙지해야 한다. 망원경의 구성 요소를 검토해 보면 6m미만의 거리에 있는 물체에서의 발산광선에 초점을 맞출 수 있다.

(3) 모든 망원경은 원거리의 물체에 초점을 맞출 수 있기 때문에 저시력 지원 교사와 임상가는 저시력 학생에게 보이는 물체에 먼저 초점을 맞추어서 사용하도록 해야 한다. 이렇게 해야 저시력 학생은 그 물체에 초점이

맞는지 여부에 대해 말 할 수 있다. 저시력 학생의 눈이 물체를 보는데 많은 조절력을 필요로 하면 굴절 이상이 바르게 교정되어 있지 않다는 것을 의미한다. 이 때 저시력 지원 교사는 안경 렌즈의 굴절률을 임상가에게 보고해서 제대로 교정 받게 한다.

(4) 저시력 학생이 망원경을 사용할 때 먼저 굴절 이상을 교정해야 하며, 망원경을 사용할 때도 교정 안경이나 렌즈를 사용해야 한다. 저시력 학생이 망원경을 눈에 가까이 하면 보다 넓은 시야를 얻을 수 있다(그림 9-1). 굴절 이상의 교정은 망원경을 적합한 형태로 사용하기 위해 필요하며, 저시력 지원 교사는 임상가와 함께 굴절 이상을 교정해야 하는지를 반드시 확인해야 한다.

<그림 9-1> 망원경과 눈과의 거리에 따른 시야의 차이. 왼쪽 그림은 눈과 2.5배 망원경의 대안렌즈와의 간격이 5mm일 때 보이는 상이고, 오른쪽 그림은 눈과 2.5배 망원경의 대안렌즈와의 간격이 10mm일 때 보이는 상이다.

(5) 망원경은 광량을 감소시킨다. 따라서 훈련 프로그램을 실시할 때는 보려고 하는 목표물과 대상물에 조명을 적절하게 하고, 대비를 가감하면 더욱 효과적으로 볼 수 있게 된다.

(6) 일반적으로 손잡이형 망원경은 2.5배, 3배, 4배, 6배, 7배, 8배, 그리고 10배가 가장 많이 사용되고 있다. 그리고 안경에 장착할 수 있는 망원경은 2배, 2.2배, 3배, 4배, 6배, 8배가 있다. 그러나 4배 이상은 무게 때문에 안경테보다는 머리띠에 장착해서 사용하는 경우가 있다.

저시력 지원 교사는 저시력 훈련에 사용되는 망원경에 대해 ①사용가능 배율 ②시야 ③초점을 맞출 수 있는 범위 ④무게 ⑤안경에 장착할 수 있는지에 대한 가능성 ⑥광량의 감쇠 ⑦굴절 이상의 교정 및 그 가능성 ⑧초점 심도 등에 대해 유의해야 한다.

망원경의 기본 종류는 손잡이형, 클립형, 전시야형 망원경, 안경테에 망원경을 장착한 안경장착형 망원경 그리고 쌍안경이다. 이들 각각의 실용적인 사용법에 대해 살펴보면 다음과 같다.

1. 손잡이형 망원경(hand-held telescope)

손잡이형 망원경은 짧은 시간 동안 원거리 물체를 보아야 하는 시작업에 적합한데 사용하지 않을 때에는 주머니나 가방에 넣어 둘 수 있다. 또 목에 걸 수 있을 정도로 작다. 망원경은 짧은 시간동안 텔레비전 감상, 야구 등의 스포츠 관람, 정지 신호와 도로 표지, 버스의 노선번호 등을 보는데 사용할 수 있기 때문에 저시력 학생의 보행에 크게 도움이 될 수 있다.

손잡이형 망원경은 거의 단안용으로 시력이 좋은 쪽의 눈에 사용한다. 보고자 하는 물체에 초점을 선명하게 맞추는데 사용하기 위해서 링이 부착되어 있다. 일반적인 망원경은 150cm보다 가까운 거리의 물체에 초점을 맞출 수 없기 때문에 선택할 때에는 유의해야 한다. 그리고 망원경의 배율이 높으면 높을수록 시야는 좁아진다.

2. 클립형 망원경(clip-on telescope)

클립형 망원경은 대부분 단안용으로 필요한 때에는 안경에 부착하여 초점링으로 초점을 맞춘다. 훈련 초기 단계에는 망원경을 사용하지 않는 쪽의 눈은 가리는 것이 효과적인데, 이러한 목적을 위해서 플라스틱으로 된 클립 차폐판이 사용된다. 클립형 망원경은 보고자 하는 물체를 확대시킨다. 예를 들어, 클립형 망원경으로 칠판의 글자를 보고, 다른 한 쪽의 눈으로 가까운 물체를 보거나 본 것을 노트에 옮겨 적을 수 있다. 그러나 두 눈을 사용하는 경우에는 좌우의 시력이 같아야 한다.

클립형 망원경으로는 텔레비전과 영화를 볼 수 있고, 그 외의 다른 여러 가지 사물을 볼 수도 있다. 클립형 망원경도 손잡이형 망원경처럼 배율이 높을수록 시야는 좁아진다. 또한 클립형 망원경도 다른 저시력 보조 기구와 같이 사용 훈련을 받아야 충분한 효과를 발휘할 수 있으며, 렌즈가 눈을 거의 덮기 때문에 활동적인 작업을 할 때에는 사용할 수 없다.

3. 안경장착형 망원경(bioptic telescope)

망원경을 항상 사용해야 하고 움직이면서 사용하려면 안경장착형 망원경이 효과적이다. 이 종류는 교정용 플라스틱제 안경에 망원경이 장착되어 있기 때문에 렌즈의 윗 쪽에 구멍을 내어 그 구멍에 소형의 망원경이 부착되어 있다. 보통 안경렌즈를 통하여 주변의 사물을 보고 망원경을 통해서 멀리 있는 물체를 볼 수 있는데 안경장착형 망원경을 사용하기 위해서는 머리를 밑으로 하고 눈은 위로 향하게 하여 망원경을 통해서 사물을 본다(그림 9-2).

망원경을 사용할 필요가 없을 때는 머리를 위로 향하게 하여 보통 안경렌즈를 통해 사물을 본다(그림 9-3). 클립형 망원경은 상황에 따라 부착하거나 떼어야 하지만 어떤 망원경도 심하게 움직일 때는 사용할 수 없다. 그 이유는 물체가 확대되어 보이고 시야가 좁아지며, 대상물을 실제보다도 더 가깝게 느끼게 되고 움직이는 속도도 실제보다 빠르게 보이기 때문이다.

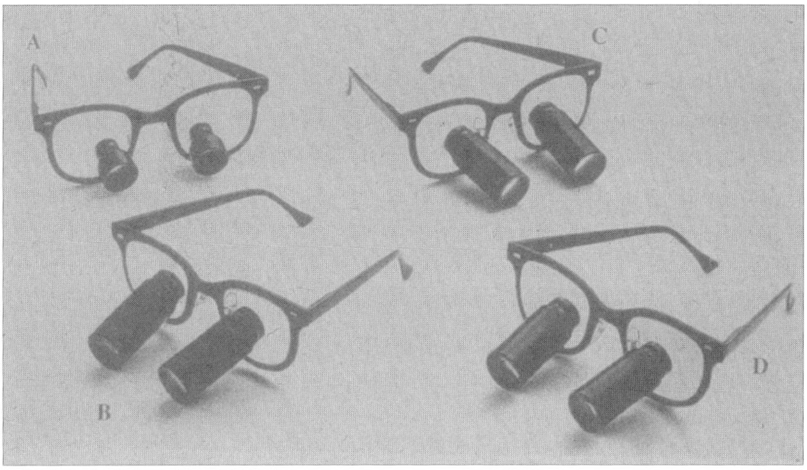

<그림 9-2> 안경테에 장착된 망원경 1. 저시력 학생은 머리를 아래로 하여 안경장착형 망원경을 통해 물체를 본다.

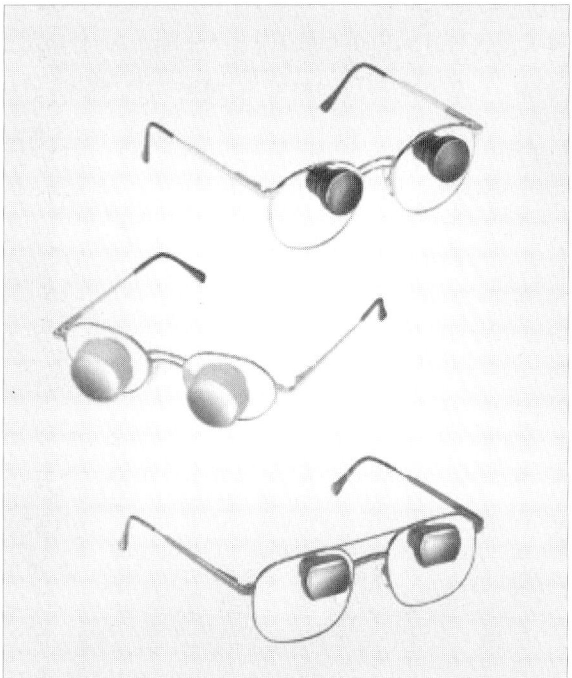

<그림 9-3> 안경테에 장착된 망원경 2. 보행할 때 안경렌즈를 통해 보도록 설계된 안경장착형 망원경.

안경장착형 망원경은 손잡이형과 클립형 망원경보다도 소형이기 때문에 시야가 좁고, 익숙해지기가 한층 어려우며, 손잡이형 망원경처럼 사용 훈련이 필요하다는 점이 단점이다. 안경장착형 망원경은 사용 방법이 어렵기 때문에 훈련 성과가 쉽게 오르지 않는다. 그러므로 저시력 학생이 초조해하지 않도록 유의해야 한다.

훈련을 통해 저시력 학생은 좁은 시야, 움직임, 거리감을 판단하는 등의 문제를 극복하고 적응한다. 일단 안경장착형 망원경의 유용성을 알면 교육현장이나 직장에서 그 귀중함을 이해할 수 있을 것이다.

4. 전시야형 망원경(full-field telescope)

전시야형 망원경은 안경의 중앙에 망원경을 장착한다(그림 9-4). 안경장착형 망원경보다 시야는 넓지만 서 있거나 앉아 있는 동안에 무언가를 보기 위해서만 사용되는데, 이러한 망원경을 착용하고 보행하는 것은 매우 어려우므로 경험이 풍부한 저시력 지원 교사가 지도해야 한다. 따라서 저시력 학생은 이 전시야형 망원경의 사용 방법, 사용 장면에 대해 특별 지도를 받아야 하며, 업무나 오락, 보행 등의 특수한 용도에 사용하고 항상 사용해서는 안된다.

<그림 9-4> 2.5X 망원경의 사출동공의 상. 전시야형 망원경은 망원경의 주위로 사물을 볼 수 없다. 사진은 2.5배 클립형 망원경을 통해 본 상이다.

특수한 전시야형 망원경으로는 갈릴레이식 망원경에 부착된 것이 있다 (그림 9-5). 고배율의 오목렌즈를 망원경의 접안렌즈로, 볼록렌즈는 대물렌즈로 사용한다. 이 구조에서 배율은 2배까지 가능하며, 착용하기 위해서는 그에 적합한 훈련이 필요하다.

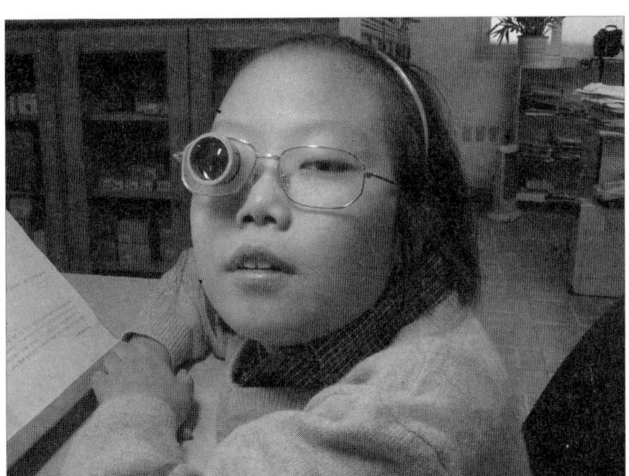

<그림 9-5> 안경테에 장착한 갈릴레이식 망원경. 마이너스 배율의 오목렌즈를 장착한 접안렌즈와 높은 배율의 볼록렌즈를 장착한 대물렌즈로 된 망원경.

5. 쌍안경(binoculars)

쌍안경은 무겁기 때문에 장시간 사용하기는 어렵지만 시야가 넓고 배율이 높은 것이 장점이다. 따라서 쌍안경은 넓은 시야가 필요할 때나 짧은 시간 동안 하는 작업에 적합하며, 장시간 사용하기 위해서는 쌍안경에 삼발이를 부착하여 이용한다. 한 쪽 눈만 사용하는 저시력 학생은 쌍안경의 한 쪽을 원거리용으로, 다른 쪽을 근거리용으로 사용할 수도 있다.

6. 자동초점 망원경

광학기술과 전자 기술이 결합된 망원경으로 저시력 아동이 원거리를 볼 때에는 원거리에 초점이 맞고, 근거리를 볼 때는 근거리에 초점이 맞게 설계되어 있다. 예를 들어, 칠판을 읽을 때에는 칠판의 상에 초점이 맞아 칠판을 읽을 수 있고, 책상 위에 있는 책을 볼 때에는 책에 초점이 맞아 읽기를 할 수 있다.

이 망원경의 장점은 자동으로 초점을 맞추기 때문에 수동으로 초점을 맞추는 불편함을 없앨 수 있으며, 시간을 절약하고, 손을 자유롭게 사용할 수 있으며, 피로를 예방할 수 있다는 장점이 있다. 그러나 아직은 가격이 비싼 편이고, 시력이 비교적 좋은 저시력 아동에게 잘 맞고, 초점 조절에 시간이 걸려서 어지러움을 느낄 수 있으며, 아직은 고가라는 점이 단점이다(그림 9-6).

정확한 처방을 위해서는 전문의와 상담해야 하며, 이 망원경을 안경테에 장착할 때에는 숙련된 안경사가 장착해야 한다.

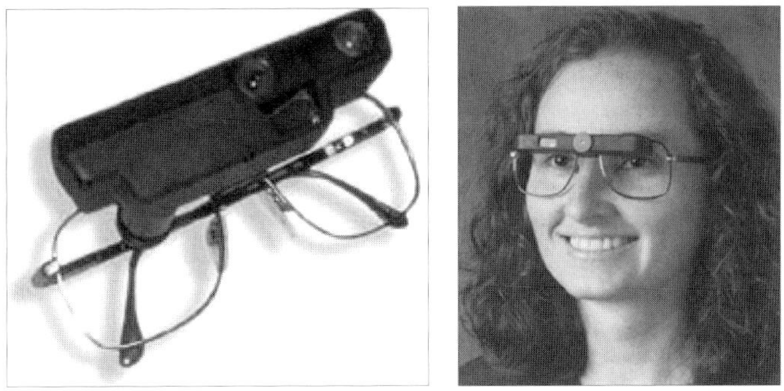

<그림 9-6> 자동초점 망원경 (자료: www.ocutech.com)

Ⅲ. 망원현미경(telemicroscope)

1. 특 성

전술한 바와 같이 망원경은 6m이상 떨어진 대상물에 초점을 맺는다. 그러나 대상물이 6m보다 가까우면 눈이나 망원경으로 들어오는 입사광선은 발산광선이 된다. 이 때문에 눈의 조절력이 증가되거나 발산광선에 독서용 볼록렌즈를 이용해서 초점을 맞춰야 한다. 망원경은 조절할 수 없으며, 망원경 배율의 제곱에 비례해서 발산광선의 발산도가 증가한다. 이것은 저배율 망원경 없이는 가까이에 있는 대상물에 초점이 맺지 않는다는 것을 의미한다.

일반적으로 2.5배의 망원경을 통해 약 30cm의 거리에서 볼 때에 25디옵터의 조절력이 필요하다. 인간은 대개 8~10디옵터를 조절할 수 있지만, 가까이에 있는 물체를 망원경으로 보는 것은 효과적이지 않다. 또한 망원경에는 접안렌즈로 볼록렌즈를 사용한다. 캡이 달린 망원경은 단순히 망원경에 독서용 추가 렌즈를 붙인 것이다. 추가 렌즈의 도수로 작업 거리가 결정된다.

100을 독서용 추가 렌즈의 도수로 나누면 망원경에서 대상물까지의 거리가 되는데, 이 거리가 작업 공간이다. 이 때의 단위는 cm이다. +2디옵터의 독서용 추가 렌즈로 50cm에 놓여진 문자를 읽을 수 있다. '작업 거리'라는 말은 '작업 공간'이라는 말과 다르다. 작업 거리는 안경 면(혹은 각막)에서 대상물까지의 거리를 의미하는 것으로 망원경의 길이에다 작업 공간을 더한 것이기 때문에 작업 공간보다 항상 길다(그림 9-7).

다른 독서용 추가 렌즈를 사용한 경우 배율이 변화하는데 변화한 배율을 기록해 두어야 한다. 예를 들어, +4디옵터의 추가 렌즈를 사용하면 이 망원경의 배율은 추가 렌즈가 없는 망원경의 배율과 같다. 6배의 망원경에 +4디옵터의 추가 렌즈를 붙이면, 25cm의 초점거리가 되고 배율은 6배가 된다. 독서용 추가 렌즈의 도수가 +4디옵터보다 높으면 배율은 증가하고 작업 거리는 짧아지며, +4디옵터보다 약하면 배율은 저하되고 작업 거리는 길어진다. 그러므로 배율은 다음 식과 같다.

$$\text{(망원경의 배율)} = \frac{\text{캡의 도수}}{4} = \text{추가 렌즈부착 망원경 배율}$$

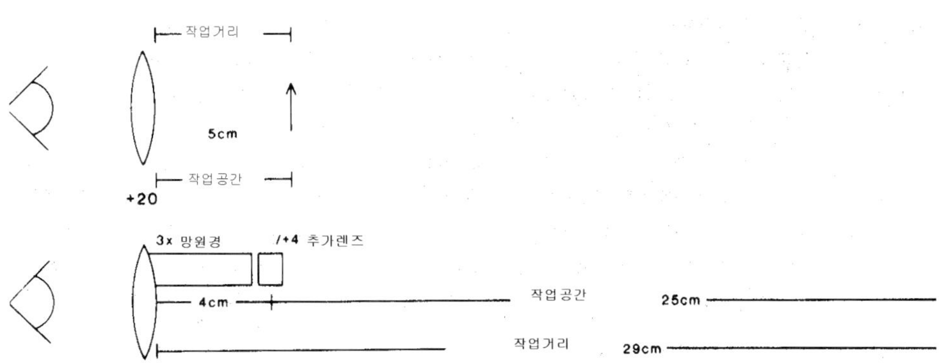

<그림 9-7> 작업 공간과 작업 거리. 작업 공간은 눈 또는 안경에서 대상물까지의 거리. 작업 거리는 안경면에서 대상물까지의 거리(Jose, 1989).

망원현미경은 현미경보다도 작업 거리가 길지만 시야는 좁다. 작업 거리가 4배 정도 길면 시계는 1/4이 된다. 저시력 지원 교사는 6배의 망원경에

+4디옵터의 독서용 추가 렌즈를 붙였을 때와 +24디옵터의 현미경을 붙였을 때의 작업 거리(25cm와 4.1cm)와 시야의 차를 확실히 알아야 한다.

양안시를 사용할 때 망원현미경은 일정한 작업 거리로 맞추어야 한다. 일단 거리가 결정되면 경통의 길이를 조절하여 대상물에 초점을 맞추어야 하는데, 이때에는 정확하게 초점 맞추기가 어렵다.

망원경처럼 망원현미경도 굴절 이상을 교정하고 나서 사용해야 한다. 일정한 작업 거리에서 이탈되는 주요 원인은 굴절 이상이기 때문이며 광학기구가 고배율일수록 물체를 정확한 초점거리에 두어야 한다. 이것은 운동신경이 둔한 저시력 학생이 광학기구를 잘 사용하지 않는 원인 중의 하나가 된다. 이 때문에 저시력 지원 교사는 개개인에게 알맞은 망원현미경의 초점 심도에 대해 반드시 알아 두어야 한다.

안경식 망원현미경은 망원경이 커서 안경테 전체를 차지하는 경우도 있으며 안경테의 중앙에 장착한다. 따라서 시야 내를 모두 망원경을 통해서 봐야 하기 때문에 전시야형이 된다(그림 9-8). 클립형 망원경도 망원경 주위의 안경렌즈를 통하여 볼 수 없기 때문에 전시야형이라고 생각할 수 있다.

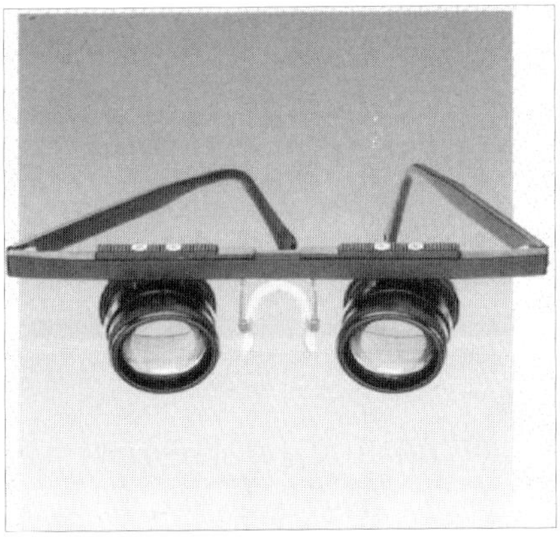

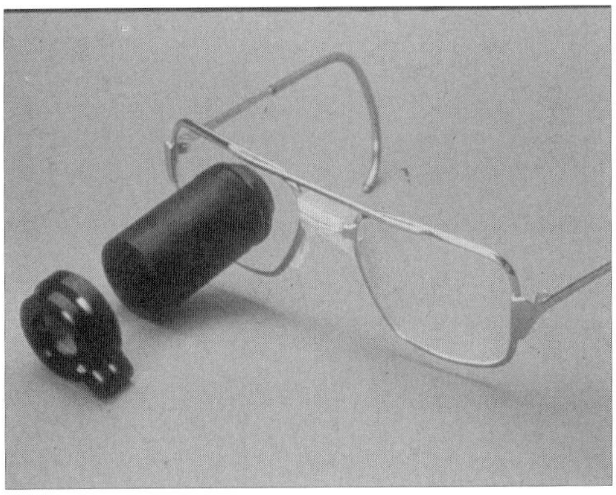

<그림 9-8> 전시야형 망원경(좌)
과 중앙부에 장착한 망원경(우).

2. 처 방

망원경을 원거리와 근거리 작업에 사용하려면 안경장착형 망원경이나 손잡이형 캡부착 망원경을 사용한다. 만약 중간 거리나 가까운 거리의 목표물에 사용하고 싶으면 적절한 도수의 독서용 추가 렌즈 부착된 손잡이형 망원경을 처방하며, 하루 5~6시간의 장시간 동안 좋은 시력을 확보하기 위해서는 독서용 추가 렌즈가 달린 안경장착형 망원경을 처방하는 것이 좋을 것이다.

안경장착형은 망원경이 안경 위쪽에 부착되어 있어 자신의 시력을 사용하는 활동은 망원경이 부착되어 있지 않는 안경 아래 부분으로 보면서 활동할 수 있다. 또한 머리를 숙이고 약간 위로 떠서 망원경을 통해 볼 수 있으며, 원거리 물체를 상세하게 볼 수 있다. 한 쪽 눈으로 읽고, 피곤하면 반대 쪽 눈으로 읽어 나갈 수 있는데 망원경을 이렇게 양안으로 나누어 사용하면 읽기 시간을 연장할 수 있다.

망원경을 사용할 때는 전시야형으로 시작하는 것이 용이한데, 그것은 저시력 학생은 정상광선에 익숙해져 있기 때문이라 생각된다. 만약 안경장착형 망원경을 통해 보는 것이 어려우면 안경 중앙에 망원경을 장착해서 저시력 학생이 망원경을 통해 대상물을 볼 수 있도록 머리를 천천히 위쪽으로 움직이게 한다.

Ⅳ. 현미경(microscope)

현미경은 배율이 매우 높은 볼록렌즈이다. 머리띠에 장착해서 머리에 고정시키거나 안경에 고정시킨 모든 보조 기구는 편의상 이 종류에 포함시킨다. 대상물이 눈에 가까우면 가까울수록 눈으로 들어오는 입사광선은 더욱 넓게 발산한다. 그 때문에 눈은 정상안의 60디옵터보다도 큰 굴절력을 가져야 한다(그림 9-9).

<그림 9-9> 현미경의 여러 형태. 처음 현미경은 배율이 높은 볼렉렌즈를 의미했으나, 때로 안경이나 머리띠 등에 장착하는 보조기구를 모두 편의상 이 형태로 분류하기도 한다.

확대한 망막상을 얻기 위해서는 책을 눈 가까이에 두어야 하며 확대상을 선명하게 보기 위해서는 조절을 해야 한다. 때로 저시력 학생은 조절력이 없기 때문에 필요하면 책을 눈에 매우 가까이하여 읽을 수도 있다. 따라서 임상가는 작업 거리를 다소 멀리할 수 있는 현미경을 선택해 주며, 저시력 학생은 현미경을 사용하므로 조절력을 사용해서 생기는 피로를 경감시킬 수 있다. 현미경은 시력을 개선하는 것은 아니지만 학생의 주의력과 독서 시간을 연장해 준다.

고도 근시 학생은 삽입형 현미경을 사용한다. 그들은 안경을 벗으면 대상물의 상이 보다 확대되고 선명하게 보이기 때문에 볼록렌즈를 사용하는 것과 같다. 근시는 눈 자체가 플러스 도수(60디옵터는 아니고 70디옵터)를 가지고 있으므로, 60디옵터와의 도수 차를 안경에 의해 입사광선을 발산시키거나 물체를 눈에 가까이함으로 교정한다.

1. 장 점

현미경의 장점 중 하나는 양손이 자유롭다는 것이다. 현미경은 망원경과 동일한 도수의 확대경과 비교해서 넓은 시야를 얻을 수 있다. 그것은 현미경을 눈에 가까이 붙일 수 있고, 또한 망원경 같이 많은 렌즈를 사용하지 않기 때문이다.

현미경은 ①장시간 독서 ②서명하기 ③수표와 현금 출납장 기재 ④바느질 ⑤정원 손질 ⑥문서 ⑦영수증과 작은 글자로 씌여진 것 읽기 등과 같은 과제를 할 때에 편리하다.

2. 단 점

배율이 높으면 높을수록 작업 거리가 보다 가까워져서 할 수 있는 일의 수가 한정된다. 근시가 아니거나 조절력이 없는 학생의 경우 10cm 거리에 대상물을 두면 10디옵터가 필요하다. 검사자가 5배(+20디옵터)가 필요하다고 결정했을 때 작업거리는 100/20 = 5cm가 된다. 2배의 현미경(+8디옵터)는 12.5cm의 작업 거리가 된다. 따라서 최대의 작업 거리를 확보하기 위해서는 최소 배율로 하는 것이 중요하며, 짧은 작업 거리는 현미경 처방에 있어서 최대의 장애가 된다. 그 이유로는

① 작업 거리가 짧으면 다른 사람에게 이상하게 보인다.

② 자연스럽지 않은 자세를 취해야 하기 때문에 팔, 머리, 어깨의 근육이 피로해진다.

③ 눈에 대한 운동 근육계의 조절이 잘 안되어 읽는 일에 혼란을 가져올 수 있다.

④ 안구 운동 대신에 머리와 팔을 움직여야 하므로 머리, 팔, 눈의 근육 조절은 상당히 어렵고 힘들다.

⑤ 읽기 속도가 전과 비교해서 늦어진다.

이 외에 고굴절 렌즈 때문에 행동에 제한을 받는다는 점을 들 수 있는데, 현미경을 착용하면 원거리 시력은 극단적으로 저하되기 때문에 현미경을 착용하고 원거리를 보려고 하면 구토 증상과 어지러움이 생긴다. 현미경 사용의 문제점은 원거리 시력 저하로, 특히 노인의 경우 안경을 착용한 채로 보행하지 않도록 주의해야 한다. 이중 초점식 현미경을 통해서 보면 하반부가 시야 결손처럼 보이는 수도 있다. 이러한 단점은 아동이나 노인뿐만 아니라 특별한 작업을 하는 사람에게 중요한 문제가 된다.

3. 광학 구조

현미경의 광학 구조는 간단하다. 배율이 증가하면 할수록 시야가 좁아지고 작업 거리는 짧아진다. 현미경의 설계·결정은 검사자가 하지만, 저시력 지원 교사가 현장 평가를 해보고 적절하게 바꿀 수도 있다.

작업 거리는 100을 렌즈 도수로 나누어 계산함으로서 결정되는데, 4디옵터를 1배로 하여 4배는 4×4 = 16디옵터가 된다. 굴절 이상은 렌즈의 도수에 영향을 미치게 된다. 만약 16디옵터의 현미경(4배 = 16/4)을 +6디옵터의 원시안를 가진 학생이 착용하면 현미경의 도수는 실제 +10디옵터와 같아진다. 즉, 6디옵터는 원시 교정으로 사용되고, 나머지는 10디옵터의 안경을 착용한 것과 같아진다.

이 저시력 학생은 교재를 눈에서 10cm(100/10=10cm)의 위치에 놓고 읽으면 된다. -6디옵터의 근시안 학생이 현미경을 사용할 때(근시안에서 +6디옵터와 안경의 +16디옵터), 작업 거리는 4.5cm(100/22=4.5cm)이다. 근시안은 콘택트렌즈로 교정되기 때문에 굴절 이상 없이 조절도 하지 않고, 콘택트렌즈로 현미경을 사용하여 교재를 6.2cm(100/16=6.2cm) 위치에 두면 된다. 예상 작업 거리에서 보아도 잘 보이지 않을 경우도 있으므로 어느 지점에서 더 잘 보이는지 작업 거리를 정확히 측정하는 일은 매우 중요하다. 만약 예상 작업 거리와 다르면 검사자는 보조 기구를 바꾸어야 한다.

양안시는 일반적으로 3배 이하로 사용한다. 작업 거리가 짧기 때문에 눈을 안쪽으로 향하지 않으면 피로해지므로 그것을 경감시키기 위해서 렌즈와 함께 프리즘도 사용한다. 많은 저시력 학생은 각각 대상물을 양안으로 초점을 맞추기 위해서 안구를 안으로 돌리기도 하고, 시력이 나쁜 눈에 맺히는 상 때문에 생기는 혼란을 피하기 위하여 그 눈에 차폐판을 대는 등, 주로 단안시를 사용한다. 대부분의 저시력 학생은 시력이 약한 눈을 억제하고 실제로 단안시를 사용하고 있다.

저시력 학생은 시력이 약한 눈을 사용하지 않으면 실명한다는 두려움이 있으므로, 사전에 그에 대해 충분한 설명을 해주어야 한다. 그러한 상황에 대해 단안시의 상태가 기능적으로 뛰어나다거나 좋은 쪽의 눈으로 보는 것이 보다 쉽다는 것을 납득시킬 필요가 있다.

Ⅴ. 확대경(magnifier)

확대경은 저시력 학생이 근거리 시력을 이용해서 단시간 동안 시작업을 하는데 사용하기에 편리하게 제작되어 있다. 이에는 스탠드형과 손잡이형이 있는데, 확대경은 종류가 다양하여 시력별로 다양한 욕구를 충족시키기 위해서 가장 많이 선택하는 보조 기구이다. 확대경은 다음과 같은 경우에는 제2의 보조 기구가 된다. 예를 들어, 독서할 때에는 현미경을 사용하는 저시력 학생이 쇼핑할 때는 손잡이형 확대경으로 가격이 씌여진 라벨을 읽을 수 있다.

스탠드형과 손잡이형 확대경의 대표적인 사용법에는 ①잠깐 신문을 보거나 현미경으로 작은 문자를 읽기 전에 책과 신문의 큰 문자인 제목, 색인, 표제 보기 ②쇼핑 중 상표와 가격 읽기 ③오븐, 렌지 등의 제어판 보기 ④처방전 읽기 ⑤전화번호와 주소 보기 ⑥우편물 읽기 ⑦익숙하지 않은 환경에서 책 보기 ⑧약병의 상표 보기 ⑨원고 교정하기 ⑩재봉틀 바늘에 실 꿰기 ⑪콘택트렌즈에 묻은 오물 보기 ⑫지도와 버스 혹은 기차의 시각표 보기 ⑬식당에서 차림표 보기 ⑭화폐 단위 확인하기 등이 있다.

검사자는 저시력 학생이 가지고 있는 문제를 해결하기 위한 방법으로 망원경, 망원현미경, 현미경, 확대경 또는 이들을 조합한 다른 방법인지 결정하기 위해서 저시력 지원 교사와 같이 협조하여 검사를 진행해야 한다.

1. 손잡이형 확대경(hand-held magnifer)

손잡이형 확대경은 가장 일반적인 보조 기구이다. 저시력 학생은 저시력 평가를 받기 전에 이미 몇 가지 확대경을 가지고 있는 경우도 있다. 사용하는 확대경의 배율, 용도, 사용할 때의 문제점, 사용하기를 그만 둔 시기를 아는 것은 대단히 중요하다. 손잡이형 확대경은 작업거리가 짧은 현미경에 저항감을 보이는 저시력 학생의 훈련용 보조 기구로 사용된다. 손잡이형 확대경의 작업 거리에 익숙해진 저시력 학생은 육체적으로도 정신적으로도 손잡이형 확대경을 편하게 느끼며, 보조 기구를 능숙하게 사용할 수 있게 된다.

손잡이형 확대경 중에는 조명이 부착된 것도 있는데, 외부의 밝기를 조정할 수 없는 레스토랑이나 야간의 특정 상황에서 전구가 부착된 확대경은 우수한 보조 기구로 활용된다. 이런 확대경은 조명이 부착되어 있지 않은 확대경과 광학적인 원리는 같다. 이 때 보려는 대상물을 확대경의 초점거리 내에 두어야 한다. 5배(+20디옵터)의 볼록렌즈의 경우 물체를 확대경에서 5cm(100/20)에 두어야만 하고, 확대경을 통과한 광선은 평행광선이 된다(그림 9-10). 따라서 확대경과 눈의 거리를 바꾸어도 동일한 확대율을 가지며 평행광선이므로 조절을 필요로 하지 않는다.

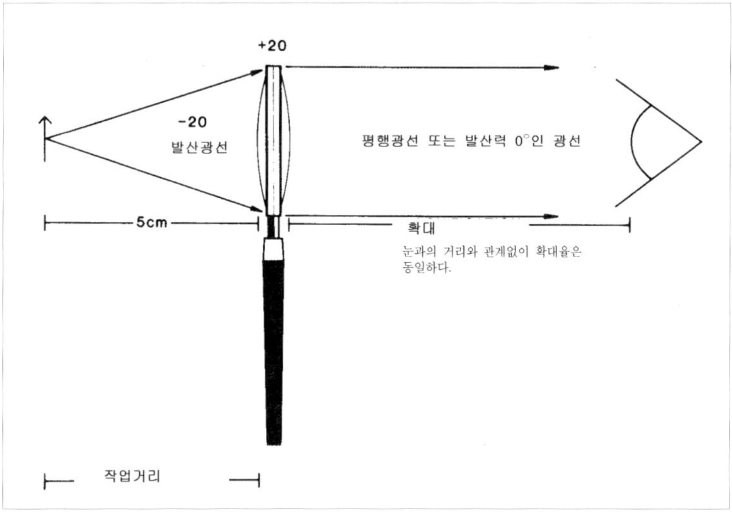

<그림 9-10> 확대경과 광선의 굴절. 손잡이형 확대경에 초점이 맞는 물체로부터 나오는 반사광선은 평행광선이 된다(Jose, 1989).

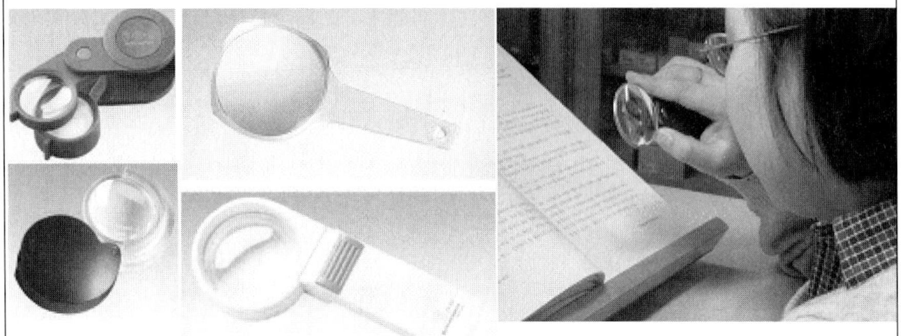

<그림 9-11> 손잡이형 확대경

훈련용 보조 기구 혹은 처음 사용하는 보조 기구로 확대경을 접하는 많은 저시력 학생은 확대경을 눈에 가까이 하면 시야가 넓어지기 때문에 확대경을 눈에 가까이 해서 사용한다(그림 9-11). 처음에는 저시력 학생은 작업 거리가 멀다는 점 때문에 확대경을 선호하지만, 조금 지나면 확대경을 눈에 가까이 하면 할수록 시야가 넓어진다는 것을 알고, 결국에는 안경테에 렌즈를 장착하기를 희망한다. 이렇게 하면 양손을 자유롭게 사용할 수 있는데 시야는 확대경의 도수와 디자인에 따라 다르며, 확대율이 증가하면 할수록 시야는 좁아진다. 작은 확대경으로는 포켓 사이즈도 있지만 확대경이 작으면 시야도 그 만큼 좁아진다.

2. 스탠드형 확대경(stand-mounted magnifier)

스탠드형 확대경은 사용법이 비교적 간단하기 때문에 선호하는 학생이 많다. 이것은 교재와 렌즈사이의 거리가 초점거리와 항상 일치하므로 손잡이형 확대경으로 초점거리를 조절하면서 이동하기가 불편한 학생들에게 적합하다(그림 9-12). 어떤 스탠드형 확대경은 가변초점식, 초점고정식 혹은 조명부착형, 조도 조절기부착형 등 다양하다. 반면에 큰 것은 시야가 넓지만 가지고 다니면서 사용하기 불편하다.

가변초점식은 단순한 굴절 이상을 교정할 수 있다. 렌즈를 지면에 가까이 가도록 미세조절하면 광선은 발산광선으로 렌즈에서 반사하며 근시성 굴절 이상을 교정한다. 원시안의 경우에는 렌즈를 지면에서 더 멀리 하면 집중광선이 되어 렌즈에서 반사하여 원시성 굴절 이상을 교정한다.

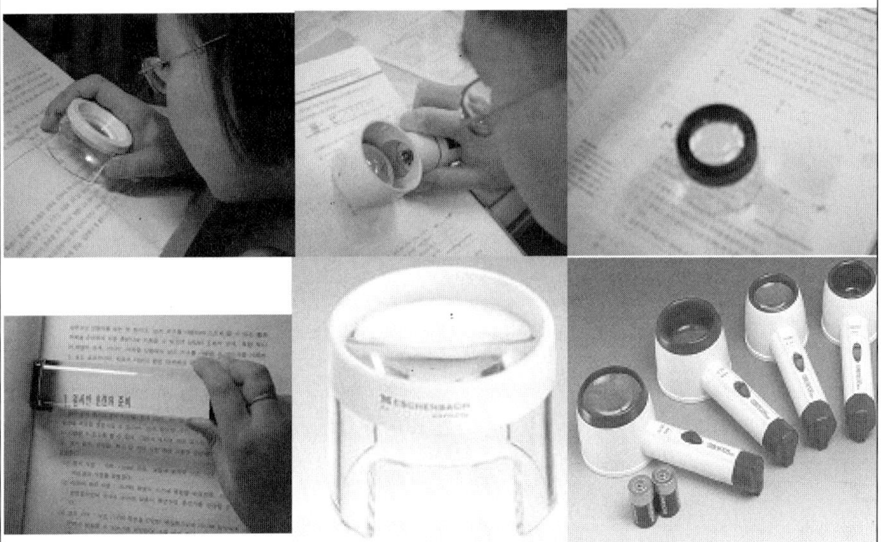

<그림 9-12> 스탠드형 확대경

외부의 조명 때문에 수명을 느끼거나 조명이 없는 곳에서 교재를 읽는 데는 렌즈와 함께 조명이 부착된 스탠드형 확대경을 사용할 수 있다. 조명이 부착된 손잡이형 확대경과 같이 조명이 부착된 스탠드형 확대경은 현미경이나 다른 조명이 부착되지 않는 것보다도 우수한 보조 기구이다.

스탠드형 확대경의 실효 도수를 결정하기 위해서 저시력 학생은 검사자와 협의하는 것이 중요한데, 어떤 스탠드형 확대경을 사용하며 렌즈와 눈의 거리, 착용하고 있는 안경의 교정이 정확한 지를 검사자와 상의한다. 이러한 자료에서 학생 개개인이 필요로 하는 정확한 배율을 계산한다. 모든 광학 보조 기구와 같이 스탠드형 확대경의 배율이 높으면 높을수록 시야는 점점 좁아진다. 따라서 저시력 학생이 보다 높은 도수를 사용하면 시야는 그에 따라 좁아지기 때문에 렌즈를 눈에 될 수 있는 대로 가까이 하도록 훈련해야 한다.

Ⅵ. 확대독서기(CCTV: closed circuit television)

슬라이드 프로젝트는 투사 확대법을 사용한다. 이 방법을 사용하면 물체는 확대되어 2인치 × 2인치의 슬라이드가 스크린 사이즈까지 확대되는데 화질의 분해 능력과 광량은 저하되며 또한 운반하기 어려운 단점이 있다. OHP는 시각장애학생에게 다양한 상을 제시하는데 효과적으로 사용할 수 있으며 배경 조도를 강하게 하면 고광도의 상을 볼 수 있다.

투사 확대법은 저시력 교육 현장에서 한정된 가치를 가지고 있다. 다시 말하면, 쉽게 들고 다닐 수 없고 광도가 낮으며, 투영되어 나온 대상물의 대비가 충분하지 않는 등의 문제점이 있다. 이러한 몇 가지 문제점을 극복하고 현재 가장 많이 사용되고 있는 것이 투영식 전자 확대독서기이다.

확대독서기는 전자 확대법의 한 예이다(그림 9-13). 확대독서기에 장착된 비디오카메라는 대상물을 직접 비추어 찍은 상을 모니터로 확대하여 투영한다. 카메라는 근거리나 원거리 등 여러 상황에 맞게 사용할 수 있게 설정을 바꿀 수 있는 것이 좋다. 또한 확대독서기는 사용할 때에 몇 가지의 추가적인 선택적 조작을 할 수도 있다. 예를 들어, 화면의 대비, 흑백 역전 및 컬러 이미테이션 기능이 있어 저시력 학생의 선호에 따라 선택할 수 있는 것도 있다.

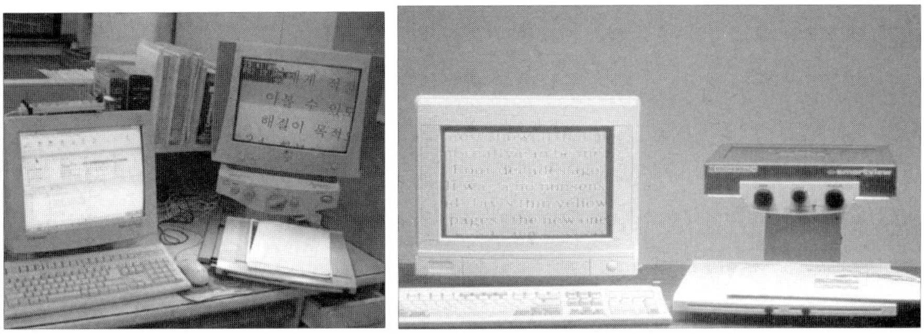

<그림 9-13> 탁상형 확대독서기. 확대독서기를 이용하면 고광도, 고배율을 얻을 수 있다. 왼쪽 기기는 탁상형 시계나 계산기 같은 편리한 부가기능이 되어 있고, 오른쪽 기기는 화면과 읽기 자료의 확대상과 필요에 따라 읽기 자료의 색상을 바꿔 볼 수 있다.

확대독서기는 고시나 위치 결정을 개선하기 위한 훈련을 하기에 적합한 보조 기구이다. 사용자는 모니터상에 초점을 맞추고 교재를 놓은 판을 움직이면 모니터 상에 문자와 단어가 움직이기 때문에 눈과 손의 협동운동은 그다지 필요하지 않다.

눈과 머리의 근육을 움직여서 읽을 곳을 찾을 필요가 없기 때문에 기본적으로 다른 광학 보조 기구보다도 확대독서기로 읽는 방법을 배우는 것이 어렵지 않다. 따라서 처음으로 처방된 보조 기구가 광학기구일 경우, 확대독서기보다도 더욱 집중적인 훈련을 필요로 하기 때문에 보다 간편한 확대독서기로 훈련을 받으면 저시력 학생은 안경이나 다른 보조 기구의 한계를 알게 되어 어려움을 느끼게 된다.

최대한의 잔존 시력을 활용하기 위해 확대독서기를 사용하면 훈련이나 적응과정이 쉽기는 하지만, ①광학 보조 기구로는 만족할 수 없을 때 ②시기능의 저하로 12배 이상의 확대를 필요로 할 때 ③자신의 시각을 활용한 적이 없을 때 ④시야가 5도 정도이고, 광학 보조 기구로는 크게 효과가 없을 때 ⑤독서를 오래하지 못할 때 확대독서기는 더욱 더 우수한 보조 기구가 된다.

탁상형 확대독서기는 휴대하지 못한다는 단점이 있지만, 교육과 직업환경에서 차선의 뛰어난 보조 기구이다. 만약 저시력 학생이 확대독서기가 설치되어 있는 곳 이외에서는 다른 광학 보조기구를 사용할 수 있으면 시기능은 더욱 향상된다.

근래에는 휴대할 수 있는 확대독서기가 보급되고 있다(그림 9-14). 확대독서용 카메라만을 가지고 다니다가 TV 모니터에 연결해서 사용하는 방식과 카메라와 화면이 한 세트로 장착되어 있어서 가지고 다닐 수 있는 제품도 있다.

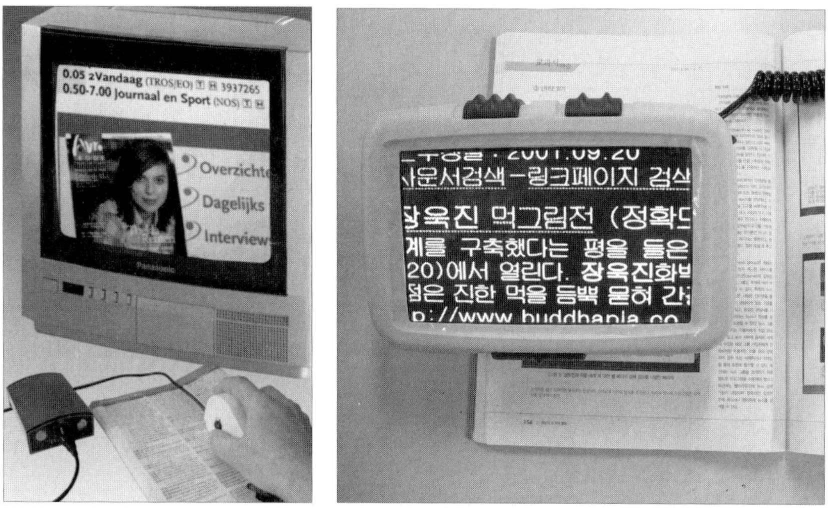

<그림 9-14> 휴대용 확대독서기. 왼쪽 것은 텔레비전을 확대독서기로 이용할 수 있게 하는 휴대용 카메라이며, 오른쪽 것은 카메라와 화면이 일체형으로 설계된 휴대용 확대독서기이다.

Ⅶ. 비광학 보조 기구

비광학 보조 기구는 광학 보조 기구와 함께 혹은 단독으로 사용해도 시기능을 향상시킬 수 있다. 일반적으로 비광학 보조 기구에는 조명의 사용, 대비의 증가를 들 수 있는데 이에 대해 살펴보면 다음과 같다.

1. 조 명

저시력 학생에게 적절한 조명은 매우 중요하다. 조명 할 때 빛을 인쇄물에는 비춰도 눈에는 직접 닿지 않도록 해야 하는데, 그 이유는 수명현상을 일으키는 저시력 학생이 있기 때문이다. 이 빛은 대비를 증가시키거나 보는 대상물과 배경색의 수준 차를 증가시킨다. 수명은 도움이 되지 않는 빛으로 간접적인 광원으로부터 눈의 주변부로 들어가는 빛 때문에 생긴다. 그 때문에 배경의 밝기를 증가시키고 대비를 약하게 하는 결과가 되며, 이로 인해 긴장과 피로가 증가한다.

등 지지대를 자유롭게 굽힐 수 있는 조명기구와 등 지지대를 변화시킬 수 있는 조명기구는 저시력 학생이 공부할 때에 조명을 적절하게 할 수 있도록 하는데 효과적이다. 임상가는 저시력 학생에게 가장 적합하고 편안한 조명 수준을 검사를 통해서 알아내어야 한다.

1) 핀홀(pinhole)

광학적인 방법이지만 이 방법으로 광량을 통제할 수 있기 때문에 여기에 소개한다. 눈 앞에 핀홀을 두면 불완전한 굴절 이상과 각막의 비뚤어짐, 광시증, 고시 이상 등으로 인해서 상이 희미하게 보이는 것을 잘 보이게 한다. 만일 핀홀을 통해서 보는 상이 나안이나 안경을 통해서 보이는 상과 다를 때는 굴절 이상을 의심할 수 있다.

2) 색안경(sunfilter)

시기능 평가는 실내·외에서의 행동과 수명 문제를 포함하여 실시해야 한다. 고려해야 할 주요한 요인으로 다양한 휘도에서 느끼는 편안함, 암순응에 걸리는 시간, 명순응에 걸리는 시간 등이 있다.

한 장소에서 조도가 다른 더 밝은 장소로 갔을 때 어느 학생은 5분간 잘 보이지 않는다고 이야기하는 경우가 있는데 이러한 순응시간은 ①착색이 처방된 안경(플라스틱 렌즈에 색소염색, 특히 황색) ②모자의 빛막이 차양(썬바이저) ③착색된 별도의 렌즈를 안경 위에서 끼우고, 안경의 위와 양옆의 광선을 막는 폐광렌즈 ④안경과 색안경을 함께 사용할 수 있도록 해 주는 클립형(안경과 눈 사이에 삽입) ⑤착색한 콘택트렌즈 ⑥변화시킬 수 있는 편향렌즈 등과 같은 보조 기구를 사용해서 단축시킬 수 있다.

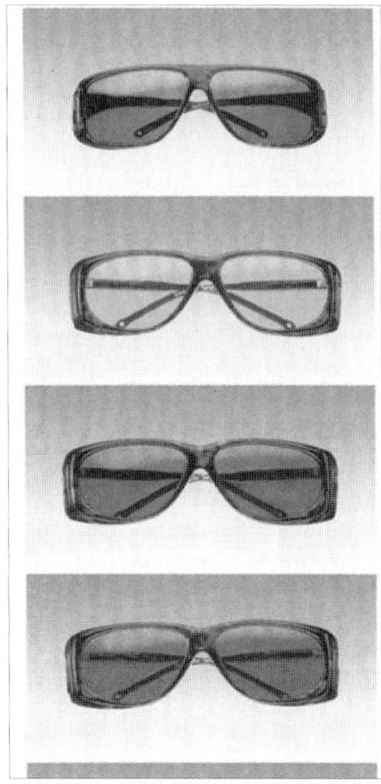

<그림 9-15> 색안경

색안경은 심각한 조명 문제를 가진 망막색소변성증, 전색맹, 백색증 등의 저시력 학생에게 효과적이다(그림 9-15). 따라서 저시력 지원 교사는 안질환에 따라 새로운 보조기구를 항상 사용할 수 있도록 가능한 한 최신 렌즈의 목록을 반드시 확보하고 있어야 한다.

2. 대 비

문자를 쓸 때 청색 볼펜 대신 흑색 사인펜을 사용하면 대비를 보다 강조할 수 있다. 대비를 강조하기 위한 다른 효과적인 방법으로 인쇄물 위에 황색 아세테이트 필터(그림 9-16)나 안경 위에 황색 클립형 색안경을 착용하는 방법이 있다. 황색 아세테이트 필터는 인쇄된 문자를 보다 검게 보이게 하는 효과가 있다.

또 흑색 종이에 가로로 길게 창을 뚫어서 타이포스코프(그림 9-17)를 만들 수 있는데 이렇게 만든 차폐판의 사용 방법에는 두 가지가 있다. 첫째는 차폐판을 통해서 보이는 한 줄 이 외에는 모두 가려 읽을 부분만 보이게 해서 읽기에 도움을 주는 방법이다. 둘째는 한 행만 흑색으로 둘러싸면 그 행은 보다 보기 쉽게 되거나 검게 보이는 경향이 있어 대비가 높아진다. 그리고 굵은 선을 그은 종이를 사용하면 대비가 증가되어 읽고 쓰기가 더욱 쉬워진다.

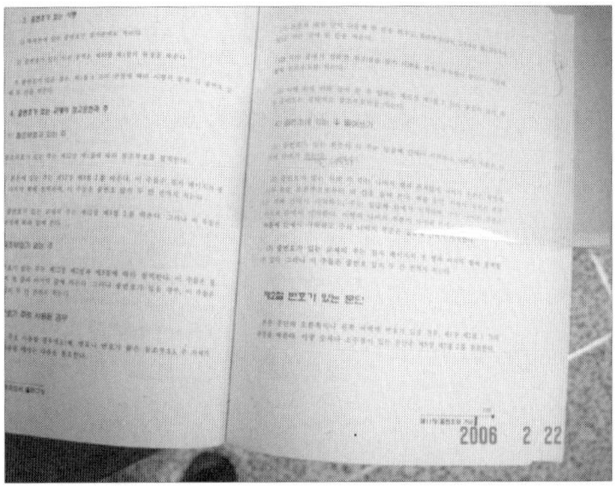

<그림 9-16> 황색 아세테이트지

<그림 9-17> 타이포스코프

제10장 근거리 시력 훈련

저시력 교육에서 근거리 시력은 원거리 시력 보다 더 중요하다. 저시력 학생은 근거리 시력으로 책을 읽고 필요한 학습 내용을 공책에 쓴다. 그러므로 근거리 시력을 효율적으로 사용하지 못하는 학생은 학습에 큰 어려움을 겪는다. 저시력 학생이 근거리 시력을 효율적으로 사용하도록 교육하는 것은 교사의 책임이자 의무이다. 이 장에서는 학생이 저시력 기구를 사용하여 근거리 시력을 효율적으로 사용할 수 있는 능력을 발달시키기 위하여 교수학습 활동을 조직화 하고자 한다.

Ⅰ. 훈련 프로그램

1. 교수학습 프로그램

1) 고려 사항

시각장애학생에게 저시력 기구를 사용하여 근거리 과제를 수행할 수 있도록 지도하기 위해 몇 가지 요인을 고려해야 한다. 즉 시각장애의 원인, 학생의 성격과 동기, 학생의 학습 방법, 저시력 기구의 장점과 제한점, 기구를 사용하는 환경, 다전문 영역간 팀의 창의력과 전문성, 팀 구성원과 학생과의 관계 등이다. 저시력 지원 교사는 학생이 여러 보조 기구를 사용할 수 있도록 임상적 장면에서 시력을 활용하는 실제의 환경으로 옮겨가야 하며, 그들의 능력을 이해해야 한다. 따라서 학생 스스로 이 기능을 수행할 수 있도록 과제를 분석하고, 설명하고, 지원하며, 격려해야 한다.

저시력과 관련된 교수학습의 중요한 목적의 하나는 학생이 자신의 시력과 저시력 기구를 사용할 수 있도록 목표를 세워 지도하는 것이다. 안과 의사나 저시력 지원 교사는 학생이 수행하기 원하는 과제를 선정하고, 어떤 광학기구가 시력을 개선시킬 수 있는지를 파악해서 도와야 한다. 저시력 지원 교사는 학생이 언제, 어디서, 무엇을 보았는지를 말하도록 격려하고, 과제를 제시함으로써 학생이 잔존 시력을 활용할 수 있는 정도를 이해하고 토론할 수 있는 기회를 갖도록 한다.

시력과 저시력 기구를 사용하는 것이 교수학습의 목적임으로 그에 따라 발생하는 특별한 문제를 해결해야 한다. 고시와 초점, 수명, 낮은 조명, 불량한 인쇄물이나 부적합한 자료, 피로와 스트레스, 지각 장애나 운동 장애의 곤란은 해결해야 할 문제이다.

근거리 시력 과제는 저시력 기구에 의하여 개선될 수 있음을 고려해야 한다. 읽기, 쓰기, 미술 공예, 장보기와 가사 활동, 게임, 우표와 동전 수집, 악기를 연주하면서 악보 읽기, 개인 관리, 학습 활동은 저시력 기구를 사용하여 수행할 수 있는 예들이다. 저시력 기구가 특별한 과제를 수행하기 위하여 개발되었기 때문에 다양한 저시력 기구를 사용하여 가능한 한 시력을 능동적으로 사용할 수 있도록 지원하고 동기를 유발시켜야 한다.

2) 훈련 순서

훈련의 순서를 정하는 것은 교사나 학생에게 모두 중요하기 때문에 저시력 지원 교사는 훈련을 시작하기 전에 훈련 순서를 생각해야 한다. 저시력 지원 교사는 저시력 기구를 실험해 보고, 그 기구를 사용하여 학생이 원하는 과제를 해보도록 하여, 교수법을 개발하며, 학생과 경험을 토론하고 비교하는 것이 바람직하다. 훈련의 순서와 그 내용은 표 10-1과 같다.

<표 10-1> 훈련 순서

훈련 준비	· 학생에 관한 정보 수집 · 훈련 시안 작성 · 환경 조성 · 자료 수집
학생과의 만남	· 저시력 기구 사용 목표와 우선 순위 결정 · 현재 과제의 수행 수준 파악 · 현재 사용하고 있는 저시력 기구 · 시력에 대한 학생의 이해와 기능적 의미 · 임상 검사 · 적절한 조명
저시력 기구의 소개	· 학생은 저시력 기구를 손과 눈으로 관찰 · 교사는 저시력 기구의 사용법, 그 장단점, 관리 방법을 설명
저시력 기구 없이 시기능을 효율적으로 사용하기	· 고시 · 중심외보기(필요할 경우) · 위치찾기 · 주사하기 · 따라가기
저시력 기구를 사용해서 효율적으로 시기능 활용하기	· 보조 기구의 초점 거리와 보조 기구의 시야 · 위치찾기 · 주사하기 · 고시, 중심외보기 · 따라가기
저시력 기구를 사용하여 특정 과제 수행하기	· 저시력 기구의 사용 유무에 따른 수행 목표의 결정 · 과제 분석 · 문제 결정하기 · 문제 해결하기 · 치료법 찾기
훈련 중지	· 학생이 목표에 도달할 경우 · 교사의 도움없이 연습을 하여 목표에 도달할 경우 · 일정한 정체 상태로 더 이상 훈련이 필요 없을 경우

추수 지도	· 학생에게 전화를 하거나 방문하기 · 학생이 교육한 장소에서 저시력 기구를 사용하여 연습하기 · 기능에 만족한 경우 · 기능에 만족하지 않은 경우
다시 훈련하기	· 교사가 도울 수 있는 문제 발견하기 · 학생의 시력이 변화했거나 목표 또는 새로운 저시력 기구로 바꿀 경우 반복하기

2. 훈련 준비

1) 정보 수집

잔존 시력의 활용에는 학생의 모든 측면 즉 성격, 지능, 시각장애의 원인, 교육, 친구, 가족 등이 포함된다. 이들은 설정한 시각적 목표를 성취하거나 실패하는데 영향을 준다. 그러나 이들 영역에서 충분한 정보를 얻기 어렵지만 저시력 지원 교사는 정보를 얻기 위하여 노력해야 한다. 최초로 얻을 수 있는 정보는 다른 전문가의 기록이나 보고서이다. 다음과 같은 정보를 얻을 수 있다.

(1) 시각장애

시각장애의 원인과 정도, 실제의 장애, 안질환이나 이상에서 어느 정도의 기능적 정보를 얻을 수 있다. 예를 들면 황반 변성증은 중심 암점을 동반하고 망막 색소 변성은 시야 협착을 수반한다. 이때의 시력은 어느 정도의 거리에서 어느 정도 크기의 물체를 볼 수 있는지를 나타낸다.

(2) 굴절 이상

원시 또는 근시 학생은 시력을 교정하기 위하여 안경을 쓴다. 근시 학생은 안경을 벗으면 편하게 가까운 거리를 볼 수 있다. 이 안경에 장착된 확대경은 눈에 손상을 주지 않는다. 확대경이 학생에게 맞으면 안경을 사용하는 것보다 안경을 벗는 것이 더 편리하다. 이 확대경의 배율이 적합하지 않으면 저시력 지원 교사는 학생을 안과 의사에게 보내어 안경을 처방 받도록 하고, 근시 학생은 원거리 작업을 할 때 처방된 안경을 사용해야 한다.

(3) 난시 교정

난시 교정을 받아야 하는 학생은 안경에 원주 렌즈를 넣어 사용해야 한다. 원주 렌즈가 넓으면 선명한 상을 맺기 위하여 광학기구를 넣는 경우도 있다.

(4) 실명 시기

중도에 실명한 학생에게는 사회·심리적으로 광학기구의 문제가 중요하다. 일반적으로 오랫동안에 걸쳐 시력 상실이 되는 학생은 시력에 관한 교육과 재활에 더 오래 동안 준비할 수 있다. 그러나 선천성 시각장애학생은 개념 발달과 지각 발달의 지체를 경험한다.

(5) 건 강

학생이 시력 이외의 다른 장애의 유무에 따라 피로나 다른 특수한 문제에 대비하기 위하여 훈련 프로그램을 수정할 수 있다.

(6) 투 약

학생이 시력을 활용하는 능력에 영향을 줄 수 있는 약물 복용의 부작용에는 눈의 흐림, 변동 시력 그리고 수명 등을 들 수 있다. 약물 복용으로 시력에 부작용을 일으키면 의사와 상의해야 한다.

(7) 교 육

일반적으로 교육 수준이 높고 경험이 풍부한 학생은 목표를 설정하고 대화를 하는데 더 구체적이다.

(8) 취 업

직업을 얻거나 유지하려는 욕망은 저시력 기구 사용의 구체적인 목표를 정하게 하고 동기를 부여한다.

(9) 여가 활동

취미, 사회 활동과 오락 활동은 높은 생활의 질을 의미한다. 이러한 활동은 구체적인 목표를 정하고, 동기를 받으며, 보다 편안한 분위기에서 잔존 시력을 활용할 수 있게 한다.

(10) 저시력 기구의 사용 경험

과거에 저시력 기구를 사용하는데 실패했다면 성공할 수 있는 저시력 기구를 처방하고, 그에 맞는 교육 계획을 세워야 한다. 새로 처방한 저시력 기구를 잘 사용하고 있으면 시력을 효율적으로 사용하고 있음을 의미한다.

(11) 현재의 기술 수준

학생이 저시력 기구를 사용하여 작업을 잘 수행하고 있으면 시력을 능동적으로 사용하려는 욕구를 보여주는 것이다. 이러한 욕구는 시각적 기술은 물론 저시력 기구를 쉽게 받아들일 수 있게 한다.

(12) 환 경

학생이 조절할 수 없는 불충분한 조명과 같은 환경은 학생이 시력을 사용할 수 없게 한다.

(13) 사회 · 심리적 문제

상담가, 사회사업가, 심리사들은 학생에게 시력을 활용하려는 동기를 준다. 일부 학생의 사회 · 심리적 문제는 시력의 효율적인 사용을 방해할 뿐만 아니라 다른 학생들에게도 영향을 준다.

(14) 임상적 자료

저시력 지원 교사는 광학기구에 대한 임상적 평가의 결과를 보고 학생이 잔존 시력을 사용하는 능력에 관하여 알 수 있다. 예를 들어, 4배의 확대경으로 시력이 2배 밖에 향상되지 않을 경우에는 중심외보기 훈련을 해야 하고, 조명을 바꿔 주어야 한다. 이것은 성취해 보려는 동기가 부족함을 나타내는 것이다. 잘 설계된 훈련은 문제를 발견하고 해결하는 데 도움이 된다.

임상가의 보고서는 시야 상실이나 암점을 기록하고, 저시력 지원 교사는 이 기록을 보고 문제가 되는 점을 예상할 수 있다. 이 보고서에는 안경을 착용해야 하는 때나 상황에 따른 광학기구의 형태, 크기, 배율, 초점 거리 그리고 그 목표들이 기록되어 있다.

임상가의 보고서에는 다음과 같은 질문에 대한 대답을 발견할 수 있다.

① 임상가가 처방한 저시력 기구는 학생의 기대를 충족시키는가?
② 임상가는 좋은 디자인으로 필요한 배율을 처방했는가?(망원현미경 對 현미경)
③ 사용하지 않는 눈은 가려야 하는가?
④ 학생은 광학기구로 어떤 목표물과 크기를 볼 수 있는가?
⑤ 학생은 어떤 자료(글자, 숫자, 단어, 문단, 기호)를 볼 수 있는가?
⑥ 임상가는 광학기구를 사용하도록 지도하기 위하여 무엇을 추천했는가?

2) 환경의 준비와 자료 수집

훈련은 다양한 환경에서 이루어진다. 일부의 학생은 광학기구를 처방한 임상적 환경에서 훈련을 받고, 일부의 학생은 가정이나 학교 또는 그 밖의 장소에서 훈련을 받는다. 어디서 훈련을 하든 저시력 지원 교사는 조명을 조절하고, 편안한 자세를 유지하도록 지도하고, 과제를 수행하는데 필요한 광학기구와 비광학기구, 기타 자료를 제공한다. 조명을 조절하는 데는 창문에 커튼이나 블라인드를 치고, 여러 가지 전기스탠드, 백열등, 형광등, 색이 있는 렌즈 등으로 시각과제를 수행케 하면서 조도계를 사용해서 학생이 좋아하는 밝기를 측정하여 기록한다.

3) 처음 만날 때의 고려 사항

학생을 처음 만났을 때, 저시력 지원 교사는 자신을 소개하고 될 수 있는 대로 학생이 편안함을 느끼도록 한다. 그리고 저시력 지원 교사는 학생과 가족에게 학생의 근거리 시력 훈련의 목표가 무엇인지를 질문한다. 이 질문이 중복될 수 있기 때문에 학생이 구체적인 목표를 세우고, 그 목표 중 우선 순위를 정하도록 한다. 읽기와 쓰기를 위하여 저시력 기구가 처방될지도 모르지만, 학생이 수행할 구체적인 과제를 결정하고, 어느 과제가 가장 중요한지를 결정하는 데에는 도움이 필요하다. 예를 들어, 식료품의 가격을 읽는 것과 신문을 읽는 것은 서로 다른 과제이고, 수표에 이서하는 것과 편지를 쓰는 것도 다른 과제이다.

저시력 지원 교사는 학생이 현재 어떤 과제를 수행할 것이고, 그 과제가 과거에는 어느 수준에서 수행되었으며, 만일 그렇다면 과제들이 언제 수행되었는지를 묻는다. 이렇게 질문하는 목적은 어느 수준에서 훈련을 시작해야 할지 결정하기 위한 것이다. 적절한 수준에서 훈련을 시작하는 것은 학생이 그 과제를 성공할 수 있는 가능성을 높이지만 이것을 판단하기는 어렵다. 저시력 교사는 훈련이 쉬우면 빠른 속도로 훈련을 진행하고, 너무 어려우면 보다 쉬운 수준으로 되돌아가 훈련을 시킨다.

다음은 임상가가 하는 검사이다. 적절한 때에 저시력 지원 교사와 학생은 학생의 시력, 시야, 안질환의 원인과 처방에 대해 논의해야 한다. 저시력 지원 교사는 어려운 전문 용어 보다 알기 쉬운 용어로 바꾸어 설명하고, 시력과 시야의 기능을 학생이 느끼는 정도와 비교한다. 그러나 저시력 지원 교사는 자신의 설명이 임상가의 설명과 일관성이 있도록 설명해야 한다.

설명과 훈련에 가족과 친구가 참가하는 것은 도움이 된다. 이러한 사람들은 저시력 학생의 보조자이고, 가정과 학교에서 학생의 연습을 도울 수 있다. 학생이 듣고 기억하지 못했던 것을 그들이 기억할 수 있다. 그러나 학생과 다른 참석자 사이에 긴장 관계가 있을 경우에는 학생 혼자 훈련을 받는 것이 좋다.

다음의 고려 사항은 조명이다. 저시력 지원 교사는 학생이 어떤 상황에서 밝은 빛을 좋아하는지 또는 어두운 빛을 좋아하는지를 알아야 한다. 저시력 지원 교사는 또한 학생의 조명에 대한 욕구가 날씨에 따라 다른지, 하루 중 아침과 오후의 시간대에 따라 다른지 또는 학생이 번쩍이는 빛이나 장소에 따라 어려움을 겪는지를 판단해야 한다. 훈련이 실제로 저시력 기구를 사용할 환경에서 이루어지지 않을 경우 저시력 지원 교사는 학생에게 실제 환경의 조명에 관하여 질문해야 한다.

4) 훈련 지침

교수학습 프로그램을 개발하기 위하여 다음의 전반적인 가이드 라인을 조사한다. 첫째, 훈련받을 환경은 될 수 있는 대로 편안해야 한다. 저시력 지원 교사는 학생에게 스트레스, 피로, 퇴행과 같은 점을 관찰한다. 주먹을 불끈 쥐기, 옅은 호흡, 혼란, 말더듬기, 신경질적인 웃음, 한숨, 어깨와 목 근육의 긴장 등은 학생이 긴장을 느끼거나 아직 훈련을 시작할 준비가 되어 있지 않음을 나타낸다. 이러한 긴장감에 주의를 환기시키면 긴장감을 감소시키는 데 도움이 된다. 그러나 어떤 상황에서는 긴장감을 지적하는 것 자체가 학생에게 더 긴장감을 준다. 학생의 스트레스 정도가 적어지지 않으면 훈련을 짧게 하거나 쉬운 과제를 제시하고, 다른 시간까지 연기하거나 다른 전문가와 상담한다.

둘째, 처음 과제는 성공할 확률이 높고, 학생의 흥미를 불러일으키기 좋은 것을 선택한다. 처음 과제는 대비가 선명하고 도형-배경의 혼란이 없는 시각적 과제가 가장 좋다. 이와 같이 학생의 욕구를 충족시키기 위하여 활동을 수정해야 한다.

셋째, 훈련 순서는 각 학생의 욕구를 충족시킬 만큼 융통성이 있어야 한다. 과제 수행에 어려움을 주는 신체장애를 발견하고 성공할 수 있도록 그 과제를 변경해야 한다. 예를 들면, 손을 떠는 뇌성마비 학생은 독서용 확대경을 사용하기가 어려울 수 있다. 독서용 스탠드와 안경을 동시에 사용하면 이 과제에 손의 사용을 최소화 할 수 있다.

넷째, 짧은 연습 시간이 효과적이다. 학생의 능력을 향상시키기 위하여 오랜 시간 동안 연습을 하는 것 보다 짧은 시간에 연습을 하는 것이 피로를 덜 느끼며 편안하게 볼 수 있다.

다섯째, 저시력 팀의 다른 구성원과 자주 연락하여 그들의 전문 지식을 활용할 수 있어야 한다. 학생이 시력이나 저시력 기구를 사용하는 것과 같은 중요한 문제는 팀이 함께 일할 때 가장 잘 해결된다.

3. 훈련 기구 및 교재

1) 훈련실

훈련은 특별한 목적을 위해 설계된 방을 훈련실로 사용하는 것도 좋지만 효과적으로 훈련하기 위해서는 다음 몇 가지 조건을 만족시켜야 한다. 훈련실은 훈련을 위한 장소 · 장치 · 교재 및 저시력 학생이나 저시력 지원 교사를 수용하는데 있어서 충분한 넓이(360×450cm 이상)와 적어도 100feet 촉광 조명이 필요하며, 수명이 있는 학생을 위해서는 50feet 촉광으로 조절할 수 있도록 되어 있어야 한다.

또한 보통 책상과 같은 정도의 높이(28～30cm)의 책상 혹은 테이블이 필요하다. 그리고 책상은 독서대 및 다른 교재를 두어도 괜찮을 정도의 충분한 넓이여야 하며, 조명을 언제나 사용할 수 있도록 콘센트를 가까이에 설치하고, 될 수 있으면 벽에서 떨어 진 곳에 설치한다. 이에 따라 저시력 지원 교사는 훈련 중에 눈의 움직임을 관찰하기 위해 저시력 학생 옆이나 바로 뒤에 설 수 있다. 의자의 높이는 저시력 학생의 키 높이에 맞추어서 조절할 수 있도록 하며 움직임이 쉽도록 한다. 훈련실에 확대독서기가 있는 경우에는 다른 훈련용 책상이 1대 더 필요하다.

훈련실은 장치 및 교재 등을 보관하기 위해서 충분한 넓이여야 한다. 일련의 훈련이나 독서 교재를 분류하여 정리하는 데는 책상의 책꽂이가 편리하며, 정기 간행물 혹은 바느질이나 편물 등의 교재는 대형 책장에 보관하도록 한다.

훈련실 내의 장치류의 배치에 관해서는 사용하기 쉽도록 해야 한다. 대부분 훈련에 사용되는 장치, 교재 예컨대, 차폐판, 독서 스탠드, 조시계, 조도계 및 참고자료 등을 작업 공간에 배치한다.

원웨이미러(one-way mirror) 관찰창이 있으면 저시력 지원 교사의 훈련이 실제 환경 하에서 실시되고 있는 경우에도 임상가는 훈련에 방해하지 않으면서 진행을 관찰할 수 있다. 또한 다른 전문가도 훈련을 방해하지 않고 훈련 프로그램을 관찰할 수 있어 편리하다.

2) 훈련 장치 및 기구

훈련에는 어느 정도의 장치와 기구가 필요한데, 훈련실에 비치되어야 할 최소한의 장치 · 기구류는 자유롭게 굽힐 수 있는 책상용 스탠드와 50, 70, 100W의 전구, 30cm 표준자, 조도계, 안경용 착용끈, 클립형 차폐판, 필터, 차폐판, 독서 스탠드, 펜라이트, 판넬판, 실꿰기, 초시계 등이며, 확대독서기는 우수한 진단 및 훈련 기구이며 또한 보조 기구로 처방할 수 있다.

3) 훈련 교재

근시안을 훈련 하는 중요한 이유는 독서 과정에 필수적인 특별한 기술을 습득하기 위해서다. 저시력 학생은 단시간에 주사하는 것에 익숙하여 눈의 움직임 대신에 머리 혹은 교재를 움직이는 것이 가능하다. 그러나 고배율, 짧은 작업 거리, 혹은 중심 암점 등의 원인으로 독서의 어려움을 극복하는데 어려운 경우도 있다. 따라서 저시력 지원 교사는 저시력 학생 개개인의 시력 및 독서 능력을 평가하여, 그 적합한 훈련을 하기 위한 다양한 교재를 준비해야 한다.

(1) 읽 기

약 150자로 구성된 각 행의 문자로 작성된 교재를 사용한다. 문자의 크기를 10, 14, 18포인트로 바꾸고 저시력 학생 개개인에게 적합하고 다양한 수준의 읽기 교재를 준비한다.

(2) 주 사

독서 혹은 그 외 다른 근시안의 훈련에 관해서 이 장에서 혹은 다음 장에서 사용되는 주사는 인쇄된 교재의 행을 따라 좌에서 우로 이동하거나, 인쇄물의 페이지, 그림 등에서 특정한 한 점을 찾아내는 것 등의 두 종류의 시각 기술이 있다.

저시력 학생이 좌에서 우로 직선적으로 주사할 수 있도록 행 · 기호 · 문자 · 단어로 구성하는데, 그림 10-1, 10-2, 10-3은 이러한 종류의 주사 연습의 사례이다. 연습문제에 사용되고 있는 문자의 크기, 선의 굵기, 혹은 간격은 저시력 학생의 주사 능력에 따라 변경시켜 난이도를 높일 수 있다.

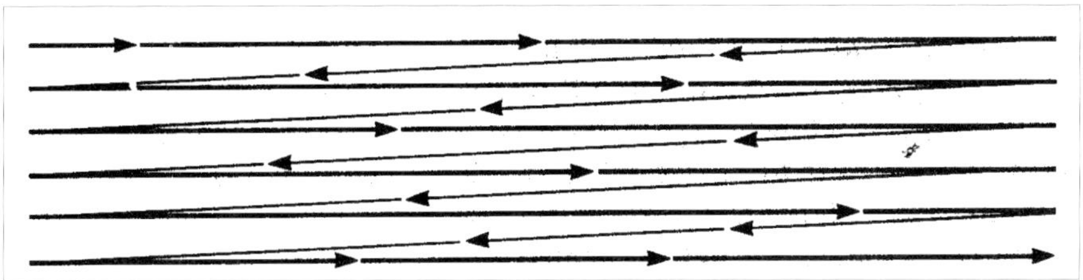

<그림 10-1> 저시력 학생은 독서에 필요한 기술을 배우기 위해 보조 기구를 사용하여 선을 주사하는 연습을 한다. 저시력 학생이 정확히 주사 한 수를 기록한다.

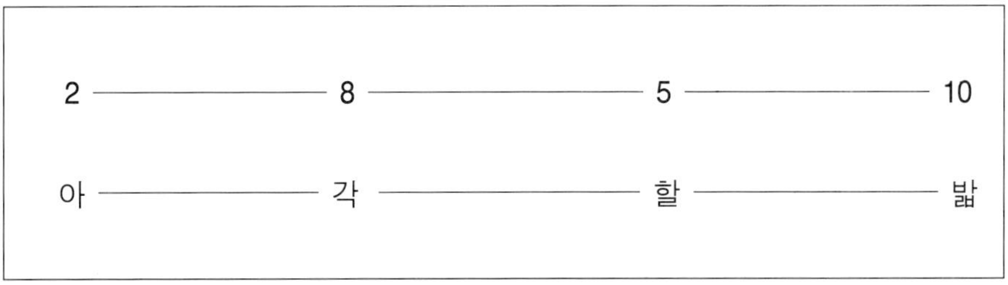

<그림 10-2> 저시력 학생은 선을 주사하여 숫자나 문자를 읽는다.

훌 ——————> 멋 ——————————> 추

46 ——————> 28 ——————————> 3

<그림 10-3> 저시력 학생은 문자나 숫자를 읽는다. 화살표는 주사하는 방향을 나타낸다.

(3) 독서 교재

근시안을 훈련하는 또 한 가지 이유는 저시력 학생이 저시력 보조 기구를 사용하여 특정 과제를 효과적으로 실시할 수 있게 하기 위해서이다. 훈련실은 저시력 학생이 표나 카드가 아닌 잡지·책·상표나 설계도를 읽는 장소이다. 근시안의 훈련에 관련된 것들을 제시하면 다음과 같다.

보통 혹은 확대문자의 종교 교재, 아동용 잡지, 요리책, 문자 악보, 각 학년 교과서, 외국어 교재, 가정용품 및 큰 공구나 도구 등의 목록, 전화번호부, 설계도, 자기앞수표, 은행통장, 전기·가스 등의 청구서, 이력서, 식품 용기나 약품의 상표와 설명서 등이다.

4) 연습용 교재

보조 기구 특히 독서용 보조 기구를 저시력 학생에게 제공할 때, 연습용의 교재도 동시에 제공한다. 예컨대, 저시력 학생에게 1.5M의 문자를 읽기 위해 4배의 현미경을 제공한 경우, 저시력 학생은 0.5M 문자 크기의 일반 신문으로는 연습할 수 없다. 저시력 학생에게 단계적인 훈련 프로그램을 제공하지 않을 경우, 이러한 경우가 발생하기 쉬운데, 연습 용지는 인쇄, 타자, 혹은 필기 등 어느 것도 상관없지만 종이나 인쇄는 질이 좋은 것을 사용해야 한다. 이들 교재는 시각 기술을 향상시키는데 있어서 실제의 신문이나 잡지가 인쇄의 질이 나빴거나 광택이 있어서 읽기 어려웠다는 것은 아니다. 훈련용 교재와 같이 연습 용지도 다양한 문자 크기, 문장의 길이에 맞게끔 예컨대, 한 장의 용지에 차폐판에 꼭 맞는 여러 종류의 어려운 언어로 쓰인 교재를 준비한다. 훈련용 교재의 경우 기재된 책의 일부는 좋은 연습용이 된다.

Ⅱ. 저시력 기구

1. 광학기구

1) 손잡이형 확대경과 스탠드 확대경

손잡이형 확대경과 스탠드 확대경은 근거리 대상물에 초점을 맞춰 망막에 비친 상을 확대하는 볼록렌즈이다. 손잡이형 확대경은 대상물과의 거리가 초점 거리와 일치할 때 최대의 배율이 된다. cm로 나타내는 초점 거리(확대경과 지면과의 거리)는 100을 보조 기구의 디옵터로 나눈 것이다. 그러므로 +4.0디옵터의 확대경은 책에서부터 25cm 떨어진 거리에서 잡는다. 확대경이 그 위치에 고정되어 있으면 확대경과 눈과의 거리가 3cm나 50cm일 경우에도 배율은 동일하다. 그러나 확대경과 눈과의 거리가 가까울수록 확대경을 통해서 볼 수 있는 시야는 더 넓어진다. 확대경의 배율은 강도나 배율을 나타내는 'X' 앞에 쓰인 숫자로 표시된다. 'X'는 렌즈의 디옵터를 4로 나눈 것이다. 예를 들면, 32디옵터 렌즈는 대상물을 8배로 확대한 '8X'라고 표시한다. 확대경의 디옵터 수가 높아지면 배율도 높아진다. 배율이 높으면 초점 거리, 초점 심도, 시야는 작아진다.

손잡이형 확대경은 구입하기 쉽고 가격도 비교적 싸다. 또한 눈에서 멀리 띄워서 볼 수 있으므로 학생이 다루기가 쉽다. 그러나 확대경의 위치가 멀게 되면 시야는 그만큼 좁아진다. 시야는 눈에서 약 2.5cm 떨어졌을 때보다 25cm에서 떨어진 거리에서는 약 1/4배가 좁아진다. 또한 스탠드를 사용하지 않으면 학생은 확대경과 교재를 양손에 들어야 하므로 불편하다. 확대경을 책과 수평이 되도록 들고, 초점을 유지하기 어려운 학생도 있다. 손잡이형 확대경을 효과적으로 사용하는 데에는 눈과 손의 협응이 필요하다.

스탠드 확대경은 렌즈와 책 사이의 거리를 고정하는 스탠드가 달려 있는 볼록렌즈이다. 스탠드 밑의 끝 부분은 책 위에 위치하고, 항상 책과 접촉하면서, 책 위에서 움직이며, 렌즈는 스탠드에 붙어 있다. 그 높이는 렌즈의 초점 거리보다 약간 짧기 때문에 주변부의 수차를 감소시킨다. 즉 스탠드 확대경의 실제 배율은 렌즈의 배율보다 낮다. 이 거리의 차이 때문에 학생이 다른 광선(약 2.5디옵터)을 조절할 수 없거나 독서용 안경을 쓰지 않으면 이 확대경으로 보이는 상은 초점이 맞지 않는다. 초점을 맞출 수 있는 스탠드 확대경을 사용하면 이 문제를 해결할 수 있다. 책과의 거리가 가깝거나 먼 초점을 합침으로써 근시나 원시의 교정이 가능하다.

스탠드 확대경의 장점은 책에 올려 두면 자동적으로 초점 거리가 설정된다는 것이다. 손이나 팔의 떨림이 있는 학생, 눈 · 손의 협응이 발달되지 않은 학생에게 알맞은 보조 기구이다. 스탠드 확대경의 단점으로는 읽는 대상물을 비추기 어렵고, 대부분의 작업에서 양손을 사용해야 하며, 명료한 상을 얻기 위하여 조절이 필요하다는 것을 들 수 있다.

2) 현미경

현미경은 안경테에 끼운 볼록렌즈이다. 현미경의 초점을 맞추기 위하여 보려는 자료를 다른 근거리 보조 기구보다 얼굴에 더 가깝게 가져가야 한다. 현미경의 초점 거리는 확대경과 같이 100을 렌즈의 디옵터 수로 나누어 구한다. 예를 들어, 배율이 '6X'(24디옵터)인 현미경의 초점 거리는 약 4cm이다. 현미경의 배율과 모양은 다양하고, 일부의 현미경에는 조명 장치가 부착된 것도 있다. 대부분의 현미경은 한 쪽 눈으로 사용하고, 양쪽 눈을 함께 사용하지 않는다.

현미경의 장점은 근거리 작업을 할 때 손으로 잡을 필요가 없고 시야가 넓다는 것이다. 속독이나 간단한 읽기에는 현미경이 가장 좋다. 그러나 현미경의 단점은 초점 거리가 짧고, 보통 시력(저시력 학생 자신의 시력)으로는 주변을 볼 수 없는 것이다. 그러므로 초점 거리가 짧고 배율이 높은 현미경은 특수한 조명을 필요로 한다.

3) 캡부착형 망원경

흔히 추가 렌즈를 '캡(cap)'이라고 부르므로 여기서는 추가 렌즈를 캡이라고 하겠다. 독서용 망원경이나 수술용 망원경으로 알려진 캡부착형 망원경은 대물렌즈에 독서용 캡을 붙여 근거리 작업용으로 개량한 원거리 망원경이다. 원거리 시력의 작업이 가능하고, 머리띠에 끼워서 머리에 쓸 수도 있다. 배율이 다른 캡을 사용하면, 다양한 작업 거리에서 작업을 할 수 있다. 예를 들어, 텔레비전 보기, 칠판의 글씨 읽기 등의 원거리 시력 작업에 사용하고, 캡을 붙여서는 읽고, 쓰고, 악기를 연주한다. 단점으로 캡부착형 망원경은 시야가 좁고, 초점 거리가 짧으며, 대상물의 보는 범위 등에 문제가 있어 사용하기 곤란하다.

캡부착형 망원경의 전체 배율은 망원경의 배율×독서용 캡의 배율이다. +4디옵터의 캡을 망원경에 부착시킬 때, 캡부착형 망원경의 전체 배율은 망원경의 배율과 같다(6배의 망원경에 +4디옵터의 캡을 부착하면, 6배의 캡부착형 망원경이 된다). 이때의 캡부착형 망원경의 초점 거리는 25cm이다. 캡의 배율이 8디옵터(2배)로, 초점 거리는 12.5cm(100/8 = 12.5)로 감소하고, 캡부착형 망원경의 배율은 12배(6배 × 2배 = 12배)가 된다.

2. 비광학기구

1) 조명 조절장치

저시력 지원 교사는 각 학생의 작업 장소의 조명 상태를 평가해야 한다.

즉, 자연광, 인공 조명, 백열등, 형광등, 할로겐 등 주위 표면의 반사율, 광원에 대한 학생의 위치, 눈부심 등을 평가한다. 일부의 학생은 보통 환경보다 더 밝은 조명을 필요로 한다. 이러한 학생에게는 전기스탠드나 조명 장치가 부착된 광학기구가 도움이 된다. 전기스탠드는 갓이 있고, 목을 자유롭게 굽혔다 펼 수 있으며, 광량 조절이 가능한 것으로 선택한다.

백열등과 형광등 중 어느 것을 사용할 것인지를 결정하기 위하여 저시력 지원 교사와 학생은 실제로 작업을 해 보고 어느 것이 도움이 되는지를 알아본다. 어떤 학생은 형광등을 좋아하고, 어떤 학생은 형광등을 싫어한다. 백열등이나 형광등은 수명이 다되면 조도가 저하되고, 표면에 먼지가 쌓이면 조명의 효율성이 최고 50%까지 저하되기 때문에 정기적으로 바꿔 끼워야 한다.

저시력 전문가는 특수한 작업에 적절한 조명 수준을 결정해야 할 때가 있다. 대부분의 학생에게 조도를 높여도 시력이 일정한 수준 이상 개선되지 않는다. 조도가 너무 높거나 광원의 위치가 부적합하면 눈부심의 원인이 된다. 읽을 때 조명은 될 수 있는 대로 페이지 전체에 균일하게 비춰야 하고, 방에는 그에 맞는 전체 조명이 필요하다. 전체 조명이 작업에 필요한 수준의 1/3이하일 경우 피로를 느낀다.

일부 학생은 약간 어두운 조명을 좋아한다. 이러한 학생은 수명 때문에 어두운 조명을 좋아할 수 있고, 어두운 상태에 적응하기 위해서 동공이 커지고, 시야가 넓어질 수 있다. 이런 학생에게는 렌즈를 사용하여 쾌적하게 하거나 스탠드나 커튼이 도움이 된다.

모든 학생에게 눈부심을 느끼지 않게 해야 한다. 눈부심은 불쾌감의 원인이 되고 시력도 저하시킨다. 광택이 있는 종이나 책상의 표면, 더러워진 칠판, 반사율이 높은 표면은 가능한 한 피해야 한다. 색이 있는 아세테이트 필터, 차폐판(광택이 없는 흑색 카드)은 독서와 그 밖의 근거리 과제에 대한 눈부심을 감소시킨다. 작업에 따라서는 대상물의 보는 위치를 변경시켜서 눈부심을 감소시킬 수 있다.

2) 대 비

대비가 적절하면 그 만큼 작업하기가 쉽다. 차폐판은 읽기에 좋은 대비를 줄 수 있다. 노란색의 아세테이트 필터는 인쇄물과 복사한 종이의 청색이나 자주색 잉크를 검정색으로 보이게 하고, 질이 나쁜 신문의 인쇄를 깨끗하게 보이게 한다. 노란 렌즈를 안경에 붙여도 동일한 효과를 얻을 수 있다. 집에서 일할 때 밝은 색의 자료를 보기 위하여 어두운 배경색을, 어두운 자료를 보기 위하여 밝은 배경색을 사용하면 작업을 보다 더 정확하게 할 수 있다. 예를 들어, 우유를 컵에 따를 때 식탁의 표면이 흰색보다 검정색일 경우 따르기가 더 쉽다. 선이 굵은 종이에 매직펜으로 글씨를 쓰면 쓰기가 더 쉽다.

3) 인쇄물

학생이 인쇄물을 선택하는 데는 학생의 동기와 흥미, 시력과 시야, 읽기 경험과 능력, 저시력 기구의 종류와 배율, 조명 그리고 인쇄물의 종류 등 여러 가지 요인이 관련되어 있다. 경우에 따라 학생은 몇 가지 글자의 크기나 글모양 가운데 선정하고 상황에 따라서는 녹음 도서, 낭독인, 또는 점자책을 사용하여 보충할 수도 있다. 예를 들어, 대학생은 강의실에서 점자로 필기하여 읽고, 참고 문헌은 녹음 도서를 듣고, 수학은 큰 문자책을 사용하며, 영수증 · 편지 등은 보통 크기의 글자로 읽고, 도서관에서 자료를 찾을 때에는 낭독 봉사자를 활용한다.

글자의 크기가 다른 인쇄물은 다른 배율을 필요로 하기 때문에 보통 크기의 글자, 큰 문자의 인쇄물, 쓰기 작업, 쇼핑에는 서로 다른 광학기구를 필요로 할 수 있다. 인쇄물의 가독성은 글자의 크기뿐만 아니라 선의 굵기, 잉크의 균일성, 글자의 대비, 여백, 줄간, 자간, 글자체 등에 따라 다르다.

큰 문자의 장점은 ①공간이 넓기 때문에 읽기 쉽고 편안하며 ②보통 광택이 없는 종이를 사용하며 ③확대경으로 보통 크기의 글자를 읽는 것과 비교할 때 시야 제약이 적으며 ④작업 거리가 길다.

보통 크기의 인쇄물의 장점은 ①교재를 구하기 쉽고, 고등학교·대학교의 참고서, 직업 관련 서적, 청구서, 우편물 등은 보통 크기의 인쇄물이며 ②친구와 같은 책을 읽을 수 있으며 ③큰 문자를 사용하지 않아도 좋고 ④가격이 저렴하고 ⑤부피가 적고 휴대하기 쉬우며 ⑥보통 글자를 읽을 때에는 머리를 크게 움직이지 않아도 되며, 속도가 빠르다.

보통 문자 교재나 큰 문자 교재의 사용 조건과 시기는 저시력 지원 교사, 담임 교사, 부모 등이 결정한다. 두 가지 인쇄물의 효율성을 비교하려면 ①낭독과 목독의 속도 ②읽을 때의 편안함 ③빠뜨리거나 오독의 수 ④이해도 ⑤피로를 느끼지 않고 읽는 시간 등을 고려해야 한다.

그 밖에 비광학기구의 사용도 고려해야 한다. 예를 들어, 독서 스탠드를 사용하면 대부분의 학생은 오랜 시간 좋은 자세로 편안하게 읽을 수 있다.

지구본, 세계 지도, 지도, 모형 등을 포함한 큰 문자 교육 자료는 학습을 향상시키며 글자판이 큰 시계, 큰 손목 시계, 타이머는 학생의 독립성을 갖게 하고, 시간을 지키게 한다.

3. 확대독서기

확대독서기는 전자적으로 모니터의 상을 확대시키는 기기이다. 이 확대기는 대개 카메라, 모니터(CRT나 LCD) 그리고 자료를 놓는 움직이는 판으로 구성되어 있다. 다양한 기종들이 생산되고 있고, 우리나라에서도 외국에서 개발된 것을 수입하여 사용하고 있으며, 구입자는 부품 교환과 같은 서비스를 받을 수 있다.

대부분의 확대독서기의 모니터는 보통 텔레비전과 동일하다. 상의 대비와 밝기를 조절할 수 있고, 글씨 색과 배경 색을 바꿀 수 있다. 몇 개의 확대독서기는 학생이 보기를 원하는 줄만을 나타내는 라인 표시기가 있고, 차폐판과 동일한 기능도 가지고 있다.

카메라를 움직이는 판 위에 부착시키고, 배율을 조절할 수 있다. 카메라에는 초점 맞추는 장치가 있고, 고휘도 발광제(백열등, 형광등, LED)로 광량을 조절하기 때문에 손잡이는 카메라의 뒤에 놓는다.

움직이는 판으로는 자료를 쉽게 주사할 수 있다. 모니터로 보면서 읽을 자료를 수평이나 수직 방향으로 자유롭게 움직이면서 읽을 수 있다. 확대독서기의 전체 확대율은 다음의 공식에 의해 구한다.

전체 확대율 = X × Y
X = TV의 글자 크기(cm) / 실제의 활자 크기
Y = 25cm / 작업 거리(cm)

확대독서기의 장점은 높은 배율의 확대를 할 수 있으며, 선명한 대비를 위하여 색상 전환이 가능하고 시야가 넓다. 또한 학생은 중심외고시를 위하여 머리와 몸을 움직일 수 있고, 자체 조명이 있으며, 정확히 처방한다면 원거리 시력과 다른 작업에 사용할 수 있다. 움직이지 않은 상태로 원거리 시력과 다른 작업용으로도 사용할 수 있는 것도 있다.

확대독서기의 단점은 무거워 휴대할 수 없고, 다른 근거리 보조 기구 보다 가격이 비싸다. 많은 양의 읽기와 쓰기를 할 경우 확대독서기는 가장 빠르고 사용하기 쉽다. 고도 대비나 높은 배율이 필요할 때 광학기구를 필요로 하거나 중심외보기의 문제가 있는 학생에게 확대독서기가 적당하다. 기술이 향상되면 다른 보조 기구로 바꾸기를 원하는 학생들도 있다.

Ⅲ. 저시력의 효율적 사용

1. 나안 시력의 효율적 사용 훈련

1) 지도 방법

학생의 시효율성은 보조 기구를 사용하는 것과 관계가 깊다. 즉, 나안 시력을 잘 사용하는 학생은 보조 기구를 사용하여 쉽게 시각적 작업을 수행한다. 그러나 일부의 학생은 시각적 기술을 사용하는데 장애를 느끼기 때문에 다른 감각 기관이나 정안 학생의 도움을 받는다.

교사는 보조 기구로 인하여 발생하는 어려운 문제를 이해하고, 해결하며, 저시력 기구를 사용할 수 있는 정확한 교육 계획을 세우고, 시력을 사용하는 방법에 대한 인식을 높여 시효율성을 증가시키도록 노력해야 한다. 근거리 시력에 필요한 시각 기술은 다음과 같다.

① 고시: 가장 선명한 시야에 대상물을 고정시키면 세부까지 볼 수 있다.

② 위치 찾기: 가장 선명한 시야로부터 대상물이 나타나는 부위(중심외보기)로 대상물을 찾는다.

③ 주사: 대상물을 찾거나 대상물의 줄을 찾기 위하여 정해진 방법으로 가장 선명한 시야를 앞・뒤로 이동시킨다.

④ 추적: 움직이는 대상물을 추적한다.

2) 고 시

중심 시력이 없는 학생은 고시가 어렵기 때문에 가장 잘 보이는 부위를 사용하기 위하여 암점을 피해서 보아야 한다. 이런 학생이 중심부로 보려고 할 때 어려움이 발생한다. 그러나 가장 중간에 있는 것을 보지 못하고 암점의 주변부로 대상물을 주목한다. 학생이 읽으려고 할 때 글자를 빠뜨리거나 작은 글씨를 잘못 본다면 문제가 생긴다. 학생이 시야의 어느 부위를 사용하도록 가르치기 위하여 교사는 사용하지 않는 부위를 먼저 가르친다. 시야로 어려움을 경험한 학생은 중심 암점을 인식하지 못하기 때문에 다음과 같은 중심외보기 방법으로 그 문제를 해결해야 한다.

① 사용하지 않는 눈을 안대로 가린다.

② 저시력 지원 교사의 얼굴을 적절히 조명한다.

③ 저시력 지원 교사는 학생에게 눈을 움직이지 않고, 40cm 떨어진 거리에서 교사의 얼굴을 보도록 한다.

④ 저시력 지원 교사가 “내 얼굴을 보고, 확실하지 않거나 잘 보이지 않

는 부분이 있습니까? 있다면 말하세요."라고 한다.

⑤ 저시력 지원 교사는 학생이 정면으로 보는지 측면으로 보는지를 살핀다. 학생이 정면으로 보고 있으면 학생은 저시력 지원 교사의 얼굴의 일부가 보이지 않는다고 말할 것이다. 학생이 중심외로 보고 있으면 보이지 않는 부분은 없다고 말할 것이다. 이러한 경우, 저시력 지원 교사는 학생에게 그 일을 반복하도록 하고, 이 때 얼굴의 중앙을 보도록 한다.

⑥ 학생이 얼굴의 어느 부분을 놓치고 있는지 알고 있다면, 저시력 지원 교사는 학생에게 얼굴이 명확히 보일 때까지 여러 방향으로 눈을 움직이라고 한다(예: 교사의 오른쪽 귀, 머리, 턱 등을 보시오).

⑦ 저시력 지원 교사는 얼굴을 가장 선명하게 보기 위하여 학생에게 머리나 몸을 움직이지 않고 눈만 움직이도록 한다(이 중심외보기는 렌즈의 광학 중심을 통해서 보는데 필요하다).

⑧ 가장 넓은 시야가 수평보다도 수직인 학생은 눈의 움직임보다도 머리의 움직임으로 중심외보기를 하는 것을 발견한다(예: 반맹, 다발성의 암점, 시야 협착과 중심 암점을 결합한 경우). 머리를 움직이거나 눈을 회전시키는 일은 수평 방향의 시야를 넓히고 쉽게 대상물의 위치를 찾고 주사한다. 이러한 학생에게는 적당한 방향으로 대상물을 두고 머리를 위로 향하거나, 머리를 똑바로 하도록 하는 저시력 기구를 사용하는 데 도움이 된다.

⑨ 이상에서 배운 기술을 사용하여 색인 카드에 인식할 수 있는 크기로 인쇄된 기호를 볼 수 있도록 전환한다. 학생은 머리를 사용하여 그 순서를 반복하고, 기호를 보기 위하여 사용한 부위와 비교한다. 두 대상물을 보기 위하여 사용한 부위가 같은지 다른지, 다르다면 학생은 그 이유를 발견하기 위하여 그 작업을 반복한다.

⑩ 중심 암점과 시야 협착, 다발성 암점, 중심와 외측의 적은 시력만이 있는 학생은 이러한 작업을 수행할 만큼 오랫동안 가장 선명한 시력을 가진 부위를 사용할 수 없다. 저시력 지원 교사는 눈을 가리기 위하여 검사하고 있는 눈에 안대나 적은 극간(2~5cm)을 주고 학생이 그 극간을 통하여 카드의 기호가 가장 잘 보이는 위치로 눈을 움직이도록 한다. 이 극간이 가장 선명한 시력 부위에 놓이기 때문에 눈을 움직이면 시력이 흐려지

거나 시야에서 멀어지게 된다. 이들 모든 방법은 학생이 눈을 올바로 유지하도록 한다. 저시력 지원 교사는 학생이 극간을 통하여 대상물의 상을 보고 유지하는 방법을 기록한다. 훈련이 진행됨에 따라 학생의 중심외보기 시간이 증가한다. 학생이 중심외보기 기술을 익혀 고시하는 시간이 충분히 지속되면 극간을 떼어 내는 것이 좋다.

⑪ 대상물의 크기를 길게 하는 것도 학생의 중심외보기 훈련을 돕는다.

3) 위치찾기

대상물의 위치찾기는 페이지의 첫 부분을 찾거나 논문이나 표를 읽는데 필요한 기술이다. 위치찾기에는 사전이나 전화번호부에서 단어의 표제어나 전화 번호, 식료품에 붙은 가격, 청구서의 가격, 코바늘 뜨기나 뜨개질 할 때 코 찾기 등이 포함된다. 다음은 위치찾기에 도움이 되는 것이다.

① 저시력 지원 교사는 학생에게 읽을 수 있는 글자, 숫자, 기호가 있는 종이를 주고, 왼쪽 위의 기호, 오른쪽 아래의 기호, 가운데 있는 기호, 1/4 위치에 있는 기호 등을 찾도록 한다. 저시력 지원 교사는 학생의 좌・우 방향을 조사한다. 학생은 좌・우・상・하를 혼동하는가? 가운데를 찾을 수 있는가? 오른쪽 위와 왼쪽 모퉁이를 손으로 짚을 수 있는가?

② 위의 과제가 어렵다면 저시력 지원 교사는 종이에 줄을 긋고 위와 같은 경험을 하게 한다. 이러한 훈련을 할 때 자세, 몸, 머리, 눈의 위치, 조명과 대비 등을 관찰한다.

4) 주사하기

주사하기는 인쇄물의 한 줄 또는 여러 줄을 읽거나, 전화번호부에서 전화번호나 사람의 이름을 찾는데 사용된다. 될 수 있는 대로 눈을 고정하고 대상물을 적당한 방향으로 이동시키거나 머리와 눈을 움직인다. 시야 협착이면서 중심 암점이 없는 학생 중에는 광학기구를 사용하지 않고 눈의 움직임만으로 주사하기를 좋아하는 학생도 있다. 이 경우 다음과 같은 절차를 사용한다.

① 저시력 지원 교사는 학생이 읽는 글자, 숫자, 기호의 형식을 기록한다.

· 왼쪽에서 오른쪽으로 읽는가?
· 위에서 아래로 읽는가?
· 학생은 글자와 행을 빠뜨리기도 하고, 비슷한 글자를 틀리게 읽지 않는가?
· 다음 행을 어떻게 발견하는가?
· 학생은 읽은 줄을 따라 페이지의 왼쪽으로 주사하는가?
· 아래쪽으로 줄을 따라 주사할 수 있는가? 또는 두 줄 사이를 주사할 수 있는가?

② 위의 작업을 수행할 수 없다면, 저시력 지원 교사는 책상 위에 몇 줄의 작은 물체를 놓고 학생에게 주사하여 그 물건의 이름을 말하도록 한다.

③ 저시력 지원 교사는 이러한 작업을 하고 있는 학생의 자세와 몸, 머리, 눈의 위치, 조명과 대비 등을 관찰한다.

5) 추적하기

추적은 글씨를 쓸 때 펜의 움직임, 재봉틀로 바느질 할 때 바늘의 움직임을 보는 기술이다. 수공예 활동에도 추적이 필요하다. 저시력 지원 교사는 다음과 같이 학생의 추적 활동을 조사한다.

① 인식 대상물을 학생의 왼쪽에서 오른쪽으로, 위에서 아래로, 원형으로 움직이거나, 머리와 눈을 함께 움직이거나, 눈만을 움직여 물체를 추적하는 능력을 기록한다.

② 점점 작은 물체를 보이면서 학생의 반응을 관찰한다.

③ 학생에게 물체를 움직이게 하고, 학생의 눈과 머리의 협응 능력을 기록한다.

· 학생은 움직이는 물체에 시야를 고정시킬 수 있는가?
· 학생은 머리와 눈을 움직이는가 또는 눈만을 움직이는가?
· 학생은 머리만을 움직여 광학기구를 사용하는가 또는 눈을 고정시켜

사용하는가?

2. 저시력 기구의 효율적 사용

1) 초점 거리 맞추기

(1) 지도 방법

① 학생이 주로 한 쪽 눈으로만 볼 경우 사용하지 않는 쪽의 눈을 안대로 가린다. 학생의 가린 눈이 위축되지 않도록 주의한다.

② 학생에게 렌즈의 중심을 통하여 보도록 한다.

③ 학생이 인식할 때까지 적당한 거리에 대상물(인덱스 카드의 기호나 단어)을 놓는다. 도형과 배경을 변별하기 좋게 대비가 잘 된 것을 사용한다.

④ 카드를 가깝게 또는 멀게 해서 초점 거리를 나타내고, 학생에게 그 거리의 차이에 주목하도록 한다.

⑤ 학생이 명료한 상을 얻을 수 있도록 적절한 초점 거리를 유지하게 한다.

⑥ 작업 거리를 측정하고 그 거리를 초점 거리와 비교하도록 한다. 학생의 굴절 이상, 조절, 시력의 흐림 때문에 생긴 작업 거리는 초점 거리와 다르다는 것을 알게 한다.

(2) 유의 사항

학생이 초점 거리를 맞추는데 문제가 있으면 다음의 방법을 사용한다.

① 독서대를 사용한다.

② 현미경과 캡부착형 망원경에는 적당한 거리를 유지하도록 작은 막대를 안경테에 붙인다. 막대는 종이와 렌즈사이의 초점거리와 길이가 같아야 한다.

③ 현미경과 캡부착형 망원경에는 종이의 끝에서 안경 테두리까지의 초

점거리만큼 적절한 길이로 단단하고 두꺼운 종이를 잘라 붙여 그 거리를 유지하도록 한다.

④ 손잡이형 확대경에 적응하지 못할 때에는 동일한 배율의 스탠드 확대경을 사용한다.

⑤ 종이를 학생의 코까지 또는 렌즈의 끝에 닿을 때까지 움직여 글자가 확실히 보이는 지점을 천천히 찾는다. 이 거리를 유지한 채로 움직이면서 보게 한다.

2) 위치찾기

(1) 지도 방법

① 학생에게 대상물을 들게 하거나 독서대에 책을 놓고 그 위를 손가락으로 짚게 한다. 좋아하는 조명을 설치한다.

② 학생에게 렌즈를 통하여 대상물을 찾게 하고, 초점 거리를 맞추게 한다.

(2) 유의 사항

학생이 대상물의 위치를 찾는데 문제가 있을 경우 다음 방법을 사용한다.

① 대상물의 위치를 쉽게 찾을 수 있도록 차폐판을 사용한다.

② 대상물과 배경의 대비를 높인다.

③ 학생에게 저시력 기구를 사용하지 않게 하고 대상물을 가장 선명한 시야 내에 둔 다음 렌즈를 눈앞으로 움직여 초점을 맞추게 한다.

④ 학생에게 팔을 펴서 손이나 손가락으로 더듬어 찾게 한다.

⑤ 학생에게 대상물의 위치를 찾게 하는 체계적 방법을 사용하도록 한다(왼쪽 위에서 오른쪽으로, 왼쪽으로 되돌아서 밑으로)

⑥ 학생은 안경장착형 망원경으로 대상물을 볼 때 대상물과 평행이 되도록 하며, 눈을 망원경 위로 움직인다. 망원경을 통해서 대상물이 보이도록 머리를 천천히 숙이게 한다. 안경장착형 망원경은 위쪽 방향으로 놓여 있

으므로 장소에 따라서 볼 수 없을 경우에 보기 위해 학생의 머리를 숙이도록 가르쳐야 한다.

⑦ 읽을 행의 위에 적색 필터를 붙이고, 읽을 행의 밑에 녹색 필터를 붙인다. 그리고 적색과 녹색 사이의 행을 읽도록 학생에게 가르친다. 학생이 종이에 붙인 색을 이야기하면 무엇을 보고 있는지 알 수 있다.

⑧ 보조 기구 없이 읽기 교재를 보고 손가락으로 처음 읽어야 할 곳을 짚게 한다. 그리고 렌즈를 움직여서 손가락으로 짚은 곳에 초점을 맞추고 글자를 읽도록 한다.

⑨ 학생은 렌즈로 초점을 맞추고, 왼쪽 끝을 주사하고, 인쇄된 행의 끝까지 따라 간다.

이렇게 할 경우에도 문제가 발생하면 저배율의 저시력 기구로 바꾸거나 시야가 큰 보조 기구로 바꾸는 것을 검사자와 상담한다. 학생은 저배율의 보조 기구로 대상물 찾기를 학습하면 처음에 처방된 보조 기구를 통해서 대상물의 위치를 찾을 수 있다.

3) 주사하기

(1) 지도 방법

① 대상물과 대상물의 세부를 발견하기 위하여 체계적인 주사 패턴을 사용하도록 가르친다.

② 읽을 때는 오른쪽에서 왼쪽으로 천천히 읽도록 한다. 그 행의 처음 글자를 보고 되돌아가서 아래 행으로 이동해서 읽는다.

(2) 유의 사항

주사하기의 문제점을 극복하는 방법은 다음과 같다.

① 학생에게 차폐판이나 표시기를 사용하도록 한다.

② 학생에게 행의 처음을 손가락으로 짚고, 손가락으로 글줄을 짚어 가면서 눈과 손가락을 옮긴다.

③ 읽기를 목적으로 훈련시킬 때 주사하기 어렵다면 주사를 연습하는 것

이 좋다. 아래와 같이 밑줄과 숫자를 이용하여 연습한다.

1_______________________2
3_______________________4
5_______________________6
7_______________________8
9_______________________10

④ 학생은 1에서 2를 보고, 1로 되돌아가서 3으로 내려가도록 한다. 이렇게 숫자를 이용해서 연습 한 다음에는 단어를 보면서 연습한다. 다음에 단어와 숫자를 줄의 중간에 적고 다시 연습한다.

4) 고시하기

(1) 지도 방법

학생이 사물을 볼 때에 눈이 편위하는 각도에서 고시하도록 해야 한다. 고시의 회복은 인쇄물을 인식할 때 일관성을 유지하는데 필요하다. 고시가 어려울 경우 대상물이나 그 세부 사항을 주사하는 동안에 제대로 보지 못하고 건너 뛸 수 있다.

(2) 유의 사항

만약 학생이 보조 기구를 사용하여 고시하는데 문제가 있으면, 저시력 지원 교사는 다음 방법을 사용해야 한다.

① 대상물을 확대한다.

② 임상가에게 확대경의 배율을 증감시킬 수 있는지를 협의한다.

③ 중심외보기 훈련을 위하여 지시봉을 사용해서 대상물을 분리한다. 학생은 보이는 세부 사항과 대상물을 식별함으로써 고시를 배운다.

④ 짧고, 쉬운 단어를 읽을 때에는 큰 문자를 사용한다.
⑤ 글씨와 종이의 대비를 높인다.
⑥ 충분히 연습한다.
⑦ 대상물의 크기를 크게 하거나 세부 사항들의 간격을 넓힌다.

(3) 훈련 방법

① 학생의 만족과 불만족, 학생의 장점과 단점을 관찰한다.

② 저시력 기구의 사용 방법과 학생의 이해도를 기록한다. 학생에게 보조 기구의 사용 목적, 가정에서 연습한 방법을 이야기하게 한다. 학생이 훈련을 끝내기 전에 잘못한 부분을 반성하고 고치도록 한다.

③ 광학기구를 사용할 때 두통, 눈의 피로, 현기증, 구토, 목 근육의 긴장 등을 호소하는 학생도 있다. 이러한 증상의 공통점을 설명하고 다음과 같은 것을 하게 한다.

- 학생에게 근거리 보조 기구로 원거리를 보지 않도록 한다. 학생은 앉아서 대상물만을 보게 한다.
- 각 훈련 시간의 길이를 줄이고 훈련의 횟수를 증가시킨다.
- 학생에게 얼굴, 팔, 어깨 등의 근육을 편안하게 하고 심호흡을 하게 한다.
- 학생이 양안시가 아닐 경우, 얼굴의 근육을 긴장시키지 않도록 하거나 사용하지 않는 눈을 깜빡거리지 않도록 그 눈을 가린다.
- 학생이 피로한 시간을 피하여 좋은 시간을 선택한다.
- 학생에게 렌즈의 가장자리를 통하여 보지 말고 렌즈의 중심을 통하여 보도록 한다. 렌즈의 가장 자리를 가리면 도움이 된다.

<표 10-2> 문제 해결 방안

범 주	문 제 점	해 결 방 안
위치 찾기	·눈과 머리의 동작이 자연스럽지 않다. ·아무 것도 보이지 않는다고 이야기한다. ·선명하게 보이지 않는다고 이야기한다(안개 낀 것 같음). ·손에 드는 확대경의 위치가 눈에서 너무 멀다.	·대상물을 가장 잘 보이는 영역에 들어 오도록 움직인다. ·학생의 머리나 대상물을 안정시킨다. ·차폐판이나 표시기를 사용한다. ·눈·머리·대상물을 좀 더 천천히 움직이도록 가르친다. ·렌즈가 바른 위치에 있는지를 조사하기 위하여 펜라이트를 사용한다. ·렌즈의 거리와 눈의 각도를 조절한다. ·간격이 넓고 큰 대상물로 교환한다. ·대상물의 대비를 증가시킨다. ·조명을 조절한다. ·검사를 한 담당의사와 상담한다.
초점 맞추기	·머리와 대상물을 빠르게 움직인다. ·페이지나 대상물을 가깝게 움직이는 것에 저항한다. ·초점 거리가 가까우면 불쾌감을 표현한다. ·읽기자료를 움직여서 정확하지 않은 중심외보기(상이 희미해진다)를 보상한다.	·학생의 중심외보기 방법을 조사하고 그 방법을 훈련시킨다. ·대상물을 바른 초점 거리에 두고 거리를 측정하고, 가깝게 또는 멀게 하여 희미해짐을 체험하게 한다. ·독서 스탠드를 사용한다. ·확대 배율을 낮추고, 큰 문자로 바꿔 읽는다.

범 주	문 제 점	해 결 방 안
주사하기	·행을 놓친다. ·행에서 행으로 건너 뛴다. ·페이지의 오른쪽에서 왼쪽 끝을 찾을 수 없다. ·눈과 머리의 움직임이 불안정하다. ·행이 보이지 않는다고 이야기한다. ·행의 일부분만 읽는다.	·학생에게 눈과 머리를 고정시키고, 얼굴에서 일정한 거리를 두고 페이지를 왼쪽에서 오른쪽으로 천천히 움직이도록 가르친다. ·읽은 행의 처음으로 되돌아가면서 주사하도록 가르친다. ·페이지의 가장 자리에 색깔이 있는 표시기를 놓고 시각적 단서로 사용한다. 줄의 첫 부분을 가르치기 위하여 차폐판이나 종이 클립, 손가락을 표시기로 사용한다. ·시각적인 피드백을 위해 여백에 색이 있는 필터를 사용한다. ·학생에게 여백의 처음과 끝에 있는 공간을 찾도록 가르친다.
복 시	·상이 두 개로 보인다고 이야기한다. ·사용하지 않는 눈에 광각이 있을 경우 시야에 불빛이 보인다고 말한다. ·사용하지 않는 눈을 가리지 않으면 읽기가 곤란하다고 말한다.	·저시력 지원 교사는 더 큰 문자, 선명한 대비, 글자와 단어 사이의 띄우기를 더 보기 쉽게 해준다. ·학생이 보조 기구를 한 눈에만 사용할 경우 사용하지 않는 눈을 가린다. ·보조 기구를 양안에 사용할 경우, 동공을 조사한다. ·담당 의사와 상담한다.

범 주	문 제 점	해 결 방 안
문자 단어의 인식	· 모양이 비슷한 글자를 혼동한다. · 글자와 단어의 위아래 옆 부분을 빠뜨리고 읽는다. · 같은 글자로 시작하거나 끝나는 단어를 추측하거나 대치시킨다. · 단어의 중간 글자가 보이지 않는다고 말한다. · 단어가 어지럽게 보이거나 뒤섞여 보인다고 말한다. · 단어의 철자는 알고 있으나 그 단어를 발음하지 못한다.	· 큰 문자, 대비, 글자와 단어 사이의 띄우기를 더 좋게 한다. · 학생에게 중심외보기를 가르친다. · 단어를 발음하기 전에 철자를 말하게 한다. · 학생이 혼동하는 글자의 인식 연습을 시킨다. · 학생의 과거 읽기 경험을 조사한다. · 학생에게 단어 사이의 더 넓은 공간을 찾도록 한다. · 읽기 전문가와 상담한다.
읽기의 이해도	· 읽기 속도가 느리다. · 읽은 것을 잊어버린다. · 글자는 읽지만, 단어를 읽을 수 없다.	· 읽은 것을 재생하기 위하여, 한 문장 다음에 쉰다. · 한 문단을 두 번 읽도록 한다. · 읽는 속도를 알기 위하여 1분당 읽는 글자 수를 조사한다. · 학생이 무엇을 기대하고 있는지를 이야기한다. · 학생의 시각 기술이 발달해도 이해력이 개선되지 않은 경우에는 읽기 전문가에게 의뢰한다.
광학기구	· 보조 기구가 너무 무거워 불편하다고 말한다. · 초점 거리에 적응하지 못 한다. · 보조 기구 사용을 싫어한다. · 높은 배율에 적응하지 못한다.	· 담당 의사와 상담한다.

범 주	문 제	해 결 방 안
신체·심리적 문제	·쉽게 피곤해진다. ·두통·구토를 경험한다. ·좌절감, 불행감, 퇴행, 슬픔 같은 증세를 보인다. ·자신의 기대가 저시력 훈련으로 충족될 수 없다고 말한다.	·자세를 바르게 하는데 도움이 되는 기구를 준다(예: 손걸이와 등받이가 높은 의자, 독서대) ·훈련 시간을 줄이고, 휴식 시간을 주며, 음식을 먹는 것도 허용한다. ·근거리 보조 기구로 먼 거리를 보지 않도록 가르친다. 렌즈의 중심을 통하여 바로 보도록 가르친다. ·머리, 목, 어깨의 긴장을 풀지 않도록 한다. ·머리, 눈, 대상물을 보다 천천히 움직이도록 가르친다. ·담당 의사, 물리치료사, 가족과 상담한다.
신체적 동작·운동 장애	·머리를 지탱하지 못한다. ·대상물이 흔들려 보인다. ·머리, 몸, 손을 바른 자세로 할 수 없다. ·방향에 문제가 있다.	·손이 떨리는 학생에게는 머리에 고정시키는 보조 기구를 사용하도록 한다. ·단순한 보조 기구로 훈련한다. ·학생의 자세를 바르게 하고, 대상물을 정확하게 움직임으로써 머리, 몸의 자세를 바르게 한다. ·훈련 중에 방향을 알기 위하여 촉각 단서를 준다(예: 오른쪽으로 주사하도록 가르칠 때에는, 오른쪽 안경다리를 건드린다, 왼쪽으로 주사하기를 가르칠 때에는 왼쪽 안경다리를 건드린다). ·담당 의사, 물리치료사, 작업치료사, 안과 의사, 학습 장애 교사, 저시력 지원 교사와 상담한다.

Ⅳ. 작업 훈련

1. 읽 기

읽기는 의사소통과 독립성을 유지하는데 필요하다. 읽기를 할 때에는 광학기구와 비광학기구를 사용한다. 광학기구에는 손잡이형 확대경, 스탠드 확대경, 현미경(전시야형, 이중 초점, 삼중 초점 현미경), 캡부착형 망원경(전시야형, 안경 장착, 수술용)이 있고, 비광학기구에는 차폐판, 표시기, 독서대, 유색 필터지, 큰 문자, 조명 조절장치 등이 있다.

광학기구와 비광학기구를 사용하여 훈련하는 방법은 다음과 같다.

① 항상 성공 지향적 훈련을 한다. 학생이 인지할 수 있도록 큰 문자, 충분한 행간, 대비가 선명한 인쇄물로 준비한다.

② 글꼴도 읽기에 영향을 준다. 가장 읽기 쉬운 자료는 좋은 행간과 장평이다. 서로 다른 글꼴을 찾아본다.

③ 연습 교재를 몇 개의 단락으로 만든다.

④ 학생에게 맞는 교재를 준비해야 한다. 처음에는 쉬운 어휘와 간단한 단어를 사용하고, 점차 학생의 수준에 맞는 복잡한 자료를 사용한다. 그 순서는 ㉮글자의 인식 ㉯단어의 인식 ㉰짧은 문장 소개 ㉱문장 읽기 ㉲짧은 문단 읽기 ㉳짧은 이야기 읽기 등과 같다.

⑤ 학생이 읽는데 문제점이 계속해서 있으면 저시력 지원 교사는 읽기 전문가에게 의뢰한다.

⑥ 서식, 청구서, 계산서, 컴퓨터 인쇄물 등을 읽는데 그 순서는 ㉮서식 전체를 보고 서식에 익숙하도록 가르치기 ㉯학생에게 문단의 제목을 찾기 ㉰학생이 찾기를 원하는 문단에 두 개의 표시기나 차폐판을 꽂기 등과 같다.

2. 쓰 기

글씨를 쓸 때 광학기구와 비광학기구를 사용한다. 광학기구에는 현미경

(4~5X 이하), 확대경, 캡부착형 망원경이 있고, 비광학기구에는 매직펜, 굵은 선이 있는 종이 등이 있다.

광학기구와 비광학기구를 사용하여 훈련하는 방법은 다음과 같다.

① 학생에게 쓰기 시작할 곳을 찾도록 가르친다.

② 학생에게 보이는 범위에 펜 끝을 움직이고, 행을 따라 움직일 때 펜 끝이 보이도록 한다.

③ 학생은 읽을 때와 같은 패턴을 따라야 한다. 예를 들면, 왼쪽에서 오른쪽, 같은 줄을 따라서 왼쪽으로, 그리고 다음 행으로 내려간다.

④ 초점 거리를 유지하거나 눈과 손이 협응을 할 수 있을 때까지 계속 쓰기 연습을 한다.

⑤ 안경 장착 망원경을 사용할 때에는 다음과 같은 것을 가르친다.

- 안경렌즈를 통하여 쓸 곳을 찾게 한다.
- 쓰기 시작할 곳으로 연필을 가져간다.
- 망원경으로 연필의 끝을 찾도록 한다.
- 초점을 맞춘다.
- 쓰기를 시작할 때 연필의 끝을 시야의 중심에 오게 한다.

3. 바느질하기

바느질 할 때에는 광학기구와 비광학기구를 사용한다. 광학기구에는 저배율의 현미경(특별한 1/2시야, 이중 초점), 캡부착형 망원경(이러한 작업은 고배율의 현미경과 망원경으로는 힘들다)이 있고, 비광학기구에는 재봉틀 바늘, 실꿰는 기구, 구멍이 큰 바늘 등이 있다.

광학기구와 비광학기구를 사용하여 훈련하는 방법은 다음과 같다.

① 초점 거리를 유지하도록 팔꿈치를 의자에 고정한다.

② 처음에는 가장 큰 바늘을 사용하고, 사용하는 자료와 실이 대비가 되도록 한다.

③ 무릎에 대비가 잘 되는 수건을 놓아 사용하는 실과 대비가 이루어지

도록 한다.

④ 심도 지각과 초점 거리의 변화 때문에 실꿰기가 어려우므로, 학생은 손으로 실을 꿰는 연습을 하고, 실꿰는 거리를 판단할 수 있을 때까지 실꿰는 기구를 사용한다. 뜨개질하는 연습을 할 때에는 굵은 바늘과 실로, 익숙해지면 적당한 크기의 실이나 바늘을 사용한다.

4. 확대독서기 사용

1) 사용 방법

(1) 특징 알기

학생에게 몇 가지 종류의 확대독서기를 사용한 후 스크린의 크기, 배율, 휴대성, 가격 등을 비교하게 한다.

(2) 작동 시범하기

① 저시력 지원 교사는 확대독서기 작동 시범을 해 보인 후, 학생에게 ㉮스위치를 켜고 끄기 ㉯흑백 반전시키기 ㉰확대율 조절하기 ㉱초점 맞추기 ㉲렌즈 조절하기 ㉳대비 ㉴밝기 ㉵실제의 조작 등의 순서로 작동하게 한다.

② 실제로 시범을 보인 후, 학생에게 각 부분의 이름을 말하게 하고 실제로 작동해 보도록 한다.

③ 배율을 바꾸고 초점을 맞춘 후 색상을 반전시키고 대비와 밝기를 조절하는 작동을 학생이 직접 작동하도록 한다.

(3) 필요한 배율 정하기

저시력 지원 교사는 학생에게 필요한 배율을 정하기 위하여 다음의 것을 가르친다.

① 인식할 수 있는 기호와 활자를 사용한다.

② 가장 큰 활자로 확대하고 그 활자에 초점을 맞추어 스크린에 가깝게 간다.

③ 천천히 크기를 줄이면서 변별 할 수 없을 때 보이지 않는다고 말하게 한다.

④ 학생이 글자를 계속 읽을 수 있을 때까지 조금씩 크게 한다.

⑤ 학생은 다음의 공식으로 확대율을 계산한다.

확대율 = X × Y

$$X = \frac{\text{확대독서기의 활자 크기(㎝)}}{\text{실제의 크기(㎝)}}$$

$$Y = \frac{\text{25㎝}}{\text{작업 거리(㎝)}}$$

학생의 지각 기술과 중심외보기가 향상되면 학생에게 필요한 배율은 감소된다.

(4) X - Y대(카메라 밑에 움직이는 자료를 놓는 대) 사용하기

① 저시력 지원 교사는 X - Y대의 특징을 가르친다.

② 저시력 지원 교사는 인쇄된 기호로 스크린 상의 움직임을 본다.

③ 저시력 지원 교사는 학생의 손을 잡고, 왼쪽으로 움직여서 페이지의 오른쪽을 보게 하고, 반대로 오른쪽으로 움직여서 페이지의 왼쪽을 보게 한다. 밀면 페이지의 아래쪽이 보이고, 당기면 위쪽을 볼 수 있다.

④ 저시력 지원 교사는 학생에게 자료를 X - Y대의 가운데에 놓게 하고, 손으로 읽기 재료의 끝을 잡아 지면이 움직이지 않도록 한다.

⑤ 투명한 유리판이나 플라스틱판을 자료 위에 놓아 자료가 평평하게 펴지게 하고 움직이지 않도록 한다.

(5) 고 시

① 학생이 중심외보기를 할 때 머리와 몸을 사용한다. 일관성있게 고시하며, 계속 움직이지 않도록 한다.

② 문제가 있는 학생은 한 행이나 한 문자만 볼 수 있게 다른 부분은 가린다.

③ 양안시가 같고 시야와 안근에 이상이 없으면 확대독서기가 효과적이다.

④ 사시 때문에 복시가 생기면 한 쪽 눈을 안대로 가리도록 한다.

(6) 위치찾기와 주사하기

① 저시력 지원 교사는 X - Y대를 움직여서 화면에 읽기 시작할 곳을 나타내는 기호나 문자를 찾게 한다.

② 저시력 지원 교사는 주사하기 순서로 X - Y대를 움직이고, 학생은 문자가 스크린에서 움직일 때 그 정보를 주사할 수 있다(글자, 기호, 단어).

③ 학생은 저시력 지원 교사와 함께 X - Y대를 조작한다. 학생은 왼쪽에서 오른쪽으로, 위에서 아래로 움직인다. 학생은 종이의 왼쪽 끝의 위치를 찾아 위로 자세히 봄으로써 처음의 행이 있는 위치를 알 수 있다.

④ 학생은 저시력 지원 교사의 도움 없이 간단한 인쇄물을 읽는다.

⑤ 학생은 들여 쓴 곳을 보고 문단을 찾아 읽고, 문맥과 인쇄물의 형태를 파악하고 적절히 사용하는 능력을 기른다.

⑥ 저시력 지원 교사는 신문, 세금 청구서, 표, 차트 등의 부분과 전체와의 관계를 보여 주고, 가능한 한 시야를 넓게 사용할 수 있는 배율로 일단 맞춰서 윤곽을 파악한 다음 상세히 보기 위하여 특정 부위를 확대시킨다.

⑦ 학생은 부분과 전체의 관계를 배우고 모양이나 그래프 읽기에도 응용한다.

⑧ 저시력 지원 교사는 책의 특정 부분을 찾고, 전화번호부나 사전에서 사람의 이름이나 표제어를 찾는 기술을 가르친다.

⑨ 오랫동안 읽을 때 덜 피로해지도록 확대율을 약간 증가시킨다.

(7) 조명과 대비

① 읽을 때 검은 바탕에 흰 글자보다 흰 바탕에 검은 글자로 바꾸면 피로를 감소시킬 수 있다.

② 읽는 장소는 눈의 피로를 줄이기 위하여 전체 조명을 해야 한다. 그러나 저시력 지원 교사는 전등이 화면에 반사되어 번쩍이지 않도록 해야한다.

③ 확대독서기의 스크린 빛에 민감함을 느끼는 학생도 있다. 이러한 학생을 위하여 검은 색종이로 가리개를 만들어, X - Y대와 스크린 사이에 끼운다.

(8) 쓰 기

① 저시력 지원 교사는 학생의 옆이나 뒤에 서서 학생의 손을 잡고 쓰기를 가르친다.

- 연필의 끝을 시야의 중심에 가져오게 한다.
- 페이지 위에 연필을 대고 쓰게한다. 연필이 시야의 중심에 오게 한다.

② 학생에게 처음에는 직선을 그리게 하고, 익숙해지면 곡선을 그리게 한다.

③ 굵은 선이 있는 종이와 매직펜을 사용하도록 한다.

④ 읽기를 할 때처럼 쓰기도 왼쪽에서 오른쪽, 위에서 아래로 쓰게 한다.

⑤ 학생이 위의 방법을 습득한 후에는 다음을 하도록 하게 한다.

- 서식의 적당한 곳에 표시한다.
- 수표에 이서한다.
- 간단한 서류를 작성한다.
- 노트를 작성한다.
- 수학 문제를 푼다(그래프)

이러한 과제를 훈련한 후 처음에는 한 페이지에 내용을 적게 하여, 고도대비, 적당한 활자와 확대율, 간단한 서식 등을 천천히 읽게 한다.

⑥ 확대독서기는 고시(시야 고정)에 문제가 있는 학생이 읽기를 연습하는데 적당하다. 고시, 주사하기, 읽기 기술 등은 확대독서기로 가르칠 수

있다. 이런 기술을 익힌 후, 동일한 배율의 광학기구를 사용하는 것이 좋다.

⑦ 읽기를 할 때 확대독서기는 다른 보조 기구 보다 고배율로 시야가 넓다. 그러므로 읽기를 많이 하는 학생이 사용하면 좋다.

⑧ 확대독서기는 가정과 학교에서 읽기, 쓰기 외에도 여러 과제에 사용된다.

V. 연 습

저시력 기구의 훈련이 끝나면 학생에게 저시력 기구를 빌려 주어 집에서 연습하도록 한다. 교육 프로그램의 성공은 실제 환경과 같은 가정 환경에서 보조 기구를 사용할 수 있는지의 여부에 달려 있다. 저시력 지원 교사가 처방한 보조 기구를 사용해서 학생에게 그 기구를 사용할 수 있는 교육을 실시하고, 학생이 가장 잘 이해할 수 있는 매체 즉 테이프, 점자, 큰문자 등으로 가르쳐야 한다.

교육에 포함시켜야 하는 기본적인 요소는 다음과 같다.

① 각 보조 기구의 이름, 종류, 배율을 알게 한다.

② 보조 기구의 목적, 보조 기구로 할 수 있는 것과 없는 것, 캡부착형 망원경과 같은 여러 가지 기능을 가진 보조 기구의 기능을 교육한다.

③ 훈련의 길이와 횟수는 학생의 능력에 따라 정한다.

④ 가능하다면 글자의 반복 학습과 큰 문자 책으로 연습한다.

⑤ 안전을 확보하기 위한 주의 사항을 익히게 한다.

⑥ 조명에 대해 교육한다.

⑦ 보조 기구의 관리에 대해 교육한다.

⑧ 가족을 포함하여 연습하는 동안 학생을 돕는 사람에 대해 교육한다.

⑨ 질문을 하고 조언을 받기 위하여 저시력 지원 교사의 이름과 전화번호를 알려 준다.

표 10-3에서 10-6은 가정에서 사용하는 보조 기구에 대한 정보이다. 이는 휴스턴 대학 저시력 클리닉 센터 Sandra Ferraro가 작성한 것으로, 가정에서 연습을 할 때 예상되는 것, 가족의 교육, 처방된 보조 기구에 대한 효과적인 정보가 포함되어 있다.

<표 10-3> 스탠드형 확대경에 관한 정보

<설명>

· 학생의 시각 보조 기구는 스탠드 확대경이다.
· 확대경의 배율은 ______X(대상물을 ____배로 확대한다)이다.
· 교재를 스탠드 아래에 놓으면 자동적으로 초점이 맺힌다.
· 이 확대경으로 _____크기 이상의 활자를 읽을 수 있다.

<사용 방법>

· 스탠드를 교재 위에 놓는다.
· 확대경의 중심을 통하여 본다.
· 학생의 머리는 확대경으로부터 편안한 위치에 둔다. 확대경에 가까이 있으면 그만큼 시야가 넓어진다.
· 책을 읽을 때 확대경을 읽을 방향으로 움직인다.
· 이중 초점 렌즈를 사용할 경우에는 스탠드 확대경의 렌즈 아래 부분을 통하여 본다.

<주의 사항>

· 적절한 조명을 사용한다(자유롭게 굽힐 수 있는 전기스탠드가 가장 좋다). 빛이 렌즈 밑에 있는 교재에 직접 비추도록 옆에서 비춘다.
· 읽을 때 위치를 유지하기 위하여 학생의 손가락으로 교재의 왼쪽 끝을 짚는다.
· 학생의 머리는 확대경으로부터 편안한 위치에 둔다. 확대경에 가까이 있으면 그만큼 시야가 넓어진다.
· 책을 읽을 때 확대경을 읽을 방향으로 움직인다.
· 이중 초점 렌즈를 사용할 경우에는 스탠드 확대경의 렌즈 아래 부분을 통하여 본다.

<주의 사항>

· 교재를 볼 때 긴장을 풀기 위하여 교재를 수직으로 든다. 독서 스탠드나 클립보드를 사용하여 교재를 고정시킨다.

· 항상 스탠드와 교재는 평행이 되게 한다.

· 처음에는 보조 기구를 5~10분, 하루 3~5회 사용한다. 보조 기구에 익숙하게 되면 훈련 시간을 1회 더 늘린다.

<보조 기구의 관리>

· 보조 기구는 부드럽고 촉촉한 수건으로 닦는다.

· 보조 기구를 물 안에 넣어서는 안된다.

· 렌즈가 손상되기 쉬우므로 렌즈를 딱딱한 표면에 놓아서는 안된다.

<그 밖의 사용법>

이 보조 기구로 다음과 같은 활동을 할 수 있다.

· 물건을 살 때 이름과 가격표를 읽는다.

· 버스나 기차의 시간표를 읽는다.

· 텔레비전을 본다.

· 약병에 붙은 설명서를 읽는다.

· 돈을 확인한다.

· 메뉴를 읽는다.

· 전화번호부에서 주소나 전화번호를 읽는다.

· 편지 봉투에서 보낸 사람의 주소를 읽는다.

· 청구서의 금액을 읽는다.

<표 10-4> 확대경에 관한 정보

<설명>

· 학생의 시각 보조 기구는 현미경이다.

· 보조 기구의 배율은 ___X(대상물이 __배로 확대된다)이다.

· 보조 기구의 작업 거리는 ______(렌즈와 교재의 거리)이다.

· 이 현미경으로 _____이상의 활자 크기를 읽을 수 있다.

· 이 현미경은 학생의 _____쪽의 눈에만 맞는다. 다른 눈에 안대를 해야 한다
(또는 안대를 사용해서는 안된다).

<사용 방법>

· 읽을 교재를 학생의 얼굴에 아주 가까이한다(거의 코에 접할 정도).

· 글자에 초점이 맞을 때까지 서서히 교재를 얼굴에서 멀리한다.

· 책을 읽으면서 교재나 학생의 머리를 움직인다. 눈은 움직이지 않는다.

· 렌즈의 중심을 통하여 본다.

· 이 보조 기구를 사용하는 동안 서거나 걷지 않는다.

<주의 사항>

· 적절한 조명을 사용한다(자유롭게 굽힐 수 있는 전기 스탠드가 가장 좋다). 빛이 직접 교재에 비추도록 한다.

· 차폐판, 라인 가이드, 학생의 손가락 등을 사용하여 읽고 있는 곳을 잃지 않도록 한다.

· 교재를 볼 때 긴장을 풀기 위하여 교재를 수직으로 든다. 독서 스탠드나 클립보드를 사용하여 교재를 안정시킨다.

· 처음에는 보조 기구를 5~10분, 하루 3~5회 사용한다. 보조 기구에 익숙하게 되면 훈련 시간을 1회 더 늘린다.

<보조 기구의 관리>

· 보조 기구는 부드럽고 마른 수건으로 닦는다.
· 보조 기구를 물 안에 넣어서는 안된다.
· 렌즈가 손상하기 쉬우므로 딱딱한 표면에 놓아서는 안된다.
· 현미경의 테를 마음대로 변형시키면 안된다.

<그 밖의 사용법>

이 보조 기구로 다음과 같은 활동을 할 수 있다.

· 오랜 시간 동안 독서를 한다.
· 물건을 살 때 이름과 가격표를 읽는다.
· 버스나 기차의 시간표를 읽는다.
· 약병에 써 있는 설명을 읽는다.
· 재봉틀 바늘에 실을 꿴다.
· 돈을 확인한다.
· 메뉴를 읽는다.
· 전화번호부에서 주소나 전화번호를 읽는다.
· 바느질, 뜨개질을 한다.
· 채소에 있는 벌레를 찾는다.
· 청구서의 금액을 읽는다.
· 서류에 이름을 쓴다.
· 조리법을 읽는다.
· 손목시계의 시간을 본다.

<표 10-5> 망원경에 관한 정보

<설명>

· 학생의 시각 보조 기구는 초점을 맞출 수 있는 손잡이형 망원경이다.
· 이 망원경의 배율은 ____X(대상물이 ___배로 확대된다)이다.
· 망원경의 초점을 맞추면 학생은 보다 먼 거리에서 대상물을 볼 수 있다.

<사용 방법>

· 우선 망원경을 사용하지 않고 학생이 보고 싶은 위치를 찾는다.
· 학생의 ____손으로 학생의 ____눈 앞에 망원경을 대고, 그것을 대상물이 있는 쪽으로 향한다. 망원경을 학생의 눈이나 안경에 가까이 댄다.
· 초점을 맞춘다. 학생이 ___손으로 대상물이 희미할 때까지 초점링을 돌린다. 대상물이 명료하게 보일 때까지 링을 반대 방향으로 돌린다.

· 주사하기
① 위와 같이 대상물을 고정시키고 망원경의 초점을 맞춘다.
② 볼 때에 머리와 망원경을 함께 움직인다.
③ 망원경은 움직임이 가속화되어 보이므로 천천히 움직인다.

· 추적하기(움직이는 대상물을 추적한다. 예를 들어, 자동차의 움직임이나 사람이 걷는 것을 본다).
① 위와 같이 대상물을 고정시키고 망원경의 초점을 맞춘다.
② 대상물을 추적하는데 움직임이 필요하면 머리와 망원경을 함께 천천히 움직인다.
③ 눈으로 대상물을 추적하지 않는다.

· 망원경으로 보면서 걷지 않는다.

<주의 사항>

· 망원경이 작으므로 사용하지 않을 때에는 주머니나 가방에 넣거나 목에 건다.
· 서서 사용할 때에는 망원경이 안정되도록 팔을 몸에 붙이거나 반대쪽 손으로 잡는다.
· 앉아서 망원경을 사용할 때에는 팔꿈치를 책상이나 의자에 대고 망원경을 지지한다. 이렇게 하면 피로도 경감된다.
· 처음에는 보조 기구를 5~10분, 하루 3~5회 사용한다. 보조 기구에 익숙해지면 훈련 시간을 1회 더 늘린다.

<보조 기구의 관리>

· 부드럽고, 마른 수건으로 닦는다.
· 보조 기구를 물 안에 넣어서는 안된다.
· 렌즈가 손상되므로 렌즈를 딱딱한 표면에 놓지 않는다.

<그 밖의 사용>

이 보조 기구로 다음과 같은 활동을 할 수 있다.

· 도로 표지, 버스의 노선 번호, 교통 신호 등을 확인한다.
· 짧은 시간 동안 텔레비전을 본다.
· 자신을 향하여 오는 사람을 확인한다.
· 마당에 떨어져 있는 신문을 찾는다.
· 칠판의 글씨를 읽는다.
· 식품의 봉지에 있는 제조 연월일을 찾는다.
· 다른 교실에 있는 친구를 찾는다.
· 차창 밖의 경치를 바라본다.
· 사람의 표정을 본다.

<표 10-6> 안경장착형 망원경에 관한 정보

<설명>

· 학생의 시각 보조 기구는 안경에 장착한 초점을 맞출 수 있는 망원경이다.
· 이 망원경의 배율은 _____X(대상물이 ____배로 확대된다)이다.
· 초점을 맞추면 ______m 이상 떨어진 대상물을 볼 수 있다.

<사용 방법>

· 망원경을 사용하지 않고 보고 싶은 대상물의 위치를 찾는다(안경을 올리거나, 반대쪽 눈으로 본다).
· 대상물을 분명히 보기 위하여 망원경을 사용한다.
· 초점을 맞춘다. 학생의 ____손으로 대상물이 희미할 때까지 초점링을 돌린다.
  다음에 대상물이 명료하게 보일 때까지 링을 반대 방향으로 돌려 가장 선명한 상을 얻는다.
· 주사하기(학생은 망원경의 시야보다 넓은 것을 본다. 예를 들어, 폭이 넓은 간판이나 실내를 돌아본다).
  ① 위와 같이 대상물을 고정시키고 망원경의 초점을 맞춘다.
  ② 학생이 주사할 때에는 머리와 망원경을 함께 움직인다.
  ③ 학생이 주사할 때에는 눈을 움직이지 않는다.
  ④ 망원경은 움직임이 가속화되므로 천천히 움직인다.
· 추적하기(움직이는 대상물을 추적한다. 예를 들어, 자동차의 움직임이나 사람이 걷는 것을 본다).
  ① 위와 같이 대상물의 위치를 고정시키고, 망원경의 초점을 맞춘다.
  ② 학생과 대상물과의 거리가 바뀌면 다시 초점을 맞춘다.
  ③ 대상물을 추적하는데 움직임이 필요하면 머리와 망원경을 함께 천천히 움직인다.
  ④ 눈으로 대상물을 추적하지 않는다.
· 망원경으로 보면서 걷지 않는다.

<주의 사항>

· 처음에는 보조 기구를 5~10분, 하루 3~5회 사용한다. 보조 기구에 익숙해지면 훈련 시간을 1회 더 늘린다.
· 망원경에 줄이 있을 때에는 안경을 코에 바싹 붙도록 가까이 오게 조절한다.
· 초점을 맞출 때에는 한 손으로 보조 기구를 잡고 다른 손으로 초점링을 돌린다.

<보조 기구의 관리>

· 부드럽고, 마른 수건으로 보조 기구를 닦는다.
· 보조 기구를 물 안에 넣어서는 안된다.
· 렌즈가 손상되므로 렌즈를 딱딱한 표면에 놓지 않는다.
· 망원경의 테를 마음대로 변형시켜서는 안된다.

<그 밖의 사용>

이 보조 기구로 다음과 같은 활동을 할 수 있다.

· 칠판의 글씨를 읽는다.
· 건물의 입구를 찾는다.
· 식품의 포장에 써 있는 제조 연월일을 찾는다.
· 다른 교실에 있는 친구를 찾는다.
· 박물관의 그림을 감상한다.
· 전광 게시판을 읽는다.
· 텔레비전을 본다.
· 운동 경기, 음악회, 연극, 영화를 관람한다.
· 방안에 있는 사람을 명확하게 본다.

제11장 원거리 시력 훈련

원거리 시력 훈련을 위해 처방된 보조 기구 사용법의 지도는 저시력 서비스 중에서도 가장 어려운 과제이다. 프로그램은 계획과 훈련으로 구성되며, 프로그램 지도 단계에서는 관련 자료의 재검토, 저시력 학생의 단기적인 목표, 그리고 그 목표에 도달하기 위한 활동 순서를 설정한다. 그리고 훈련은 프로그램의 실천 단계이다. 특정한 목표를 달성하는 데 필요한 방법이 결정되면 숙달될 때까지 그 기법을 반복해서 연습한다.

Ⅰ. 훈련 프로그램의 준비

1. 훈련의 준비

1) 고려 사항

원거리 시력 훈련의 성공적인 훈련이나 지도 프로그램을 작성하기 위해서는 다음과 같은 기본적인 사항에 주의해야 한다.

첫째, 원거리 보조 기구를 사용하는데 있어서 저시력 지원 교사는 과학적인 특성, 한계 및 조작에 대한 풍부한 지식을 가져야 한다.

둘째, 보조 기구의 사용 방법을 학습할 때에 경험하는 좌절감을 이해하기 위해서 저시력 지원 교사는 시각장애의 생리학 및 기능적 특성에 대한 지식을 가져야 한다.

셋째, 저시력 지원 교사는 시각장애가 있는 저시력 학생의 성격, 동기부여, 목표, 학생 자신에 대한 인식, 제공받고 있는 보조 기구 서비스, 경력 등을 알아야 한다. 이러한 요인은 저시력 학생의 보조 기구 사용에 관한 태도에 영향을 크게 미친다.

넷째, 저시력 지원 교사는 저시력 학생이 보조 기구를 사용하므로 얻게 되는 목표의 달성 정도를 임상 검사 자료를 보고 판단해야 한다. 그러나 정보가 부족하면 저시력 학생이 달성할 수 있는 수준에 대해 전혀 예측할 수 없다.

다섯째, 저시력 지원 교사가 동일한 문제 및 목표를 가진 이외의 저시력 학생에 대한 경험이 있으면 저시력 지원 교사는 보조 기구를 사용하든 안 하든 특정한 목표를 달성하는데 저시력 학생을 어느 정도 지원할 수 있는지 결정하는 데 도움이 된다.

2) 훈련 계획

원거리 시력 훈련의 성공적인 훈련 프로그램의 기반이 되는 몇 가지 포괄적인 개념과 고려해야 할 점에 기초해서 개별화 계획을 세운다.

(1) 단순한 것에서부터 복잡한 것으로

모든 활동은 가장 단순한 시각적인 작업과 대상물에서 출발한다. 강한 대비, 적절한 예민도, 될 수 있으면 세부 구조를 적게 가지는 대상물이 가장 좋다. 흰 배경으로 된 블록 지표는 그림과 땅을 식별하는데 가장 간단한 작업이다. 프로그램이 단순한 것에서 보다 상세하고 복잡한 시각 작업으로 진행됨에 따라 저시력 학생은 점차 어려움을 느낀다. 따라서 지도와 땅의 복잡한 부분 몇 가지를 제거하면 장애는 적어진다.

(2) 정지에서 이동으로

프로그램의 제1단계는 저시력 학생이 앉은 상태에서 정지해 있는 목표물을 보는 정적인 훈련이다. 이 상태에서는 혼란이 가장 적게 일어나고 성공률도 높다. 제2단계는 저시력 학생이 앉은 상태에서 움직이는 대상물을 목표로 한다. 제3단계에서는 저시력 학생이 움직이는 상태에서 정지하는 대상물을 관찰한다. 마지막 단계에서는 저시력 학생이 움직이면서 움직이는 대상물을 관찰한다. '정지에서부터 이동으로'라는 개념은 '단순함에서부터 복잡함으로'의 개념과 동일하다.

(3) 적절한 배율로

저시력 학생이 고배율의 망원경을 사용하고 있을 때에 어느 특정한 활동에서 문제가 생기면 배율을 낮추어 대상물의 크기를 적절한 크기로 바꾼다. 망원경에 창이 붙었다고 생각하면, 망원경의 배율을 낮추거나 혹은 물리적으로 크게 하면 창은 그만큼 크게 된다. 창의 크기가 커지면 저시력 학생은 망원경을 통해서 잘 볼 수 있고, 그 후에 배율의 효과를 이해하게 된다. 이 과정에서 저시력 학생은 물체가 실제보다 가까워 보이는 것과 망원경의 시야가 좁다는 것을 서서히 이해하고 익숙해진다. 처음에 저배율 망원경으로 시작하면 다음에 고배율 망원경에 익숙해지기 쉽다. 익숙해지기 어려우면 저시력 학생은 우선 종이를 말아서 경통을 만들어 그 창을 통해서 물건을 보는 연습을 한다. 이렇게 경통을 이용해서 보는 연습을 하면 운동 제어 및 방향 찾기 능력 발달을 촉진시킨다.

(4) 전부(全部)아니면 전무(全無)

장소 찾기나 고시에 문제가 있는 저시력 학생으로 전반적인 시각 기술 수준이 낮은 저시력 학생에게는 '전부 아니면 전무'라는 개념이 도움이 된다. 오른쪽 눈만으로 망원경을 사용하는 경우에는 저시력 지원 교사는 저시력 학생의 좌안을 완전히 차단하고 망원경을 통해서 빛만 보게 한다. 이때 망원경은 우안의 중앙에 위치하는 것이 가장 좋다. 저시력 학생이 안경을 사용하지 않는 경우에는 망원경에 부착되어 있는 고무를 차폐판으로 사용한다. 망원경으로 들어오는 빛 이외에는 모두 차단해서 저시력 학생이 창을 쉽게 발견하고, 그곳에 시선도 쉽게 고정하게 된다. 저시력 학생의 시선이 흔들리면 어둡게 보인다. 망원경을 통해서 들어오는 광원만이 존재하므로 저시력 학생은 창을 쉽게 발견하고 시선을 고정할 수 있다. 연습을 반복하면서 광학적인 시스템을 사용하여 시선을 고정하는 데 필요한 감각과 운동 억제 능력을 발달시킬 수 있다.

(5) 훈련은 즐겁게

저시력 학생이 신체적으로 즐겁거나 편해질 수 있으면 훈련 효과가 높아진다. 편안하게 앉을 수 있는 의자, 높이가 조절되는 책상, 적절한 조명과 같은 기분 좋은 환경을 조성하면 프로그램을 단시간에 마칠 수 있다. 훈련 전에 검사에 관해 기탄없이 대화를 나누어 저시력 학생과의 신뢰 관계를 형성하고 저시력 지원 교사에 대한 믿음을 가지게 해야 한다.

(6) 시각 진단에 관한 지식

저시력 학생에게 훈련을 시작하기 전에 저시력 지원 교사는 임상 결과의 자료와 처방된 보조 기구를 검토하고, 저시력 학생이 실시해야 할 작업을 교사가 스스로 해 보아야 한다. 이러한 활동은 저시력 지원 교사가 작업의 성질과 문제점을 파악하는 데에 도움이 된다. 저시력 학생의 시각 진단 및 동기부여를 앎으로써 저시력 지원 교사가 이들을 판단하는데 도움이 된다. 저시력 학생이 미리 목표를 가지고 있지 않는 경우에는 목표 설정에 도움을 준다.

(7) 목표 설정

저시력 학생 중에는 보조 기구의 사용법 익히기와 그 목표 달성의 동기부여를 필요로 하는 학생도 있다. 저시력 지원 교사는 그 목표를 검토하고 그것이 현실적인지 여부를 저시력 학생에게 알려 주어야 한다.

(8) 훈련 기간

처음의 훈련 시간은 짧고, 성공 지향형으로 한다. 시각을 한동안 사용하지 않던 저시력 학생의 피로를 줄이기 위해서 훈련 시간을 짧게 한다.

2. 임상 검사의 정보

저시력 지원 교사는 훈련 시작 전이나 실시 중에 임상가가 작성한 정보와 보고서를 될 수 있는 대로 많이 입수한다. 저시력 학생이 시력 검사를 할 때 저시력 지원교사가 임상가를 도와주면 정보와 보고서를 쉽게 입수할 수 있다. 저시력 학생의 시력 사용이 어느 정도 기능적인지 저시력 지원 교사가 알기 위해서는 ①시각장애의 원인 ②시각장애가 시작된 연령 ③원거리와 근거리의 시력 ④시야의 넓이와 형태 ⑤저시력 학생의 시력 특성 ⑥다양한 조명 상태에 대한 저시력 학생의 허용도 등을 알아야 한다.

그리고 저시력 지원 교사는 처방된 보조 기구에 대해 ①보조 기구의 이름과 형태 ②보조 기구의 배율과 초점거리 ③보조 기구를 사용할 수 있는 눈 ④보조 기구를 사용할 때 보통 처방된 안경을 사용해야 하는지 차폐렌즈를 사용해야 하는지 ⑤어떤 작업이나 상황에 대해서 보조 기구가 처방되었는지 ⑥보조 기구로 달성할 수 있는 시력 ⑦최적의 조명 조건(원거리는 조도로 근거리는 광도로 지정) 등의 정보를 입수해야 한다.

독서에 망원경이 사용되는 경우에 임상가와 저시력 지원 교사는 훈련 전에 사용할 문자 크기 및 훈련 후에 읽을 수 있는 문자 크기에 대해서 의논한다. 훈련 시작 후 오랫동안 저시력 지원 교사가 임상 정보를 검토해서 예상한 시력에 미치지 못한 경우에는 저시력 지원 교사는 임상가와 상담한다. 임상가는 어떤 제안을 하거나 혹은 저시력 학생이나 저시력 지원 교사와의 면회 시간을 설정할 수도 있다.

저시력 학생에게는 의사에게 묻고 싶지 않거나 검사 때부터 생각한 의문을 가지고 있는 일이 있기 때문에 훈련을 시작하기 전에 저시력 지원 교사는 반드시 저시력 학생과 임상 검사의 결과에 대해서 의논해야 한다. 특히 자신의 시각장애와 그 의미를 이해하고 그것을 다른 사람에게 설명하기 위해서 저시력 지원 교사의 보조를 필요로 하는 저시력 학생이 있기 때문에, 저시력 지원 교사는 시각장애의 원인과 정도 및 장래의 예후에 대해 저시력 학생에게 충분히 이해시킬 필요가 있다. 그리고 저시력 지원 교사는 저시력 학생이 보조 기구에 대해서 현실적인 기대를 가질 것과 저시력 학생이 보조 기구를 효과적으로 잘 사용하기 위해서는 반드시 연습이 필요하다는 것을 인식시켜야 한다.

3. 훈련 환경

1) 임상 환경

훈련을 하는 환경은 훈련 과정에 어느 정도 영향을 준다. 임상 환경에서 훈련은 저시력 학생, 저시력 지원 교사 및 임상가 사이의 상호 관계를 좋게 한다. 저시력 학생은 보조 기구가 처방된 직후에 그 사용 방법에 대한 학습을 시작해야 한다. 만약 그 보조 기구가 기능을 잘 하지 못하는 경우에는 다른 형태의 보조 기구를 처방한다. 특정의 보조 기구를 처음 소개받았을 때에는 거부한 저시력 학생도 저시력 지원 교사의 격려와 노력으로 임상 환경에 대해 적응하는 경우가 있다.

저시력 학생에 따라서 한 번의 훈련으로 충분한 학생도 있지만, 수 차례의 훈련을 필요로 하는 학생도 있는데 평균 세 번의 훈련이 필요하다. 그리고 기본적인 사용 기술을 숙달시키지 않고 사용하기 시작하면 실패하는 수가 많은데, 그 경우에는 체념하면서 자신의 능력을 의심하게 된다. 따라서 적절한 문자 크기와 조명으로 보조 기구를 바르게 사용하여 성공적인 경험을 하도록 해야 한다.

2) 비임상 환경

저시력 학생이 임상실에서 보조 기구를 가지고 비임상 환경에서 감독 없이 직접 사용할 준비가 되어 있으면 저시력 지원 교사는 연습에 지침이 되는 것들을 알려 주어야 한다. 지시는 테이프에 녹음하든지, 읽을 수 있는 크기의 문자로 쓴다. 지도할 때 가족 혹은 친구가 참관을 한 경우에는 가정에서 연습할 때 일어나는 상황에 대해서 들을 수 있다. 그들은 저시력 학생을 보조하고, 격려할 수 있는 사람이어야 하며, 기술이나 능력을 가정이나 학교에서 발휘할 수 있으면 훈련을 보조할 수 있도록 한다. 처음 임상 훈련을 한 후, 같은 훈련을 가정에서 반복하면 더 효과적이다.

3) 재활 센터

재활 훈련을 받고 있는 저시력 학생의 경우 훈련 프로그램에 저촉되지 않는 한, 잔존 시력 또는 저시력 보조 기구를 가능한 한 훈련 과정이나 일상생활에서 많이 활용하도록 해야 한다. 그래야 재활 프로그램이 종료된 후에도 학습한 기술을 가정이나 학교에서 활용할 수 있다. 재활 센터의 훈련 프로그램의 성공 여부에 따라 가정이나 학교에서 새로운 목표를 설정하는 경우도 많으며, 그로 인하여 저시력 학생은 훈련 프로그램을 종료한 후에도 기술을 계속 진전시킬 수 있다. 시력 및 저시력 보조 기구의 사용에 대해서 직접 지도, 훈련하는 이외에 저시력 지원 교사는 재활 센터의 작업치료사에게 정보를 줄 수 있다.

4) 가정 및 학교

가정 혹은 학교에서 저시력 학생과 관계하기 전에 저시력 지원 교사는 임상 검사 자료, 처방된 보조 기구, 비광학 보조 기구를 검토한다. 그리고 저시력 지원 교사는 저시력 학생의 시각장애 및 저시력 보조 기구에 대해서 저시력 학생, 가족, 교사 및 상담가와 의논해야 한다. 저시력 학생과 중요한 관계를 가진 사람들이 그에 대해 모든 것을 이해하는 것은 저시력 학생의 잔존 시력 및 저시력 보조 기구를 성공적으로 사용할 수 있도록 도와주는 역할을 한다.

또한 저시력 지원 교사는 가정 및 학교에서 저시력 학생에게 효과적인 환경을 현실적으로 정비할 수 있다. 예를 들어, 가정에서는 적절한 조명이 있는 독서 공간과 망원경의 지지기구 등을 배려하도록 하며, 학교에서는 교사에게 보조 기구의 사용, 적절한 조명이나 칠판 읽기에 대해서 조언을 한다.

4. 훈련기구 및 교재

1) 훈련실

원시안 보조 기구는 대부분 초점거리가 90cm에서 무한대까지 변화하기 때문에 훈련실의 넓이는 사용하는 보조 기구의 최적 초점거리를 확보할 수 있는 넓이라야 한다. 보통은 6m이므로 3m × 7.5m 길이의 장방형의 훈련실이 가장 좋다. 이 정도 크기이면 초점거리의 변경을 필요로 하는 다양한 거리에서의 활동이 가능하다. 또한 저시력 학생을 앞뒤로 이동시킬 필요가 있는 경우에는 마루 혹은 벽에 1.5m, 3m 등 거리를 표시해 두는 것도 편리하다.

훈련실의 벽에는 될 수 있는 대로 분위기가 산만하지 않도록 게시하여 저시력 학생이 혼란스럽지 않도록 하며, 훈련실 한 쪽에는 칠판을 설치하여 훈련 활동에 대한 것이나 칠판에 쓰여 있는 것을 필기할 수 있도록 한다. 훈련실의 조명은 약 100feet 촉광이 필요하며 개인의 상태에 따라 조절할 수 있도록 한다. 훈련을 실시할 장소의 밝기는 전반적으로 같게 하는 것이 중요한데, 대부분의 상황에서는 방의 중앙이 가장 밝고 주변이 어두운 경우가 많다. 따라서 조도계를 준비해 두면 훈련을 실시하는 장소의 밝기를 알 수 있다.

훈련실은 충분한 기구를 보관할 수 있을 만큼 넓은 장소가 좋으며, 사용하지 않는 기구가 훈련에 장애가 되지 않도록 해야 하며, 그 외의 기구는 언제나 사용할 수 있는 상태로 관리해야 한다.

2) 훈련 기구

훈련에는 어느 정도의 장치와 기구가 필요한데, 훈련실에 비치되어야 할 최소한의 장치·기구의 종류는 다양한 종류와 배율의 망원경과 자유롭게 굽힐 수 있는 스탠드와 60W 전구, 칠판, 점멸 전등(적색과 녹색), 소켓이나

3m 연장 코드, 펜라이트, 높이 조절 책상, 슬라이드 프로젝터, 판넬식 차폐판, 패드형 차폐판 등이다.

3) 훈련 교재

저시력 지원 교사는 저시력 학생 개개인의 시력 및 독서 능력을 평가하여 적합한 원거리 시력 훈련을 하기 위해 다양한 크기의 마분지 관, 만화경, 펠트 똬리쇠, 신축성 있는 끈, 6m 길이의 밧줄, 직경 8인치의 색상있는 관, 여러 가지 표식 등의 다양한 교재를 준비해야 한다.

5. 기능 개발과 연습

훈련은 조용한 교실에서 하며, 시각적으로 단순하고, 자연광과 인공광을 갖추고 있는 장소에서 한다. 벽은 광택이 없으며, 현란하지 않고 밝은 색으로 도색하며, 크고, 밝은 대상물이나 그림을 몇 점 준비해서 벽에 걸어 놓는다. 전체상은 저시력 학생의 육안으로 보이지만 상세한 것은 망원경을 필요로 한다.

저시력 지원 교사는 저시력 학생이 복잡한 훈련 단계로 옮기기 전에 단순한 작업에 익숙하도록 훈련시키고 이론적인 순서에 따라 실시한다. 처음에는 실내의 정지되어 있는 대상물에 초점을 맞추는 연습을 하고, 그 후 움직이는 대상물로 연습한다. 여러 보조 기구가 처방된 경우에는 배율이 최저인 보조 기구부터 시작한다. 저시력 지원 교사는 각 기능분야에 대한 저시력 학생의 능력을 평가한다.

저시력 학생이 이미 하나의 보조 기구에 익숙하거나 망원경에 대한 경험이 있으면 그 기능에 관한 지도를 하는 것이 좋다. 훈련에 사용되는 장소와 대상은 단순한 것에서부터 복잡한 것으로 단계적으로 이행한다. 복잡한 작업에 영향을 주는 환경적인 요인은 광원의 질, 강도, 위치, 혼잡함, 저시력 학생이 환경에 익숙한 정도, 예측성, 스트레스 정도 등이다. 저시력 학생이 보는 대상물에 대해서도 저시력 지원 교사는 다음 변수를 억제해야 한다.

크기와 형태, 저시력 학생으로부터의 거리, 높이와 방위각에 관한 위치, 복잡함(그림 · 땅), 표면의 질과 반사 특성(색상 · 밝기 · 채도), 움직이는 대상이 제시되는 시간, 대상과 배경의 대비 및 저시력 학생의 대상에 대한 익숙함 등이다.

저시력 지원 교사가 이러한 모든 변수로 인한 곤란도를 이해할 때에는 작업 조정을 할 수 있다. 환경과 대상이 변하면 더 복잡해진다. 예를 들어, 형태(정형, 부정형), 위치(눈앞에서 높은 경사의 위치) 및 시간(영구적인 것으로 부터 일시적인 것까지) 등이다. 임의로 환경과 대상을 복잡하게 변화시키면 작업 전체에서 생기는 곤란한 점도 달라진다.

기능 훈련 기간 중에 저시력 지원 교사는 저시력 학생의 진행 정도, 훈련의 길이, 저시력 학생의 기능 수준, 훈련하는 장소의 외형과 조명, 사용한 대상물의 위치와 거리 등을 기록한다. 훈련은 저시력 학생이 장래 나아갈 상황을 고려하여 현실적 의미가 있는 상황에서 문제 해결에 대한 지도와 연습을 실시한다. 이러한 연습은 저시력 학생이 보조 기구를 일상생활에서 활용하여 보조 기구의 새로운 응용 방법을 발견하고, 저시력 지원 교사가 없는 상태에서 문제를 효과적으로 처리하는 능력을 기르는 방향으로 진행한다.

저시력 지원 교사는 망원경을 사용하여 저시력 학생이 어디를 어떻게 보고 있는지 관찰하고 보조 기구를 통해서 보고 있는 것을 구두로 설명하게 한다. 저시력 학생은 훈련을 시작하기 전에 보조 기구를 점검하고 오염 등의 정비 상태를 확인하며, 훈련이 종료된 후에도 점검을 일상화하는 습관을 기른다. 또한 초점 맞추는 작업의 기본에 숙달 되었으면 보조 기구를 집으로 가지고 간다. 실시해 본 기술이나 행동, 그것에 소비된 시간과 함께 저시력 지원 교사는 저시력 학생에게 보조 기구의 교육, 직업 및 여가 사용 등에 대한 보고를 하게 한다. 사용 목록을 작성하여 보조 기구의 새로운 이용 방법을 발견하게 한다.

저시력 학생이 이 단계에서 문제점에 부딪치게 되는 경우가 많은데, 대부분은 시야의 감소이다. 따라서 삼각대 위에 설치된 망원경의 초점을 맞추면 시야가 넓어져서 안정되며 문제 해결에 도움이 된다. 손잡이형 망원경으로 특정한 대상의 위치를 발견하는 것이 어려운 경우에는 시각뿐만 아니라 청각을 사용할 수 있는데 라디오, 탁상시계의 자명종 혹은 소리가 나오는 공 등을 대상으로 할 수 있다. 그래도 문제가 해결되지 않으면 저시력 지원 교사는 동일한 배율이지만, 큰 대물렌즈가 붙은 보조 기구 혹은 배율은 낮지만 시야가 넓은 보조 기구의 사용에 대해서 임상가와 상담한다.

시야가 넓으면 시각 정보량이 증가하고 초점 맞추는 곳을 판단하기 쉽다. 보조 기구 사용 훈련 중에서 진척이 잘 되지 않는 것으로 조절, 고시, 양안 통합 혹은 폭주 이상 등에 원인이 있다고 생각될 때에는 저시력 학생을 저시력 임상실로 보내서 시기능 검사를 다시 받게 한다. 만약 기본적인 시기능부터 익혀야 하면 그것부터 우선 실시해야 한다.

Ⅱ. 훈련 프로그램의 실시

1. 망원경의 특성

망원경은 시각장애인이 대상물을 큰 상으로 볼 수 있도록 만들어져 있다. 갈릴레오식 망원경은 프리즘없이 바른 위치의 상을 얻을 수 있고 정위상을 얻기 위해서 큰 프리즘을 필요로 하는 케플러식 망원경보다 소형으로 가볍다. 그러나 새로운 디자인의 케플러식 망원경은 보다 소형이며, 설계가 잘 되어 시야는 그대로 유지된다. 망원경은 접안렌즈, 대물렌즈 및 금속 혹은 플라스틱으로 되어 있는 경통으로 구성되어 있다. 접안렌즈와 대물렌즈 사이에 렌즈 혹은 프리즘이 있는 망원경도 있다.

망원경에는 배율과 시야를 기재한 라벨이 붙어 있다. 예를 들어, 6×30이고 시야 7.5도라고 쓰여져 있는 경우, 이 보조 기구는 물체의 크기를 실제의 6배로 확대하고 직경 30mm의 대물렌즈를 사용하는 것을 의미한다. 그리고 이 망원경으로 얻을 수 있는 최대 시야는 7.5도이다.

상의 밝기는 망원경에 따라 다르다. 상의 밝기는 대물렌즈의 직경을 배율로 나누어 구한다. 예를 들어, 6×30의 망원경은 5mm의 직경을 가진 광속이 눈에 닿는다는 계산이다. 6×18은 3mm의 광속이 닿는다. 저시력 학생의 동공의 지름이 5mm이면, 6×18과 비교해서 6×30정도 저시력 학생이 보는 상이 밝다. 동공의 지름이 3mm이면 어느 쪽의 망원경을 사용해도 밝기는 동일하다.

조명의 정도에 따라 동공의 크기는 변화하는데, Mehr와 Fried(1974)에 의하면 동공 크기가 햇빛 아래에서는 2mm, 야간에서는 5mm인 학생이 밝은 상을 필요로 하는 경우에는 낮에는 6×15로 만족할 수 있는 상이 얻어지고, 야간에는 6×30이 양호하다고 한다. 그러나 6×50으로 해도 그 이상의 개선은 되지 않는다. 이러한 이유에서 보조 기구를 처방하기에 앞서 저시력 학생이 망원경을 사용하고 싶어 하는 작업을 확인하는 것은 중요하다.

망원경의 사출동공(射出瞳孔)은 대물렌즈의 지름을 배율로 나누어 구한다. 예를 들어, 6×30 망원경의 사출동공의 크기는 5mm이다. 사출동공이 2.5mm로 8×20의 망원경으로 보기 어려운 저시력 학생은 사출동공 6.25mm인 8×50의 망원경을 사용하면 된다. 후자는 창의 크기가 전자의 2.5배가 되는데, 이것은 밝기를 결정하는 것과 같은 계수이다.

망원경의 초점범위는 망원경에 따라 다소 다르다. 그러나 대부분의 케플러식 망원경은 60～360cm 떨어진 물체가 명료하게 보이도록 초점을 맞출 수 있다. 망원경을 사용해서 보다 가까운 곳의 목표를 보아야 할 경우 망원경에 독서용 캡을 붙이거나 대물렌즈를 목표물 쪽으로 하여 경통을 늘리면 가까운 곳에 초점이 맺힌다.

눈과 망원경의 접안렌즈와의 거리인 정점간거리는 망원경을 통해서 보이는 시야를 결정하는데 중요하다. 저시력 지원 교사는 눈이 망원경에 가까울수록 비례해서 시야가 넓어진다는 것을 알아야 한다. 굴절 이상이 심한 난시 학생을 위해서는 접안렌즈 뒤에 교정용 렌즈를 넣는다. 경우에 따라서 망원경을 사용해서 좋은 시력을 얻기 위해 안경으로 교정할 필요가 있으나 그 경우에 시야가 희생된다. 안경렌즈 때문에 망원경은 정점간거리가 길어져서 시야가 감소한다. 움직임이 심한 상태에서 망원경을 사용할 경우 흔들림이 생기며, 망원경의 배율이 높으면 그만큼 저시력 학생의 움직임이 많아진다. 이것은 저시력 학생이 망원경에 익숙하지 않는 기간 동안 발생하며 시간이 경과함에 따라 적어진다.

2. 보조 기구 훈련

저시력 학생은 처방된 보조 기구의 접안렌즈, 대물렌즈 등을 확인하고 어느 쪽의 눈에 잘 맞는가를 알아야 한다. 보조 기구가 원통형이면 어느 쪽이 접안이고 어느 쪽이 대물인지 식별하기 쉽지 않다. 저시력 지원 교사는 어느 쪽이 눈에 더 잘 맞는지 표시하기 위해서 대비가 되는 색을 띈 가느다란 밴드로 표시한다. 그리고 저시력 학생이 렌즈에 대해 흥미를 나타내고 또한 그에 대해 이해력이 있으면 저시력 지원 교사는 렌즈의 광학에 대해서 설명해 준다.

저시력 학생이 기능적으로 뛰어나면 지도와 훈련 중 광학적인 원리를 많이 발견할 수 있다. 예를 들어, 저시력 지원 교사는 저시력 학생의 정면에서 180~240cm 떨어진 그림에 보조 기구 초점을 맞춘다. 다음에 저시력 학생에게 보조 기구를 통해서 그 그림을 보게 하고 보조 기구의 배율에 대해 알맞은 점에 대해 질문한다. 그러면 많은 저시력 학생은 그림이 보다 가깝거나 크게 보인다고 대답할 것이다. 그 다음에 저시력 학생은 보조 기구를 사용한 경우와 하지 않은 경우 두 가지 사이의 시야 크기를 비교한다. 그래서 저시력 지원 교사는 보조 기구를 눈에 가장 가까이 하였을 때에 최대의 시야가 얻어진다는 것을 저시력 학생 자신이 발견할 수 있도록 지도한다.

대부분의 저시력 학생은 1회 훈련으로 이러한 모든 정보를 이해할 수는 없다. 또한 저시력 학생에게 저시력 지원 교사는 보조 기구를 어떻게 취급·보존해야 하는지에 대해서 모두 지도해야 한다. 보조 기구와 그 사용에 대해서 학생 자신이 어떻게 느끼고 있는지도 상당히 중요하다. 대부분의 저시력 학생은 무엇인가 남달리 특이한 것을 사용하면 다른 사람들의 눈에 띄여서 싫어하는 경향이 있다. 임상 검사에 대해서 나타낸 열의와 관계없이 이것은 중요한 문제이다. 저시력 학생이 이러한 이유로 보조 기구를 거부하고 있다고 생각될 경우에는 저시력 지원 교사는 저시력 학생에게 우선 가정 등의 자유로운 환경에서 충분히 사용하게 한 후 학교나 오락 장소에서 사용할 수 있도록 조언한다.

3. 지표 인식

1) 보조 기구의 위치

저시력 학생이 보조 기구를 떨어뜨려서 파괴하는 일이 없도록 망원경 끈을 달아 목에 걸게 한다. 그리고 겨울에 야외에서 장갑을 끼고 보조 기구를 사용하는 경우 고정하는 일에 특히 유의해야 한다. 또한 겨울철에는 렌즈가 흐려지는 것을 방지하는 약을 엷게 발라서 접안렌즈의 흐림을 방지한다. 시야를 최대로 하기 위해서는 보조 기구를 단단하면서 편안히 쥐고 가능한 한 눈 가까이에 댄다. 대부분의 저시력 학생은 보조 기구를 사용하는 눈과 같은 쪽의 손으로 잡는 것이 쉽다는 것을 알고 있다. 보조 기구는 엄지손가락과 그 외의 손가락을 사용하여 쥐도록 한다. 그리고 집게손가락과 엄지손가락으로 형성된 원을 얼굴에 붙여서 보조 기구를 안정시키고 주위의 빛을 차단한다.

특히 움직임을 최대로 줄이기 위해서 보조 기구를 단단히 잡는다. 앉아 있을 때는 팔꿈치를 책상 위에 놓도록 한다. 책상이 너무 낮은 경우에는 책상 위에 책을 포개고 그 위에 팔꿈치를 올려 놓거나 보조 기구를 넣는 상자를 무릎 위에 올려 놓고 그곳에 팔꿈치를 붙여도 된다. 서있을 때에는 보조 기구를 쥐고 있는 쪽의 팔뚝을 몸에 붙이거나 반대쪽의 손바닥으로 보조 기구를 쥐고 있는 팔꿈치를 받쳐서 보조 기구를 안정시킨다.

뇌성마비, 다발성 경화증, 당뇨병, 고령자 혹은 뇌졸중 병력이 있는 학생은 운동기능의 조절에 문제가 있기 때문에 보조 기구를 안정하게 지지시키고, 조작하면서 볼 수 있는 능력을 습득하기가 어려울 수 있다. 보조 기구를 안정시키기 위해서는 받쳐주는 장치를 사용한다. 팔을 책상이나 가슴에 받치거나 보조 기구를 특정한 목적에 사용하려면 예를 들어, 칠판의 내용을 옮겨 쓰거나 텔레비전을 보는 일에 사용하려면 삼각대 등으로 장착하는 간단한 방법이 효과적이다.

운동제어에 문제가 있는 저시력 학생은 동일한 배율의 여러 형태의 보조 기구를 처방 받아야 할 경우가 있다. 저시력 학생에 따라서는 대형의 망원경이나 쌍안경이 취급하기 편한 경우가 있는데, 손이 떨리는 학생은 무거운 보조 기구를 들면 손의 떨림이 감소되는 경우가 있다. 대형이며 저배율인 망원경은 사출동공이 크기 때문에 경량이며 고배율의 망원경으로 간단히 지표를 발견할 수 없는 저시력 학생이 사용하기에 편리하다. 이러한 망원경은 보고자 하는 목표물을 찾기가 쉽기 때문에 될 수 있는 한 자주 사용하여 지표를 인식하는 감각을 개발해야 한다.

2) 저시력 지원 교사의 위치

지표를 찾는 훈련은 시각적인 자극이 적은 실내에서 진행한다. 저시력 지원 교사는 우선 보조 기구의 초점을 300cm로 맞춘다. 다음에 저시력 학생의 정면에서 300cm 떨어진 장소에 서서 저시력 지원 교사를 보도록 한다. 이런 경우에 소리 힌트를 사용해도 효과적이다. 저시력 학생이 저시력 지원 교사의 모습을 발견하지 못 할 때에는 보조 기구로 교사가 있는 장소에 초점을 맞출 때까지 보조 기구를 움직이도록 저시력 학생에게 지시한다. 이 연습을 저시력 학생이 지표를 완전히 발견할 때까지 몇 번 반복시킨다.

중심 암점이 있는 저시력 학생은 보조 기구를 사용하기 전에 보조 기구 없이 중심외보기 연습을 한다. 복수의 암점이 있는 저시력 학생은 상이 망막에 이를 때까지 복수 암점을 통과함에 따라 시야 중심에서 대상물이 보이거나 사라지거나 하며, 암점이 혼란의 원인이 되어 보조 기구를 사용해도 지표를 발견하지 못하는 경우가 있다. 시력은 어느 정도 있지만 복수의 암점을 가진 저시력 학생은 눈에 안대 같은 작은 패치를 붙이면 효과가 있는데, 이 패치는 임상가 혹은 저시력 지원 교사가 시선이 존재하고 있다고 생각하는 곳에 2cm의 구멍을 뚫어서 만든다. 눈이 조각의 뒤 그리고 눈이 뚫어진 조각 구멍을 통과할 때만 시각 정보를 얻을 수 있다. 이러한 과정을 통해서 안근육과 시각 자극에 대한 방향성 감각을 가질 수 있게 되며, 시간이 걸려도 노력하면 저시력 학생은 지표를 찾는 기능을 습득할 수 있다. 이 용도에 알맞은 패치를 상품으로 판매하기도 한다.

암점 혹은 시야 이상이 있는 저시력 학생을 대상으로 할 경우에 저시력 지원 교사는 시야 가운데 가장 선명한 상이 얻어지는 장소를 확인해 둔다. 대부분의 저시력 임상실은 시야 검사에 암슬러 격자, 탄젠트 스크린 혹은 시야계 등을 사용하고 있는데 결과는 보통 그림으로 나타낸다. 그림 11-1과 11-2는 망막의 일부로 저시력 학생이 볼 수 있는 부분은 흰 부분이다. 그림 11-1은 가장 선명하게 보이는 지점이 중심 암점 내에 존재하므로 전방에서 가장 선명하게 볼 수 있도록 저시력 학생은 약 20도 이하에서만 볼 수 있다. 그림 11-2에서는 전방에서 가장 선명하게 보기 위해서 저시력 학생은 시선을 상방향으로 약 40도 우측으로 향해야 한다. 임상 검사 보고에 시야의 측정 결과가 없어서 정보 입수가 불가능한 경우에는 저시력 지원 교사는 저시력의 원인을 검토하고, 시각 상태를 관찰하거나 검사하여 정보를 입수한다.

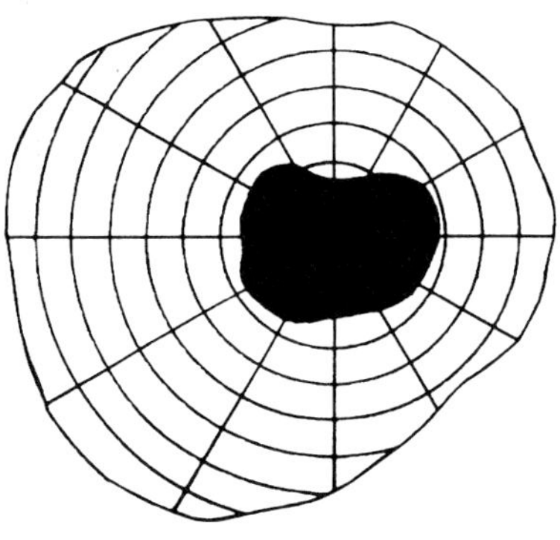

<그림 11-1> 큰 중심 암점

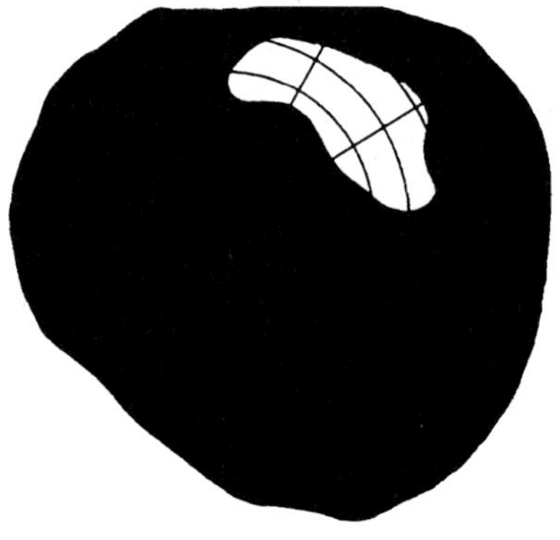

<그림 11-2> 주변에 남은 시야

대부분의 안과 질환은 시야 이상을 동반하므로 저시력 학생의 질환을 파악하므로 저시력 지원 교사는 시야 이상을 확인할 수 있다. 저시력 학생이 대상물을 상세히 관찰할 때 항상 머리의 위치가 이상하거나 시선이 한 쪽으로 치우치는 경우가 있다. 저시력 학생의 시야가 가장 선명하게 보이는 지점을 보다 정확하게 결정하기 위해서 저시력 지원 교사는 대면법 시야 측정으로 하거나 혹은 다음의 순서로 검사한다.

저시력 지원 교사와 저시력 학생은 180~240cm 떨어져서 서로 마주보고 앉는다. 저시력 지원 교사는 저시력 학생의 바로 앞에 숫자를 크게 쓴 카드를 들어 올린다. 저시력 학생은 머리를 수평으로 정지해 둔 상태에서 저시력 지원 교사의 얼굴을 천천히 오른쪽에서 왼쪽으로 눈으로 본다. 숫자의 상이 명료하게 보이는 지점에서 주사하기를 멈춘다. 만약 왼쪽으로 더 이상 볼 수 없는 지점에 오면 천천히 눈을 중앙으로 돌리는데, 이 주사는 오른쪽 · 윗쪽 · 아래쪽 그리고 저시력 지원 교사의 얼굴을 대각선으로 몇 차례 되풀이 한다. 그리고 가장 선명한 상을 얻을 수 있는 점에서 멈추고 확인한다. 저시력 지원 교사는 저시력 학생의 감각을 체크하고 숫자 · 문자 다양한 크기의 형태를 쓴 카드를 들어 올려서 저시력 학생이 정확하게 비교를 할 수 있도록 보조하며, 나아가 가장 작은 숫자가 보이는 위치를 확인하는 일을 도와준다.

저시력 지원 교사는 가장 정확하게 보이는 시선의 방향을 확인하기 위해서 그 정보를 그래프 혹은 알기 쉬운 그림으로 그려서 저시력 학생에게 설명해 준다. 저시력 학생은 자신의 얼굴을 방 가운데 있는 임의의 물체에 향하게 하고, 가장 잘 보이는 시야를 찾기 위해 어깨나 머리를 움직이면서 연습을 한다. 저시력 학생이 스스로 적절한 시선을 확인할 수 있게 되면 망원경을 사용한 중심외보기 훈련 준비를 한다.

지표를 발견하는 기능을 다음의 순서에 따라 복습한다.

① 보조 기구를 시선의 연장 상에 바르게 두고 중심외보기로 보는 훈련을 한다.

② 보조 기구가 안정되지 않은 경우에는 받침 장치를 사용한다.

③ 적절한 크기의 대상물을 사용하며, 대상물의 배경은 대비가 잘 되는 것으로 한다.

④ 항상 실시하고 있는 활동과 저시력 학생의 훈련 목적을 관련 지운다.

⑤ 처방된 보조 기구로 지표를 찾을 수 없을 때에는 배율이 낮은 망원경을 사용한다.

⑥ 지표 찾기 기술을 익히는 최초 훈련 단계에서 안경에 부착하거나 얼굴에 장착하는 전시야형의 안경장착형 망원경의 사용을 고려한다.

⑦ 실제로 보조 기구를 사용하기 전에 망원경을 통해서 무엇이 어떻게 보이는지 이해시킨다. 이 목적을 위해서는 배율이 낮은 망원경에서부터 시작하고 대상물까지의 거리를 짧게 하거나 대상물이 어떻게 보이는지 설명한다(예를 들어, 망원경을 통해서 보면 사람의 얼굴만 보인다는 것 등).

⑧ 저시력 학생을 위해서 망원경의 초점을 맞추어 둔다.

⑨ 필요하다면 눈에 패치를 붙이는 방법을 사용한다.

3) 연 습

<연습 1> 이 연습의 목적은 보조 기구를 안정시키는 것이다.

저시력 지원 교사는 저시력 학생이 앉아야 할 경우, 앉아서 의자의 정면에서 240~300cm 떨어져 시력 검사표와 그 외의 대비가 명확한 대상물에 미리 초점을 맞추어 놓는다. 이어서 저시력 학생이 의자에 앉거나 손이나 목에 보조 기구의 끈을 건다. 저시력 학생이 표를 읽는 동안 다음 두 가지의 기능을 시험해 본다.

① 보조 기구를 사용하는 쪽 눈을 확인하고 나서, 저시력 학생은 그 눈 쪽의 손가락을 보조 기구의 접안부 쪽으로 돌린다. 엄지와 검지로 동그라미 모양을 만들어 자신의 얼굴에 대고 보조 기구를 안정시키고 주위의 빛을 차단한다.

② 위와 같이 보조 기구를 손에 잡은 다음 반대 쪽 손으로 보조 기구를 대상물 쪽으로 잡아 당겨서 경통을 길게 늘인다. 이어서 한 쪽 혹은 양측의 팔꿈치를 책상이나 무릎 위에 놓은 보조 기구의 상자 위에 팔꿈치를 올리고 보조 기구를 받치는 연습을 한다.

다음은 목표에서 240~300cm 떨어진 장소에 서서 보조 기구를 쥐는 연습을 한다. 선 상태로 보조 기구를 안정되게 쥐는 두 가지의 기법을 연습한다.

① 한 손 혹은 양손으로 보조 기구를 쥐고 팔을 몸에 붙인다.

② 한 손으로 보조 기구를 쥐고 반대 쪽 손바닥으로 팔꿈치를 받친다. 처음에는 균형이 흐트러지는 것을 막기 위해서 저시력 학생은 책상 혹은 벽과 같이 안정된 것에 기대도록 한다.

저시력 지원 교사는 이 두 가지의 기술 중에서 어떤 것이 저시력 학생에게 편한지 저시력 학생과 의논 한다. 결과적으로 볼 때 환경, 대상물의 크기와 대상물을 보고 있는 시간 등에 대해서 사용하는 기술이 다르기 때문에 두 기술을 모두 습득해야 한다.

<연습 2> 이 연습의 목표는 보조 기구를 될 수 있는 대로 눈에 가까이 대는 것이다.

저시력 지원 교사는 저시력 학생의 의자 정면 240~300cm 떨어진 장소에 숫자를 기재한 칠판에 3cm 간격으로 가로로 연속해서 숫자를 기입한 굵은 선을 제시한다. 저시력 지원 교사는 의자에 앉고 그 선에 망원경의 초점을 맞춘다(그림 11-3).

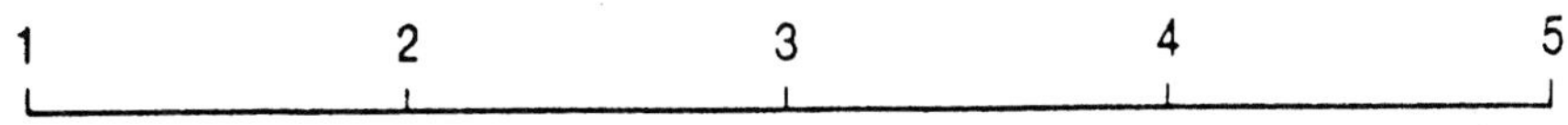

<그림 11-3> 3cm 간격으로 자른 굵은 수평선

다음에 저시력 학생이 의자에 앉아 보조 기구를 눈에서 10cm 떨어진 곳에 두고 보조 기구를 움직이지 않고 보이는 모든 숫자를 읽는다. 동일한 과정을 눈 앞 5cm에 보조기구를 두고 실시하고, 다음에는 눈에 대고 실시한다. 시야에 따라 저시력 학생은 어느 위치가 가장 좋은 결과를 가져오는지 확인한다. 필요하다면 저시력 지원 교사의 얼굴을 대상으로 해서 이 연습을 반복한다. 눈과 보조 기구 사이의 거리에 따라 저시력 지원 교사의 얼굴 보는 방법이 어느 정도 다른지 비교한다.

<연습 3> 이 연습의 목적은 저시력 지원 교사의 언어 지시 없이 보조 기구를 바르게 들고 망원경의 개념을 이해하는 것이다.

저시력 학생은 양손으로 직경 12cm 대롱을 들고 대롱을 통해서 저시력 지원 교사의 얼굴을 본다. 이때 저시력 지원 교사의 얼굴에 조명을 충분히 비추고 대롱의 앞쪽 끝 가까이에 얼굴을 갖다 댄다. 우선 저시력 학생은 저시력 지원 교사의 얼굴 표정을 말한다. 저시력 학생이 식별할 수 없는 경우에는 저시력 지원 교사는 대롱의 끝부분 가까이에 기하도형을 그린 카드를 천천히 가로방향으로 이동하여 판별하게 한다. 이것이 성공하면 이어서 대롱의 지름을 단계적으로 5cm까지 줄이고 마지막에 망원경을 사용한다. 이 연습으로도 문제가 해결되지 않으면 저시력 학생을 임상가에게 재의뢰하여 배율이 낮고 시야가 넓은 망원경으로 처방을 변경하도록 한다. 훈련 지도의 단계가 높아지면 처음에 처방된 망원경을 다시 사용한다.

<연습 4> 이 연습의 목표는 암점이 있는 저시력 학생이 망원경을 사용하고 중심외보기 기술을 습득하는 것이다.

저시력 학생은 저시력 지원 교사의 정면에서부터 180~240cm 떨어진 곳에 앉는다. 가장 선명한 상이 얻어지는 시선이 저시력 지원 교사의 얼굴에 오도록 방향을 맞춘 후, 두 사람 사이의 간격으로 초점을 맞추어 저시력 학생은 머리와 눈의 위치를 바꾸지 않고 보조 기구를 시력이 좋은 쪽의 눈 앞으로 움직인다. 저시력 지원 교사는 저시력 학생의 눈과 저시력 지원 교사와의 방향을 일직선으로 맞추기 위해 필요한 조작법을 저시력 학생에게 구두로 지시하면서 머리와 눈의 위치가 안정되도록 조정한다. 그리고 저시력 학생은 스스로 될 수 있는 한 보조 기구를 흔들리지 않고 눈에 가까이 댈 수 있을 때까지 이 연습을 반복한다.

4. 고 시(固視: fixation)

1) 초점 맞추는 방법

망원경의 초점을 맞추면 접안렌즈와 대물렌즈 사이의 길이가 변한다. 가까운 물체에 초점을 맞추면 두 개의 렌즈사이의 길이는 길어진다. 또한 멀리 있는 물체에 초점을 맞추면 길이가 짧아진다. 처음 단계에서는 저시력 지원 교사가 초점을 맞추고 초점이 맞은 대상물을 보는 방법을 지도한다. 초점 맞추는 방법을 지도할 때 저시력 지원 교사는 대상물에서 180~240cm정도 떨어져 서고 접안렌즈를 한 방향으로 최대한 돌린다. 저시력 학생은 천천히 부드러운 몸놀림으로 대상물의 상이 뚜렷하게 보일 때까지 접안렌즈를 돌리고, 이어서 그 지점을 넘어서 상이 흐릿하게 보일 때까지 돌리고, 이번에는 다시 상이 명료하게 보일 때까지 반대로 돌린다. 경통을 끝까지 늘리면 최대 배율이 된다. 망원경을 최대 배율로 조절하고 근거리에 초점 맞추기를 지도한다.

저시력 지원 교사는 저시력 학생이 초점을 맞춘 보조 기구를 사용해서 동일한 대상물을 동일한 거리에서 보게 하므로 저시력 학생의 초점 맞추는 능력을 수시로 평가한다. 저시력 학생이 맞춘 초점이 항상 부정확하고, 원거리용 안경을 사용하는 경우에는 저시력 학생이나 저시력 지원 교사 중 어느 쪽에 굴절 이상이 있다는 것을 의미하기 때문에 굴절 이상을 교정해야 한다. 원거리용으로 처방된 안경을 사용하지 않는 저시력 학생의 초점이 어긋나는 경우는 저시력 학생이 망원 배율 중 일부를 자신의 굴절 이상을 교정하는데 이용하고 있거나 초점을 맞추면 선명한 상이 얻어진다는 기본적인 개념을 이해하지 못하고 있다는 것을 의미한다.

보조 기구의 초점을 맞추는 연습을 하기 위해서 저시력 지원 교사는 저시력 학생의 정면에 서서 자신의 얼굴에 초점을 맞추도록 지시하며, 거리를 바꾸어 가면서 이러한 연습을 반복한다. 저시력 지원 교사는 초점 맞추는 연습을 하면서 초점 범위를 결정하는 방법에 대해 조언하며, 저시력 학생이 저시력 지원 교사의 위치를 찾지 못하는 경우에는 보조 기구의 방향을 움직이도록 지시한다. 저시력 학생이 초점을 맞출 수 있는 최소 거리를 익히면 아주 가까운 물체에 초점을 쉽게 맞춘다. 저시력 지원 교사는 이해를 촉진시키기 위해서 저시력 학생에게 매우 가까이 있는 물체에 초점 맞추는 연습을 시켜야 한다.

특히 선천성 저시력 학생은 초점을 맞춘다는 개념을 이해하지 못하는 경우도 있다. 저시력 지원 교사는 라디오에서 명확한 소리를 듣기 위해서는 미세한 동조가 필요하다거나, 슬라이드로 가장 선명한 상을 얻기 위해서는 초점을 맞추어야 된다는 등의 예를 이용하여 이 개념을 이해시킨다. 저시력 학생이 일단 초점을 맞추는 개념을 이해하면, 저시력 지원 교사는 그 개념을 망원경의 초점 맞추기로 이해시키기 위한 노력을 한다. 초점 맞추는 연습을 할 때 저시력 학생이 보조 기구를 안정되게 잡지 못한 경우에는 저시력 학생이 초점을 맞추고 있는 중이라도 저시력 지원 교사는 보조 기구를 받쳐 주도록 한다.

망원경의 초점을 맞출 수 없는 저시력 학생도 있다. 이런 저시력 학생을 위해서 임상실에서 대상물과의 거리가 항상 일정한 무초점 망원경을 처방하거나 지능이 낮은 저시력 학생을 위해서는 초점을 맞출 수 있는 망원경을 일정한 거리에 설정하는 것도 효과적인 대체법이다. 또한 망원경의 초점을 맞출 수 없을 정도의 운동 조절 기능이 좋지 않은 저시력 학생은 특정한 신체적 장애의 개선을 위해 물리치료사 혹은 작업치료사와 상담하도록 한다.

망원경의 초점 범위는 짧게는 30cm부터 길게는 360cm까지 다양하기 때문에 저시력 지원 교사는 미리 각 망원경의 초점 범위를 확인해 두고 저시력 학생에게 조언한다. 또한 굴절 이상, 동공의 크기, 조절 및 그 외의 광학적인 조건에서 정확한 초점 범위는 저시력 학생과 저시력 지원 교사가 서로 다를 수 있지만 양자는 대체로 일치한다. 특히 고배율의 망원경은 약간만 움직여도 변화가 크기 때문에 초점을 천천히 맞추어야 하며, 선명한 상과 흔들리는 상을 많이 경험할 필요도 있다.

2) 연 습

<**연습 1**> 이 연습의 목표는 보조 기구의 초점이 맞는 최소한의 거리를 결정하는 것이다.

저시력 지원 교사는 대물과 접안렌즈 사이의 길이가 최대가 되도록 망원경의 초점을 조절한다. 저시력 학생이 서 있을 때의 눈높이에 시력 검사표를 붙이고 저시력 지원 교사는 그 표에 초점이 맞는 최단 거리를 찾는데, 이것이 보조 기구의 최소 초점거리이다.

저시력 학생은 그 장소에 서서 보조 기구를 통해서 표를 본다. 보조 기구를 한 손으로 들고 다른 손으로 초점을 맞추는 사이에 저시력 학생은 표의 대상에 초점이 어떻게 흐려지는지 기억한다. 이어서 저시력 학생은 망원경 통을 돌리던 방향으로 끝까지 되돌린 후 다시 초점을 맞추고 될 수 있는 대로 작은 글자를 읽는다. 다음 단계로 저시력 학생은 60cm 뒤로 물러나서 망원경을 사용하여 시력표 위치를 찾는다. 저시력 학생은 표를 보면서 선명한 상이 보일 때까지 초점을 천천히 맞춘다. 그리고 다시 초점이 어긋날 때까지 경통을 계속 돌려서 다시 한 번 초점이 맞을 때까지 돌린 다음 표를 읽는다. 이어서 검사한 다음 저시력 학생은 망원경 통을 초점이 맞는 곳으로 되돌려 초점을 맞춘다.

<**연습 2**> 이 연습의 목표는 초점을 맞추는 것이다.

저시력 지원 교사는 저시력 학생을 최소 초점 거리에 세우고 시력표와 동일한 문자가 쓰여진 카드를 높이 든다. 저시력 학생은 카드에 초점을 맞추고 그것을 읽는다. 저시력 지원 교사는 저시력 학생이 보조 기구를 사용하지 않고 저시력 지원 교사를 보고 있을 때 학생과 차츰 멀어지도록 움직인다. 저시력 학생은 보조 기구를 다시 조정하여 저시력 지원 교사가 들고 있는 새로운 카드에 초점을 맞추고 카드를 읽는다. 저시력 지원 교사는 계속해서 위치를 바꾸면서 항상 저시력 학생의 정면에 선다.

새로운 장소에 이동 한 후에 그 전과는 다른 카드를 보인다. 저시력 지원 교사의 위치가 초점을 맞추기에 너무 가까울 때에는 저시력 학생은 저시력 지원 교사가 너무 가까이 있다는 것을 인식하고 그것을 망원경을 통해서 확인해야 한다. 저시력 지원 교사는 이 연습 도중에 저시력 학생이 초점을 맞출 때 정확하게, 천천히, 유연하게 움직이는지 정기적으로 검사한다.

<**연습 3**> 이 연습의 목표는 시각의 중요성을 이해시키는 것이다.

연습 2를 반복하되 저시력 지원 교사는 때때로 방향을 바꾸고 저시력 학생의 정면에서 벗어난 장소에 선다. 저시력 지원 교사는 저시력 학생이 초점 맞추는 능력 및 보는 각도가 정확하지 않을 때에 카드를 보기 위해서 어느 정도 자신이 움직여야 하는지 판단하는 능력을 평가한다.

<**연습 4**> 이 연습의 목표는 저시력 학생이 선호하는 조명의 형태, 수준 및 각도를 결정하는 것이다.

차양막이나 브라인드로 자연광을 조절하고, 저시력 지원 교사는 천정에 형광등이 있는 조용한 실내의 벽에 시력표를 붙인다. 지표는 저시력 학생의 눈 높이에 걸고, 창을 통해 들어오는 자연광이 옆에서 표에 닿는 장소를 설정한다. 저시력 지원 교사는 저시력 학생에게 보조 기구의 초점을 맞

추어 표를 읽도록 지시한다. 저시력 지원 교사는 광량을 낮추고 읽는 능력을 비교하며 천정의 형광등을 사용하여 동일한 순서로 반복 연습한다. 따라서 저시력 지원 교사는 창 쪽이나 반대 쪽 중 어느 쪽에서 표를 보다 쉽게 읽을 수 있는지 결정한다. 저시력 학생은 이 기술을 망원경을 사용하는 실내 활동 예컨대, 칠판 읽기나 텔레비전 보기 또는 식당 차림표 읽기 등에 활용한다.

5. 지표 찾기(spotting)

1) 지표 찾는 방법

지표 찾기는 지표를 발견하여 고시하는 기능이다. 보조 기구를 사용하지 않고 대상물을 찾아 망원경으로 대상물과의 거리를 맞추어 상이 가장 선명하게 보일 때까지 보조 기구의 초점을 맞춘다. 보조 기구를 사용하지 않으면 대상물이 보이지 않는 저시력 학생은 이 장의 뒷부분에서 초점을 맞추는 기술 및 순서를 참고하도록 한다.

맨 처음 훈련에서 저시력 학생은 180cm에서 240cm 정도 떨어진 벽을 마주보고 앉는다. 벽에는 대상물을 제시하는데, 대상물은 보조 기구가 없어도 위치를 인식할 수 있도록 충분한 크기 즉, 보조 기구를 사용한 임상 시력보다 적어도 50% 정도는 큰 것과 밝기를 가진 숫자, 문자 혹은 단어 등을 붙인다. 저시력 학생에게 보조 기구를 통해서 자신이 무엇을 보고 있는지 설명하도록 하는데, 지표 찾기 기능이 발달한 만큼 대상물과의 거리를 연장하고 조명 수준을 다양하게 바꾼다. 앉은 자세에서 이 기능이 익숙해지면 다음에 서서 같은 순서를 반복한다.

저시력 학생은 환경 속에 있는 대상물을 찾아 이 방법으로 연습한다. 망원경을 사용해도 문자와 표지가 명확하게 보이지 않으면 저시력 학생은 그 형태와 그 주위 환경 속에서 사물을 살피도록 한다. 예를 들어, 마을 모퉁이에 동그란 붉은 표지가 서 있다면 그것은 아마 정지의 표지일 것이다.

저시력 학생이 타려고 하는 버스의 번호가 두 단위라면 두 단위의 숫자가 쓰여진 것을 확인하는 것으로 버스 번호를 식별하는 연습이 충분하다.

보조 기구를 눈에 맞추어 착용하고 있는 사이에 보는 방향을 유지하기 어려운 저시력 학생도 있다. 이런 경우 보조 기구 보다 직경이 크고, 속이 빈 대롱을 사용하여 방향을 유지하는 연습을 하거나 시야가 넓은 저배율 혹은 보다 큰 망원경을 사용해서 연습한다.

저시력 지원 교사는 저시력 학생이 보조 기구를 눈에 붙이고 천천히 그리고 유연하게 움직이면서 동작하고 있는지 확인해야 한다. 유연하게 움직이지 못하는 저시력 학생 중 대부분은 보조 기구를 들고 맞출 때에 머리와 눈의 위치를 움직이는 경우가 많다. 양안 시력이 있는 저시력 학생은 두 눈을 뜬 채 보조 기구를 높이 들고 시력이 좋은 눈과 대상물이 일직선상에 있을 때에만 시력이 좋지 않은 쪽의 눈을 가리고 사용한다.

저시력 지원 교사는 저시력 학생이 대상물의 공간적 위치와 시각 정보를 강화하기 위해서 라디오와 메트로놈 등의 소리를 대상물로 하여 청각 정보를 사용할 수 있다. 이러한 방법이 효과적이지 못한 경우에는 저시력 지원 교사가 임상가와 협의하여 큰 대물렌즈 혹은 저배율의 보조 기구의 사용을 검토해야 한다. 안경장착형 망원경을 사용하는 저시력 학생은 대상물이 시야의 중앙에 위치해 있지 않으면 지표 찾기가 어려운 경우가 많다. 시야의 중앙에 위치시키기 위해서는 우선 처방 렌즈를 통해 보면서 대상물의 위치를 발견하고 대상물을 시야의 중심에 위치시킨다. 그리고 머리를 움직이면서 대상물을 계속 찾는다.

저시력 학생이 대상물을 중심에 오게 할 수 있지만 그래도 문제가 있는 경우에는 저시력 지원 교사는 안경렌즈 내의 안경장착형 망원경의 위치를 조사한다. 저시력 학생이 6m 떨어진 대상을 바로 보고 있을 때에 안경장착형 망원경은 저시력 학생의 동공 바로 앞에 위치하도록 해야 한다.

저시력 지원 교사는 아래의 순서에 의해 저시력 학생의 지표 찾기 기능을 개발시킬 수 있다.

① 지표 찾는 기술에 숙달되어 있는지 확인한다.

② 망원경의 초점을 바르게 맞추는 것을 지도한다.

③ 망원경의 초점 범위를 가르친다.

④ 선천성 저시력 학생에게 선명한 상과 흐린 상에 대한 개념을 가르친다.

⑤ 책상과 스탠드가 안정이 될 수 있도록 광학적인 배려를 해 준다.

⑥ 필요하면 시야가 넓은 망원경으로 교체해 준다.

⑦ 대상물 및 그 외의 변수의 크기를 조절해 준다.

⑧ 망원경을 사용해서 지표 찾기를 가르친다.

2) 연 습

<연습 1> 이 연습의 목적은 정비된 환경에서 지표 찾기 기술을 습득하는 것이다.

이 연습은 충분한 조명이 있고 한 쪽 벽의 색이 밝고 표면이 평평하고 조용한 실내에서 실시한다. 저시력 지원 교사는 밝은 색 벽에 색지를 사용하여 보조 기구 없이도 240cm에서 300cm 떨어진 장소에서 볼 수 있는 크기의 여러 가지 모양을 만들어 붙인다. 저시력 지원 교사는 각 종이 위에 붓펜으로 숫자를 쓰는데, 이 숫자는 망원경 없이는 읽을 수 없지만 망원경을 사용하면 읽을 수 있을 정도의 크기로 한다. 저시력 학생의 눈의 높이에 맞추어서 여러 장의 자른 종이를 붙인다.

다음으로 저시력 학생은 보조 기구 없이 종이가 있는 장소를 발견하고 모양과 색상을 설명한다. 그 다음에 저시력 학생은 보조 기구를 사용하여 형태와 색상을 인식하고 마지막에 그 종이에 쓰인 숫자를 읽는다. 저시력 학생의 지표 찾기 기능이 숙달됨에 따라 저시력 지원 교사는 종이에 쓰는 숫자의 크기를 서서히 작게 줄이고, 숫자 대신에 문자를 쓰고 저시력 학생과 벽과의 거리를 길게 하거나 조명을 변화시킨다. 또한 디지털과 일반 시계의 문자판과 구기 운동의 점수판을 읽거나 칠판에 쓰인 문자를 사용하는 등 여러 방법을 바꾸어 실시한다.

<연습 2> 이 연습의 목표는 익숙하지 않은 환경에서 지표 찾기 기술을 습득하는 것이다.

저시력 지원 교사는 다양한 대상물이 존재하는 운동장의 그늘 진 곳이나 주차장 등의 실외의 환경 속에 있는 대상물을 선택한다. 저시력 지원 교사는 저시력 학생이 보조 기구 없이 대상물의 위치를 찾을 수 있도록 예를 들어, '약 4m 앞의 크고 붉은 간판의 위치를 찾으세요.'라는 일반적인 언어로 대상물을 지시한다. 저시력 학생은 대상물의 위치를 발견한 뒤에 망원경으로 대상물에 초점을 맞추고 대상물을 설명하거나 그 내용을 읽는다. 따라서 저시력 지원 교사는 이 연습을 저시력 학생이 익숙하지 않은 환경에서 반복하면서 서서히 대상물의 난이도를 높여 간다.

<연습 3> 이 연습의 목적은 망원경 사용 중에 눈부심을 느끼면 빛을 조절하는 것이다.

높이가 다른 여러 사물이 놓여 있고, 햇빛이 있는 실외에서 저시력 학생은 눈부심에 대해 빛을 조절하여 아래에 진술되어 있는 기술을 시험하면서 일련의 도로 표지나 상점 간판을 보고 인식한다.

① 저시력 학생은 흡수율이 가장 낮은 것에서부터 가장 높은 것까지 여러 형태의 색안경으로 시험한다. 위, 옆 혹은 정면에서 빛을 차단하는 형태가 효과적인데, 눈부심을 일으키는 빛을 최대한 차단하고 가장 좋은 시력을 얻을 수 있는 색안경이 이상적이다. 명순응이나 암순응이 느린 저시력 학생은 하나의 색안경에서 다른 색안경으로 교환할 때에 눈을 감는 학생도 있다. 각 색안경의 빛의 투과에 익숙해진 후에 무엇이 보이는지 설명하되, 가장 좋다고 생각되는 색안경 2벌을 선택하고 나서 망원경을 사용했을 때의 효과와 비교하여 설명한다. 그리고 저시력 학생의 기호와 시기능에 관해서 저시력 지원 교사의 판단에 기초하여 최종적인 선택을 한다.

② 차양이 넓은 모자로 눈과 망원경의 접안부가 그늘지도록 쓴다.

③ 다양한 종류의 색안경으로 시험한다.

④ 저시력 지원 교사는 필름통의 플라스틱 뚜껑이나 색안경과 필터로 저시력 학생의 망원경의 접안렌즈에 꼭 맞는 캡을 만든다. 저시력 학생은 눈부신 광선을 차단하기 위해서 이 캡을 사용하고 그늘이나 실내에 들어왔을 때에는 이것을 벗는다.

⑤ 저시력 학생은 손을 사용하여 자신의 눈과 보조 기구의 접안부를 태양광으로부터 차단시킨다.

⑥ 저시력 학생은 그늘에 들어가서 광선이 정면이 아닌 자신의 뒤 쪽에 오도록 위치를 바꾼다.

이러한 단계를 거쳐 저시력 학생은 환경에 대한 특정 대상물을 발견하여 상세히 관찰하고 식별할 수 있는 능력을 숙달시킨다. 그러나 대상물이 망원경의 시야보다도 상당히 크거나 정지해 있지 않은 경우에는 망원경을 움직여야 하는데, 이것은 다음 훈련 프로그램인 추시와 추적에서 다루겠다.

6. 추 시(追視: tracing)

1) 추시하는 방법

추시는 고시와 추적의 중간 단계이다. 이것은 환경 내의 정지된 선을 쫓아 보는 것으로 연필로 선을 덧쓰는 것과 유사한 작업이다. 저시력 학생은 자신이 움직이는 속도를 조절할 수 있기 때문에 가장 쉽게 할 수 있는 기능의 하나이다. 저시력 학생은 보조 기구 없이 선의 위치를 발견하고 나서 보조 기구를 들고 눈과 선의 일직선 상에 일치되도록 한다. 보조 기구의 초점을 선에 맞추면서 자신의 눈을 사용하지 않고 머리를 천천히 부드럽게 움직이면서 선을 따라 본다.

초점 맞추기나 지표 찾기를 하는 동안에 보조 기구와 대상물과의 조절을 잘 유지할 수 있는 저시력 학생 중에는 선을 따라 가기 위해서 머리를 움직이기 시작하면 시계(視界)를 잃는 학생도 있다. 이런 저시력 학생에게는 머리와 보조 기구를 함께 움직이도록 지도한다. 그렇지 않으면 저시력 학생의 엄지와 검지로 보조 기구를 쥐고 얼굴에 꼭 붙여서 대도록 한다. 이렇게 하면 손과 보조 기구는 머리와 함께 움직이므로 저시력 학생은 자신의 손이나 보조 기구를 움직일 필요가 없다.

저시력 지원 교사는 대비 색을 사용해서 그려진 큰 포스터나 칠판에 쓰인 굵은 선 전체를 눈으로 보게 하지 말고 선을 따라 가면서 보는 연습을 시킨다. 저시력 학생이 선을 보지 못하면 대비가 매우 강하고 굵은 선을 사용한다. 수평, 수직 및 대각선으로 추시할 수 있게 되면 보조 기구를 사용해서 추시하는데 필요한 기하학적 모양을 대상으로 연습할 수 있다. 그 다음으로 곡선을 사용하는데, 추시의 정확함을 판단하기 위해서 곡선의 옆에 번호를 쓰고 저시력 학생이 추시할 때 그 번호를 읽게 한다. 저시력 지원 교사는 숫자 대신에 거리에서 흔히 볼 수 있는 간판 등을 사용해도 좋다.

저시력 학생의 기능 수준이 향상되면 선의 굵기를 가늘게 하거나 대비를 저하시키면서 저시력 학생의 움직임의 유연성이나 추시의 속도와 정확성을 관찰한다. 저시력 학생이 정면에 있는 수평선을 추시하는데 익숙해지면 다음에는 선과의 거리를 바꿔가며 추시를 지도한다. 이 때 저시력 학생은 보조 기구로 추시하는 도중에 초점을 바꾸어야 한다. 저시력 지원 교사는 마루에 대비되는 색테이프를 붙이고 그 옆에 숫자 혹은 싸인 등을 한다.

다시 연습을 할 때에는 칠판, 창문이나 방의 모퉁이, 저시력 지원 교사가 제시하는 손의 움직임에 의해 형성된 선을 따라서 저시력 지원 교사가 보이는 싸인을 식별한다. 오락을 통해 추시 연습을 할 수도 있는데 저시력 학생은 볼링장에서 망원경을 사용하여 공을 추시하고 넘어지지 않은 핀의 수를 말하며, 야구를 관전하면서 베이스 사이에 라인을 추시하고 루상에 누가 있는지 식별한다.

머리를 부드럽게 움직이지 못해서 추시하기 어려운 저시력 학생은 점자로 쓰여진 숫자 혹은 촉지할 수 있는 싸인이 붙은 선을 손가락으로 짚어가면서 움직임을 연습한다. 저시력 학생이 손가락으로 확실하게 추시하지 않으면 그 사이에 몇 가지의 싸인 읽는 것을 잊어버리는 경우도 있다. 촉각에 의한 추시가 능숙해지면 저시력 학생은 보조 기구를 사용하지 않고 촉각을 이용한 추시 연습을 시작한다. 이때에는 선과 선 옆에 쓰인 숫자가 보일 수 있도록 얼굴을 필요한 만큼만 가린다. 보조 기구 없이 선을 정확하게 추시하면 이어서 보조 기구 사용하는 연습을 한다.

정확하게 추시하지 않고 빨리 추시하는 저시력 학생에게는 느린 속도로 추시하고 처음부터 천천히 정확하게 추시하는 것이 결국 큰 효과가 있다는 것을 지도한다. 운동 기능의 조절에 문제가 있는 저시력 학생은 머리를 벽이나 의자의 등받이에 대고 머리를 움직이면 더욱 부드럽게 움직일 수 있다. 머리보다는 상반신을 더 잘 조절하는 경우에는 머리가 아니라 상반신을 움직여도 된다.

안구진탕이 있는 저시력 학생에게는 진동이 멈추는 정지점이라고 하는 눈의 위치와 시선의 방향이 있다. 이 저시력 학생이 망원경을 사용하기 어려워하는 경우에는 임상 검사를 다시 실시하여 정지점을 확인한다. 저시력 지원 교사는 저시력 학생이 시선을 움직일 때에 안진의 모양이나 움직임에 주목하여 정지점을 결정할 수 있다. 정지점은 시력이 좋은 쪽의 눈에 있는 경우가 많다. 저시력 학생이 하나의 물건을 보고 있을 때에 눈의 위치가 정지점에 있으면 저시력 학생이 그 물건을 보고 있지 않아도 시력이 좋은 눈과 대상물과의 시선이 맞는다. 이때 보조 기구는 움직이지 않도록 지시하는데, 보조 기구가 조금이라도 움직이면 시계를 잃어버린다. 따라서 저시력 학생은 보조 기구를 움직이는 대신에 눈이 원래의 위치에 되돌아 오기를 기다려야 한다. 안진이 있는 저시력 학생은 큰 대물렌즈가 달린 망원경으로 가능한 넓은 시야로 사물을 봐야 하는데, 망원경으로 보이는 시야가 저시력 학생의 동공보다도 큰 경우에는 눈이 진동해도 대상물을 볼 수 있다.

2) 연 습

<연습 1> 이 연습의 목적은 저시력 학생이 정면에 있는 직각 모양의 선을 추시하는 것이다.

저시력 지원 교사는 칠판 혹은 종이 위에 수평으로 직선을 긋고 선 위에 15cm마다 임의로 고른 숫자를 써 넣는다. 이 숫자는 보조 기구 없이는 읽을 수 없을 정도로 작은 크기라야 한다. 저시력 학생은 보조 기구로 보면서 선을 추시하면서 숫자를 발견하고 선 옆에 쓰인 숫자를 보이는 숫자대로 읽는데, 추시할 때에는 눈이 아니고 머리를 움직인다. 저시력 지원 교사는 저시력 학생 머리의 움직임을 관찰하고 저시력 학생이 읽는 숫자가 정확한지 판단한다. 이 작업을 끝낸 후에 저시력 학생은 세로선이나 대각선을 추시하는 것을 시도한다.

저시력 지원 교사는 칠판이나 종이 위에 큰 기하학 도형을 몇 개 그린다(그림 11-4). 저시력 학생은 시각으로 각각의 도형을 추시하고 이름을 대답하거나 그림을 그린다. 저시력 지원 교사는 저시력 학생의 움직임의 유연성, 정확성, 추시를 시작하는 지점에서의 운동 감각의 인식 정도 등을 관찰한다. 저시력 지원 교사는 저시력 학생이 완전히 추시하지 못하는 경우에는 각 선에 숫자를 기입한다. 이렇게 하면 저시력 지원 교사는 저시력 학생이 추시할 때 어떤 상황에서 문제가 생기는지 관찰할 수 있다.

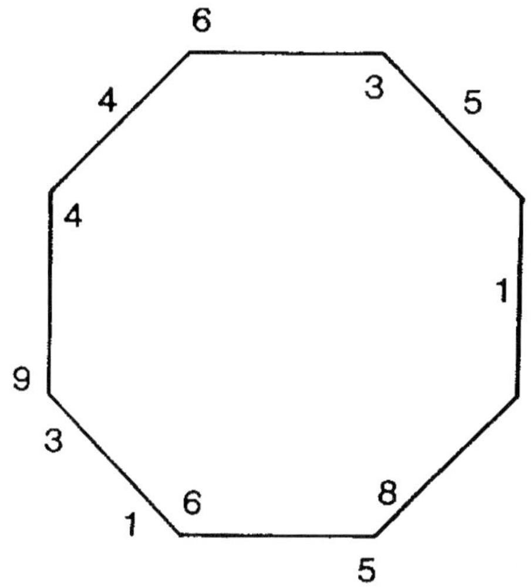

<그림 11-4> 숫자가 있는 기하학 도형(Jose, 1989).

저시력 지원 교사는 모양이 일정하지 않은 그림을 여러 가지 색이나 펜을 사용해서 그린다(그림 11-5). 저시력 지원 교사는 선 옆에 숫자를 쓰고 나서 저시력 학생에 대해서 숫자 7을 발견하고 그 숫자에 가장 가까운 색상을 식별하도록 지시한다. 저시력 학생이 쉽게 정확하게 하면 저시력 지원 교사는 곡선을 그리는데, 처음에는 하나의 곡선으로 하고 곡선의 수를 점점 많게 한다(그림 11-6).

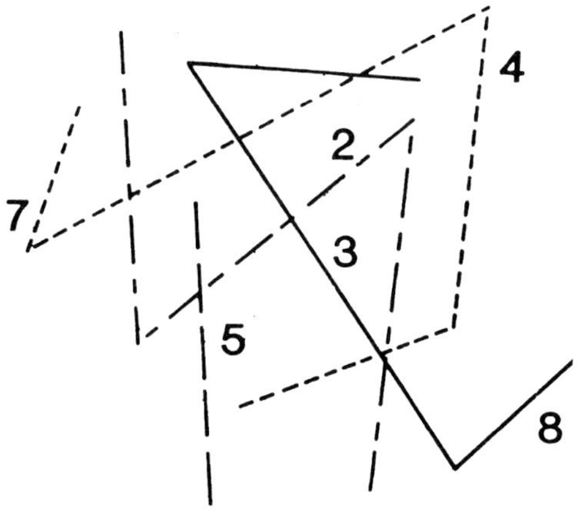

<그림 11-5> 숫자가 있는 불규칙한 선

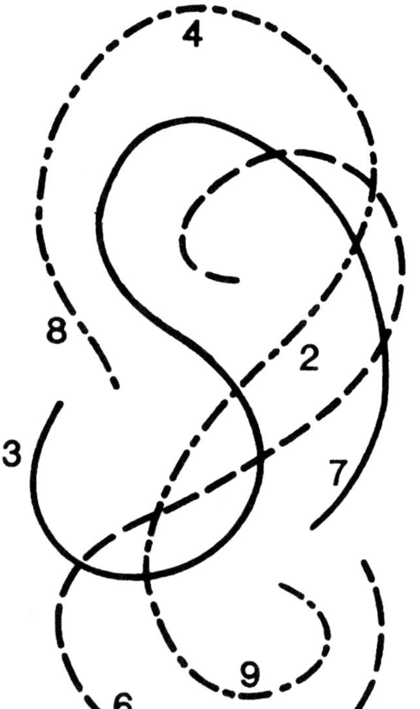

<그림 11-6> 숫자가 있는 곡선

저시력 학생의 기능이 향상됨에 따라 저시력 지원 교사는 숫자의 선과 배경을 약하게 하고 숫자를 단어로 바꾸도록 한다. 저시력 지원 교사는 각 단계마다 저시력 학생의 움직임의 유연성, 정확성 및 속도를 관찰한다.

<연습 2> 이 연습의 목적은 저시력 학생으로부터 멀리 떨어져 있는 선을 추시하는 것이다.

이 연습에는 바닥이 같은 색으로 통일된 교실과 바닥에 여러 가지 색을 사용한 교실 등 두 교실이 필요하다. 저시력 지원 교사는 바닥 색과 대비가 뚜렷한 색 테이프 혹은 줄을 바닥에 직선으로 만들어 붙이고 저시력 학생을 직선으로부터 떨어진 곳으로 데리고 간다. 숫자, 문자, 언어를 쓴 카드를 바닥선 옆에 놓아둔다(그림 11-7). 저시력 학생은 자신에게 가장 가까운 바닥선의 끝에서 시작하여 그 바닥선을 추시하는데 추시하면서 카드를 읽는다. 저시력 지원 교사는 저시력 학생이 정확하게 추시하는지 속도는 적절한지를 관찰하고 저시력 학생이 단순한 순서를 익히면 점점 복잡한 구도를 제시하고 연습하게 한다. 단색의 바닥에서 연습이 종료되면 다음에 여러 색이 칠해진 바닥에서 같은 연습을 반복하게 한다.

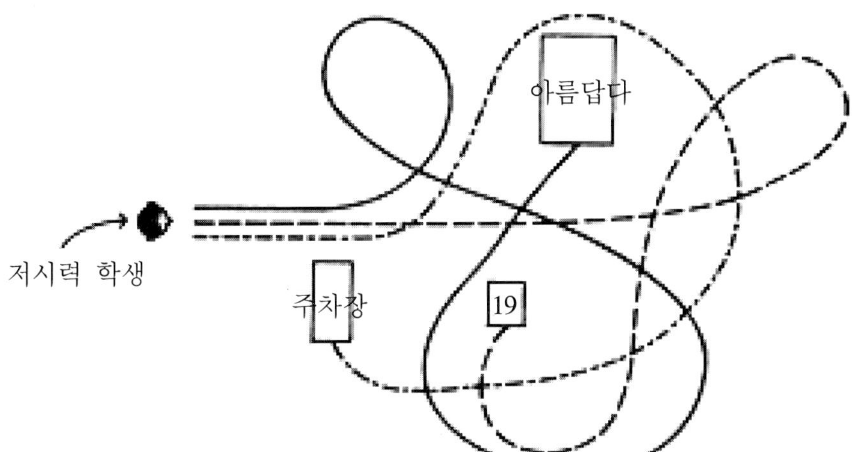

<그림 11-7> 실습 교실 내의 배치

7. 추 적(追跡: tracking)

1) 추적하는 방법

추적이란 환경 속에서 움직이는 대상물을 시각적으로 탐지하는 능력이다. 저시력 학생에게는 대상물의 속도를 조절할 수 없으므로 추시보다 어려운 기술이다. 정확하게 추적하려면 저시력 학생은 대상이 되는 물체를 따라 보면서 정해진 속도로 움직여야 한다. 저시력 학생이 저시력용 보조 기구를 사용해서 추적할 때에는 자신의 머리나 몸을 천천히 그리고 유연하게 움직여야 하며, 눈을 움직여서는 안된다. 따라서 시야 중앙이 손상된 경우에는 대상을 볼 때에 중심외보기를 해야 할 뿐만 아니라 머리를 움직이고 있는 사이에도 보조 기구의 위치를 유지해야 하기 때문에 상당히 어렵다.

주변 시야가 손상된 저시력 학생은 추적을 잘 할 수 없어서 의기소침해지기도 한다. 이 학생들에게는 이동할 때 자세히 보는 것을 가르쳐야하고 눈의 체계적인 사용법을 보행 훈련을 통하여 가르쳐야 한다. 망원경을 사용할 때에는 머리를 움직여야만 하는데 이 동작은 일반적으로 보행 훈련에서는 피하도록 가르친다. 이런 저시력 학생은 훈련할 때 망원경으로 대상물이 보이지 않는다고 말하기도 하는데, 이것은 머리, 눈 및 보조 기구가 하나가 되어서 움직이지 않는다는 증거이다. 이러한 문제를 해결하지 않고 저시력 지원 교사가 눈의 움직임을 관찰했다면 재훈련이 필요하다. 저시력 지원 교사는 저시력 학생에게 추적할 때에 머리를 움직여야 한다는 것을 인식시켜야 한다. 따라서 연습을 위해서는 골판지 종이로 된 긴 대롱을 사용해서 추적 연습을 하면 머리를 움직이는 데 도움이 된다.

저시력 학생은 보통 망원경을 사용하지 않고 동작할 때는 눈을 움직여야 하기 때문에 저시력 지원 교사는 저시력 학생이 두 가지 모순되는 훈련으로 혼란을 느끼지 않도록 보행 교사가 저시력 훈련에 대해서 알고 있는지 확인한다. 어느 단계의 훈련과 같이 저시력 지원 교사는 훈련이 어려울 때에는 우선 저시력 학생이 앉은 상태로 저배율 망원경을 사용해서 간단한 것에서부터 시작한다. 저배율의 망원경으로는 움직이는 대상물을 발견하기 쉽고 움직이는 대상물이 눈앞에 있어도 충분한 시야를 확보할 수 있기 때문에 대상물의 방향과 속도의 변화를 예측하기 쉽다.

저시력 학생이 추적 연습하고 있을 때 저시력 지원 교사는 보조 기구 없이 보이는 대상물을 선택하게 해야 하는데, 직선으로 움직이고 있는 대상물의 추적은 다음과 같은 순서로 실시한다.

① 저시력 학생의 정면에서 수평방향으로 직선을 그리면서 움직이는 대상물

② 저시력 학생의 정면에서 수직으로 직선을 그리면서 움직이는 대상물

③ 저시력 학생의 정면에서 수평으로 학생으로부터 멀어지는 방향으로 이동하는 대상물

④ 저시력 학생에게서 대각선 방향으로 멀어져 가는 대상물

⑤ 대각선 방향으로 저시력 학생에게 접근하는 대상물

⑥ 저시력 학생의 정면을 향해 수평으로 접근하는 대상물

⑦ 곡선을 그리면서 움직이는 대상물

저시력 지원 교사는 학생이 추적 연습을 하는 동안에 추시에서 설명한 환경 및 대상물을 바꾼다. 저시력 지원 교사의 움직이는 머리, 저시력 지원 교사가 손에 들고 있는 물건이나 마루 위에서 굴러가는 농구공 등의 추적을 시작하거나 저시력 지원 교사가 저시력 학생의 정면에 서서 숫자나 문자를 쓴 카드를 뒤집어서 보인다. 저시력 학생은 저시력 지원 교사의 팔을 따라 추시하여 카드를 발견하고 카드의 색상을 식별한 다음 저시력 지원 교사가 움직이는 카드를 추적한다. 저시력 지원 교사는 카드를 앞으로 돌리는데 카드를 정면으로 돌려 놓았을 때, 저시력 학생이 숫자나 혹은 문자를 금방 읽을 수 있으면 그 저시력 학생은 정확하게 추적하고 있는 것으로 간주한다.

실제로 환경에 대해서도 추적 연습을 실시한다. 예컨대 엘리베이터가 어느 층에서 정지하는지 보게 하거나 동물이 움직이는 것을 시각적으로 관찰

하며, 극장에서 배우를 추적하거나 공원에서 어린이가 놀고 있는 것을 본다. 교차점의 움직임을 이해하는 준비로서 저시력 학생은 교차점을 통과하는 트럭을 추적하고 어느 방향으로 방향을 바꾸는지 판단한다. 탁구나 테니스 게임을 보면서 배경과 대비되는 색상을 칠한 공을 추적한다. 따라서 연습 대상이 되는 활동을 많이 하면 할수록 좋은데, 저시력 지원 교사는 다음과 같은 방법으로 저시력 학생의 추적 능력을 높일 수 있다.

① 저시력 학생이 망원경 없이 눈이나 신체의 운동 조절 기능만을 이용해서 큰 물체를 추적할 수 있는지 확인한다.

② 망원경으로 추적할 때 눈이 아니라 머리가 움직이도록 연습한다.

③ 추적할 때 목, 머리, 눈 그리고 망원경을 함께 움직이도록 한다.

④ 가장 단순한 작업에서 시작한다. 예컨대 저시력 학생이 앉은 상태로 저배율의 망원경을 사용하여 혼란을 유발하지 않도록 대비가 강한 대상물을 보게 한다.

⑤ 추적하기 전에 추적 기술을 가르친다.

⑥ 안구진탕이 있는 저시력 학생의 시선 정지점을 확인한다.

⑦ 움직임을 예상할 수 있는 단순한 작업에서 예상할 수 없는 작업까지 서서히 복잡한 단계로 증가시켜 간다.

느린 속도로 움직이고 있는 물체만 추적할 수 있는 저시력 학생도 있다. 이런 저시력 학생은 저시력 지원 교사가 대상물의 속도를 조절할 수 있는 통제된 실내에서 연습한다. 저시력 지원 교사는 저시력 학생이 두 가지의 감각기에서 정보를 얻을 수 있도록 소리가 나는 대상물을 사용한다. 그리고 대상물의 속도를 서서히 높이고 그 외의 변동 요소를 일정하게 유지하다가 다음 단계에서는 속도를 일정하게 하고 그 외의 변동 요소를 서서히 증가시켜간다.

저시력 지원 교사는 저시력 학생에게 몇 가지 어려웠던 점, 예컨대 조명, 배경음, 대상물에 대한 습관 등에 대해서 재현하고 그 다음 실제 환경으로 이동한다. 만약 저시력 학생이 움직이는 대상을 추적할 때 흔들림으로 인하여 고통 받는 경우에는 우선 저배율 망원경으로 시작하여 인내력을 가지고 연습시켜야 하는데, 흔들림의 효과와 망원경의 배율과의 사이에는 상관관계가 있다.

그러나 대상에 따라서는 그 속도와 움직임을 예측하기 어려우므로 추적하기 어렵다는 것을 저시력 학생에게 이해시킨다. 따라서 경험을 많이 하게 하여 시각으로 효과적이면서 효율적으로 추적하기 쉽고, 대상과 시각보다는 청각을 사용해서 더 효과적으로 추적할 수 있는 대상을 구별할 수 있게 된다.

2) 연 습

<**연습 1**> 이 연습의 목적은 저시력 학생의 정면에서 직각으로 이동하는 대상을 추적하는 것이다.

조명이나 시각적인 장애물을 바꿀 수 있는 조용한 실내에서 저시력 지원 교사는 2장의 카드를 준비해서 저시력 학생의 정면으로 약 3m 떨어져 선다. 처음에는 아무 것도 없는 벽 앞에 서서 저시력 학생에게 지표 찾기를 시키고 저시력 지원 교사의 팔을 추시하여 카드를 발견하면 저시력 지원 교사는 카드로 자신의 머리 위에서 아치를 그리듯이 카드를 천천히 움직인다. 저시력 지원 교사는 아치를 그리는 도중에 카드를 멈추고 앞으로 돌려서 저시력 학생이 읽을 수 있도록 한다. 카드를 앞으로 돌렸을 때에 저시력 학생이 바로 읽을 수 있으면 추적이 정확하다고 생각할 수 있다. 저시력 지원 교사는 저시력 학생의 정확성이 향상됨에 따라 카드를 움직이는 속도를 빠르게 하고, 그 다음에 시각적으로 복잡한 벽 앞에서 연습을 반복한다.

<**연습 2**> 이 연습의 목적은 저시력 학생에게서 멀어지거나 가까이 다가오는 대상물의 추적을 배우는 것이다. 이 연습에 사용하는 교재, 환경 및 순서는 연습 1과 같다.

저시력 지원 교사는 저시력 학생으로부터 약 6m 떨어져 선 다음 저시력 학생 쪽으로 천천히 다가 간다. 임의의 지점에서 손에 들고 있는 카드를

앞으로 돌리는데, 저시력 지원 교사가 걷고 있는 동안 카드에 초점을 맞추고 있다면 카드를 앞으로 돌렸을 때 바로 읽을 수 있을 것이다. 저시력 지원 교사는 처음에 천천히 걷지만 저시력 학생의 정확도가 향상함에 따라 속도를 빨리해서 걷는다. 저시력 지원 교사는 저시력 학생을 향해서 비스듬하게 그리고 마지막에는 곡선으로 걷는다. 저시력 학생과 저시력 지원 교사 사이의 거리가 바뀌어도 저시력 학생에게 카드 한 장 보이게 해서 카드에 항상 초점을 맞출 수 있게 한다.

<연습 3> 이 연습의 목적은 자동차용 신호와 보행자용 버턴 신호가 동시에 있는 교통량이 많은 십자로에서 추적을 익히는 것이다.

저시력 학생은 교차로에서 450~600cm 떨어진 곳에 서고 차량이 통과하는 것을 추적한다. 저시력 지원 교사가 저시력 학생이 정확히 추적하는지 판단하고 저시력 학생은 각 차량의 움직임, 예컨대 '청색 버스가 왼쪽으로 돌아간다.' '노란 택시가 직진한다.'라고 설명한다. 어느 방향에 있는 청색 신호가 길다든가, 신호등의 불에 화살표나 사람 모양이 있는 것 등 특이한 것을 발견할 수 있게 한다. 그리고 운동장, 공원, 극장, 스포츠 경기장 등에서도 연습할 수 있도록 한다.

8. 주 사(走査: scanning)

저시력 학생이 망원경을 사용하는 추적 기술에 숙달되면 다음은 주사를 연습한다. 주사는 어렵지만 저시력 학생의 시효율을 향상시키고 일상생활을 정상화 하는데 매우 중요하다. 주사는 보조 기구 없이는 찾을 수 없는 대상물을 환경 속에서 찾을 때 사용하는 기술이다. 저시력 학생이 사용해야 하는 주사 형태는 빠르게 체계적으로 임의의 장소 전체를 파악하기 위해서 직선으로 서로 겹치지 않게 움직이는 기술이다.

저시력 학생은 환경 속에 있는 기준점이나 운동 감각을 사용해서 볼 수 있는 넓이를 결정해야 한다. 예를 들어, 시각적으로 복잡한 벽에 있는 대상물을 볼 때, 그 벽과 다음의 벽의 경계를 넘어서 주사하지는 않는다. 더욱이 기준점 예를 들어, 마루와 벽의 경계선이 보이지 않는 넓은 장소에서 주사할 경우 저시력 학생은 자신의 운동 감각을 이용하여 어느 정도 몸이나 머리를 움직여야, 보이는 넓이가 거의 같아지는지를 인식해서 그 영역 전체를 주사한다.

운동감각을 사용하지 않고 자신이 보는 넓이를 제한하는 저시력 학생에게는 주사할 때 머리와 몸을 같이 움직이도록 지도한다. 몸통은 목보다 유연성이 떨어지기 때문에 몸의 근육의 긴장도에 따라 한 번에 보는 넓이를 판단할 수 있는 저시력 학생도 있다. 그래도 문제가 있는 저시력 학생에 대해서는 좁게 보지 말고 보다 넓게 보도록 지도한다. 체계적인 검색 형태를 확립하는데 도움 되는 기술로 주사하는 동안에 자신이 본 것을 읽고 말하는 것을 들 수 있다.

저시력 지원 교사는 저시력 학생이 주사할 때 전체를 보지 못하는 이유와 원인을 밝혀내야 한다. 동기, 자신감 혹은 이해 등의 부족이 원인이 될 수 있는데, 저시력 학생의 동기, 자신감, 이해력이 충분치 못한 경우에 저시력 지원 교사는 저시력 학생이 보다 더 집중해서 연습할 수 있는 방법을 고안해야 한다. 예를 들어, 스포츠를 좋아하면 칠판에 쓰인 숫자보다도 야구선수의 이름이 쓰인 점수판을 주사하는 것이 보다 효과적인 방법일 것이다.

주어진 환경에서 적절한 가이드라인을 찾기 어렵기 때문에 대부분의 저시력 학생은 저시력 보조 기구를 사용해서 주사 형태를 철저하게 익히는 것을 어려워한다. 이 기능을 습득하기 위해서는 먼저 칠판에 가로로 그린 선을 주사하게 하는 것이 좋다(그림 11-8). 저시력 학생은 보조 기구를 사용하여 추시하고 선 옆에 쓰인 숫자를 큰 소리로 읽는다. 저시력 지원 교사는 이 연습이 끝나면 실선대신 구불구불한 선을 그려서 보여 준다. 연습의 마지막 단계에서 저시력 학생에게 칠판에 무작위로 쓰인 숫자를 주사하게 한다.

저시력 지원 교사는 저시력 학생이 숫자를 읽으면서 저시력 학생이 정밀하게 주사하는지 판단한다. 가로 방향으로 주사할 수 있게 되면 필요한 만큼 연습을 반복하고 이어서 세로 방향으로 연습을 한다. 주사 기능이 향상됨에 따라서 저시력 학생과 칠판과의 거리를 연장시키거나 숫자의 크기를 줄이거나 조명의 밝기를 변화시키는 등 과정을 복잡하게 한다.

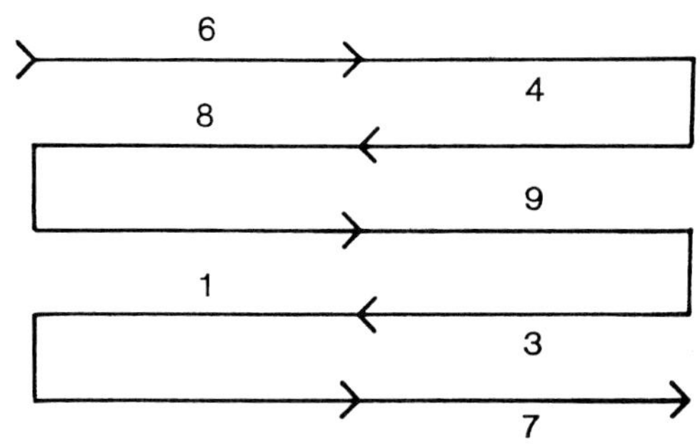

<그림 11-8> 주사 방법

저시력 학생은 이러한 기술을 습득한 뒤에 주사 기능을 실제 환경에 응용한다. 예를 들어, 교통 신호를 찾기 위해서 교차로를 주사하거나, 가지고 싶은 물품이 판매되고 있는지 알기 위해서 백화점의 카탈로그를 주사하거나, 모퉁이가 굽은 곳에서 보도나 복도에 장애물이 있는지 확인하거나 마루에 떨어뜨린 물건을 찾기 위해서 주사한다.

주사 기능 가운데 가장 어려운 것은 보는 폭을 중첩시키는 것인데, 촉각을 사용해서 이 기술을 연습한다. 예를 들어, 칠판을 칠판지우개로 닦으면서 주사하거나 혹은 더러워진 창을 수건으로 닦으면서 중첩 주사기술을 연습할 수 있다.

제12장 시야 확장 훈련

고도 시야 협착(10도 이하)이 있는 저시력 학생의 훈련 프로그램에 대한 관리는 상당히 어려운 점이 많다. 대부분의 경우 실제적인 시력 손실보다도 장애의 심리적·사회적인 문제가 더 중요하다. 또한 이러한 학생들에 대한 광학 시스템의 설계 기술은 아직 초기 단계이며, 확대가 적절히 처방되지 않는 한 재활은 어렵고, 오히려 악영향을 미치게 된다.

따라서 시야 측정은 임상 평가에 중요한 정보가 되며 시야 결손의 크기, 위치 및 정도는 처방될 저시력 학생용 보조 기구 및 훈련 프로그램 작성에 중요한 요소이다. 이 장에서는 시야 협착에 대해 임상가 및 저시력 지원 교사가 사용할 수 있는 훈련 프로그램 및 훈련 활동에 대해 고찰하고자 한다.

Ⅰ. 시야의 개요

1. 시 야

눈으로 한 점을 주시하고 있을 때에 그 눈이 볼 수 있는 외계의 범위를 시야라 한다. 주변시로 우리는 외계의 물체를 발견하고, 그 상호 위치 관계를 파악할 수 있으므로 중심시 못지않게 중요하다. 주변시는 물체의 형태 및 색채는 불선명하지만 물체의 움직임에는 예민하며, 중심시가 양호하여도 시야가 좁아지면 외계와의 위치 관계가 파악되지 않기 때문에 자유로운 신체 활동을 할 수 없게 된다. 망막에서 시피질에 이르기까지 시신경 섬유는 일정한 위치로 배열되어 있으므로 신경 섬유 경과 중 일어나는 병변은 특정 부위의 시각전달을 방해하므로 시야에도 일정한 변화를 나타낸다. 이 시야 변화를 관찰함으로써 그 병변의 위치, 범위 등을 추측할 수 있기 때문에 시야 검사는 중요한 의의를 가지고 있다.

시야 측정의 목적은 망막 각 부분의 시력 상태 검사에 있다고 할 수 있으며, 이것은 섬의 지형을 조사하는 일에 비유된다. 그러므로 섬의 지형을 조사하는 일에 있어서 해안선의 윤곽을 결정하는 것만으로는 불충분하며 지도에서 나타나는 등고선을 결정하는 것이 필요하게 된다. 이렇게 볼 때 시야 내에서 동등한 시력을 가진 점을 연결한 선을 아이솝터(isopter)라 하며 이는 등고선에 상당하는 선이 된다. 이와 같은 원칙 아래 시야 각 부분의 시력 상태를 검사하는 법을 정량 시야 측정법이라 한다. 아이솝터의 크기는 사용하는 시표가 망막에 주는 자극의 강약에 따라 다르며 자극이 강하면 넓어진다.

2. 정상 시야

측정은 원형의 시표로써 측정하며 이 시표의 크기는 눈의 결점에서 만드는 시각에 의하여 결정된다. 이를 표현하려면 시표의 직경(mm)/검사거리(mm)에 시표의 색채를 기입한다(예: 3/330 흰색은 3mm 직경의 흰색 시표를 사용하여 330mm 거리에서 측정한 시야임을 나타냄).

여러 가지 크기의 백색 시표로 측정한 정상인의 시야 넓이는 다음과 같은데, 마리오트(Mariotte)맹점은 주시점에서 15.5도 외측 약간 아래쪽에 중심을 두고 폭이 5.5도, 높이가 7.5도 되는 난원형의 시야의 결손부를 말한다. 이곳은 시신경유두로 시세포가 없다. 따라서 시각은 완전히 없으며, 자기 자신은 그 존재를 느끼지 못하고 있다.

지금까지 언급한 단안시야(單眼視野: monocular field)에 대하여 양안이 한 점을 주시할 때에 보이는 범위를 양안시야(兩眼視野: binocular field)라 하며 양안에 공통된 부분은 반경이 약 60도 되는 원형이 되고, 공통되지 않고 한 쪽 눈으로만 보이는 부분은 약 30~60도의 반월상이 된다.

3. 시야 측정법

1) 원 칙

시야는 그 위치에 따라 ①중심부(주시점에서 25도 이내) ②중간부(25～50도에 이르는 사이) ③주변부(50도 이상 떨어진 부분)로 나누어, 적어도 이 세 부분의 상태를 검사해야 한다. 즉 최소한 3개의 아이솝터로 측정해야 하며, 이로써 시야 전반에 걸친 기능 상태를 파악할 수 있다. 시표는 보이지 않는 부분에서 보이는 부분으로 움직인다.

2) 대면법(confrontation test)

검사자와 대상이 되는 저시력 학생은 50～100cm의 거리를 두어 마주 본다. 저시력 학생은 좌안을, 검사자는 우안을 가리고 저시력 학생은 검사자의 좌안을, 검사자는 저시력 학생의 우안을 주시한다.

두 사람의 중간 지점에서 손가락, 연필 또는 시표 등 적당한 물체를 주변에서부터 중심으로 점차 이동시켜 시표를 두 사람이 거의 동시에 볼 수 있다면 저시력 학생의 주변 시야는 정상이라 판단한다. 같은 방법으로 좌안도 검사한다.

이 방법은 검사자의 시야가 정상이라는 전제 아래 저시력 학생의 시야와 비교하는 법이며, 측정은 어렵지 않고 빨리 할 수는 있으나 정확하지 못하다. 만일 이상이 발견되면 시야계를 사용해서 검사를 실시해야 한다. 시력이 광각 정도이면 검안경의 전등 등을 시표로 사용할 수 있다.

3) 주변 시야계법(perimetry)

망막과 동심원형으로 된 반구형 또는 회전하는 호형판을 장치한 기계를 사용한다. 원의 반경은 330mm가 표준이고, 그 원의 중심에 눈이 오도록 되어 있다(그림 12-1).

암실에서 약 100lx 정도 일정한 조명하에 검사하는 것이 좋다. 저시력 학생은 편한 자세로 앉아 머리를 고정시키고 한 쪽 눈을 가리고 다른 눈으로는 정면의 주시점을 주시한다. 적당한 시표를 주변부에서 중심부로 움직여서 1초간에 5도 가량 측정한다.

<그림 12-1> Field analyser

4) 평면시야계법(campimetry)

시세포들은 망막의 중심와에 밀집되어 있으므로 주시점에서 약 30도 정도의 중심부의 시야는 특히 중요하다. 주시점에서 1m 또는 2m 떨어진 거리에서 검사하며 그 방법은 주변 시야 측정과 마찬가지다.

4. 시야의 변화

일반적으로 시야의 변화는 그 시야의 면적보다는 형태 변화, 또는 여러 아이솝터의 상호 관계의 변화에 중점을 두어야 한다. 시야의 변화가 경미할수록 망막에 가는 자극이 강한 시표로는 발견되지 않기 때문에 작은 시표를 사용하여 시야를 검사한다.

시야에 결손이 있을 때에는 ①위치·형태 및 크기 ②결손의 강약, 즉 시각이 완전히 상실되었느냐, 또는 저하되었느냐 ③결손의 정도가 전반적 또는 국소에 따라 다르냐 ④결손부의 경계선에서 변화가 급격히 변화하느냐, 또는 서서히 변화하느냐 ⑤시작, 경과 등을 특히 유의하여 본다.

망막에서 시피질에 이르는 시신경 섬유의 경로와 배열에 대해 정확히 이해해야 시야 변화에 대한 판단이 가능하다.

5. 시야 장애

시야 장애는 다음과 같이 크게 협착, 감도 저하, 암점 등 세 가지로 나눈다(윤동호 외, 2005).

1) 협착(狹窄: contraction)

시표의 크기, 색에 관계없이 시야 결손이 있는 곳, 즉 맹이 나타나는 상태를 말한다. 이러한 경우는 비교적 드물며 아무리 큰 시표를 사용하더라도 결손 부위는 보이지 않으므로 시표를 달리하는 몇 개의 아이솝터로 반복 검사해야만 확실하게 알 수 있다.

2) 감도 저하(感度低下: depression)

시야 장애의 대부분이 이에 속하며 작은 시표를 사용하면 좁아지나 큰 시표를 사용하면 주변 시야가 넓어진다. 감도 저하를 발견하려면 2개 이상 아이솝터를 사용해야 한다. 감도 저하는 전반적 저하와 국소적 저하로 나눈다.

(1) 전반적 저하(全般的 低下: general depression)

모든 아이솝터가 정상보다 작고 가장 안쪽의 아이솝터가 없어질 수도 있다. 시력은 중심부를 포함하여 시야의 어느 곳에서도 감퇴되고 중심부의 아이솝터가 가장 먼저 또한 가장 심하게 영향을 받는다. 정상인에 있어서도 시표가 작으면 나타날 수 있고, 눈의 광학 매체혼탁, 각막반흔, 백내장, 유리체 혼탁 등에서도 나타날 수 있다.

(2) 국소적 저하(局所的 低下: local depression)

시야 장애에서 가장 흔한 형태로 암점도 여기에 속하며 이것은 다음과 같다.

① 전동측반맹(全同側半盲: total homonymous hemianopsia): 한 눈은 이측시야(耳側視野: temporal field), 다른 눈은 비측시야(鼻側視野: nasal field)의 완전한 결손이 있으며 이는 사실 시야의 협착에 해당한다. 시색(視索: optic tract)에서 시중추에 이르는 사이의 시로에 혈관 질환이 있을 때 발생하는 예가 많다.

② 부분적 동측반맹(部分的 同側半盲: partial homonymous hemianopsia): 시로 질환으로 나타나는 시야 장애 중 가장 흔한 것이다. 양안의 동축시야가 반보다 적게 결손되어 나타나며 전반맹과 달리 맹과의 경계 부분이 완만하게 나타난다. 양안의 시야 결손의 크기, 모양, 위치, 아이숍터가 같으면 두 시야를 합동 또는 대칭이라고 한다.

③ 동측 4분맹(同側四分盲: homonymous quadrantanopsia): 상동측 4분맹(superior homonymous quadrantanopsia)은 측두엽이나 조거구(calcarine fissure)의 하부에 병변이 있을 때 흔히 나타난다. 하동측 4분맹은 시방선(optic radiation)의 상부나 조거구의 상부에 병변이 있을 때 나타난다.

④ 이명반맹(異名半盲: heteronymous hemianopsia): 양안의 외측 또는 내측 반이 결손되는 것으로 이중 외측 반이 결손되는 양이측반맹(bitemporal hemianopsia)이 많다. 이는 양시야의 이측부의 부분 또는 전체의 감도 저하가 나타난 것으로 시신경 교차부(optic chiasm)에 병변이 있을 때 나타나는데 이때 전형적인 시야 결손의 모양으로 오른쪽 시야는 시계방향(clockwise), 왼쪽은 시계반대방향(counter clockwise)으로 점차 결손이 생긴다.

⑤ 양비측반맹(兩鼻側半盲: binasal hemianopsia): 진정한 의미의 반맹이 아니고 둘 이상의 병변이 동반되어 나타난다. 시신경교차부의 외측 비교차섬유에 병변이 있거나 시신경염의 합병증으로 인한 시신경위축, 양안의 망

막 이상, 다발성 경화로 인한 구후시신경염 등에서 볼 수 있다.

⑥ 교차 4반맹(交叉四半盲: crossed quadrantanopsia): 아주 드문 시야 장애로 한쪽 시야 장애는 상측 4분면(upper quadrant)에 있고 다른 한쪽의 시야 장애는 하측 4분면에 있는데 녹내장 유두인 접맥락막염(choroiditis juxtapapillaris)에서 볼 수 있다.

⑦ 상하반맹(上下半盲: altitudinal hemianopsia): 시야 결손이 시야의 상반 또는 하반부에 있는 것을 말하며 편측 또는 양측에 올 수 있다. 대부분 망막이나 시신경의 혈관 이상으로 온다.

⑧ 중복동측반맹(重複同側半盲: double homonymous hemianopsia): 비교적 드문 것으로 양측 후두엽에 병변이 있을 때 나타난다.

⑨ 황반회피(黃班回避: macular sparing): 동측반맹에서 황반부에 해당되는 시야가 남아 있는 것을 말하며 후두부피질(occipital cortex)에 질환이 있을 경우에 나타난다.

⑩ 기타: 그 밖에 특수한 시야 장애로서 히스테리 때문에 나타나는 시야 변화가 있다. 하나는 나선상 시야(spiral field)로 시야를 수직경선 위쪽에서 시작하여 차례차례로 다음 경선으로 측정을 계속하면 점차 시야가 협착되는 현상인데, 반대로 점차 시야가 넓어지기도 한다. 다음은 관상 시야(tubular field)로 측정 거리를 여러 가지로 바꾸어 측정하여도 그 시야의 넓이가 같다(원래 거리가 멀어지면 넓이는 더 넓어지기 마련이며 각도는 동일 각도가 된다).

3) 암점(暗點: scotoma)

정상 또는 비정상 시야 내에서 부분 또는 완전한 맹이 있는 부분을 말한다. 암점의 분류는 다음과 같다.

① 정도에 따라 시각이 전혀 없는 절대 암점(absolute scotoma)과 같은 아이솝터나 주변부보다 시력이 상대적으로 조금 떨어져 있는 상대 암점(relative scotoma)이 있다.

② 암점의 위치에 따라 주시점에 있는 중심 암점(central scotoma), 주시점 옆에있는 부중심 암점(paracentral scotoma), 암점과 중심을 연결한 맹점중심 암점(cecocentral scotoma), 그 밖의 부분에 있는 주변 암점(peripheral scotoma)으로 나눈다.

③ 암점의 형태에 따라서 윤상 암점(ring scotoma), 호상 암점(arcuate scotoma), 신경 섬유속 암점(nerve fiber bundle scotoma), 원형 암점(round scotoma), 타원형 암점(oval scotoma)으로 나눈다.

④ 양안 암점의 상호 관계에 따라 반맹(hemianoptic), 동명(동측, homonymous) 및 이명(이측 heteronumous) 암점으로 분류한다.

그밖에 특수한 것으로 섬광 암점(scintillating scotoma)은 편두통 때에 나타나는 증상으로 현기증(dizziness)에 이어 눈 앞에 섬광성이 자각되는 암점이 나타나며 차차 커지면서 중심부는 밝아진다. 암점의 형태는 불빛 모양으로 되어 있어서 때로는 색광이 나타나기도 한다.

Ⅱ. 주사 형태

시야 감소에 대한 치료를 시작하기 전에 저시력 지원 교사와 임상가는 대상 저시력 학생이 현재 어떻게 정보 처리를 하려는 지를 평가해야 한다. 시야가 10도 이상이면 보행 지도와 보조 기구가 필요하다. 중심 시야가 10도 이하이고, 주변에 도상(島狀) 시야 부위가 없고, 시력이 0.2인 저시력 학생은 프리즘 및 역망원경을 사용할 수 있다(Ferraro. et al., 1982). 그러나 저시력 지원 교사 및 임상가는 이와 같은 학생이 어떻게 주사하며, 그 주사 방법에 있어서 프리즘의 사용이 가능한 지를 결정해야 한다. 이에 대해 다음에 몇 가지를 열거하고자 한다.

1. 효율적인 주사

효율적으로 주사하는 학생은 이미 눈의 빠른 움직임으로 주변에 대한 정보 처리를 함으로써 프리즘 사용의 적합한 대상자는 아니다. 따라서 프리즘은 그들에게 도움이 되기보다는 혼란의 원인이 된다. 이러한 학생에게 역망원경은 주사 능력을 억제하고 기능적 혹은 동적 시야를 감소시키기 때문에 사용할 수 없다. 정적인 시야가 3도이고 이 시야로 주사하는데 지장이 없다면 같은 효율을 내는데 있어서 동적인 시야에서는 15도 이상이라야 가능하다.

그리고 주사기능이 원활하지 않아 불규칙으로 주사하는 학생은 환경에 대한 체계적인 접근이 부족하다. 프리즘은 훨씬 좋은 주사 기능을 개발하는데 도움이 되지만, 역망원경은 활용하기 어렵다.

2. 머리를 이용한 주사

자신의 머리를 사용하여 주사하는 학생은 안구 동결 증후군(frozen eyeball)이라고 한다. 모든 시각 정보를 머리와 목을 움직여서 획득하는데, 이러한 움직임이 정보 획득의 수단으로서는 안구의 움직임보다 비효과적이다. 머리로 주사하는 학생은 몸의 주변에 일어나는 일에 신속한 대응이 어려우며, 돌아다니는 것이 힘들다. 프리즘을 안경에 부착하면 눈의 움직임이 필요하기 때문에 이러한 학생은 프리즘 사용이 적합하다. 프리즘 사용의 초기에는 움직이지 않는 상태에서 극적인 진보가 나타나지만, 움직임이 도입되면 다시 안구는 동결 상태로 돌아갈 가능성이 있다. 이러한 학생들은 문제를 해결하는데 보행과 주사 훈련을 받아야 한다. 역망원경은 특정 작업에 효과적이다.

그리고 머리와 눈을 사용하여 주사하는 학생은 프리즘 사용이 적합하다. 그들은 정보 처리에 시각 기술을 이미 활용하고 있기 때문에 머리와 눈을 움직여 주사하는 것은 효과적이지 않으므로 눈을 움직여 프리즘을 통해서 보면 주변의 주사능력이 향상된다. 그러나 역망원경은 이러한 주사 능력을 저해하므로 다소 적합하지 않다고 할 수 있다.

3. 반맹증

반맹증 저시력 학생은 주변 시야가 잔존하기 때문에 어느 특정한 시야의 손상을 보상하는 체계적인 눈의 움직임을 배우지 못한다. 따라서 시야에 대한 정보 처리의 효율은 낮다. 프리즘은 이러한 학생들에게 극적인 개선을 가져오고, 프리즘에 의한 성공률도 높다. 시야의 1/2중에는 시각이 남아 있기 때문에 역망원경은 사용할 수 없다.

이제까지 프리즘 혹은 역망원경에 적합한 학생들의 특성을 설명했다. 프리즘 혹은 역망원경 등 모두가 적합한 학생들에게도 이러한 보조 기구가 정보 처리의 효율을 개선하는데 있어서 시야 그 자체를 확대시키지는 못한다는 것을 인식해야 한다.

Ⅲ. 검 사

1. 주변 시야 측정

암점이 있는 저시력 학생의 전 시야를 측정한다. 암점이 발견된 경우나 주변 시야가 좁아지는 질환 즉 망막 색소 변성증, 녹내장, 혹은 시신경 위축 등이 존재하는 경우에는 중요한 검사이다.

2. 탄젠트 스크린

탄젠트 스크린은 시야의 중심 25~35도를 검사하는데 사용된다. 이 시야 내에 암점이 생기면 시력과 보행에 미치는 영향이 가장 크다.

3. 암슬러 격자

암슬러 격자는 시야의 중심 20도 이내의 근거리 시야 검사에 사용되며, 특히 황반부의 암점 검사에 사용된다. 모든 저시력 학생에게 세 종류의 모든 검사를 할 필요는 없지만, 임상가는 저시력 학생 시야의 어느 부분에 손상이 있는지, 혹은 암점의 위치 혹은 망막의 왜곡된 부분에 대해 설명해야 한다. 즉, 임상가는 저시력 지원 교사에 대해 특히 대상을 손가락 또는 빛을 사용한 대면법으로 관찰하는 것보다도 시야에 관한 더 정확한 정보를 제공해야 한다. 대면법은 중복장애아와 같이 의사소통이 불가능한 저시력 학생에게 사용한다.

일반적으로 시야가 매우 좁은 저시력 학생은 보조 기구를 사용할 수 없다고 믿고 있으나, 이것은 임상적인 경험에서 얻어진 결과가 아니다. 따라서 고도 시야 결손이 있는 저시력 학생은 특별한 배려가 필요하지만, 적절히 처방된 보조 기구의 도움을 받을 수 있다.

Ⅳ. 보조 기구

1. 프레스넬 프리즘(fresnel prisms)

프레스넬 프리즘은 안경렌즈의 바깥쪽 끝에 부착한다. 착용한 학생은 눈을 프리즘 쪽으로 약간 움직여 주변부(65~85도)의 대상을 확인한다. 이렇게 하면 동일한 작업을 하는데 있어 목의 움직임을 감소시킨다. 프리즘에 대한 주사가 보다 체계적으로 이루어지게 되면 주변부에 대한 인식도가 높아진다(Finn. et al., 1975, Jose. et. al., 1976, Weiss 1972).

1) 측 정

안경에 부착할 프레스넬 프리즘의 위치를 결정한다.

① 도수가 없는 안경을 사용해서 한 쪽 눈으로 멀리 있는 대상물에 시선을 고정시킨다.

② 3×5 인치 크기의 카드를 안경 외측에서 내측으로 움직인다. 카드가 보이는 곳에서 멈추고 그 점을 표시한다. 동일한 측정을 몇 차례 반복한다(그림 12-1).

③ 반대쪽의 눈도 동일한 측정을 한다.

④ 표시한 점의 평균 위치보다 2mm 외측에 3×5 인치 크기의 카드를 잘라서 테이프를 붙인다(그림 12-2).

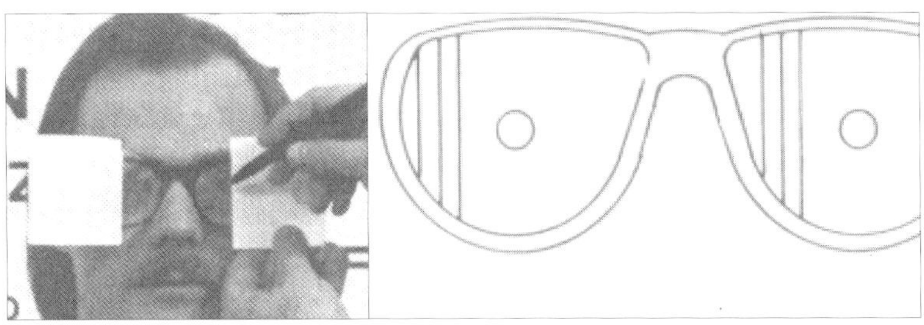

<그림 12-1> 프리즘 위치 결정 1. 저시력 학생에게 원거리의 목표를 주시하게 하고, 안경의 외측에서 3×5 인치 크기의 카드를 움직여서 카드의 끝이 보이는 곳을 말하게 한다. 그 곳을 렌즈 위의 표시를 해 둔다. 그곳은 안경 위의 정적인 시야를 나타낸다.

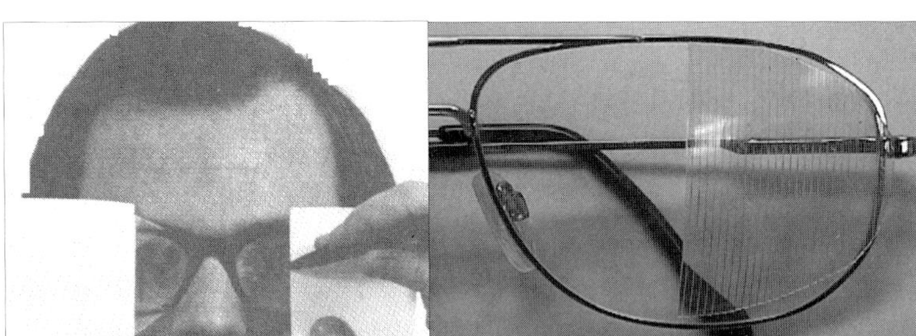

<그림 12-2> 프리즘 위치 결정 2. 카드를 잘라 렌즈 위의 표시로부터 2mm의 외측에 테이프를 붙인다. 안경 위에 동적인 시야를 표시한다.

⑤ 카드를 안경에 붙인 그대로 방 중간을 걸어 다니거나, 카드를 자세히 보는데 방해되지 않는지를 판단하다. 카드를 전혀 느끼지 못하면 카드를 중앙으로 조금 가깝게 옮긴다. 카드를 의식하면 카드를 외측으로 옮긴다. 카드를 의식하지 않고 돌아다니게 될 때까지 이와 같은 조정을 계속한다. 카드는 보통 주사하는데 방해되지 않고, 또한 그 학생의 동적 시야의 바깥쪽 끝으로 될 수 있는 대로 가까이 설정한다(그림 12-3).

프레스넬 프리즘의 한 가지 결점은 사용하고 있는 학생이 보려고 하면 항상 카드로써 봐야 한다는 점이다. 또한 주변을 보고자 할 경우에 머리를 크게 움직여야 한다.

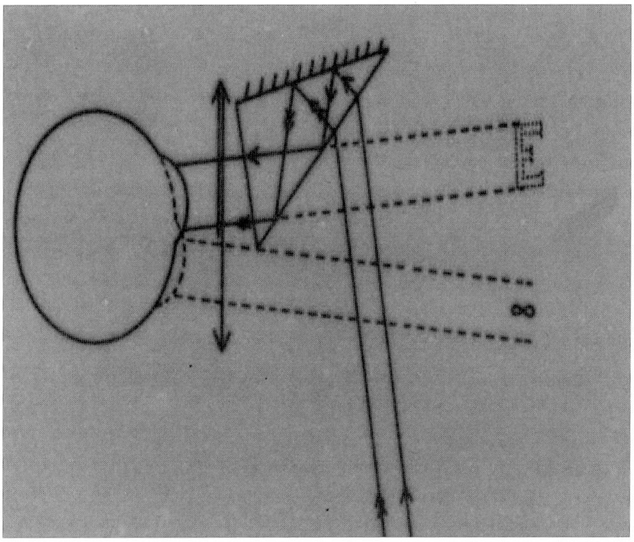

<그림 12-3> 프리즘 위치 결정 3. 이 그림은 앞에서 측정한 포인트를 나타낸 것이다. 프리즘은 최대 효과를 내도록 동적시야의 끝에 붙인다.

⑥ 카드의 위치가 결정 되었으면 안경렌즈의 표면에 30△ 프레스넬 프리즘의 기저를 바깥으로 해서 장치한다. 30△프리즘의 선택은 임상 경험에 근거해서 한다. 이 형태의 프리즘은 변위가 가장 커서 적응하기에 가장 곤란하다. 다른 배율의 프리즘으로 시험해도 좋지만, 처음에는 30△으로 시작

한다.

⑦ 프리즘을 안경렌즈의 형태로 자르고, 렌즈와 프리즘을 포개어 물에 넣어서 프리즘을 렌즈에 밀어붙인다. 수중에서는 프리즘의 밑에서 기포가 빠져 나온다. 약 10분간 건조한다. 프리즘의 기저부(base)가 외측 방향으로 향하고 중앙 끝이 직선이 되게 한다.

2) 연 습

저시력 지원 교사는 저시력 학생이 프리즘을 사용하고 있는 사이에 프리즘이 선명하지 못하다는 것을 가르친다. 일반적으로 렌즈를 통해서 보는 경우와 비교해 볼 때 프리즘을 통해서 얻을 수 있는 상의 명료도는 떨어진다. 이 명료도의 저하는 학생에 따라서 다르다.

주변 사물을 프리즘을 통해서 보고, 그 다음에 실제로 그것을 향해서 손으로 가리켜서 프리즘에 의한 편위를 경험시킨다. 프리즘을 통해서 보는 대상물의 위치는 실제보다도 중심쪽으로 치우치기 때문에 저시력 학생이 손으로 가리키는 방향도 안쪽으로 기운다(그림 12-4).

저시력 학생이 그 대상을 가리키고 있는 사이에 저시력 지원 교사는 저시력 학생에게 머리를 움직여서 안경렌즈를 통해 동일한 것을 보도록 지시한다. 이렇게 하면 실상과 어느 정도 떨어져 보이는지 알 수 있으며, 대상물의 위치를 변화시키면서 몇 번 반복 연습한다.

프리즘에 의한 편위에 적응하는 것을 돕기 위해서 저시력 지원 교사는 착석한 저시력 학생의 한 쪽 손에 물건을 놓고 그것을 잡게 하여, 그것을 프리즘을 통해 보면서 반대쪽의 손으로 방향을 가리키도록 지시한다. 저시력 학생의 운동 감각 반응 혹은 피드백이 편위에 적응하는 감각을 촉진시킨다.

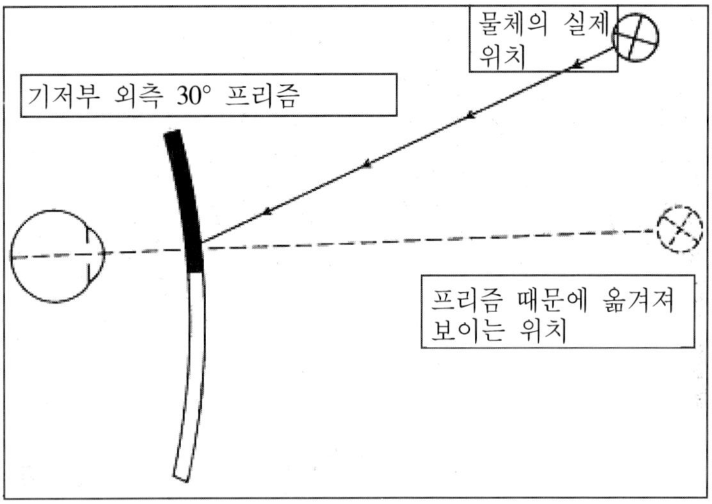

<그림 12-4> 프리즘을 통해서 볼 때의 상의 편위. 프리즘은 이 그림에 제시된 바와 같이, 물체가 중심에 놓인 것처럼 보인다. 처음 저시력 학생은 실제의 위치보다도 중심쪽에 물체가 있는 것처럼 느낀다.

다음 단계에서는 다른 사람이 대상물을 저시력 학생의 주변 시야의 위치에 두고, 저시력 학생은 그 방향을 처음에는 손가락으로, 다음에는 펜 혹은 막대로 가리킨다. 이렇게 해서 운동 감각 반응을 소거한다. 보통 안경을 통해서 대상을 확인하는 것처럼 자신의 프리즘을 통해서 방향의 정확성을 저시력 학생은 항상 확인한다.

이어서 대상물의 거리를 60~900cm로 옮겨서 같은 순서로 훈련을 실시한다. 저시력 학생은 착석한 상태로 우선 프리즘을 통해서 대상물을 확인하고 그것을 가리키며, 그 정확성을 확인한다. 대상물의 거리가 멀면 직선상의 편위는 커지게 된다. 거리가 길어지면 정확도가 떨어지게 되는데, 이것은 저시력 학생의 능력이 부족해서가 아니라 사용하고 있는 광학계에 원인이 있다는 것을 저시력 학생에게 가르쳐야 한다. 대상물의 거리와 각도를 여러 가지로 변화시킨다.

다음의 훈련은 저시력 학생을 프리즘을 착용시키지 않는 상태에서 방 중간에 세우고 앞을 보게 한다. 저시력 지원 교사는 저시력 학생의 뒤에서 앞으로 걷는다. 저시력 학생은 저시력 지원 교사의 위치를 깨닫게 되는 곳을 말하는데, 이때 저시력 학생은 눈을 움직여도 된다. 일반적으로 저시력 지원 교사가 60~90cm 앞에 왔을 때 저시력 학생에게 보인다. 저시력 학생은 프리즘을 사용한 상태에서 같은 연습을 반복한다. 대부분의 경우 저시력 학생은 저시력 지원 교사가 자기 옆으로 지나갔을 때 그 모습을 인식한다. 이 연습으로도 저시력 지원 교사는 자신의 위치를 저시력 학생에게 가리키도록 지시하고, 그 후 보통 렌즈로 위치를 확인시킨다.

저시력 학생이 이것을 완전히 익히면, 다음은 실외에서 연습하고 환경을 바꿔가며 연습한다. 이 활동의 목적은 대상물의 공간적 편위에 대해 더욱 더 경험을 풍부하게 해서 보행하면서 프리즘을 통해서 주사하는 기술을 개발하는데 있다. 따라서 눈의 움직임에 의해 주변 상황을 판단하고 중요한 자극에 대해서만 반응 하도록 한다. 너무 빠르거나 복잡한 환경에 두면 시각에서 이 두 가지의 입력에 혼란이 되어 프리즘의 사용에 실패하는 경우가 있다. 따라서 복잡한 환경에서 걷는 연습을 하기 전에 시각 및 촉각에 의한 강화 연습을 하여 충분한 훈련을 쌓아야 한다.

3) 사용의 문제점

(1) 선명하지 않은 상

저시력 학생 중에는 프리즘의 선명하지 않은 상을 보는 것을 극복하지 못하고 프리즘 사용을 중지하는 학생도 있다. 따라서 훈련을 그만두기 전에 저시력 지원 교사는 다음의 사항을 시험해 본다. 오염이나 기포를 제거하기 위하여 프리즘을 다시 장착하거나 안경렌즈 위로 프리즘의 위치를 옮긴다. 안경렌즈에 색상을 입히거나 필터를 사용한다. 이렇게 조정해도 효과가 없는 경우에는 저시력 지원 교사는 그 외의 방법을 고려해야 한다.

(2) 혼 란

프리즘을 부착하면 혼란스럽다는 저시력 학생도 있다. 혼란은 처음에 구조화된 환경에서 충분히 훈련하지 않았다는 것을 의미한다. 특히 혼잡한 장소에서 프리즘을 사용하는 것은 불쾌하다고 하는 저시력 학생도 있다. 이러한 저시력 학생은 혼잡한 장소에서는 혼란이 개선되지 않으므로 프리즘을 사용하지 않는 편이 좋다. 저시력 지원 교사는 저시력 학생이 외출하기 전에 충분히 훈련시키지만 그럼에도 저시력 학생이 혼란하다고 하면 저시력 지원 교사는 기본적인 훈련 프로그램으로 다시 시작한다.

시야 주변에 도상 암점이 있어도 상의 혼란이 생긴다. 프리즘 훈련의 하나로 주변 시야의 시각 자극에 의해 시야 내에 도상 암점이 생길 수 있는 것도 고려해야 한다. 따라서 프리즘 훈련 전이나 중간에 주변 시야를 측정해야 한다.

(3) 복 시

복시는 저시력 학생이 프리즘의 끝으로 보거나 한 쪽 눈은 프리즘을 통해서 보고, 다른 한 쪽 눈은 다른 방향을 보고 있을 때 생긴다. 예를 들어, 우안이 오른쪽을 보고 있을 때에는 좌안은 왼쪽의 프리즘이 없는 안경렌즈의 코 쪽의 끝으로 보고 있다. 따라서 뇌가 좌안에서 상을 제압하지 않는 한 복시가 나타난다. 이 문제의 해결 방법은 프리즘 렌즈의 바깥끝 쪽을 약간 자르면 문제가 해결되는 경우도 있으며, 좌안의 코쪽 렌즈 위에 작은 조각을 붙여서 정상적으로 보는 것을 방해하지 않고 해결할 수 있다.

또한 프리즘의 편위에 대한 손과 눈의 피드백 훈련 활동을 많이 하여 복시 문제를 해결할 수 있다. 이러한 활동은 프리즘에 의해서 편위된 대상물에 시각계가 집중하여 반대쪽의 눈에서 들어오는 상을 무시하거나 억제하는 것을 돕는다. 또한 프리즘을 사용하지 않는 쪽의 렌즈에 적색 혹은 녹색 필터 종이를 붙이면 어느 쪽의 상에 집중하는지를 쉽게 판단할 수 있다.

지금까지 프레스넬 프리즘을 시야 인식 장치로써 적절하게 사용하도록 하는 기본적인 단계를 설명했다. 저시력 지원 교사가 프리즘의 사용과 문제에 대해 충분한 지식을 가지게 되면 대상자의 선택을 보다 정확하게 할 수 있다.

2. 역망원경

역망원경 기술은 상이 축소되면 동일한 시야 내에서 보이는 정보량이 증가하는 현상을 이용하는 기술이다. 2배의 역망원경을 사용하면 대상물의 크기는 반으로 감소하므로 동일한 망막 상에 2배의 정보가 들어온다. 역망원경의 주요한 결점은 대상물이 1/2이 되므로 세밀한 부분은 놓쳐 버린다. 그래도 시야가 5도이고 1.0의 시력을 가진 학생은 10도의 시야에 0.5의 시력을 얻을 수 있으므로 역망원경 사용이 효과적이라고 할 수 있다. 그러나 시야 5도에 시력이 0.2인 학생은 시야가 10도가 되면 시력은 0.1이 된다.

대부분 역망원경은 접안렌즈가 작게 설계되므로 망원경을 사용할 때에는 머리와 목을 사용하지 않고는 자세히 주사할 수 없다. 이러한 주사는 배율의 저하를 초래하므로 저시력 학생이 거부하는 경우가 많다. 5도의 시야를 가진 학생은 15도의 시야를 유지하므로 쉽게 주사할 수 있다. 그러나 역망원경으로 볼 때 동적 시야는 10도로 감소하므로 역망원경은 대부분의 학생의 기능적 시야를 감소시킨다. 그리고 역망원경 기술을 사용하면 시력 저하와 더불어 대상물까지의 거리도 2배 멀어 보인다. 이러한 공간적인 왜곡에 적응하기는 어려워 이 기술의 사용이 불가능하다고 느끼고 있다. 그래서 역망원경은 항상 사용할 수 없으며, 안경에 장착하든지 손에 들고 사용해야 한다.

지금까지 역망원경은 그다지 많이 사용되지 않았으므로 개발된 훈련 프로그램은 없다. 역망원경이 처방되려면 저시력 지원 교사는 저시력 학생이 역망원경을 여러 가지 많은 환경에서 사용하는 것을 관찰하고, 저시력 학생의 반응을 기록해 두어야 한다. 그리고 문제가 생기면 임상가와 저시력 지원 교사가 협의하여 해결해야 한다.

3. 야간 시력 보조 기구

시야 협착이 있는 저시력 학생 대부분은 야간 시력에도 문제가 있는데,

이를 해결하는 방법에는 다음과 같은 것이 있다.

(1) 흰지팡이 보행: 저시력 지원 교사는 저시력 학생에게 야간에 외출 할 때 접이식 흰지팡이를 사용할 수 있도록 지도한다.

(2) 광각 라이트: 광각 라이트는 허리에 착용할 수 있도록 끈이 달려 있으며, 사용자의 중심 시야에 넓고 밝은 빛을 비춰 준다. 야간에 활동할 때에 보조 기구로 사용할 수 있는 라이트로는 모자에 붙은 회중전등이 있으며, 옥내용으로는 작은 펜라이트 혹은 회중전등이 편리하다. 그리고 어두운 장소에서 글을 쓸 경우에는 전구가 붙어 있는 필기구를 사용해도 편리하다.

(3) 야간 투시기(night-vision scope): 야간 투시기는 적외선을 사용하여 빛을 증폭시키는 장치로 야간에 자세히 볼 수 있다. 소량의 빛이 750배 이상 증폭되어 중심 시야를 자극하므로 충분한 빛을 망막에 제공한다. 야간 투시기는 망원경처럼 다뤄야 하며 흰지팡이와 함께 사용하면 효과적이다. 도심이 아닌 지역에서 사용하기가 더욱 좋다.

제13장 읽기 능력의 특성

저시력 학생의 교육에 있어서 가장 중요한 과제는 능률적인 읽기의 달성이라고 할 수 있다. 이 장에서는 이에 대한 효과적인 대책을 수립하기 위해 이를 분석하는 차원에서 저시력 학생의 생리·병리적인 읽기 특성, 심리적인 읽기 기제에 대해 알아보고자 한다.

먼저 저시력 학생의 생리·병리적인 읽기 특성에서는 이동문자와 정지문자의 읽기 특성, 주요 안질환의 읽기 특성과 안질환의 모의 실험연구 등에 대해 살펴보고, 심리적인 읽기 기제에서는 읽기 효율성의 요인과 읽기의 향상 조건에 대해서 선행연구 결과를 중심으로 고찰하고자 한다.

Ⅰ. 생리·병리적 읽기 특성

1. 이동문자의 읽기 특성

저시력 학생이 문자를 읽을 때는 독서 자료에 눈을 가까이 하여 사용함으로써 장애의 경감 내지는 극복을 시도해 왔는데 지금까지 저시력인용 독서매체로는 확대렌즈나 확대독서기가 이용되어 왔다(Fonda, 1981).

확대렌즈는 광학적으로 시각대상을 확대함으로써 저시력을 보강해 주는 기기인데 그 사용 시력범위는 교정시력이 0.04 전후까지이며, 그 이하의 시력을 가진 저시력 학생에게는 사용이 어려워 확대렌즈가 아닌 확대독서기를 많이 사용하고 있다(市川, 1984).

확대독서기는 일종의 폐쇄회로 TV로 영상 카메라, 모니터, 자료대 등으로 구성된 독서매체이며, 자료대 위의 독서 자료를 영상 카메라에 투영하여 그 영상을 임의의 배율로 확대하여 모니터에 비추는 장치이다.

저시력 학생의 독서에서 특히 주목해야 할 점은 어떤 확대 독서매체를 사용하든지 항상 동적인 상태라는 것을 들 수 있다. 예를 들어, 눈을 독서 자료에 가까이 하고 머리를 이동하면서 독서를 하는 경우나 확대렌즈를 이동하면서 독서하는 경우 등 읽는 학생이 독서 자료에 대해 정지하지 않고 항상 이동해야 한다.

Legge 등(1985a)은 Visualteck Model MV-2 Miniviewer(CCTV)를 이용하여 자료대 위의 독서 자료를 화면에 확대하여 낭독시킬 때의 읽기 속도에 대해 분석했다. 자료대가 이동하면 화면의 독서 자료도 같은 형태로 이동하는데 그때 제시된 문자의 크기, 문자 구성의 도트 수, 화면에 제시한 문자 수, 문자와 지면의 대비, 즉 백색바탕의 흑색문자와 흑색바탕의 백색문자 등을 변화시켜 각각의 요인이 읽기 속도에 미치는 영향에 대해 정안인을 피험자로 하여 실시했다.

그 결과 문자 크기가 시각 0.3~2도인 경우 읽기 속도가 가장 높았는데, 시각 0.3도 이하에서는 시력한계로 인해서 읽기 속도가 급격히 감속되었으며, 시각 2도 이상에서는 활동성 안구운동의 속도한계 때문에 읽기 속도가 서서히 감속되었다. 또한 로마자의 경우 문자 구성의 도트(dot) 수는 매스킹(masking)효과 때문에 문자가 작은 경우에는 세로 4도트×가로 20도트가 필요하고, 화면에 제시된 문자의 수는 문자 크기에 관계없이 4문자 이하가 되면 읽기 속도가 감속되었다. 그리고 문자와 바탕의 대비는 읽기 속도와는 관계가 거의 없는 것으로 나타났다.

또한 Legge 등(1985b)은 위와 같은 조건으로 저시력 학생 16명의 읽기 속도를 측정했다. 피험자의 시각 특성으로는 안질환, Sloan의 M시력, Snellen의 E시력, 광학매체 혼탁의 유무, 시야 상태를 조사했으며, 독서 자료로는 문자의 크기, 문자와 지면의 대비, 문자 구성의 도트 수, 화면에 제시한 문자의 수, 문자간 거리를 변화시켜, 이들 각각의 요인들이 읽기 속도에 미치는 영향에 대해 연구했다.

그 결과 저시력 학생도 비교적 이동속도가 느린 독서 자료로는 정확하게 읽을 수 있었고, 읽기에 최적인 문자 크기는 중심 시야가 정안 학생인 경우에는 시각 3~6도, 중심 시야가 결손된 경우에는 시각 12~24도이었다.

또한 광학매체 혼탁이 있을 때 백색바탕의 흑색문자와 흑색바탕의 백색문자와 같은 독서 자료의 비교에서 흑색바탕의 백색문자가 10~50% 향상되었으며, 이로써 광학매체 혼탁은 문자와 지면대비에 영향을 미치는 것으로 나타났다. 또한 문자 구성 도트 수는 문자 크기에 관계없이 4문자 이하가 되면 읽기 속도가 낮아졌는데 이러한 경향은 정안인과 같은 양상을 나타내었다. 더욱이 문자간 거리에 대해서는 간격이 넓을수록 읽기 속도는 낮은 것으로 나타났다.

한편 지금까지 저시력 아동의 문자 크기를 결정할 때에는 시력 또는 최대 시인역으로 읽기 가능한 문자 크기를 추정하는 방법(湖崎, 1965)과 다양한 크기의 문자를 저시력 아동에게 비교시켜 적합하다고 판단한 크기의 문자를 선택하는 방법을 사용했다. 그러나 이러한 방법은 읽기 효율성과의 관련성이 정확하지 못하며 기초자료나 이론적 배경도 명확하지 않았다.

이에 대해 Legge 등(1985)은 문자 크기의 평가에 대해 읽기 효율성을 평가기준으로 하는 방법을 고안했다. 이것은 다양한 크기의 문자를 문장으로 제시하여 읽기 효율성을 측정하고, 그것을 토대로 하여 문자 크기를 평가하는 방법이다. 따라서 확대 독서매체의 처방은 효율적으로 읽기를 할 수 있는 기기를 선택해 주는 것인데, 이와 같이 읽기 효율성을 지표로 하는 방법은 시력이나 시야로 부터 간접적으로 추정하는 방법이나 선호도에 의한 방법보다도 객관성이 더욱 높다고 할 수 있다.

中野(1992)나 中野 등(1993)은 Legge 등(1985)의 방법을 응용하여 컴퓨터를 이용해 '저시력용 읽기 효율성 측정검사'를 개발했는데 이 검사는 세 가지 특징이 있다. 첫 번째는 읽기 효율성 측정용 독서 자료를 평서문으로 구성한 것인데, 난이도가 보통이면서 내용이 다른 독서 자료에서 단어나 문장의 특정 단위를 무작위 추출하여 구성하는 방법이다. 두 번째는 독서의 여러 조건을 변경하는 것으로 문자 크기는 물론이고 색상역전이나 글자 간격, 글줄 간격, 제시 방법 등 다양한 독서 조건을 변경하는 방법이다. 세 번째는 검사 방법 중 많은 부분을 자동화하는 것인데, 시간 제한법과 과제 제한법을 적용하여 검사시간의 통제, 검사조건의 자동기록, 검사 중에 제시한 문장 기록 등의 기능으로, 이러한 기능에 의해 측정 후의 분석이 효율적으로 이루어진다.

이 검사를 활용하면 적합한 독서 조건을 진단할 수 있을 뿐만 아니라 필요한 여러 평가를 효율적으로 실시할 수 있는데, 아직 이 검사는 일본에서도 시작단계에 있어 그 결과가 주목되고 있다. 따라서 이러한 평가검사를 사용하여 확대 독서매체의 처방을 위한 체계적인 평가 프로그램이 개발되어야 할 것이다.

한편 Legge와 Rubin(1986)은 시각계의 질환 부위에 따른 읽기 쉬운 문자색에 대해 연구했는데, 결과에 의하면 광학매체 혼탁이 있을 경우 청색문자와 적색문자를 비교했을 때 혼탁으로 인하여 빛의 산란 흡수가 생기기 쉬운 청색문자가 읽기 더 어려웠다. 또한 색맹이나 망막색소 변성과 같은 진행성 광수용기 질환 등의 망막질환은 밝은 곳의 분광감도와 독서 속도는 상관관계가 있었으며, 주변 시야를 읽기에 이용하는 중심 시야 결손 저시력 학생은 망막 주변부에서 높은 감도를 나타내는 청색문자가 적합했다.

또한 문자색에 대한 읽기 연구를 위해 Legge 등(1985a)은 Visual-teck Model MV-2 Miniviewer(CCTV)로 흑색바탕의 화면에 고휘도(6㏅/㎡)의 8문자로 하여, 1문자의 크기를 시거리 25㎝에서 시각 6도로 제시하였으며, 화면에는 Kodak Wratten 필터로 문자색과 휘도를 조정했다.

대비는 0.94이었는데, 여기서 0.94란 대비=영상-배경/영상+배경에서 영상에 대해 배경의 빛을 3% 감소시켰을 때 나온 결과이다. 예를 들어, 빛을 전혀 감소시키지 않았을 때의 대비는 1 - 0 / 1 + 0 = 1.00 으로 가장 높은 대비이다.

한편 필터의 색은 #47B(감색), #58A(녹색), #29(적색)로 하여 어두운 곳에서 실험이 실시되었는데, 각각의 색 필터로 화면상의 문자를 본 경우의 분광감도를 측정한 결과, 최고 파장은 #47B가 430㎚, #58A가 550㎚, #29가 650㎚이었다. 피험자는 신호와 동시에 화면의 오른 쪽에서 왼 쪽으로 이동하는 문장을 낭독하고 문장 제시 시간과 오독수로 읽기 속도를 측정했으며, 대상은 교정시력이 0.1 이상이며 색각이 정상인 정안 학생 4명, 시력이 0.1이상의 제1색맹(적색맹) 1명, 제2색맹(녹색맹) 1명과 저시력 학생 25명이었다.

결과에 의하면, 정안 학생은 문자의 휘도가 6cd/㎡ 로 일정한 경우에 색이 바뀌어도 읽기 속도가 변화하지 않았으나, 휘도를 낮추면 적색문자의 읽기 속도가 느려졌다. 광학매체 혼탁을 가진 저시력 학생은 피험자 7명중 1명이 청색문자의 읽기 속도가 느렸으며 다른 6명은 문자색에 대해서는 변화가 있었으나 읽기 속도는 변화하지 않았다. 망막질환인 제1색맹자는 밝은 곳에서 분광감도와 읽기 속도와의 관계가 있었지만, 제2색맹자와 망막색소 변성인 진행성 광수용기 질환자는 분광감도와 읽기 속도와의 관계가 명확히 나타나지 않았다.

즉, 제2색맹자는 문자색에 의한 읽기 속도에서 변화가 거의 없었고 진행성 광수용기 질환자의 읽기 속도는 적색문자에서만 느리게 나타났는데, 이러한 결과는 망막의 시세포층 중 어두운 곳에서 미약한 광선을 느끼는 간체의 역할 때문이라고 할 수 있다. 그리고 중심 시야 혹은 주변 시야 결손 저시력 학생의 문자색에 대한 읽기 속도에는 변화가 없었다.

이상의 결과로 정안 학생과 저시력 학생의 읽기에서 문자색이 적색이나 청색인 경우 읽기 속도가 느려지는 경향이 있어 독서 자료로서는 적합하지 않다고 할 수 있다.

또한, Legge, Rubin과 Luebker(1987a), Legge, Rubin과 Schleske(1987b), Rubin과 Legge(1989)는 읽기 속도에 미치는 독서 자료의 문자와 바탕 대비에 대해 연구했다. 이 기기는 LSI-11/23 컴퓨터와 Conrac Model SNA 7/Y 모노칼라 디스플레이를 사용하여 화면상에서 오른쪽에서 왼쪽으로 이동하는 문장을 제시할 수 있으며, 최대한 제시할 수 있는 문자 수는 60문자이며, 백색이나 흑색의 바탕과 문자를 역전시킬 수 있고, 대비는 저휘도에서 고휘도로 변화시킬 수 있었다.

대상은 정안 학생 5명으로 휘도는 고휘도인 300cd/㎡로 하였고 화면에는 8문자에서 16문자를 제시했는데, 각 피험자의 시거리를 다양하게 하기 위해 문자 크기는 각각 0.13~12도로 했다. 그리고 0.96의 높은 대비의 문자로 된 문장에서 시작하여 대비를 서서히 낮추어 제시된 문자를 낭독 속도와 오독수로 읽기 속도를 산출했다.

결과에 의하면, 어느 피험자도 문자 크기에 관계없이 대비의 저하와 함께 읽기 속도가 감속되었으며, 대비 역전의 효과는 없었다. 문자 크기에 대한 대비의 영향을 보면 시각 0.5~2도의 문자에서는 대비가 0.1로 저하되어도 가장 높은 대비 0.96의 독서 속도인 1분당 약 350단어의 1/2분 정도까지밖에 감속되지 않았는데 시각 0.25도 이하 혹은 2도보다 큰 문자에서는 대비의 영향이 강하여 대비의 감소와 함께 읽기 속도가 급격히 감속되었다.

읽기 속도가 최대 속도의 1/10을 나타낸 대비를 독서가능 임계대비(critical contrast for reading)로 정하여 각 문자 크기에서 독서가능 임계대비를 산출한 결과, 각 문자 크기에서 문자 인식 가능한 최소 대비와 독서가능 임계대비 사이에도 비슷한 경향이 있었다.

한편, Legge 등(1989)은 위의 기기를 사용하여 화면의 이동문장의 이해도에 대해 정안 학생 109명과 저시력 학생 24명을 대상으로 화면의 문장을 백색바탕(300cd/㎡)의 흑색문자로 대비 0.96으로 하고, 8문자를 오른쪽에서 왼쪽으로 이동시켜 실험했다. 정안 학생의 시거리는 350㎝로 문자 크기는 시각 0.5도로 하였고, 저시력 학생의 시거리는 30㎝로 문자의 크기는 시각 6도로 했다. 독서 자료는 초등부 6학년 수준의 내용이었는데, 정안 학생과 저시력 학생에게 문장을 읽게 한 후 낭독 할 때의 읽기 속도에 대해서 5지 선다형의 여섯 문제를 제시하여 이해도를 측정했다.

그 결과, 정안 학생의 읽기 속도가 1분당 100~200단어인 경우에는 읽기 속도가 빨라짐과 함께 평균 71.2%에서 60.5%로 이해도가 서서히 떨어졌으며, 읽기 속도가 1분당 10단어나 30단어인 경우에는 이해도는 높게 나타났다. 그런데 속도가 떨어졌다고 해서 이해도가 반드시 낮은 것은 아니었다. 최대 읽기 속도의 7할인 1분당 200단어 이상으로 증가하면 이해도가 낮아지는 비율이 증가했는데, 그 이해도의 낮은 비율의 변화는 명확하지 않았기 때문에 이해도를 읽기의 심리적·물리적 척도로 사용하는 것은 타당하지 않은 것으로 나타났다.

또한 정지문장과 이동문장에 대한 이해력의 차이는 없었는데 저시력 학생의 이해도에 대해 읽기 속도의 고속(이해도 60%)과 저속(이해도 64%)을 비교했을 때 저속이 약간 좋은 결과였으며, 읽기 속도가 비슷한 정안 학생의 이해도와 비교해 보면 저시력 학생 24명중 21명의 이해도는 정안 학생의 이해도 평균치 ±1 SD범위에 거의 포함되었다.

이상의 결과를 종합해 볼 때, 저시력 학생은 이동속도가 비교적 느린 독서 자료에 대해서는 정확하게 읽을 수 있었고 문자간 거리에 대해서는 간격이 넓을수록 읽기 속도는 느려졌다. 그리고 문자 크기와 읽기 효율성의 관계는 각 개인에 따라 문자 크기가 최적일 때 읽기 효율성이 가장 높게 나타났으며, 문자와 바탕대비에서는 문자 크기에 관계없이 대비가 저하될 때 읽기 속도가 감속되었으나 결과적으로 정안 학생보다 읽기 속도가 뒤떨어져도 문장을 이해할 수 있다는 것을 알 수 있다.

2. 정지문자의 읽기 특성

이제까지 사용한 기기로 화면의 이동문자에 대한 읽기 속도의 측정에서 그 기기의 장치와 구성의 복잡성과 측정시간의 길이 때문에 임상적인 사용이 곤란했다. 그래서 Legge, Ross와 Luebker(1990a)는 저시력 학생의 읽기 속도를 측정하는데 보다 간편한 검사인 The Minnesota Low Vision Reading Test(MNread)를 개발했다.

MNread는 컴퓨터를 이용하여 저시력 학생의 최대 읽기 속도 평가를 간단히 조작하여 짧은 시간에 정확히 할 수 있는 검사인데, 컴퓨터 화면의 백색바탕에 흑색문자 또는 흑색바탕에 백색문자로 역전하여 1행 13문자로 4행으로 된 문장을 피험자에게 낭독시켜 소요시간과 오독수로 읽기 속도를 산출했다.

화면의 휘도는 100cd/㎡이며 대비가 0.85, 제시 문자의 시거리는 20㎝, 시각은 6도로 독서 자료는 문장과 단어로 하였다. 그리고 문장 검토는 28개 종류의 문장을 무작위로, 단어는 3~6문자로 하여 제시하였다.

위와 같이 하여 정지문자와 이동문자의 읽기 속도에 대해 정안 학생 6명과 저시력 학생 27명을 대상으로 측정한 결과, 정안 학생은 정지문자의 읽기 속도가 평균 1.44배 빠른 것으로 나타났다. 이러한 결과는 정지문자를 읽을 때 눈으로 문자를 따라 읽어야 하는 안구 유연성 때문이었다. 그러나 저시력 학생은 이동문자의 읽기 속도가 평균 1.15배 빨랐는데 이것은 이동문자의 경우 글줄을 바꾸어 읽지 않아도 되며, 화면의 색상역전 기능으로 눈부심(閃光)이 감소되었기 때문이다.

이 검사의 타당성에 대해서는 읽기 속도와 Legge, Rubin과 Luebker(1987a)의 실험에 의한 이동문자의 최대 읽기 속도 간의 상관관계(r= .89)가 높게 나타나 MNread로 저시력 학생의 읽기 속도를 평가할 수 있으므로 타당성이 있다고 하겠다.

또한, Legge 등(1990b)은 독서 자료의 휘도 대비(luminance contrast)와 함께 색상 대비(color contrast)가 읽기 속도에 미치는 영향에 대해 연구했는데, 대상은 8명의 정안 학생과 색각의 이상이 없는 10명의 저시력 학생으로 했으며, 대비의 영향을 검출하기 위해 읽기 속도가 비교적 빠른 피험자로 했다.

독서 자료로 MNread를 사용했으며 정안 학생의 문자 크기는 시각 1도와 6도로 했고, 저시력 학생의 문자 크기는 시각 6도로 했다. 휘도 대비에서는 흑색바탕에 적색과 녹색을 혼합한 황색문자를 제시하여 바탕과 문자의 휘도가 각각 0.01cd/㎡와 12cd/㎡ 경우를 최대 휘도 대비로 했다. 휘도 대비를 감소시킬 때에는 바탕과 문자의 휘도를 각각 6cd/㎡에 가깝도록 조정했으며, 색상 대비는 전체 화면을 똑같이 밝게 하고, 적색성이 강한 황색바탕에 녹색성이 강한 황색문자를 제시했다. 적색과 녹색의 혼합색 비율을 변화시킴에 따라 색상 대비를 변화시켰으며, 피험자에게 화면에 제시된 문장을 될 수 있는 한 빨리 낭독시켜 문장 제시 시간과 오독수로 읽기 속도를 산출했다.

그 결과, 정안 학생은 색상 대비가 강할 경우에는 휘도 대비와 같은 형태로 1분당 300단어 이상의 높은 읽기 속도를 나타냈는데, 휘도 대비와 색상 대비의 읽기 속도의 비교에서 양쪽 모두 대비가 강하면 읽기 속도가 증가했으며, 휘도 대비와 비교한 색상 대비에서는 읽기 속도에 영향을 크게 미쳐 대비가 0.3 이하가 되면 읽기 속도가 급격히 떨어졌으며, 휘도 대비와 색상 대비를 동일하게 제시하면 읽기 속도는 향상되지 않았다. 저시력 학생은 휘도 대비의 경우와 비교해 볼 때 색상 대비에서는 읽기 속도가 감속되었다. 화면의 바탕과 문자가 같은 휘도이었기 때문에 피험자에게 눈부심이 발생했기 때문이다.

그리고 Legge 등(1992)은 임상적인 자료를 이용하여 읽기 추정능력을 측정했다. 피험자는 Minneapolis Society for the Blind(MSB)를 방문한 141명의 저시력인과 17명의 정안인이었다. 저시력인 141명중 노인성 황반변성이 45명(31.9%), 당뇨병성 망막증이 16명(11.35%), 시신경 위축이 15명(10.64%), 청년성 황반변성이 11명(7.8%), 망막 색소변성이 10명(7.09%), 녹내장이 8명(5.67%), 선천성 백내장과 미숙아 망막증, 근시성 망막변성이 각각 4명씩(2.84%), 무수정체안이 2명(1.42%), 기타 질환이 각각 1명씩(0.71%)으로 모두 22명(15.6%)이었다.

남자 55명(평균연령 43.9세)과 여자 86명(평균연령 55.6세)으로 읽기 속도 및 시력에 대한 유의한 성별 차이는 없었다. 이 연구에서는 임상적으로 얻은 자료 중에서 광학매체 상태(혼탁 유무), 중심 시야(직경 시각 5도) 결손 유무, 연령, 시력, 안질환을 다루었다. 읽기 속도 측정에는 MNread를 사용했으며, 화면의 휘도는 100cd/㎡이며 대비는 0.99이었다. 제시문자는 시거리 20㎝에 시각 6도로 양안시로 측정했다.

결과에 의하면 읽기 속도와 시력 사이에는 r= .309 (p<.001)로 상관관계가 낮았다. 중심 시야 상태에 따라 각 집단별로 읽기 속도와 시력의 관계를 보면, 중심 시야가 정상인 경우에는 읽기 속도와 시력에 상관관계가 유의하게 나타나지 않았으며, 중심 시야가 결손된 경우에는 읽기 속도와 시력에 상관관계가 나타났으나, 시력은 읽기 속도의 예측에 크게 도움이 되지는 않았다.

한편, 광학매체 상태는 대비의 역전효과에는 관계가 있었지만 읽기 속도의 예측에는 영향을 크게 미치지 않았으며, 중심 시야 결손 저시력인 중 노인성 황반변성 저시력 인의 읽기 속도는 청년성 황반변성 저시력인의 읽기 속도와 비교해 볼 때 대략 2분의 1로 감속되었다. 따라서 정안인의 경우 연령이 읽기 속도에 영향을 미치지 않았지만 저시력인의 경우 안질환이 연령과 시력에 영향을 크게 미치는 것으로 나타났다.

결과를 요약하면 정안인의 경우 읽기 속도는 1분당 평균 215단어이며,

저시력인의 읽기 속도는 중심 시야가 정상인 경우 연령 20세의 읽기 속도는 1분당 평균 138단어, 80세인 경우 1분당 평균 52단어였다. 또한 중심 시야가 결손되었을 경우 연령 20세이면서 시력이 0.25인 경우에 읽기 속도는 1분당 평균 175단어, 80세이면서 시력이 0.025인 경우에 읽기 속도는 1분당 평균 29단어였다. 이 연구의 임상자료에서 저시력인의 읽기 속도나 저시력인의 잠재적인 읽기 능력에 대한 평가는 사실상 어려웠다.

그리고 권기덕, 김동연, 김태욱(1980)은 교육적으로 저시력 아동을 판별하기 위한 시력치 연구에서 한글판서의 가독 시력과 한글활자의 가독 시력을 측정했다. 대상은 시력 0.04~0.08이 46명, 0.1~0.3이 115명, 0.4~0.5가 101명으로 총 262명의 저시력 아동을 표집하여, 7.5cm×7.5cm의 판서를 어느 정도의 거리에서 볼 수 있는지 활자를 초호(42pt)에서 6호(9pt)까지의 크기로 하여 가독할 수 있는 시력을 규명했다.

결과에 의하면 0.2의 시력은 일반문자 교육이 가능하므로 저시력 교육의 대상아동은 0.04~0.2 미만으로 규정되었다. 또한 0.04~0.08 미만의 저시력 아동은 개인의 수준을 고려하여 점자와 문자를 병용하여 저시력 교육을 실시함이 바람직하며, 0.04~0.2 미만의 시력을 가진 아동은 약시학급 대상으로, 0.2 이상의 아동은 일반학교 정규학급에 입급시키는 것이 바람직한 것으로 나타났다.

이상의 결과에서 저시력 아동은 정지문자에서 보다 이동문자에서의 읽기 속도가 빨랐으며, 휘도와 색상 대비의 경우 색상 대비에서 읽기 속도가 느리게 되었다. 또한 저시력 아동은 정안 아동보다 안질환, 연령과 시력에 의해 읽기 속도에 영향을 크게 받는다는 것을 알 수 있으며, 한글 가독 시력치 측정에서는 시력이 0.04~0.2 미만인 아동이 저시력 교육 대상으로 밝혀졌다.

3. 안질환의 읽기 특성

안구의 광학매체인 각막, 수정체, 유리체가 혼탁하면 망막조도가 감퇴되어 독서 자료의 대비는 저하되며, 각막변성이나 백내장은 망막에 이상이 없어도 읽기 효율성에 영향을 크게 미친다.

망막조도에 대한 Fonda(1981)의 연구에 의하면, 각막 중앙부나 수정체 후극의 중심부에 혼탁이 있는 경우 환경 조도를 낮추거나 차광 안경을 착용하여 동공을 정상 크기보다 크게 산동시키면 혼탁 없는 주변부에서 빛이 안구 내부로 입사하는데, 이렇게 해서 망막 조도가 올라가면 읽기 효율성이 높아진다. 이 때문에 독서 자료의 대비는 저시력 학생 읽기에 영향을 미치는 중요한 요인이 되며, 망막 중심와가 발달되지 않아 기능이 떨어진 경우, 공간 정보의 전달 경로와 더불어 읽기에 영향을 크게 미친다고 했다.

백색증에 대해 Grounds, Holliday와 Ruddock(1983)의 연구에서, 선천성 이상인 무홍채안, 황반변성, 소안구도 중심와의 기능이 낮아서 시각 정보의 전달계에 장애가 있었으며, 어릴 때 선천성 혹은 외상성 백내장, 각막혼탁, 안검하수 등이 있거나, 후천적으로 시기능을 사용하지 않아서 일어나는 폐용성 저시력이나 맹 초기 단계와 같은 상태의 장애가 생긴다고 했다.

중심 시야 내에 생기는 암점도 읽기 효율성에 영향을 크게 미치는데, Fonda(1981)에 의하면 암점은 85%가 망막 이상에 의한 것이며, 7%는 시신경에 기인한 것으로 이것은 안질환의 종류에 따라 다르며, 시감도에 잔존해 있는 상대 암점과 절대 암점의 사이에서 읽기 차이는 없었지만 암점의 형태가 변하기 때문에 크기와 생긴 부위에 따라 차이가 있다고 했다.

중심 암점은 중심와천공, 시신경위축, 중심성 망막변성, 선천성 황반변성 등에 생기는데, Legge 등(1985b)의 연구에 의하면, 중심 암점인 경우 중심와에서 시선을 비켜 놓고 중심외보기를 정착시키면 효과적이고, 작은 망막천공인 경우에는 확대경 등 저시력 보조 기구의 사용이 효과적이었다. 또한 형태가 크게 되어 중심외 각도가 크면 확대독서기 등에 의한 망막상의 확대가 필요한데, 이러한 사실에서 독서를 위한 고도의 해상력을 가진 중심 시력의 중요성이 나타나고 있다.

주변 시야가 광범위하게 광감도를 상실한 경우에도 읽기 효율성에 영향을 크게 미치는데, 말기 망막 색소 변성, 녹내장과 맥락막 부종은 관상 중심부를 제외하고 협착이 생긴다. 이러한 협착은 모든 방향에서 일어나 동심원상으로 좁아지는 동심협착이 생기지만 시신경 위축에서는 불규칙 협착도 생긴다(윤동호 외, 2005).

따라서 시야 협착의 정도와 읽기 효율성의 저하는 비례하는데, 중심 시력을 많이 보유하고 있어도 주변부로 시선 이행이 원활하지 않기 때문에 고시점을 정한 후, 독서대를 사용하거나 손으로 읽을 부분을 따라 읽어야 가능하다. 또한 주변 시야에 결손이 있으므로 광감도가 대단히 낮아지는데, 이점을 보완하기 위해 양질의 조명이 필요하며 읽기 효율성은 시선 이동 방향에 협착이 있으면 암점이 있을 때처럼 낮아진다.

그리고 시각경로가 인접부의 종창 때문에 압박받거나 혈관 폐쇄로 인해 활동력을 잃어버리면 양안에 반맹협착이 생긴다. 시신경 교차부의 압박이 있을 경우에는 양안 시야 중 서로 다른 쪽으로 외측반 또는 내측반이 결손되는 이명성반맹이 되고, 시중추 부분의 시각경로 이상에는 양안 시야 중 같은 쪽으로 외측반이나 내측반이 결손되는 동명성반맹이 되며, 한 쪽 눈의 안근들 사이에 협력작용과 길항작용이 있듯이 양안 운동도 이와 같은 관계가 있다. 이 경우 이명성반맹은 읽기에 영향을 크게 받는데 독서대를 사용하는 등 특별한 독서 수단을 배려해야 읽기 효율성이 감퇴되지 않는다.

이상의 결과를 종합하면, 저시력 학생의 다양한 안질환의 증상과 정도에 따라 읽기 효율성이 영향을 크게 받기 때문에 사례별 특성에 따라 독서 환경을 배려해야 할 것이다. 따라서 광학매체가 손상되었을 경우 독서 자료의 대비를, 중심 암점이 있을 경우 확대 독서보조기를 주변 시야에 결손이 있을 경우 적절한 조명을 제공해야 한다.

4. 안질환의 모의 실험연구

눈의 망막은 중심와, 방중심와 그리고 바깥쪽 주변 시야의 3영역으로 나눌 수 있다. 시력은 중심와에서 가장 좋고, 그 중에서도 특히 중심소와라고 하는 곳이 시력이 가장 좋은데, 직경이 1.2mm 밖에 되지 않는다. 방중심와 영역에서는 시대상이나 빛의 점멸을 검출하는 능력이 우수하지만 문자와 같이 세심한 부분을 보아야 하는 것을 인지할 수 없다.

그리고 눈으로 한 점을 주시하고 있을 때 그 눈으로 볼 수 있는 외계의 범위에 따라 중심시야와 주변시야로 나눈다. 이 주변시야로 외계의 물체를 발견하고, 상호 위치를 파악할 수 있으므로 주변시야도 중심시야에 못지않게 중요한데, 정상인의 두 눈의 시야의 넓이는 일반적으로 상하를 보는 범위가 130도이며 좌우를 보는 범위는 160도이다.

Rayner와 Bertera(1981)는 모의 실험연구로 시야 주변부가 보이지 않는 주변 시야 협착을 컴퓨터 제어로 인공적인 주변 시야 협착을 설정하여 연구했다. 시야 중심부만을 볼 수 있도록 주변부를 차폐한 윈도우를 화면상에 만들어 피험자의 안구운동과 움직임에 시야장애를 일으켜 모의 실험했다. 그리고 윈도우의 크기를 다양하게 변화시켜 피험자에게 문장을 읽히고 안구운동과 읽기 속도를 측정하여 시야장애가 읽기에 미치는 영향에 대해서 분석했다.

우선 눈앞 46㎝의 위치에 놓인 화면에 피험자의 안구운동과 같이 움직이는 윈도우와 문장을 동시에 제시하여 인공적인 시야 협착을 만든 상태에서 피험자에게 묵독시켰다. 문자 크기는 3문자가 시각 1도에 상당하도록 하고, 윈도우의 크기는 1～33문자 사이에 10단계로 설정하여 피험자에게 글의 내용에 대해 발표하게 했다.

결과에 의하면, 시야 협착으로 중심부에만 사물이 보이면 읽기 능률이나 정확성에 영향을 미쳤는데, 특히 1문자 정도의 시야에서 그 영향이 뚜렷이 나타났다. 그리고 능률적으로 읽기 위해서는 시야 주변부에서 받아들이는 시각적인 정보를 이용해서 시점을 효율적으로 이동시키는 것이 중요한데, 시야 주변부가 보이지 않는 상태에서는 안구운동이 불가능하기 때문에 읽기 능률은 떨어진다. 그러나 시야 크기가 3문자 정도가 되면 일반적으로 읽기 단계에서 회복되는 것이기 때문에 읽기의 정확성은 시야 주변부가 보이지 않아도 중심부가 보이는 상태에서는 문자나 단어 인치는 가능하다.

그래서 Rayner 등(1981)은 눈의 중심부가 보이지 않는 중심 암점을 컴퓨터 제어에 의해서 인공적으로 설정하여 모의 실험했다. 시야 중심만을 차폐한 인공적인 암점을 화면상에 만들어 피험자의 안구운동과 동일하게 중심 암점을 움직이게 하고 동시에 암점의 크기를 다양하게 변화시켜 화면에 문장을 제시하여 피험자에게 묵독시켰는데, 암점의 크기는 1~17문자 사이의 9단계로 설정하였다.

결과에 의하면 읽기 효율성은 암점이 크게 됨에 따라 떨어졌으나 암점의 크기가 5문자가 되어도 피험자의 문장의 정답률은 100%를 유지하고 있었다. 그러나 읽기 속도는 암점이 없는 상태에서 1분당 295단어이었는데 비해 1문자 정도의 암점인 조건에서는 1분당 160단어로 떨어졌으며, 시야 중심부가 1문자 은폐되었을 때 읽는 시간은 2배가 되었다.

또한 암점이 더욱 커져서 3문자의 크기가 되면 읽기 속도는 1분당 160단어, 5문자에는 1분당 50단어까지 떨어졌다. 암점의 크기가 7문자 이상되면 중심와시가 불가능해지고 문자인지를 방중심와에서 해야 한다.

이 경우 피험자는 문장을 여러 위치에서 보아 단어를 확인하는데, 단어의 정답률은 78%이었고 읽기 속도는 1분당 15단어까지 떨어졌다. 따라서 단어의 정답률은 암점의 크기에 따라 11문자는 53%, 13문자는 30%, 15문자는 18%, 17문자는 17%였으며, 11문자부터 15문자까지 암점에서의 읽기 속도는 1분당 10단어 이하이며, 17문자에서는 1분당 3단어 이었다.

이와 같이 암점이 있는 조건하에서 피험자는 눈의 중심 시야를 사용한 읽기와는 다른 방법으로 정보를 수집하고 있다고 생각할 수 있는데, 중심와가 완전히 차폐되어 버리면 방중심와에서 정보를 얻을 수 밖에 없다. 그래서 피험자가 잘못한 반응에 대해 검토한 결과, 방중심와에서 얻은 정보는 단어의 처음 문자와 마지막 문자, 문자의 길이, 문자의 모양에 관한 것뿐이었다.

이상에서 볼 때 중심 암점이 있으면 그것이 작아도 읽기에 영향을 미치며, 읽기 속도만이 아니라 정확성에도 영향을 미친다는 것을 알 수 있다. 그리고 방중심와에서 얻을 수 있는 단어의 정보는 단편적이어서 오독하기 쉽기 때문에 방중심와만 사용하여 능률적으로 읽는다는 것은 대단히 어렵다고 할 수 있다. 또한 눈의 광학매체를 형성하는 각막이나 수정체의 이상 또는 안축길이의 이상 등에 의해 근시, 난시나 원시 등의 굴절 이상이 생기기 쉽다.

Dickinson과 Rabbitt(1991)의 모의 실험연구는 정안 학생에게 구면렌즈와 원주렌즈를 착용시켜 인공굴절 이상 상태를 설정하여 읽기를 시켰는데, 피험자의 시력은 0.16~0.25로 했으며, 정시안 상태에서 시력은 1.0~1.5로 했다. 이러한 두 조건하에서 피험자에게 문장을 낭독시켜 문장을 기억해 두도록 하고, 독서 시간과 문장 내용의 이해에 대해 검토했는데, 내용 이해에 대해서는 읽은 후에 자유 과제와 선택 과제를 주고 그 결과를 분석했다.

결과에 의하면 인공굴절 이상상태에서 읽기를 할 경우 읽기 속도는 정시안 상태보다도 수 십초 뒤떨어졌으며 문장 내용에 관한 자유 과제에서 오답이 생기기 쉬웠다. 이와 같은 경향은 문장의 내용이 어려울수록 뚜렷했으며, 광학적으로 희미한 망막상 밖에 얻을 수 없는 상태에서 읽기를 하면, 보고 있는 문자의 확인에만 주의를 기울인다. 이러한 상황에서 문장을 읽으면서 내용을 기억하려면 읽기 정보처리 능력 부담이 증가한다.

한편, 광학매체 혼탁에 의해 시력 감퇴가 일어나는 사례는 백내장, 각막백반 등의 안질환을 들 수 있는데, 혼탁 부분을 제거하지 않는 한 안구 내 빛의 산란이 일어나며 각막상은 희미하게 된다. 이와 같은 상태를 모의 실험하기 위해서는 빛의 파장만 바꾸고 빛의 선명한 색상과 스펙트럼의 특성은 바꾸지 않는 ND(neutral-density)필터를 착용시켜 희게 혼탁된 시야를 만드는 방법을 사용한다(Faye, 1984).

小田(1990)은 희미한 문자를 인지하기 위한 연구에서 모니터 화면에 제시된 문자를 불투명한 유리로 가리고 정안 학생에게 보여주는 방법으로 모의 실험했다. 그리고 화면에 제시된 문자를 불투명한 유리와의 거리를 변화시키면서 피험자가 어느 정도 흐린 문자를 인식할 수 있는지 측정했다.

결과에 의하면, 영어나 일본어보다 한문이 2배 정도 정밀한 화면에서 잘 인식되었고 획수가 많은 한문일수록 인식하기 어려운 것으로 나타났으며, 획수가 복잡한 한문은 불투명한 유리를 통하여 희게 혼탁한 시야를 통과하기 어려웠다. 또한 형태적으로 비슷한 문자뿐만 아니라 그다지 비슷하지 않다고 생각되는 문자에서도 혼동이 일어났다.

따라서 ND필터나 불투명한 유리체를 통하여 화면을 보게 하는 모의실험에서도 문자인지에 차이가 생겼으며, 표의문자인 한문은 문장 이해하는 데는 효과적이며 의미를 전달하는데도 중요하지만 저시력 학생의 읽기에서는 인지하기 어려운 문자라는 것을 알 수 있다.

이상의 결과를 종합해 보면, 시야주변부가 보이지 않는 상태에서는 안구운동이 불가능하기 때문에 읽기 능률이 떨어졌으나, 중심부가 보이는 상태에서는 문자나 단어를 인지할 수 있었다. 또한 중심 암점이 있으면 그 크기가 작아도 읽기 속도와 정확성에 영향을 크게 미치며, 광학매체가 혼탁한 경우 읽기 정보처리 능력이 떨어졌을 뿐 아니라 획수가 많은 문자일 경우에도 인지하기 어렵다는 것을 알 수 있다.

Ⅱ. 심리적 읽기 기제

1. 읽기 효율성 연구

시각 정보의 장애를 가진 저시력 학생의 문자 지각, 크기, 속도, 독해력 등의 심리적 측면에서 실시한 읽기 효율성 특성에 대한 연구 중, 佐藤(1974)은 읽기의 기본적인 과제인 문자인지에 대해 정안 아동과 저시력 아동을 대상으로 실험했다. 자료는 2~9문자로 각각 20문제의 문자군과 숫자군으로 과제 완성의 소요 시간과 정답률을 산출했다.

결과에 의하면, 저시력 아동은 정안 아동에 비해 문자군과 숫자군을 식별하는데 시간이 더 많이 걸렸고 정답률도 낮았으며, 저시력 아동의 시력이 낮아짐에 따라 시간이 많이 걸리는 경향이 있었다. 또한 학년에 따른 문자군의 비교에서는 양 집단 모두 학년이 높을수록 소요시간이 단축되었고, 숫자군의 비교에서 양 집단은 소요시간 뿐만 아니라 정답수도 학년이 높을수록 많아지는 결과를 보였다.

Bateman(1965)은 저시력 아동 131명을 대상으로 하여 Guess 읽기 속도·정확도 테스트와 Monroe 독서력 테스트를 실시했는데, 피험자 60%는 독서 연령이 정신 연령에 도달하지 않는 것으로 나타났으며, 정안 학생과 저시력 학생을 대상으로 한 문자의 통독시간을 비교한 瀬尾(1982)의 연구에서는 정안 학생과 저시력 학생의 읽기 시간을 비교했는데, 저시력 학생의 읽기 시간이 2.4배 더 걸렸다.

五十嵐(1966)은 문자와 숫자를 이용하여 저시력 아동의 문자 지각 특성을 시력과 지능을 비교해서 연구했는데, 1문자와 3문자로 구성된 자료를 이용하여 제시된 자료를 읽는 것과 두 가지의 자료를 비교 판단하는 것이었다.

그 결과 문자 지각은 시력이 보다 많이 필요한 1문자 읽기와 같은 단순한 과제에서 시력의 영향이 컸으나, 3문자로 증가되면 시력 이외의 요인이 강하게 작용하여 읽기 과제보다 비교 과제가 시력 이 외의 요인에 더욱 큰 영향을 받고 있었다. 그리고 1문자 비교보다도 3문자 비교에서 지능이 미치는 영향이 컸고, 문자 지각에서는 시각적인 경험의 영향, 즉 훈련 효과의 영향이 컸다.

佐藤(1984a)은 정안 아동용 읽기 테스트를 그대로 사용하여 저시력 아동과 정안 아동의 읽기 속도를 비교했는데 대상은 초등부 전 학년의 정안 아동 75명, 저시력 아동 95명이었다. 모든 학년의 저시력 아동 읽기 속도가 정안 아동의 속도에 비해 뒤떨어졌으며, 특히 1학년이 가장 뒤떨어졌다.

이러한 현상은 정안 아동은 취학 전에 가정에서 여러 매체를 통하여 읽기 준비가 되어 있는데 비해, 저시력 아동은 시력 때문에 읽기 학습이 별도로 이루어지지 않는 등의 원인과 보통 크기 문자에 대한 읽기 훈련이나 습관 등의 부족으로 인한 시지각 훈련이 충분하지 않으므로 이와 같은 결과가 나타났다고 생각된다.

또한 저시력 아동의 읽기 속도와 시력과의 관계에서 초등학교에 재학 중인 저시력 아동을 6집단(0.02~0.03, 0.04~0.06, 0.07~0.09, 0.1, 0.2, 0.3)으로 분류하여 비교 연구한 결과, 시력이 높은 집단일수록 읽기 속도가 증가했다.

한편 Bouma 등(1982)은 시력 0.8이상의 고시력군과 시력 0.1~0.3의 저시력군으로 분류하여 문자 크기가 0.3~2.8도인 독서 자료를 낭독시킨 경우,

가장 큰 문자의 독서 자료에서 저시력군은 고시력군에 비해 읽기 속도가 감소되었다. 이와 같이 시력이 저시력 아동의 읽기 속도에 영향을 가장 많이 미치지만 그 외 저시력 아동의 안질환이나 그에 수반되는 특성, 학습 경험, 학력 등에 의해서도 영향을 받는다(Krischer & Meissen, 1983).

그리고 최초로 확대문자를 사용한 것은 1913년에 미국의 클리버랜드 공립학교의 Irwin이 만든 36포인트의 문자 책이었다(Corn & Ryser, 1989). 저시력 아동에게 적합한 문자 크기에 대한 연구(Eakin et al., 1961)에서 Eakin과 Pratt 등은 18포인트가 가장 적당하다고 했고, McFarland는 문자 변별력만을 고려할 경우 24포인트의 문자가 가장 좋은 크기이지만 책의 부피나 지면의 글자 수, 읽기 속도 등을 고려한다면 그 보다 더 작은 크기가 유용하다고 했다.

Peabody와 Birch(1967)는 12포인트에서 24포인트의 문자가 가장 적합하다고 했으며, 다른 연구자들에 의하면 저시력 아동이 18포인트의 문자를 사용할 때 독해력과 읽기 속도가 가장 효율적이라고 했다. 또한 한명복(1988)은 한글 명조체로 포인트별 저시력 학생에게 적합한 문자 크기를 조사한 결과, 저시력 학생의 100%가 볼 수 있는 문자의 크기는 34포인트이었고, 56.7%가 볼 수 있는 문자의 크기는 16포인트였는데 책의 부피나 읽기 속도 등을 고려할 때 저시력 학생의 과반수가 볼 수 있는 16포인트가 적합하다고 했다.

또한 오래 전 저시력 아동의 읽기 효율성과 문자 크기의 확대 효과에 관한 연구에서 Fortner(1945)가 저시력 아동 59명과 정안 아동 39명을 대상으로 18포인트와 24포인트의 문자 읽기를 비교한 결과에 의하면 문자에 따른 효과는 없었다. 그리고 Nolan(1959)은 18포인트와 24포인트 문자의 읽기 속도를 비교하기 위해 대상을 저시력 아동 254명으로 하여 20/200~2/200과 20/40~20/160의 두 시력 집단으로 나누어서 실시한 결과, 시력에 따른 읽기 속도의 차이는 있었으나, 문자 크기에 따른 차이는 나타나지 않았다.

Birch 등(1966)이 저시력 아동 903명을 대상으로 하여 5단계 문자 크기(12포인트, 15포인트, 18포인트, 21포인트, 24포인트)와 읽기 속도, 이해도의 관계를 비교 연구한 결과에 의하면 12포인트에서 24포인트까지의 문자에서 어떤 크기의 문자도 읽기 속도가 같았다.

Sykes(1971), Sloan과 Habel(1973) 등도 중·고등부 저시력 학생을 대상으로 18포인트의 확대문자와 10포인트의 표준문자를 확대경으로 이해력과 읽기 속도의 효과에 대해 비교 연구한 결과, 두 문자 크기 사이에 유의한 차이는 없었다. 따라서 표준문자는 이해력과 읽기 속도를 가속화시키는데 확대문자 만큼 효과적이라고 했다.

또한 佐藤(1984b)의 연구에서도 초등부 전 학년 저시력 아동 238명을 대상으로 12포인트와 28포인트 문자의 두 종류 크기로 된 독서력 테스트를 실시한 결과, 읽기 속도는 전 학년 모두 12포인트와 28포인트 사이에 유의차가 없었다. 따라서 저시력 아동의 경우 두 종류 모두 같은 정도의 읽기 속도이었다고 할 수 있다.

그리고 읽기 속도와 시력정도에 대해 6집단(0.01~0.03, 0.04~0.06, 0.07~0.09, 0.1~0.15, 0.2~0.25, 0.3 이상)으로 분류하여 비교 연구한 결과, 6집단 중 12포인트 문자에 비해 28포인트 문자에서는 읽기 속도가 빠른 집단이 없었다. 그러므로 문자를 확대해도 저시력 아동의 읽기에는 영향을 미치지 않는다고 할 수 있다.

위의 연구 결과에서 문자 크기에 따른 읽기 효율성에는 변화가 없다. 이에 대한 이유로 Fonda(1966)는 '2.4인치의 시거리에서 12포인트 문자를 읽는 것은 4인치에서 18포인트 문자를 읽는 것과 같다'라고 지적한 것을 들 수 있다. 이는 독서 자료와 시거리와의 관계를 표준문자 크기일 때는 가까이에서, 확대문자 크기일 때는 시거리를 두고 읽는 것과 같다고 할 수 있다.

그리고 Fonda(1966)는 확대문자를 사용하는데 불리한 점으로 독서 자료의 일반성에 관해 지적했는데, 교재의 분량이 많아서 사용하기 곤란하며 확대교재는 필요이상으로 저시력이라는 장애를 두드러져 보이게 하며, 또한 확대교재의 비용은 표준교재에 비해 비싸고, 자칫하면 천연색 그림 등을 생략할 수도 있어서 적절하지 않다는 것이다.

또한 0.1의 시력이면 8포인트의 신문 문자를 3.5인치 거리에서 읽을 수 있고, 12포인트의 타자기 문자는 5.25인치에서 읽을 수 있어서 실제로 확대

문자가 필요한 시력은 0.05 정도라고 했다. 그리고 확대문자가 효과적인 것은 시력이 0.01~0.05의 경우 12포인트 문자를 2인치 시거리에서 읽을 수 없는 경우, 또는 숫자와 계산문제 등 독서 거리가 보다 짧아야 좋은 과제나 본인 스스로 확대문자가 읽기 쉽다고 할 경우이며, 특히 확대문자의 읽기에 관련된 중요한 요인으로는 문자 대비나 조도 문제 등이 있다는 것도 아울러 지적했다.

岡田(1967)는 읽기의 유연성에 대해 연구했는데, 저시력 아동은 어려운 독서 자료를 읽을 경우나 쉬운 자료를 읽을 경우에도 읽기 속도에는 별로 변화가 없었으나, 정안아동과 비교해 보면 읽기의 유연성이 부족하다는 것을 알 수 있다. 또한 岡田(1969)는 저시력 아동의 독서 감상문의 실태를 조사했는데 정안 아동에 비해 저시력 아동의 감상표현 항목의 수가 적었으며, 주제와 장면에 관계있는 감상이 적었다는 것을 발견했다. 이러한 결과에서 저시력 아동은 읽기와 감상에 문제가 있다는 것을 지적할 수 있다.

岡田(1979)는 저시력 아동과 정안 아동에게 문예문, 논설문과 시를 낭독하게 하여 읽기 속도와 오류에 대해 연구했다. 저시력 아동은 초등부 6학년 13명으로 평균 지능 96.37, 시력은 0.03~0.2이었고, 정안 아동은 초등부 6학년 21명으로 평균 지능 110, 시각과 청각이 정상인 아동을 대상으로 했다. 독서 자료는 문예문 6600자, 논설문 2640자, 시 462자로 하였고 이를 낭독시킨 결과를 분석했는데, 문예문에서는 1분당 평균 저시력 아동은 157.1자, 정안 아동은 317.2자로 1% 수준의 유의차가 있었고, 논설문에서도 저시력 아동은 136.5자, 정안 아동은 263.9자로 1% 수준의 유의차가 있었으며, 시에서도 저시력 아동은 123.9자, 정안 아동은 224.1자로 1% 수준의 유의차가 있었다.

또한 낭독의 오류 분석에서는 저시력 아동이 정안 아동보다 훨씬 많았는데 100자당 저시력 아동의 평균 오류를 분석해 보면, 문예문에서는 반복 26.31, 오독 15.33, 원조 6.34, 첨가 4.11, 생략 3.65 순이었고, 논설문에서는 반복 27.73, 오독 9.12, 원조 7.31, 첨가 5.13, 생략 4.09 순이었으며, 시에서는 반복 21.86, 오독 8.65, 원조 6.19, 생략 3.77, 첨가 3.17 순 이었다.

한편 桐原와 瀕尾(1989)은 모의실험을 통하여 시각을 기준으로 한 읽기의 문자 확대효과를 연구했는데, 이 실험에서 시력 1.0이상의 정안 학생 24명을 정상 시력군(시력 1.0), 경도 모의 저시력군(시력 0.1～0.3), 중도 모의 저시력군(0.03～0.05)의 세 집단으로 나누어 무의미문과 유의미문의 두 종류 독서 자료를 낭독시켰다. 문자 크기는 2.5～9.8㎜의 9종류이며, 실험은 각 시력집단의 시력에 대한 확대율로 판독하는 것을 통일하여 낭독한 제1실험과 임의의 시거리에서 낭독한 제2실험으로 실시하였다.

제1실험의 결과에서 시력이 높은 집단일수록 읽기 속도가 향상되었으며, 각 시력군의 읽기 속도는 시각의 3.5배 크기 문자에서 연속적으로 향상 되었다. 또한 무의미문에서는 2.0배까지 유의미문에서는 1.5배 크기까지 뚜렷이 향상 되었으며, 무의미문에 대해 정상 시력군을 100%로 하여 비교하면, 경도 모의 저시력군은 2.0배의 확대문자에서 80% 이상의 효율이 있었지만 1.0배에서는 25% 이하로 감속되었다. 중도 모의 저시력군은 2.0배의 확대문자에서는 60～80%의 효율이 나타났지만 1.0배에서는 10% 이하까지 감속되었다. 유의미문에서는 경도 모의 저시력군에대해 무의미문에서 처럼 감속이 뚜렷하지 않고 1.0배에서도 60% 정도의 효율을 유지했는데, 중도 모의 저시력군에서는 시각에 대한 확대율이 최대 3.5배에서도 50% 이하이었다.

임의의 독서 거리에서 실시한 제2실험에서 정상 시력군과 경도 모의 저시력군의 문자 확대에 의한 읽기 속도의 향상은 없었으며, 중도 모의 저시력군은 5.8㎜ 보다 작은 문자에서는 읽기 속도가 뚜렷하게 감속되었다.

또한 제2실험에서 각 시력군의 독서 거리에서 시각에 대한 확대비율을 실험한 결과, 정상 시력군은 최소문자 2.5㎜에서 약 10배, 최대문자 9.8㎜에서 약 24배 정도로 확대한 문자를 인지했다. 같은 형태로 경도 모의 저시력군은 최소문자 2.5㎜에서 약 2～9배 정도, 최대문자 9.8㎜에서 약 3～9배 정도였으며, 중도 모의 저시력군은 최소문자 3.1㎜에서 약 2～3배, 최대문자 9.8㎜에서 약 3～5배 정도의 확대비율로 나타났다.

青木 등(1984)은 시력이 0.02～0.08이며, 연령이 6세～11세인 초등부 저시력 아동 10명을 대상으로 초등부 2학년 국어교과서에서 100문자 전후의 문장을 선정하여 칠판에 쓰고 피험자가 상용하고 있는 확대경과 확대독서기

를 각 피험자가 가장 보기 좋은 상태의 확대율이나 대비 및 선명도를 조절하여 읽기 실험을 했다.

그 결과, 읽기 속도는 시력 0.02～0.06인 4명이 확대독서기로, 시력 0.06～0.07인 3명은 확대경으로 했을 때 빨랐는데 그 차이는 1할 이내로 대단히 적었으며, 가장 시력이 좋은 0.08인 3명도 확대경에서 가장 빨랐다. 또한 읽기 오독은 학년이 낮을수록 많았는데, 특히 1학년 아동은 문장을 더듬어 읽었고 의미도 잘 이해하지 못했으며, 행간도 뛰어 넘는 경향이 있었다.

中野(1992)는 자유로운 시거리 조건에서 저시력 아동 독서 거리와 문자 크기에 대해 연구했는데, 그 결과 시력이 낮을수록 시거리가 짧았지만 시거리에서의 시각은 일정하지 않았고 단일문자나 시력표를 인지할 때 시거리의 길이와는 무관한 결과를 나타내었다. 이러한 점에서 독서의 시거리는 단지 망막상의 크기를 일괄적으로 결정할 수 없다는 것을 의미하고 있다. 또한 1문자를 인지할 때와 비교해 볼 때 독서의 시거리가 짧았는데, 이것은 독서할 때 동적으로 대상을 인지하기 때문에 정지한 대상을 인지하는 경우보다 자세한 부분의 시각적 인지가 저하되기 때문에 독서 거리가 짧았다고 할 수 있다.

菊池와 中野(1992)는 독서 자료 판독에 미치는 영향에 대한 연구에서 독서 자료의 글줄 간격의 읽기 효과 외에 대비 수준의 효과, 대비 대립의 효과, 흐림의 효과를 실험했는데 대비수준은 시력이나 읽기 효율성에 영향을 크게 미치는 것으로 나타났다.

대비 대립에 대해서 Legge 등(1985a, 1985b)의 연구나 中野와 千田(1990, 1991), 中野(1992)의 일련의 연구에서 지적되고 있는 것처럼 안질환에 따라 읽기 판독이 다르다는 것이다. 또한 흐림 즉, 도트 밀도의 영향은 정안 학생이나 저시력 학생에게도 일정한 임계점에서 변화가 보이지 않는 것은 Legge 등(1985 a, 1985 b)과 小田(1990)가 지적한 바와 같다.

독서 자료의 판독 외에 읽기에서 교실 환경의 조도 효과에 대해 佐島(1987)가 연구한 결과, 정안 학생은 조도 변화에 따른 읽기 효율성의 영향을 받지 않는데 비해 저시력 학생은 그 영향을 크게 받는 것으로 나타났다.

한편, 오래전에 Peck(1933)가 저시력 아동 독해력에 관해 연구했었는데, 이 실험에서는 저시력 아동의 독서 능력에 대해 스탠포드 읽기 성취 검사를 확대 인쇄한 자료를 사용하였다. 대상은 초등학교 2학년에서 중학교 3학년까지 234명의 저시력학급 아동과 학생들이었으며, 검사 시간은 정안 아동의 1.5배 시간을 주고 실시하여 정안 아동을 대상으로 연구한 결과와 비교했다. 그 결과 저시력 아동은 모든 학년에서 정안 아동의 표준에 가까웠으며, 시간을 충분히 주면 정안 아동과 같은 정도의 독해력을 보이는 것으로 나타났다.

佐藤(1975)도 정안 아동과 저시력 아동의 독해력에 대해 비교 연구했는데, 결과에 의하면 저시력 아동이 초등학교 단계의 모든 학년에서 정안 아동보다도 독해력이 낮게 나타났다. 그러나 저시력 아동에게 정안 아동의 두 배의 시간을 주고 비교해 봤을 때 독해력의 차이는 없었다. 이러한 점에서 저시력 아동은 독해력 자체가 열등하지 않고 시각장애 때문에 빨리 읽지 못한다는 것을 알 수 있다.

또한 Legge 등(1989)도 독해력의 문제에 대해 연구했는데, 절차는 일련의 읽기 연구와 같은 형태로 TV화면을 주사하는 자극 제시법에 의해 실험했다. 측정 자료는 Mac-Call Crabbs 독해력 시리즈 초등학교 6학년용 독서 자료에서 인용·수정하여 6종류의 문장을 사용했으며, 다지선택법으로 설문지를 작성하여 피험자가 선택하도록 했다.

독서 자료의 주사 속도와 독해력을 비교한 경우 정안 학생은 1분당 200단어 이상일 경우 독해력 점수가 낮아졌으며, 100단어 이하인 경우 독해력의 저하는 없었고, 10~30단어를 제시했을 때 독해력 점수가 약간 높았다. 또한 빠른 주사 속도로 문장을 읽을 경우와 느린 속도로 읽을 경우에도 문장의 이해도는 변하지 않는 것으로 나타났으며, 가장 빠른 낭독 속도와 독해력이 떨어진 독서 속도를 비교한 결과, 독서속도의 평균이 최고 속도의 약 70%이상이 되면 독해력 점수는 낮아지는 것으로 나타났다.

그리고 저시력 학생에게 최고 낭독 속도를 기준으로 두 종류의 주사 속도를 제시하여 측정했는데, 빠른 주사 속도는 최고 낭독 속도의 84% 이며 느린 주사 속도는 67%이었다. 그 결과 느린 주사 속도가 성적이 약간 좋았고 정안 학생과 같은 주사 속도의 독해력 점수와 비교해도 약간 낮았을 뿐이었다. 이런 결과에서 독서 속도는 낮아도 독해는 잘 할 수 있다는 것을 알 수 있다.

한편 Koenig, Layton과 Ross(1992)는 독서 능력 향상 교수 프로그램을 준비하기 위해 확대경이나 전자기기 등으로 이미 독서한 경험이나 능력을 가지고 있는 저시력 학생 6명에게 18포인트의 확대문자와 일반문자를 확대독서기와 확대경을 사용하여 New Macmillan Reading Program(Smith & Wardhangh, 1980)과 Macmillan Connection Reading Program(Arnold & Smith, 1987)으로 낭독 속도, 묵독 속도, 독서 거리 및 오독의 네 가지 독서 행위를 질적 분석을 통하여 사례 연구했다. 그 결과에 의하면, 대상자 1은 시신경위축, 안구진탕, 수명 등의 병력을 가진 6학년 12세의 여학생으로 원거리 시력은 두 눈이 20/200이며, 근거리 시력은 3인치에서 1.6M 문자이었다. 그리고 안과 의사의 처방에 따라 수명현상을 줄이기 위해 연노란색의 5D 색안경을 착용하고 일반문자(108wpm)와 확대문자(105wpm)의 낭독 속도를 비교 했는데 확대문자보다 확대경에서 더 빨랐다.

대상자 2는 독서를 그다지 좋아하지 않는 진행성 황반변성을 가진 7학년 13세의 남학생으로, 원거리 시력은 우안이 20/200, 좌안이 20/120이며, 근거리 시력은 3인치에서 1.6M 문자였다. 확대문자(31wpm)와 5D 스탠드 확대경(24wpm)의 낭독 속도를 비교했는데 확대문자가 확대경에서 보다 더 빨랐다.

대상자 3은 무홍채안과 안구진탕증을 가진 5학년 10세의 남학생으로, 원거리 시력은 지수시력이고, 근거리 시력은 2인치에서 1M문자였다. 확대문자(136wpm)와 2X 회중확대경(125wpm)으로 읽은 낭독 속도를 비교했는데 확대문자가 확대경에서 보다 더 빨랐다.

대상자 4는 시신경위축을 가진 3학년 8세의 여학생으로 원거리 시력은 두 눈이 20/200이며, 근거리 시력은 2인치에서 1M문자이었다. 확대문자(73wpm)와 확대독서기(46wpm)의 낭독 속도를 비교했는데 확대문자가 확대독서기에서 보다 더 빨랐다.

대상자 5는 망막결손과 안구진탕증을 가진 10학년 17세의 학습장애 남학생으로 원거리 시력은 우안이 20/400, 좌안이 20/600이며, 근거리 시력은 2인치에서 1M문자이었다. 확대독서기(53wpm)와 확대문자(51wpm)의 낭독 속도를 비교했는데 확대문자보다 확대독서기에서 더 빨랐다.

대상자 6은 우안은 망막박리이고 좌안은 무수정체안인 8학년 16세의 남학생으로 원거리 시력은 우안은 6인치 지수시력이고, 좌안은 20/200이며, 근거리 시력은 3인치에서 3M문자이었다. 확대독서기(79wpm)와 확대문자(41wpm)와의 낭독 속도를 비교했는데 확대문자보다 확대독서기에서 약 2배 더 빨랐다.

따라서 각 대상자에 대해 확대 독서매체를 통해 읽기 할 때의 기능과 확대매체의 효과 비교에 대해 유효한 정보를 얻을 수 있었는데, 이러한 사례 연구는 시각장애를 가진 개인의 독특한 특성을 강조한다. 그러나 대부분의 전문가와 부모는 개개 학생의 개별적인 결과에 대한 욕구를 확인했지만 이에 대한 배려는 하지 않았다. 따라서 저시력 학생 개개인에게 적합한 확대 독서매체를 선택하도록 하여 훈련이나 지도를 통해 양적으로나 질적으로 더욱 효과적인 독서 기능을 발달시켜 나가야 할 것이다.

이상의 결과를 종합해 볼 때, 저시력 학생은 정안 학생에 비해 읽기 속도가 뒤떨어졌으며, 시력이 좋은 집단일수록 읽기 속도가 빨랐고, 문자의 크기는 12포인트에서 24포인트가 적합했으며, 오류 분석에서는 반복이 가장 많았다. 또한 조도의 변화에 따라서도 영향이 크게 미치며, 독해력에서도 정안 학생에 비해 낮은 결과가 나타났으나 독해력 자체는 열등하지 않는 것으로 나타났다. 그리고 사례 연구에서는 저시력 학생의 시력, 안질환과 학습정도에 따라 다양한 특성이 나타나므로 아동마다 적합한 확대 독서매체를 제공해야 읽기 효율성을 높일 수 있다.

2. 읽기 향상 조건

인간의 신체에서 정보수집 기관으로서 눈의 역할은 절대적이다. 각막을 통과한 빛이 시신경을 통해 뇌에 전달되어 사물을 인식하는 시간은 0.002초이며, 안구를 사방으로 움직이는 정교한 근육과 1억3천만 개의 감광세포로 구성된 초고감도 필름인 망막과 수천만 가닥의 전기회로가 매우 짧은 시간 안에 화학반응을 일으키며 인간의 생존에 필요한 정보수집 작업을 벌인다.

안구운동은 크게 신속(迅速)운동, 추종(追從)운동과 전정(前庭)운동으로 나눈다. 신속운동은 순간을 포착하는 기능을 말하는데, 폭탄이 터지는 것을 무의식적인 상황에서 피할 수 있는 것은 안구가 1초에 200~300도 회전할 수 있는 능력이 있기 때문이다. 그러나 글을 읽는 것은 신속운동보다는 안구의 추종운동 때문에 가능하며, 이 추종운동은 내·외직근의 상대적 강도와 시야의 차이로 인해서 세로배열의 글자보다 가로배열의 글자에서 훨씬 더 효율적이다.

마지막으로 전정운동은 머리를 돌려도 눈은 정면을 향하는 기능이다. 보통 책을 읽을 때는 고개도 조금 움직이게 되는데, 이 때 머리의 방향과는 상관없이 눈은 문자를 계속 따라간다. 이때에도 눈의 상하 움직임보다 좌우의 움직임이 훨씬 편한데 이것은 목의 운동범위와 관계가 있다.

일반적으로 문장을 읽을 때, 눈과 머리를 움직이기도 하고 신체의 방향을 바꾸기도 하며, 책이나 신문을 들고 있는 손을 움직이는 등 다양한 형태의 운동을 한다. 이 중에서 읽기와 가장 관계가 깊은 운동은 눈의 움직임, 즉 안구운동이다. 안구운동의 주요인은 급격하고도 간헐적인 운동과 정지를 연속적으로 반복하는 것이다. 1회의 정지시간은 0.2~0.4초 정도인데 다음 운동시간은 0.01~0.02초 정도이다. 그리고 안구운동 중에는 읽기를 할 수 없으며 정지했을 때에 만 읽기 동작을 반복할 수 있다.

문자를 읽을 때 성인은 1회 정지해 있을 때 3~5문자, 1초에 3~4번 정지하는 사이에 1초에 10문자 정도 읽는다. 실제로는 특별히 속독훈련을 받지 않는 한 1분에 낭독은 400~500문자, 묵독은 600~800문자의 해독이 가능하다(小林, 1993).

그러나 저시력 학생의 읽기에는 1회 주시에서 3~5문자를 시야 안으로 받아들일 수 없기 때문에 적용시킬 수 없는 것이 많다. 일반적으로 저시력 학생의 시거리는 대단히 짧아 책을 눈에서 2~3㎝에 두고 읽는 학생이 많은데, 이때 1회 주시로 망막에 비치는 문자 수는 1문자 정도이다. 더구나 확대경을 사용해서 읽을 때는 1문자씩 읽게 되는데 일반적인 안구운동을 하면서 읽는 것이 아니고 주시하면서 머리도 이동하는 독특한 방법을 사용한다.

그래서 전자를 안구 운동형의 읽기, 후자를 안구 이동형의 읽기라고 한다면 시기능이 정상 또는 그에 가까운 경우는 안구 운동형으로 읽겠지만 대부분 저시력 학생은 안구 이동형으로 읽는다. 가설을 세운다면, 안구 운동형에서 안구 이동형으로의 이행은 비교적 쉽지만, 안구 이동형에서 안구 운동형으로의 이행은 매우 어렵다고 하겠다.

안구 이동형 읽기의 가장 큰 특징은 한 자 한 자를 읽는 축독해야 하는 점자와 같은 읽기 형태인데, 여기에는 두 가지 문제점이 있다. 하나는 단어를 단어로써 동시에 독해할 수 없다는 것이다. 그 때문에 문자의 인지와 의미 이해에 시간 차가 생기며 읽기 속도가 느리면 느릴수록 의미 이해에도 어려움이 생긴다. 더구나 낭독 할 때는 단어를 음성으로 표현해야 하기 때문에 한층 더 어렵다고 할 수 있다.

또 하나의 문제점은 글줄을 바꾸는 데 시간이 걸리며 잘못 찾기 쉽다는 것이다. 특히 글줄의 끝이 일정하게 정렬되어 있는 책을 읽으려면 특별한 기술을 필요로 하는데, 교과서에 그림이나 도표도 많고 글줄의 끝이 일정한 부분이 많다. 반면에 안구 이동형의 읽기는 어느 정도 일정한 속도로 읽으면 읽는 속도가 가속되어 더욱 빨리 읽게 되는 이점도 있다.

예를 들어, 정안 학생에게 시야를 극단적으로 제한하여 독서를 시키면 처음에는 읽기 속도가 낮아 1분간에 200문자 정도로 읽지만 연습을 거듭하는 동안에 보통의 읽기 속도에 거의 가까운 속도인 1분에 350문자 이상으로 낭독할 수 있게 된다. 그런데 안구 이동형으로 책을 읽는 저시력 학생에게 같은 시각의 독서 자료를 제시하기 위해 시거리를 5㎝에서 25cm로 늘리고 문자간과 행간은 그대로 두고 문자만을 5배 크기로 확대한 독서 자료를 장시간 읽도록 연습시켜도 시거리 5㎝에서 읽을 때의 읽기 속도에 미치지 않은 적이 많았다(小林, 1993). 이처럼 안구 이동형의 읽기에 익숙한 저시력 학생은 안구 운동형으로 이행하는 것이 상당히 어렵다고 할 수 있다.

위와 같은 사실에서 저시력 학생의 읽기에서는 독서 기능으로는 안구이동형이 중요하다는 것을 지적할 수 있다. 그러나 현재 맹학교나 약시학급 등의 교육현장에서는 이 두 형태의 차이를 충분히 이해하지 않고 교육하는 것이 일반적인 실정이다.

또한 藤田 등(1980)은 낱자를 문장으로 이해하며 읽을 때 최소 가독 문자 크기의 필요 배율에 대해 연구했는데, 가독 문자의 약 3배 크기가 독서용 문자로 적당하며 3~5배 정도의 크기이면 실용적인 속도로 읽을 수 있다고 했다.

한편, 주로 사용하고 있는 문자 크기는 문자의 세로 길이를 기준으로 결정하지만 활자 크기에 대한 그 밖의 표시 방법으로는 포인트, 호, 급 등이 있으며, 요즈음에는 포인트를 많이 사용하고 있다. 현재 우리나라의 여러 교재에서 사용하고 있는 문자 중 가장 많이 쓰이는 것은 10포인트이며, 중·고등학교 교과서의 본문도 10포인트로 되어 있고, 초등학교 교과서는 14포인트로 되어 있다. 그리고 미국 시각장애인용 교재를 출판하고 있는 미국 맹인 인쇄소(American Printing House for the Blind)에서는 큰 문자 책을 모두 18포인트로 발행하고 있다(이해균, 1995).

이상의 결과를 종합해 볼 때, 안구 추종운동 때문에 문자를 읽을 수 있는데 대부분 저시력 학생은 안구이동형으로 책을 읽을 때 머리도 이동하는 방법을 이용하기 때문에 읽기에 많은 장애가 수반된다. 또한 글자의 크기는 정안 학생은 주로 10~14포인트의 문자를, 저시력 학생은 18포인트의 문자를 가장 많이 사용한다고 할 수 있다.

제14장 학습지도

저시력 학생의 읽기 및 쓰기 지도는 글자 읽기와 쓰기에서부터 문장의 읽기와 쓰기까지 모두를 포함한다. 시각장애의 상태와 정도에 따라 지도하는 데 있어서 차이가 있지만 지도 내용은 같다. 상용문자로 점자를 주로 사용하고 묵자를 병용하는 저시력 학생에게도 이것은 마찬가지이다.

이 장에서는 그에 따른 시력정도와 문자선택, 읽기와 쓰기지도, 지도보기, 작도지도, 관찰지도 일반학교에서의 지도, 저시력 교육 상담에 대해 살펴 보고자 한다.

Ⅰ. 시력 정도와 문자 선택

저시력 학생이 문자를 읽을 때는 눈을 대상물에 가까이 대고 망막상을 확대시켜 읽거나 확대문자를 읽거나 확대경이나 확대독서기 등의 저시력용 보조기구를 이용해서 읽는 등 그 방법은 여러 가지이다. 그러나 어느 경우든 가장 읽기 쉬운 활자의 크기, 활자 종류, 문자 간격, 행간 등을 어떻게 설정하느냐가 중요한 문제이다. 이와 같은 조건을 검토할 때는 안질환, 시력, 시야와 같은 시기능 상태와 함께 저시력 보조기구의 상황 등을 고려해야 한다. 이는 확대경이나 확대독서기를 보조기구로 사용하는 경우 적절한 기종을 선정하고 기구를 사용한다는 것을 전제로 문자 조건을 결정해야 하기 때문이다.

저시력 학생에게 있어서 보기 쉽고 피로가 적은 문자 조건을 선정하기 위해서는 단적으로 문자의 크기뿐만 아니라 전술한 바와 같이 여러 조건을 고려하는 관점에서 검토해야 한다. 여기서는 시력과 사용 문자와의 관계, 저시력 학생용 문자의 크기, 문자 크기 결정의 관점 등 주로 문자의 크기에 초점을 맞춰 논하기로 한다.

1. 시력과 문자와의 관계

최근 일본의 츠쿠바대학교(筑波大學校)에서는 1970년 이후 5년마다 맹학교 학생의 시각장애 원인 등에 관한 조사가 실시되어 왔다. 이 중 시력과 점자 또는 묵자 등의 상용문자의 관계에 대해서도 조사된 것이 있다. 표 14-1은 1995년도 조사에서 시력과 상용 문자의 관계를 시력 0.1 이하로 한정해서 나타낸 것이다.

점자와 묵자 사용자의 비율을 비교해 보면 시력 0.02에서는 묵자를 사용하는 학생의 비율이 높았으며, 시력 0.01에서는 점자를 사용하는 학생의 비율이 높았다. 또, 시력 0.01이나 지수 정도의 시력을 가진 학생 중 일부는 묵자를 사용하는 학생도 있었다. 이 도표에는 1970년도 조사 결과 중, 점자와 묵자 사용자의 비율이 역전하고 교차하는 부분만이 추가되어 있다.

1970년도에는 시력 0.03에서는 묵자 사용자가 많았고, 시력 0.02에서는 점자 사용자의 수가 많았는데, 근년에 들어와서 시력이 보다 더 낮은 학생도 묵자를 사용하는 경향이 있다고 할 수 있다. 이것은 확대경과 확대독서기의 활용, 확대 교재 등의 학습 조건의 개선에 따라 상당히 많은 저시력 학생들도 묵자에 의한 학습이 가능해졌다는 것을 나타내고 있다. 그러나 이것이 반드시 바람직한 것인지는 신중하게 생각해 보아야 한다.

2. 적정 문자 크기

저시력 학생 중에는 얼굴을 책에 아주 가까이 대고 읽는 학생도 있다. 이런 것을 보면 시력이 아닌 최소가독시표로 최대시인력(最小視認閾)을 가지고 생각하는 것이 보다 현실적일 것이다. 이 점에 주시하여 中川 등(1992)은 최소인식역(最小認識閾)을 이용해 저시력 학생용 문자 크기를 연구하려는 시도를 했다. 표 14-1은 저시력 학생의 이론적인 가독 문자 크기를, 표 14-2는 최대시인력을 고려한 저시력 학생용 가독 문자의 크기를 나타냈다.

최소인식역이란 도형이나 문자 등 형태의 인지에 필요한 크기로 이론상으로는 시력 1.0에서는 시각(visual angle)에서 약 40초 정도이다. 이 값을 길이로 환산하면 30cm 시거리에서 0.06mm각의 크기가 된다. 교육 한문 중에는 가장 횡선이 많은 '書'자를 이용해서 독서용 문자의 크기를 산출해 보려고 했다. 이 글자의 경우 횡선이 8줄이므로, 선분과 여백을 합하여 16줄로 나누어지므로 최소시인역을 16배한 값이 이론적인 값이 된다. 어느 한 글자의 인지 능력을 가지고 모든 독서효율을 예측하기는 어렵다는 지적도 있는데, 이 연구는 '書'자를 인지할 수 있으면 이것보다 단순한 문자의 인지도 충분히 가능할 것이라고 하는 예상에 근거를 두고 있다.

<표 14-1> 저시력 학생의 가독문자

최대시인력	최소인식역(mm)	문자의 크기(mm)
1.0	0.06	0.96
0.9	0.07	1.07
0.8	0.08	1.20
0.7	0.09	1.37
0.6	0.10	1.60
0.5	0.12	1.92
0.4	0.15	2.40
0.3	0.20	3.20
0.25	0.24	3.84
0.2	0.30	4.80

<표 14-2> 저시력 학생의 독서용 문자의 크기

최대시인력	문자의 크기(mm)	포인트
1.0	2.88	8p
0.9	3.21	9p
0.8	3.60	10p
0.7	4.11	12p
0.6	4.80	14p
0.5	5.76	16p
0.4	7.20	20p
0.3	9.60	28p
0.25	11.52	33p
0.2	14.40	40p

표 14-1에서 알 수 있듯이 최대시인력이 1.0이면 '書'자는 0.96mm정도의 크기라도 인지할 수 있다는 것을 알 수 있다. 단, 이 값은 인지 속도를 완전히 무시한 수치로 이 값이 독서용으로 적합한 것은 아니다. 일반적으로 인지하기 쉬운 크기는 역치의 수배라고 하므로, 표 14-2에서는 이 값을 3배해서 산출하였다. 이 표에서 보면 최대시인력이 0.8이상이 되면 10포인트 이하인 문자도 읽을 수 있다고 알 수 있다. 또, 근거리 저시력인용 렌즈를 사용하고 있는 경우에 최대시인력은 렌즈를 통해서 얻을 수 있다.

3. 적정 문자 선정

저시력 학생이 사용할 문자를 선택할 때는 학습의 효율성, 문자 교재의 종류와 인지방법, 실제적인 평가의 관점에서 정리할 필요가 있다.

1) 학습의 효율성

시력이 0.01이나 0.02 정도의 저시력 학생은 학습의 효율성을 고려할 때 묵자보다는 점자가 더 좋을 때가 많다. 묵자를 사용해서 학습을 할 수 있는 기준으로는 초등학교 1학년 때 1분에 100 문자의 속도로 읽는 것을 기준으로 한다. 학습이 어느 정도 진행되었을 때에 이 단계에 크게 못 미치면 사용 문자를 점자로 선택하는 것이 효과적이다. 비록 상용하는 문자가 점자라도 묵자를 병용하게 하여 묵자를 사용하는 이점을 활용하도록 해야 한다.

또, 시력이 0.01, 0.02가 되는 저시력 학생의 보호자에게 상용 문자를 점자로 해야 한다고 이해시키기는 그리 쉬운 것이 아니다. 대부분의 보호자들이 자신의 자식은 묵자로 공부해야 한다고 강렬한 희망을 가지고 있기 때문이다. 학습의 효율성을 구체적인 자료를 이용해 설명하고, 묵자가 점자보다 더 효율이 떨어진다는 것을 논리적으로 설명해야 한다.

2) 묵자(墨字) 교재의 종류

앞에서 진술한 저시력 학생용 문자의 크기는 어디까지나 독서용 문자의 크기이다. 초등학교 5, 6학년 학생의 국어 교과서 본문의 크기가 14포인트 정도라는 것을 감안해서 교과서를 확대하거나 확대경을 잘 활용하게 해야 한다. 확대교재를 만들 때는 저시력 학생용 문자의 이론적인 값을 참고로 해서 문자 크기를 결정하는 것이 효과적이다. 이 때 표 14-2에서 제시한 값을 그대로 사용하는 것이 아니라, 여러 크기의 문자를 준비해서 실용적으로 읽을 수 있는지를 검토해서 결정해야 한다. 또, 확대교재뿐만 아니라 확대경을 저시력 보조기구로 활용할 수 있도록 계획적으로 지도해야 한다.

일본의 경우, 일본약시교육연구회의 연구 결과(大川原 外, 2001)에 따라 초등학교용 국어(2학년용~6학년용)와 수학(3~6학년용), 중학교용 국어와 수학을 전국적으로 사용할 수 있도록 작성했다. 이 교과서에 사용한 서체로는 고딕체인데 이는 저시력 학생의 70% 정도가 이 서체를 선호했으며,

특히 시력이 약할수록 고딕체를 좋아하는 경향이 있었기 때문이다. 또한 문자 크기는 초등학교 저학년에서는 26포인트, 초등학교 고학년에서는 22포인트, 중학교에서는 18포인트를 사용 했고, 행 간격은 50%보다 약간 넓게, 문자 간격은 0보다 약간 넓게 했다.

그러나 획일적으로 문자의 크기와 종류를 결정하는 것은 문제가 없지 않다. 예를 들어, 독서할 때 사용하는 문자의 크기 및 종류와 한자를 익힐 때 사용하는 문자의 크기 및 종류는 상당히 다를 수 있다. 일반적으로 독서용 문자로는 고딕체를 선호하지만, 한자를 배우고 익힐 때는 글자의 형태를 명확하게 알 수 있는 교과서체가 적합하다고 한다. 또, 표나 도형을 확대할 때는 전체적인 균형을 고려해서 문자의 크기를 결정해야 한다.

3) 실제적인 평가

표 14-2에서 제시한 문자 크기를 이용해서 독서 교재를 만들어도 실제로 효과가 없을 때도 있다. 단일 문자일 때에는 읽을 수 있는 크기였을지 모르지만, 글자들이 이어진 문장은 이 크기가 반드시 적합하지 않을 경우도 있고, 행의 간격이나 문자와 문자 사이의 간격 등이 적절해야 할 것이다.

그래서 이론적인 값을 그대로 사용하는 것이 아니라 여러 크기의 문자를 준비해서 실제로 읽게 하여 각 개인에게 맞는 문자의 크기를 명확하게 결정해야 한다. 이렇게 해서 결정한 문자 크기로 행 간격과 문자 간격을 바꾼 교재를 만들어서 실제로 활용할 수 있는 독서 교재를 만들어야 한다.

이 때 실제로 읽게 해 보았을 때 가장 빠르게 읽혀지는 문자의 크기와 저시력 학생이 좋아하는 문자의 크기가 서로 다른 경우도 의외로 많다. 독서 재료로 선정할 때, 빨리 읽을 수 있다는 것은 상당히 중요하긴 하지만, 이 외에도 피로를 느끼지 않고 어느 정도 긴 시간 동안 읽을 수 있는 지와 읽기와 쓰기를 동시에 할 수 있는 문자의 크기인지도 고려해야 한다.

따라서 단적으로 속도를 내어서 빨리 읽기만 하면 좋다고 하지 말고 저시력 학생의 학습을 전반적으로 검토하면서 글자의 크기를 결정해 주어야 한다. 또, 읽기와 쓰기 교재의 차이와 우선 고려해야 할 점들, 전체 파악,

부분 상세 파악 등 교재의 크기까지도 서로 달라야 한다.

또한 中野 등(1993)은 문자의 크기에 따라서 독서 효율성이 변한다고 보고하였는데, 그 관계는 문자가 커짐에 따라서 독서 효율이 향상되는 것은 아니며, 임의의 문자 크기일 때에 독서 효율이 최대화된다고 한다. 즉, 저시력 학생 각 개인에게 맞는 최적 문자 크기가 있으며 그 보다 작아도 그 보다 커도 독서 효율은 저하된다고 한다. 이런 모든 조건을 고려해서 독서 효율이 높은 문자의 크기를 찾아서 그에 맞는 교재를 작성해야 한다.

또, 학년이 올라감에 따라서 보다 작은 문자를 사용해야 하는데, 가장 적절한 문자의 크기 조건은 고정되어 있는 것이 아니며, 언제나 변할 수 있으므로 다시 한 번 측정해야 한다.

Ⅱ. 읽기와 쓰기 지도

1. 읽기와 쓰기 장애

읽기와 쓰기 분야에 있어서 저시력 학생의 장애는 첫째, 저시력 학생 자신의 시각장애에 기인한 것 둘째, 저시력 학생이 문자를 충분히 인지하지 못해서 생기는 것 셋째, 읽기 및 쓰기 교재의 부적절성에 의한 것 넷째, 학습환경 조건의 정비 부족에 기인한 것 다섯째, 앞의 조건들이 전반적으로 영향을 주어 발생한 것 등이다.

꼭 같이 문자를 읽지 못하는 장애라도 문자를 몰라서 못 읽는 것과 잘 보이지 않아서 못 읽는 것은 분명한 차이가 있다. 문장을 읽을 때에 글줄을 놓치면서 읽는 저시력 학생은 위쪽 시야가 좁을 수도 있으며, 읽기 교재의 행 길이가 그 저시력 학생이 읽기에는 너무 길게 인쇄되어 있을 수도 있다. 또, 수명을 심하게 느끼는 안질환을 지닌 저시력 학생이 수명 때문에 잘 읽지 못할 수도 있다.

따라서 이 장애를 해결하기 위한 대응이나 개선책은 저시력 학생마다 다르다. 시야 장애를 보상할 수는 없으나, 교재를 개선하여 만들어 줄 수는 있다. 수명이 있으면 차광렌즈를 사용하게 하거나, 조명을 조정하거나, 커튼을 치는 등 환경 조건을 조정하여 어느 정도 개선시킬 수 있다. 시야가 좁은 저시력 학생들 중에는 엽서에 글을 쓸 때 오른쪽으로 치우치거나 왼쪽으로 치우쳐서 글을 쓰는 사람도 있는데, 엽서에 선을 긋지 않아도 자를 잘 이용해서 쓰게 하면 똑 바로 줄을 맞춰서 글을 쓸 수도 있다.

저시력 학생의 읽기와 쓰기 지도는 이런 장애를 하나씩 개선해 가면서 교육하는 것으로, 읽을 때 줄을 놓치거나, 문자의 크기를 일정한 크기로 쓰지 못하는 등 어떤 특정한 부분을 잘못하는 저시력 학생에게는 잘못하고 있는 것을 알게 하고, 스스로 잘못을 바로 잡기 위한 태도와 습관을 길러 주는 것도 아주 중요하다.

2. 읽기 지도

저시력 학생의 읽기 지도는 저시력 학생에게 가장 읽기 쉬운 환경을 제공한 후에 실시해야 한다. 가장 읽기 쉬운 환경이란, 교재를 포함한 학습환경 전체가 저시력 학생에게 가장 학습하기 쉬운 환경이 되기 때문이다. 따라서 저시력 학생마다 조건은 서로 다르다.

대부분의 읽기 교재는 확대교재이다. 확대 정도는 내용과 용도에 따라서 일정하지 않다. 한자 학습 교재 등은 일반 읽기 교재보다는 더 높은 비율로 확대해야만 학습 효과를 올릴 수 있다. 저시력 학생에 따라서는 저시력용 렌즈를 잘 쓰면 확대가 잘 된 교재를 사용하는 것보다 효과적으로 학습할 수 있는 경우도 있다.

학습 환경도 개인차가 있다. 간접 조명, 책상 위에 설치한 직접 조명, 커튼으로 차광시킨 조도의 조절 등 그 차이는 여러 가지이다. 그밖에 책상과 의자의 높이, 독서대의 사용여부 등에 따라서 읽기 효율이 달라진다. 저시력 학생 개개인에게 맞는 학습 조건을 제공한 후에 다음과 같은 사항에 중점을 두어 저시력 학생의 읽기 지도를 해야 한다.

1) 문자의 인지력 제고

문자를 정확하게 읽기 위해서는 문자들을 정확하게 기억하고 있어야 한다. 그러나 각 문자의 획을 하나 하나 세면서 읽지는 않고, 보통은 문장 전체를 하나의 패턴으로 기억하고 읽는다. 한 눈에 보아서 바로 글자를 알아야지 문장을 막히지 않고 읽을 수 있다. 이것은 한글이나 한자, 일본의 가나, 영어의 알파벳을 읽을 때도 마찬가지이다. 이렇게 한 눈에 보아서 어떤 글자인지 알아내는 힘을 문자 인지력이라고 한다.

문자를 패턴으로 인지하는 힘은 단어에도 똑 같이 적용된다. 서로 비슷한 단어들을 모아서 카드에 적어 저시력 학생에게 많이 보여 주어서 그 단어들을 패턴으로 기억하게 하는 학습법도 저시력 학생에게 실시해 봄직한 방법이다. 문자를 쓰게 하면 패턴을 기억시킬 수도 있다. 읽기, 쓰기가 익숙해진 패턴으로 문자를 인식하는 능력이 향상된다.

문자 인지력이 향상되면 문자의 확대율을 낮출 수도 있다. 초등학교용 교과서의 글씨가 고학년이 되면서 작아지는 것은 이 문자의 패턴 인식을 감안하고 있기 때문이다. 시각장애가 진행되지 않는 저시력 학생에게는 작은 글씨에 익숙해지게 지도 해 보아야 한다.

2) 문장 읽기

저시력 학생이 긴 문장과 한자가 많은 문장을 읽는 것은 어려운 일 중에 하나로, 한자를 제대로 보지 못하여 뜻을 완전히 파악하지 못 한 채로 대강 읽는 경우도 있다.

글을 읽는 일반적인 방법은 통독, 정독, 목독으로 나누어서 지도한다. 처음에는 통독으로, 대강의 흐름을 파악한다. 그리고 단락의 구성이나 문장의 구조, 단어의 의미를 조사하면서 읽는다. 다음에는 문장의 의미를 맛보면서 읽는다.

문장의 읽기에 시간을 많이 필요로 하는 저시력 학생에게 모든 교재를 이와 같은 순서로 지도하는 것은 거의 불가능하다. 일반적으로 소설을 읽듯이 읽으면서 단락의 구성부터 표현 방법까지 모두 파악하면서 읽게 하는 수밖에 없다.

이렇게 하려면 문장의 키워드를 미리 설명하여 알려 주든지, 새로 나온 한자를 미리 지도하는 등의 배려가 필요하다. 문장의 내용에 따라서 대강의 줄거리를 미리 정리하게 하거나, 필자가 말하려고 하는 것이 무엇인지를 정리하게 하는 것도 문맥을 따라서 읽는 읽기 지도 방법으로 효과적인 방법이다.

읽기 학습에 성공하려면 읽는 것이 즐거운 일이어야 한다. 새로운 지식을 얻고, 필자와 감동을 함께 나누고, 나와는 다른 사고방식을 아는 등의 읽기의 즐거움을 느끼게 하는 것이다. 이에 필요한 읽기 교재를 준비하는 것도 학습 환경 개선의 하나라고 생각할 수 있다.

3) 일정한 속도로 읽기

저시력 학생의 읽기 속도는 과히 만족스럽지 않을 때가 많다. 떠듬거리며 읽을 때는 어떻게 더 빨리 읽게 할 수는 없을까 하는 생각이 들기도 한다. 읽기의 요소 중 속도보다는 정확도를 우선해서 생각해야 한다. 그러나 어느 정도 정확하게 읽을 수 있으면 속도를 내어서 읽게 지도해야 할 것이다. 문장을 정확하게 읽기 위해서는 어느 정도의 속도가 꼭 지켜져야 하기 때문이다.

저시력 학생의 읽기 속도를 교사가 지켜보고, 어느 정도로 더 빨리 읽어야 할지를 제시하는 것도 좋은 방법이며, 교사가 저시력 학생과 함께 음독하여 조금씩 속도를 끌어올리는 것도 좋은 방법이다. 400자 정도의 문장을 몇 회 읽혀서 시간을 측정하고 또 이 시간을 단축하도록 저시력 학생에게 노력하라고 독촉하는 것도 하나의 방법일 것이다. 이런 것들이 모두 빨리 읽을 수 있다는 자신감을 주는 방법들이다.

4) 저시력 보조기구로 읽기

읽고 싶은 것, 읽어야 할 것이 언제나 자신이 원하는 크기로 확대되어서 제공되지는 않는다. 일상적으로 확대된 교재를 사용해서 학습하는 저시력 학생과 확대되어 있지 않은 교재를 이용해서 학습하고 있는 저시력 학생은 자신의 눈에 맞는 저시력용 보조기구를 사용해서 학습하는 방법을 익혀 두어야 한다. 확대독서기의 사용법을 잘 익혀 두면 편리하다. 이런 보조기구들을 이용하여 읽을 때와 확대 교재를 이용하여 읽을 때 같은 속도와 정확성을 유지하면서 읽을 수 있도록 기능을 몸에 익혀 두어야 한다.

3. 쓰기 지도

저시력 학생의 쓰기 지도는 저시력 학생이 잘 쓰는 익숙한 필기도구와 익숙하게 쓸 수 있는 문자의 크기 정도를 이용해서 시작하는 것이 바람직하지만, 필기도구와 문자의 크기가 저시력 학생의 시각장애 정도에 알맞은 것인지를 우선 살펴보아야 한다. 저시력 학생들 중에는 글씨를 쓸 때에 힘을 주어 쓰는 것을 좋아해서 지나치게 딱딱한 연필로 글씨를 쓰는 것을 좋아하거나, 눈을 종이에 대고 쓰기 때문에 지나치게 작은 글씨로 쓰는 것을 좋아하는 학생도 있다.

쓰기 학습은 비교적 큰 글씨를 보고 그 형태를 먼저 제대로 파악하게 하고, 익힌 글자를 점점 작게 쓸 수 있도록 지도하는 것이 원칙이다. 작은 글씨를 외워서 크게 쓰는 것보다는 큰 글씨를 익혀서 작게 쓰는 것이 더 효과적이기 때문이다.

1) 글씨는 곧은 선으로 쓴다

저시력 학생들이 쓰는 글씨를 살펴보면 글씨를 구성하는 선이 휘어져 있거나 떨리는 것을 알 수 있다. 또, 연필을 대거나 떼는 부분에 수염과 같은 찌꺼기가 붙어 있는 것도 있다. 사용하고 있는 필기구 때문에 이런 일이 생기기도 하지만, 주로 필기도구가 종이에 닿았는지 아니면 떨어져 있는지를 시각적으로 보고 알지 못하기 때문에 이런 일이 일어난다. 이 선의 경직과 떨림 등은 그대로 두면 평생을 가기 쉽다. 될 수 있는 대로 빨리 곧은 선으로 글씨를 쓸 수 있게 지도해야 한다.

저시력 학생은 어렸을 때에 장난으로 글씨를 써보거나 그림을 그려 본 경험이 적은 학생이 많다. 여러 필기도구를 사용해서 쓰고 싶은 것을 마음껏 쓰게 하는 경험을 시키고, 나선을 계속 그리게 하여 리듬이 있는 곡선이나 일정한 길이의 가로선, 세로선, 사선 등을 쭉쭉 그려서 길게 쓰는 연습을 반복적으로 시켜서 뭔가를 쓰는 것에 익숙해지게 해야 한다. 저시력 학생의 흥미와 관심을 끌게 하기 위해서 매일 일정한 시간 동안 짧은 명구(名句)나 시를 반복해서 쓰게 하는 것도 좋은 연습 방법이라고 생각한다.

2) 글씨의 형태를 제대로 알고 써야 한다

글씨는 나름대로의 꼴이 있다. 이 형태는 전체적인 형상과 작은 점과 획의 구성이라는 두 측면이 있다. 문자는 나름대로의 꼴이 있는데, 한글의 경우 ㄱ, ㄴ 은 유사하면서도 한쪽이 비어 있고, ㄷ, ㅌ 은 비슷해 보이지만, 약간씩의 차이가 있으면서도 한쪽이 트여 있다. 각 글자마다 이런 특성을 제대로 파악해서 기억하게 해야 한다.

그리고 전체적인 글자를 완성해서 쓸 때에는 글자의 획과 점이 어떻게 구성되며, 전체적으로 어떻게 균형을 이루는 지를 일정한 기준선을 두어서 글씨를 써보게 하여 깨닫게 해야 한다.

기준이 되는 글씨는 저시력 학생이 연습으로 쓰는 글씨와 같은 크기로 제공하는 것이 원칙이다. 그러나 항상 같은 크기의 글씨로만 연습하면 응용력이 떨어질 수도 있다. 쓰기 공책에서 볼 수 있는 희미한 형태의 기준선이 없어도 쓸 수 있도록 하는 것이 목표이므로, 혼자서도 모양을 생각해서 균형 있게 글씨를 쓸 수 있도록 해야 한다.

한편, 연습용 글씨체는 반드시 딱딱한 선으로 된 것만을 보여 주지 말고,

해서체로 쓰인 예쁜 글씨를 보여 주면 이따금 그와 같이 예쁘게 쓰려는 의욕을 자극하여 연습을 많이 시킬 수도 있다.

3) 문자의 크기와 중심선을 지키면서 쓴다

문장을 쓸 때에는 문자의 크기를 일정하게 하여 중심선을 맞춰서 쓸 수 있어야 하며, 문자의 크기는 한글 및 영어, 한자들의 크기를 일정하게 맞춰서 쓸 수 있어야 한다. 중심선을 맞추는 것은 각 글자들끼리의 중심선을 맞춰서 행을 일정하게 유지하는 것과 아래 위의 글줄과 같은 중심선을 유지하면서 써야 한다는 것을 의미한다. 즉 행간을 잘 맞춰서 써야 한다.

글씨들의 크기를 맞추는 것은 네모 칸이 있는 원고지나 쓰기 공책을 이용해서 연습시키되, 점차로 네모 칸이 작은 것을 주고 글씨를 쓰게 하며, 나중에는 네모 칸 대신에 가로선만이 쳐져 있는 괘지(野紙)를 주고 글씨를 쓰게 하며, 이것을 익히고 나면 아무 표시도 없는 백지를 주고 글씨를 쓰게 한다. 행간을 맞춰서 쓰는 연습은 백지에 글씨를 쓰게 된 때부터 시작한다. 이 연습은 저시력 학생이 좋아하는 문장이나 명구를 베껴 쓰게 하면서 지도한다. 글씨는 주로 가로로 쓰지만, 때로는 세로로 쓰는 연습도 시켜야 한다. 엽서를 쓸 때는 쓰고자 하는 내용이 차지하는 분량 때문에 글씨를 작게 써야 할 필요가 있을 수도 있다. 이런 경우까지도 생각해서 한 장의 엽서에 적당한 분량을 마음대로 조절하면서 쓸 수 있게 해야 한다.

4) 잘 보면서 쓴다

저시력 학생이 쓴 글을 보면 제대로 보지 않고 쓴 글들이 있다는 것을 알 수 있다. 저시력 학생이라도 단안경으로 보면 금방 알 수 있는 것이 있는데, 예를 들어, 야외에 나가서 본 것을 쓰라고 하면 단안경을 이용해서 날아다니는 잠자리와 꽃 속의 꽃술 등을 보고 문장내에서 표현할 수 있지만, 실제로는 크게 보이는 것만을 표현하기도 한다. 물론 전색맹에 가까운 저시력 학생은 활짝 핀 진달래를 보고도 몰라서 못 쓰는 경우도 있다.

저시력 학생이 가지고 있는 일반적인 시력으로는 잘 보이지 않기 때문에 나름대로 쓴 글도 가치가 있다고 할 수 있지만, 잘 볼 수 있는 데도 잘 보지 않고 글을 쓴 것에 대한 차이는 분명히 있으므로, 이것을 알 수 있도록 지도해야 한다.

저시력 학생은 확대경이나 단안경을 이용해서 사물을 제대로 보거나, 눈에 가까이 해서 사물을 차근차근 관찰하고 난 후에 보고 느낀 것을 문장으로 정리해서 쓰도록 지도해야 한다.

저시력 학생이 눈을 사용하는 방식은, 글씨를 쓸 때와 사물을 관찰할 때가 서로 다를 때가 많다. 때로는 이렇게 까지 지도할 필요가 있는지 의문을 가질 수도 있지만, 이렇게 지도해야 보는 것이 어떤 것인지를 알게 되고, 정확히 보려고 하는 마음자세가 되며, 정확하게 표현할 수 있는 힘을 기르게 되기 때문에 중요하다.

Ⅲ. 지도 보기

1. 지도 읽기를 어려워하는 원인

저시력 학생들이 가장 싫어하는 것 중에 하나가 지도 읽기이다. 여러 가지 원인이 있을 수 있지만, 여기서는 학생의 시력 때문에 생기는 문제와 교재의 편집 때문에 생기는 문제로 나누어서 생각해 보기로 한다.

1) 학생의 시력 때문에 생기는 문제

시각에 장애가 없는 정안 학생은 어렸을 때부터 공원이나 유원지 등에서 그림 지도를 보거나 그림책이나 잡치 등에서 약도나 지도를 보면서 자란다. 또, 각종 지도를 볼 기회도 많다. 이런 경험이 적은 학생은 거의 없다. 그러나 시각장애를 지니고 있으면 그렇지 못한 경우가 많으며, 설사 옆에 그림지도나 약도가 있어도 보려고 하지 않는다. 이와 같이 지도를 본 경험의 부족으로 인해서 지도는 어려운 것이라고 생각할 때가 많다.

또, 저시력 학생의 특성으로 대상물을 눈에 가까이 대고 보는 경향이 있다. 이런 경우는 지도 전체에서 어떤 지점을 찾거나, 어떤 특정한 지점을 전체적으로 보았을 때 어디에 위치하는 지를 빨리 찾지 못한다. 이와 같이 전체 속에서 부분을 찾는 것은 어느 정도의 시력이 있어도 시야협착과 암점이 있으면 아무래도 어려운 시각 과제가 된다.

2) 교재의 편집 때문에 생기는 문제

지도에 사용되는 글자는 지나치게 작거나 선이 겹치거나 색이 흐려서 저시력 학생이 확인하기에는 어려움이 많다. 지도는 한정된 공간에 많은 정보를 표기하기 때문에 글씨는 늘 작기 마련이다. 또, 지역의 표시 등으로 여러 색이 함께 사용되어 읽기도 힘들다. 경계선도 문자와 같이 겹쳐 있고, 선과 선이 겹치며, 굵은 선과 가는 선이 서로 비끼어 있어 그 속에서 색을 구별해 가면서 어떤 글씨나 모양 및 선을 보고 필요한 정보를 판독해 내는 것은 참으로 어려운 일이다.

이와 같이 대상물 자체가 너무 작거나 복잡하게 얽혀 있거나 여러 색을 사용하면 오히려 보기가 어려우며, 좁은 장소에 많은 요소들이 함께 표시되어 있는 것도 저시력 학생이 보기에는 어렵다. 예를 들어, 여러 선들이 함께 어울려 있으면 하나 하나 구별해서 보기 어렵다. 글자도 간격이 많이 떨어져 있는 경우도 있는데, 이것 역시 저시력 학생이 읽기 쉬운 것은 아니다.

2. 알아보기 쉬운 지도의 조건

이상과 같은 여러 문제로 지도 학습에 문제가 생기므로 이런 필요하지 않은 요소들을 제거하여 보기 쉬운 지도를 어떻게 만들 수 있는지에 대해서 알아보자.

1) 알아보기 쉬운 지도의 크기

앞에서도 말한 바와 같이 저시력 학생은 전체와 부분의 관계를 파악하는 것이 어렵기 때문에 그저 지도를 크게 만들어 준다고 학습효과를 얻을 수 있는 것은 아니다. 전체상을 파악할 수 있고, 필요한 부분을 적절하게 파악할 수 있는 정도의 크기면 충분하다. 각 저시력 학생마다 지도의 크기가 서로 달라야 하는 것은 굳이 말할 필요는 없지만, 평균적으로 보통 지도보다 1.4 배 정도 크면 괜찮다고 생각한다. 2배 이상이 되면 오히려 더 보기가 어려워지므로 2배보다는 크지 않게 만들어야 한다. 이 2배 이하의 크기에서 각 학생에게 맞는 지도를 개별적으로 만들어 제공하는 것이 가장 바람직하다고 생각된다.

2) 모양은 간략하게

지도를 가르칠 때에는 지도의 정확한 모양을 가르치는 것보다는 전체와 부분과의 관계나 각각의 요소간의 위치 관계를 가르친다는 의미가 더 크다. 저시력 학생에게 전체와 부분이 모두 파악되는 지도를 만들어 주는 것은 그리 쉬운 것이 아니다. 우선 먼저 모양을 간략하게 줄여서 단순화하며, 때로는 그림 14-1과 같이 직선으로만 단순한 지도를 만들어 가르치는 것도 효과적이다. 단, 이것은 어디까지나 초기단계에서만 사용해야 하며, 학습단계가 올라가면 정확한 지도를 보여 주고, 정확한 지도를 이용해서 학습하도록 해야 한다.

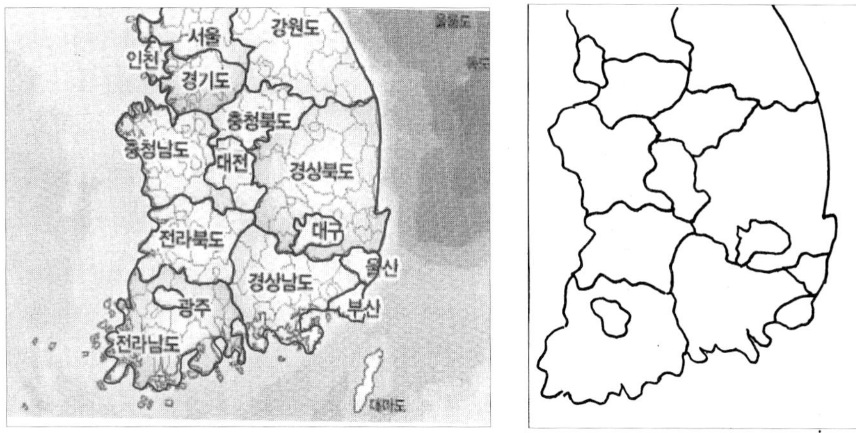

<그림 14-1> 간략하게 그린 지도

3) 요소를 간략하게

보통 지도에는 지도 안 한 곳에 여러 정보를 많이 표시하고 있다. 이것이 바로 저시력 학생들이 지도보기가 힘든 요인이라고 앞에서 말했다. 따라서 지도 학습의 초기 단계에서는 요소 하나 하나를 분류하여 지도를 그림 14-2, 그림 14-3과 같이 따로 따로 그리는 것이 좋다. 이 외에도 주요 하천, 평야, 호수, 도시, 도로, 철도 등의 요소를 지도를 보고 학습한다. 그러나 이런 여러 요소들의 관계를 교육할 때에는 한 장의 지도에 모든 것을 그리지 말고, 꼭 필요한 요소들만을 그리되, 한 장의 지도에는 3개 이상의 요소가 한꺼번에 표시되지 않도록 하는 것이 좋다.

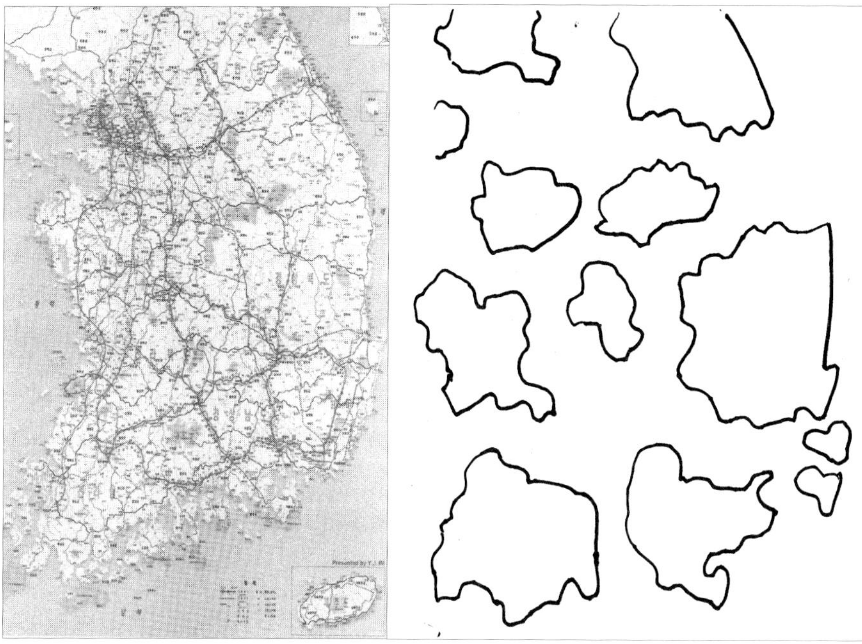

<그림 14-2> 각 도의 지형을 알아보기 쉽게 분리해서 그린 지도

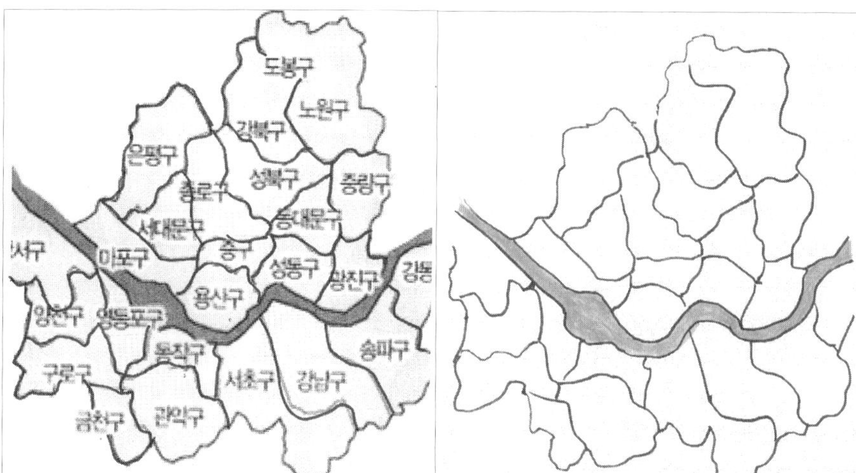

<그림 14-3> 복잡한 요소를 간략화하고 필요한 부분을 강조한 지도

4) 색채 표현은 명확하게

보통 지도는 각 요소를 구별하기 위해서 많은 색을 사용하는데, 색들의 농도가 얕아서 보고 구별하기가 어려울 때가 많다. 특히 경계선이 있는 곳은 거의 구별이 가지 않는 경우도 있다. 이 때 이런 경계선은 검은 색, 파란색, 녹색, 빨간 색과 같이 농도가 짙은 색으로 확연하게 드러 날 수 있도록 그어준다. 또, 행정구역, 산과 하천, 평야를 명확하게 나타내고 싶을 때는 각 요소를 서로 다른 명확한 색으로 표시하는 것이 좋다.

한편, 짙은 색 위에 쓰인 글자와 기호는 저시력 학생이 알아보기 어렵다. 그러므로 짙은 색 위에 글씨나 기호를 적는 것은 될 수 있는 대로 피하고, 선을 밖으로 그어서 설명을 달아 주는 것이 편리하다. 또, 색이 칠해 진 곳에 글씨를 써야 하면 진하지 않은 색 위에 명확한 필체로 서로 대비가 되는 색으로 글씨를 쓴다.

3. 지도를 가르칠 때 알아야 할 기본 사항

마땅히 저시력 학생이 사용하는 지도를 보기 쉬운 지도로 만들어서 제공해야 하지만, 이것을 사용해서 시각인지 학습을 충분히 시키는 것이 더 중요하다. 먼저 단순한 지도를 사용해서 전체상을 파악하게 한다. 전체상을 어느 정도 익힌 후에는 부분 확대 지도를 사용하여 지세(地勢)의 특성 등을 보도록 지도한다. 이 때 학생이 살고 있는 동네, 구, 시, 도와 같이 가장 실질적으로 느낄 수 있는 단계로 지도해 가는 것이 효과적이다. 이런 학습을 충분히 실시하면 시각인지 능력이 향상되어 전체와 부분의 관계를 쉽게 파악할 수 있다.

1) 읽기 능력의 신장

이상과 같은 학습이 어느 정도 성취되면 일정한 범위 내의 특정한 기호와 문자를 찾게 하거나, 선을 따라가면서 지도를 보게 하고, 때로는 숫자를 찾아서 읽게 한다. 이것을 가르칠 때 처음에는 간략한 지도를 사용하고, 이 과정을 다 익히면 약간 복잡한 지도를 보게 하며, 이것을 다 익히면 보통 지도를 주고 학습시킨다. 이 과정에서 저시력 보조기구를 사용해야만 하는 단계가 되면 아래에서 말하는 보조기구를 사용하게 하는 것도 좋다.

2) 저시력 보조기구의 활용

가장 손쉽게 활용할 수 있는 것은 근거리용 확대경이다. 그런데 이것은 시야가 좁고, 확대되는 부분도 일부밖에 안 되기 때문에 전체 안에서 특정한 장소를 찾거나 전체와 부분의 관계를 파악하기는 극히 어렵다. 그러므로 지도를 볼 때 저시력용 보조기구를 사용하기 위해서는 그 보조기구의 기능을 미리 충분히 익혀 두어야만 한다. 보조기구를 이용해서 지도의 좁은 범위 내에 있는 글자와 기호를 찾게 하거나, 선을 따라 가게 하는 등 간단한 것부터 시작하는 것이 좋다. 이 과정을 성공적으로 마치면 차차 범위를 넓혀 넓은 공간에서 필요한 정보를 찾을 수 있게 된다.

확대독서기는 확대경에 비해서 시야도 넓고 보기 쉽지만, 역시 완벽한 해결책이 되지는 못한다. 확대독서기를 사용할 때도 앞에서 말한 순서대로 지도하는 것이 좋다. 또 이런 보조기구는 익숙해지지 않으면 사용자가 금방 지치므로 처음에는 조금만 사용하고, 익숙해지면 사용 시간을 차차 늘려 가는 것이 좋다.

OHP와 슬라이드는 넓은 범위를 확대시킬 수 있으므로 각 요소간의 관계를 학습할 때에 편리하다. 예를 들어, 산과 하천의 흐름 및 평야 형성 관계를 가르칠 때 산맥, 하천, 평야를 그린 OHP 종이를 준비하였다가 서로 겹쳐가면서 보여주면 이해하기 쉽다. 단, 이 때 어느 적절한 시거리가 확보되어야 하며, 밝기를 잘 조절해야 보인다는 단점도 있다. 따라서 이 방법을 사용할 때는 각 학생의 특성을 충분히 이해하고 학습 목적에 맞는 지를 검토한 후에 신중하게 사용하게 해야 한다.

3) 지도첩(地圖帖) 만들기

지금까지 지도를 읽는 방법에 대해서 설명했는데 지도를 잘 읽게 하는 방법 중의 하나는 지도를 직접 만들어 보게 하는 것이다. 지도를 만들 때에는 경선, 위선과 같은 선은 이미 그려진 것을 사용하는 것이 좋다. 이 선을 좌표로 삼아 지도를 읽거나 필요하면 그려 넣는 학습을 시킨다.

<그림 14-4> 윤곽선만을 간략하게 그린 지도

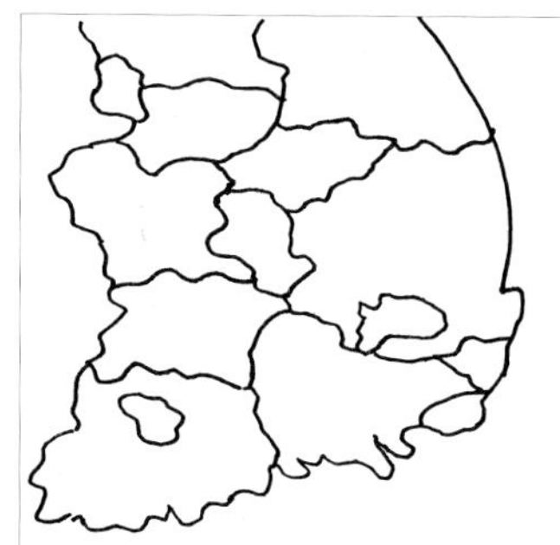

<그림 14-5> 도와 광역시의 위치와 모양을 그린 지도

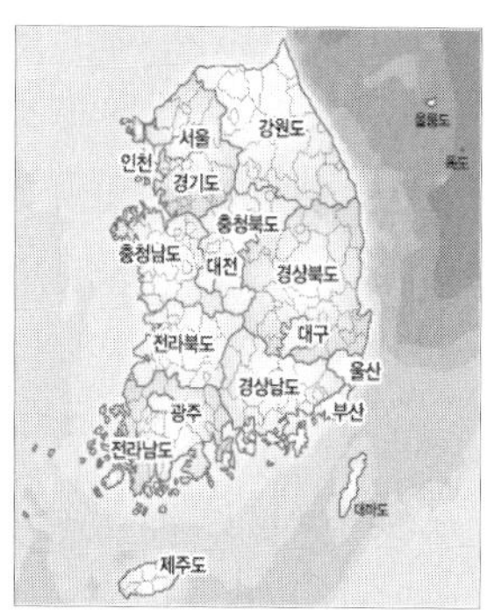

<그림 14-6> 보다 정밀한 지도

먼저 그림 14-4와 같은 간략한 지도를 이용해서 시작하고, 이것을 어느 정도 익히면 그림 14-5와 같은 개요도(概要圖)를 사용하고, 이것을 다 익히면 그림 14-6과 같은 정밀한 지도를 지도한다. 이 때 첫 단계로는 슬라이

드로 비춘 선을 따라 그리는 방법, 다음에는 모범도(模範圖)를 보면서 그리는 방법, 마지막으로 아무것도 보지 않고 그리는 방법 순으로 지도한다.

4) 요소별 지도 프린트의 작성

이상의 학습이 충분히 진행되었으면 내용별 지도 프린트를 준비해서 그것을 베껴 옮기게 한다. 하얀 종이 위에 지도를 그리고, 그 속에 필요한 요소를 채워가면서 지금까지의 학습이 보다 명확하게 정착되어 가는 것을 느끼게 될 것이다. 이 지도는 서로 관련되어 있는 것으로, 병행해서 실시해도 좋다. 이제 마지막으로 지도 판독 학습의 순서를 정리하기로 한다.

① 일정한 범위 안에서 특정한 글자나 기호를 찾게 한다.
② 같은 종류의 선을 찾게 하고, 전체상을 파악한다.
③ ①의 범위를 확대한다.
④ 두 요소간의 방위, 기점, 위치관계를 파악하게 한다.
⑤ 색인을 충분히 활용한다.

Ⅳ. 작도(作圖) 지도

1. 작도 지도와 문제점

저시력 학생에게 지도를 그리게 하는 것은 어렵다고 알려져 있고, 지금까지 그 실태에 대해서 여러 연구와 사례가 보고 되고 있다. 이것을 정리하면 저시력 학생이 지도를 그리는 데에는 다음과 같은 문제들이 있다.

① 눈금, 선분의 측정에서 오차가 발생하기 쉽다.
② 자와 컴퍼스 조작이 서툴러 기선(基線)에 자를 겹쳐 놓는다. 두 점 사이를 연결하거나 원을 그리는 것이 어렵다.
③ 선을 똑바로 긋지 못한다.

④ 정안 학생보다 작업 시간이 더 걸린다.

이런 일이 생기는 원인으로는 우선 잘 보이지 않기 때문이며, 이로 인한 연습 부족과 경험 부족도 상당한 영향을 주고 있는 것으로 생각된다. 이 문제를 해결하기 위한 실천적인 연구를 하고 있기는 하지만, 아직도 개선되어야 할 사항들이 많다. 이런 문제를 다음과 같이 정리할 수 있다.

1) 학습의욕과 교사의 자세

작도(作圖)를 지도할 때 가장 문제가 되는 것은 '시각장애'를 극복해야 하는 것이 전제일 수도 있지만, 그보다는 저시력 학생 본인이 '작도'를 썩 내켜하지 않는다고 하는 점이다. 의욕이 없는 학생을 지도하는 것은 참 어렵다. 이처럼 학생이 의욕이 없게 된 배경으로는 부모와 지도자의 자세에도 문제가 있다고 생각한다. 지도자와 보호자가 '저시력 학생은 안돼.', '저시력 학생은 이 정도면 됐다.'고 안이하게 판단하여 충분한 경험이나 연습의 기회를 주지 않거나, 반대로 저시력 학생의 실태를 무시한 채 어려운 문제를 요구하기도 하며 저시력 학생이 의욕이 나지 않게 만들기도 한다. 결국 지도를 맡은 교사가 어떻게 해서든 저시력 학생에게 동기를 부여해야 하며, 이에 맞는 방법을 연구해야 한다.

2) 개개인에게 알맞은 계통적인 지도법

野口(1968)와 長谷(1976)은 잘 보이지 않아서 잘 하지 못하는 작업도 충분히 배려하고 시간을 늘려주면 완성시킬 수 있다고 보고하고 있다. 이렇게 하기 위해서는 교재, 교구에 대한 연구는 물론이고, 작도를 싫어하는 원인이 무엇인지 학생의 상태를 충분히 파악하여, 필요하면 지도법을 개선하기도 해야 한다. 正田 등(1986)은 작도 지도에서는 '잘 보이지 않는 것' 외에도 경험과 연습의 부족도 원인으로 간주하고, 프로그램을 작성해서 교육한 결과 작도 기능을 향상시킬 수 있었다고 보고하고 있다. 守屋(1992)도

작도 지도 프로그램을 작성했다고 보고했다. 이와 같이 계획적이고 조직적으로 작도 지도를 하는 사례가 늘었지만, 아직까지 광범위하게 확립됐다고는 생각할 수 없다.

작도 지도에서는 개인차를 고려한 개별화 지도를 원칙으로 해야 한다. 안질환, 장애정도, 공간 인지력, 작도작업 능력과 같은 모든 면의 개인차가 크기 때문에 실제로 지도할 때에는 기존의 프로그램을 참고하면서 지도자가 대상 학생 개개인의 실태를 정확하게 파악하고, 이에 기초한 개별화 지도 프로그램을 작성해야 한다. 이 때 먼저 실현가능한 목표를 설정하고 계통적인 지도를 해나가야 할 것이다.

3) 지도의 평가

정확하고 보기 쉬운 지도를 만드는 것은 그렇게 쉬운 일은 아니지만, 작도 지도의 목표 중 하나는 스스로 그린 작품을 통해서 그림과 지도를 그리는 방법을 이해하거나 개념을 형성하는 것도 포함되어 있다. 저시력 학생에게 작도를 지도할 때에는 작은 성공에 만족하지 않고 대상 학생의 시각적인 인지 능력과 작도 능력을 충분히 고려해서 종합적으로 평가하도록 해야 한다.

4) 작업과 연습 시간 확보

저시력 학생이 작도할 때는 작업이 오래 걸리는 경향이 있다. 일반 학급에서는 수업 시간 내에 완료할 것을 요구하기 때문에 작업 시간과 연습시간이 모자란다. 이 때문에 작업이 어려워지거나 목표로 하는 기능을 익히지도 못하고 진도에 따라서 그저 건성으로 배우는 경우도 있다. 이런 문제에 대처하려면 지도법을 연구하고 개선하여 작업 속도를 높이도록 해야 한다.

한편, 저시력 학생이 기능을 익히려면 시간이 상당히 걸린다는 것도 잊어서는 안 된다. 특히 기본 기능을 익힐 때는 충분한 시간을 주고 기능을 익힐 수 있게 배려해야 한다. 연습 시간이 충분해야 실제 작업시간을 줄일 수 있다. 따라서 수업 시간이 모두 끝난 후에 연습 시간을 충분히 확보하여 지도하는 것이 좋다.

5) 적절한 용구의 제공

稻本 등(1994)은 저시력 학생을 위한 교재 및 교구의 개작과 작성에 있어서 다음과 같이 제시하였다.

① 시중에서 판매하는 것을 사용한다.
② 시중에 판매되는 것 중에서 저시력 학생에게 적합한 것을 찾는다.
③ 시판되는 것을 구입해서 약간 저시력 학생에 적합하게 개작한다.
④ 저시력 학생용 교재와 교구를 자작한다.
⑤ 맹학생용 교재와 교구를 사용한다.

이 순서는 작도용 도구에도 그대로 적용할 수 있다고 생각하지만, 지도교사는 이것을 다 해 보기 전에 대상 저시력 학생에게 적절한 도구를 먼저 찾아서 제공할 수 있어야 한다.

따라서 시중에서 최근에 판매되는 것과 그것을 어떻게 개선하는 것이 좋은지를 늘 염두에 두고 있어야 한다. 이런 최신 정보를 교사들이 항상 알고 있기는 곤란하므로 앞으로는 최신 정보를 주고받을 수 있는 네트워크 시스템을 만들어야 한다.

6) 학습 환경의 정비

작도 지도를 할 때는 저시력 학생 개개인의 시각장애 상태와 작업 능력에 알맞은 학습 환경을 만들어 주어야 한다. 용구의 그림자로 인해서 지도를 읽거나 그리는 데 방해가 될 수 있으므로, 특히 조명에 많은 배려를 해야 한다.

2. 작도 용구의 조건

1) 일반적인 조건

(1) 눈금이 보기 쉽고 간단해야 한다

눈금과 숫자가 읽기 쉬워야 한다. 이런 것을 읽을 때에 일종의 방해 요소로 작용하기 쉬운 선이 들어있지 않고 대비가 명확하여 눈금이 잘 읽어지는 것이 좋다.

(2) 조작하기 쉬우며 내구성이 있어야 한다

목적을 효과적으로 달성하기 위해서는 다루기 쉬운 도구라야 한다. 구체적인 것은 용구별로 조건을 논하기로 한다. 또, 용구를 떨어뜨리거나 다른 기구에 스치는 일이 많으므로 표면에 흠이 잘 나지 않는 것이 좋다.

(3) 고정하기 쉬워야 한다.

수치를 재거나 선을 그을 때 용구가 잘 고정되어 있지 않아서 흔들리기 쉽다. 잘 미끄러지지 않으면서 약간의 힘으로도 잘 고정되는 용구가 좋은데, 시중에서 판매되고 있는 미끄럼 방지용 고무를 용구의 한쪽 끝에 붙이기만 해도 도움이 많이 된다.

(4) 양각 표시를 한다.

저시력 학생은 촉각을 보조적으로 이용하는 것도 효과적이므로 눈금이 튀어나와 있는 것을 사용하면 좋다. 맹인용 작도기의 눈금에 색을 칠하거나 시판되는 작도용 도구에 맹인용 테이프를 붙여서 돌출 표시를 하는 것도 좋다.

2) 기본 용구별 조건

(1) 자

수치와 눈금이 명료한 것이 가장 좋다(그림 14-7). 초기 단계에서는 짧은 것을 사용하는 것이 편리하다.

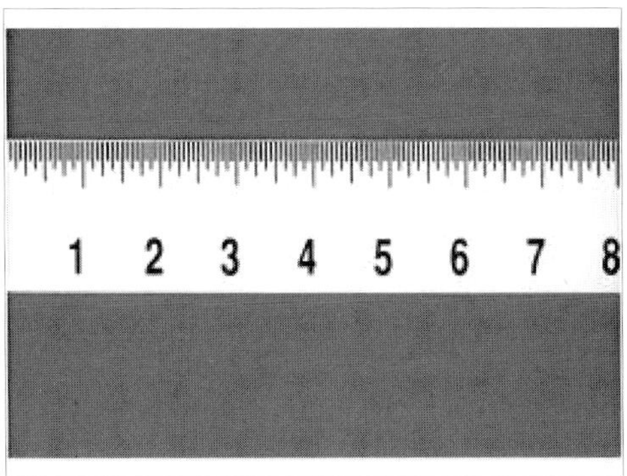

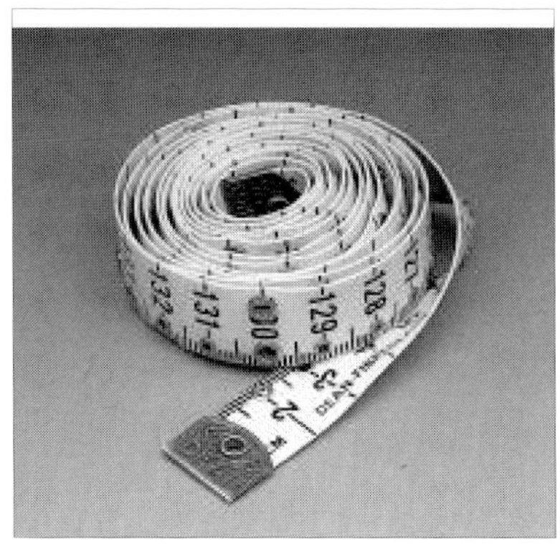

<그림 14-7> 저시력인용 자와 줄자

(2) 각도기

중심점이 쉽게 합쳐지고 눈금이 명확한 것이 좋다. 시판되는 것들은 중심이 안쪽으로 인쇄되어 있어서 저시력 학생이 중심점을 맞추기 어렵다. 그 중에는 각도기의 기선을 가장자리에 잘 맞출 수 있도록 디자인되어 있는 것도 있으므로 일반적인 제품을 이용하기 어려우면 이런 것을 구해서 사용하면 좋다. 또, 일반 제품을 적당히 파서 목적에 맞게 개작해도 좋다. 그리고 처음에는 큰 것을 사용하게 하고, 어느 정도 익숙해지면 작은 것으로 사용하게 하는 것도 한 방법이다.

(3) 컴퍼스

회전하기 쉽고 축과 필기구를 확실하게 고정시킬 수 있으며, 원을 그릴 때에 선이 일그러지지 않는 것이 좋다. 제도용 컴퍼스는 이런 조건을 모두 갖추고 있지만, 무거워서 사용하기가 쉽지는 않다. 시판되고 있는 물품 중에는 나사를 이용해서 고정시킬 수 있는 제품도 있다.

(4) 삼각자

삼각자는 눈금이 촘촘하지 않고 단순한 것이 좋다. 가장 자리에 두 장의 종이를 물리기 쉽게 집게가 붙은 것이 있다. 종이를 두 장 겹쳐 사용할 때 종이를 고정하기 쉬워서 편리하다.

3. 작도 지도의 중점 사항

1) 기초 지도를 철저히

작도에서는 점을 인식하고, 두 개의 점을 직선으로 연결하는 기술이 기본기술이므로, 이것을 완전히 익히게 한다. 자를 놓는 방법과 컴퍼스를 이용해서 원을 그리는 방법도 충분한 연습을 필요로 한다. 작도를 싫어하는 저시력 학생들 중에는 이런 기본 기술에 필요한 경험 부족, 연습 부족으로 인해서 마음먹은 대로 작업하지 못하는 경우가 많다. 기본 지도에는 시간을 충분히 주고, 일상생활 속에서 자연스럽게 연습 시간을 가질 수 있도록 배려해야 한다. 또, 이런 작업은 단조로워지기 쉽기 때문에 게임을 만들어서 저시력 학생이 스스로 참여하고 싶은 마음이 나도록 하는 교재를 만들어서 지도하는 것이 좋다.

그리고 정확한 읽기, 표현의 어려움을 조금이라도 보상하기 위해서는 길이와 크기에 대한 감각을 길러주는 것도 중요하다. 자를 사용하지 않고도 대강의 길이와 각도를 알 수 있으면 작업을 하는 데 도움이 많이 된다.

2) 목표를 명확히

저시력 학생이 주체적으로 활동하게 하기 위해서는 계통적인 지도 프로그램에 의해 '임의의 오차 범위 내에서 길이와 각도를 그릴 수 있다.' 또는

'끊어지지 않고 원을 그릴 수 있다.' 라는 식으로 구체적인 목표를 정해서 주어진 과제를 적극적으로 풀려고 하는 의식을 갖게 한다. 다음 목표를 설정하기 전에 작업 결과를 학생 스스로 판단할 수 있게 하는 것이 좋다.

특히 길이, 각도 작도에서는 목표치를 명확히 하여 작업하게 한다. 저시력 학생에게 작도를 지도할 때에 주로 mm 단위로 잘라 지도한다는 보고가 많다. 그러나 초등학교 3학년 학생이 하는 측정과 작도에서는 2~3mm 오차를 허용하고 있다. 따라서 초등학교 학생들에게 mm 단위로 작도하라고 할 필요는 없다.

각 학생들의 오차를 바로 잡아 주고 어느 정도 작업에 능숙해져서 성공하면 단계적으로 조금 더 높은 수준으로 작도할 수 있게 다시 목표를 설정하여 지도해 나가며, 실현 가능한 목표를 설정하여 저시력 학생의 의욕을 높인다. 다음 순서로 mm 단위까지 정확한 작도를 할 수 있도록 지도한다. 각도의 측정과 작도도 이와 같은 방법으로 하면 좋다.

3) 확대경이나 확대독서기의 활용

저시력 학생은 안경용 근거리용 저시력 렌즈와 확대독서기를 이용해서 작업하는 것을 고려해 볼 수 있다. 다만 안경용 저시력 렌즈는 초점거리가 짧고, 많이 연습해야 능숙하게 사용할 수 있다. 확대독서기를 이용할 때는 자료대를 고정하고, 배율은 읽기 작업을 할 때보다 조금 낮게 조정하고, 시야를 넓게 확보한 후 필기구를 옆으로 대고 작업을 하되, 필기구 끝이 종이에서 떨어지지 않도록 해야 한다.

단, 이런 보조기구를 사용할 때 보조기구를 통해서 인지하는 길이와 실제의 길이는 차이가 있으므로 실제 길이를 정확하게 알 수 있도록 충분히 미리 연습해야 한다.

4) 각종 용구의 사용

작도 용구의 사용법은 절대적으로 정해진 것은 없으며, 교과서에서 제시하는 방법은 일반적인 방법들이다. 선을 명확하게 그리는 방법은 짙은 필기구를 사용하여 적절한 굵기로 일정하게 힘을 주어 그리는 것이다. 용구를 쥐는 방법과 사용하는 방법은 각 저시력 학생에게 부담이 되지 않으면서도 정확하게 작업할 수 있는 방법이면 무엇이든 좋다. 稻本 등(1994)은 연필의 끝이 잘 보이지 않는 저시력 학생이 실수를 피하려면 ①자를 놓고 자의 아래에 연필을 대고 선을 긋고 ②펜을 옆으로 기울여서 긋는 것이 좋다고 소개하고 있다. 正田 등(1986)은 길이를 재면서 선을 그을 때는 원점을 향해서 선을 긋는 방법을 제안하고 있다. 그밖에 안질환이나 장애 정도에 따라서 가장 잘 보이는 각도로 얼굴을 기울이고 눈금을 읽는 것도 좋은 방법이라고 권하고 있다.

자의 그림자로 인해서 작업이 방해받지 않게 하는 배려도 해야 한다. 저시력 학생의 경우 촉각을 함께 사용할 수 있는 표면작도기를 사용하는 것도 생각해 볼만하다. 굵은 펜도 판매하고 있으므로 이것을 이용하면 시각적으로도 촉각적으로도 인지할 수 있는 선을 그릴 수 있다.

컴퍼스를 사용할 때는 종이 밑에 두꺼운 고무판을 대고 사용하면 컴퍼스의 침을 확실하게 고정시킬 수 있다. 자의 원점(0) 눈금이 있는 부분에 구멍을 뚫어서 컴퍼스의 침을 고정시키면 반경을 재기에 편리하다.

V. 관찰 지도

1. 자연 관찰 지도와 문제

중학교 1학년 야외수업 시간에 학교 근처의 나뭇잎을 관찰했을 때 생긴 일이다. 수업이 거의 끝나갈 때, 저시력 학생 한 명이 '선생님, 다음은 무엇을 봅니까?' 라고 물었다. '다음에는 다른 나뭇잎을 볼 거야.'라고 대답하자, '나뭇잎은 다 같은데.....'라는 대답을 했다. 이 학생은 관찰이 싫은 것이 아니고 교사에게 반항하는 것도 아니다. 나뭇잎이 모두 다 같다고 말한 것은 본인에게는 실제로 그렇게 보이기 때문에 그렇게 말했을 것이다.

저시력 학생들을 교정에 데리고 가서 나무를 관찰하게 해 보아도 나무가 다 다르며, 여러 종류가 있다는 것을 잘 모른다. 의식하지 않고 쳐다보면 별 차이가 없어 보이는 것이 사실이다. 또, 저시력 학생에게 화단에 있는 잡초를 뽑으라고 하면 아주 어려워한다. 뽑아야 하는 잡초와 뽑아서는 안 되는 화초도 그저 녹색으로만 보이기 때문에 다 똑 같이 느껴진다.

물론 일반 초등학교와 중학교 학생들 중에도 이런 학생이 없는 것은 아니다. 예를 들어, 중학교 과학시간에 교정에 있는 나뭇잎을 보고 관찰하는 시간을 만들어 수업을 했는데, 이런 반응을 보이는 학생들이 있었다. 학생들에게는 나뭇잎 표본을 몇 장씩 주고 그와 같은 나뭇잎을 가진 나무를 찾아서 교정을 그린 지도에 나무의 위치를 표시하는 숙제를 냈다. 분단으로 나뉘어 학생들은 나뭇잎을 찾으러 갔다. 그런데 막상 나뭇잎을 보면 모두 같은 나뭇잎이라고 하면서 서로 다른 점을 판단하지 못하는 학생들이 상당히 많이 있었다.

약간의 색의 차이, 크기의 차이, 벌레 먹은 자리와 같은 변형만을 눈여겨 보았지, 막상 필요한 종류의 특징을 관찰하면서 판단하지는 못했다. 이 학생들은 시력이 정상이었고, 일상생활 속에서 여러 종류의 수목을 볼 수 있었는데도 나뭇잎을 보고 특징이 무엇인지, 어떤 것이 특정 수목의 특징인지 판단하기가 쉽지 않았다. 그러나 정안 학생을 지도하면 이런 요인을 금방 극복하는 것을 알 수 있다. 한 그루의 나무와 나뭇가지에 있는 나뭇잎을 전체적으로 파악할 수 있고, 근처에 있는 다른 나무의 나뭇잎도 보면서 나뭇잎들의 공통점과 차이점을 한 눈으로 비교할 수 있기 때문이다.

저시력 학생은 전체와 부분을 동시에 판단하는 것은 무리이며, 나무를 하나 하나 따로 관찰해서 나무들의 차이점과 공통점을 차근차근히 보도록 세부사항을 의식적으로 가르쳐야 한다. 이런 경험을 통해서 비로소 자연계에는 여러 종류의 나무가 있고, 나무나 나뭇잎이 각각 서로 다른 것이 있다는 것을 알게 된다. 실제로 관찰할 때에는 작은 부분까지 관찰하는 것과 커다란 것의 전체상을 파악하는 것을 전부 배려해야 한다. 이에 대해서 아래에 설명하기로 한다.

2. 상세한 관찰 지도

1) 관찰 자료 선택

세부까지 관찰시킬 자료는 될 수 있는 대로 크고 알기 쉬운 것으로 고른다. 예를 들어 나뭇잎을 관찰하게 할 때는 백합, 튤립, 창포, 도라지, 해바라기, 접시꽃, 무궁화 등 관찰하기 쉬우며 크고, 쉽게 구할 수 있는 재료를 이용한다. 단, 이런 원예용 식물은 암술, 수술, 꽃잎의 양이 일반적인 것과 다른 변종이 있으므로 가능하면 기본적인 종을 화단에 심어 놓고 이용하면 편리하다.

또, 관찰 대상으로는 크고 선명한 것을 골라야 한다. 세세한 부분을 보게 할 때는 확대경이나 확대독서기를 이용해서 보게 하면 좋다. 이 때 어느 부분이 확대되어 보이는지 알게 하기 위해서 저배율로 전체상을 확대해서 보여 주고, 배율을 차차 높여 가야 한다. 또, 화면이 흔들리지 않도록 관찰 재료를 고정하고, 확대장치의 카메라는 자유롭게 여러 각도에서 고정할 수 있도록 받침대를 사용하면 좋다.

2) 보고 만지고, 만지고 또 본다

저시력 학생들에게 나뭇잎을 관찰하게 해 보면, 모양과 색은 서로 다르다는 것을 금방 아는데, 그 이상 진도가 나가지 않는 경우가 있다. 이때는 자세하게 다시 보라고 해도 한계가 있으므로, 만져보게 하는 것이 더 효과적일 수 있다. 만져 보면 엽맥(葉脈), 잎의 가장자리, 표면의 감촉, 잎에 있는 털의 유무 등을 알 수 있으며, 그 잎의 특징을 보다 잘 알 수 있다. 또, 한 번 만져 보고 다시 보면, 단지 보고 있을 때에는 잘 모르던 특징들이 보이는 경우도 있다.

예를 들어, 잎을 만져 본 후에 그림을 그려보게 하면 잎의 가장자리를 직선으로 그리던 저시력 학생이 잎의 가장자리를 톱니 모양으로 그리기도 한다. 만져서 안 것을 시각적으로 표현하려고 한 것이다. 엽맥도 마찬가지이다. 보기만 했을 때에는 주맥(主脈)만을 알고 있던 학생이 만져 보고 세세한 가지맥(側脈)까지도 알게 된다. 그 뿐만 아니라, 엽맥은 잎의 뒤쪽에 튀어 나와 있고, 반대쪽은 오목하게 구부러져 있다는 것 등 잎의 앞뒤를 동시에 관찰할 수 있는 것도 촉각으로 관찰시켜서 알 수 있는 것들 중 하나이다.

3) 특징을 이용해서 관찰의 관점을 알게 한다

관찰력을 조금 더 향상시키려면 특징이 확연히 드러나는 재료를 이용해서 관찰시켜 특징을 알게 하고, 이런 관점을 유지한 채로 다른 것을 관찰시키면 효과적이다. 예를 들어, 잎자루를 모를 때 '여기를 보세요.'라고 말하면서 잎자루를 보여 주는 것보다는 오동잎 같이 잎자루가 큰 것을 보여 주는 것이 더 효과적이다.

학생이 긴 잎자루에 흥미를 보이면 차나무 잎처럼 잎자루가 짧은 것을 보여 주어 각각의 차이를 알게 하면 좋다. 이와 같이 특징이 확연하게 드러나는 것을 비교 관찰하여서 잎자루의 존재와 다양성을 스스로 알게 한 후, 처음에 관찰하던 나뭇잎을 다시 보게 하면 그 나뭇잎의 잎자루도 관찰하여 스스로 알게 된다.

엽맥을 조금 더 자세하게 관찰시키고 싶을 때도 이 방법은 효과적인 방법으로 사용할 수 있다. 예를 들어, 벚꽃과 칸나 잎의 엽맥은 가지맥이 잎의 끝까지 뻗어나가지는 않는다. 이것을 알게 됐을 때 반대의 특징을 지닌 나뭇잎인, 밤나무, 상수리나무, 너도밤나무의 잎을 보여 주어 나뭇잎의 가장자리까지 엽맥이 이어지는 것을 관찰시키면 서로의 차이를 알 수 있게 된다.

3. 전체 상 보기

1) 몸을 사용해서 관찰 대상을 넓힌다.

나무 한 그루 한 그루의 모습을 지금까지 말한 것처럼 관찰시킨다. 다음에는 학생 스스로 숲 속을 거닐면서 수목의 종류, 나무그늘에 있는 잡초의 모양, 지면(地面)의 모양을 대강 파악하게 한다. 이 때 수목 하나를 기점으로 정하고, 그곳으로부터 방사선 모양으로 끈을 매고 끈을 따라가면서 관찰하거나, 숲의 한 쪽을 밧줄로 묶고, 그 구획 안을 걸어 다니면서 관찰시킨다. 어떤 경우도 자신이 관찰하기 시작한 위치를 잃지 않게 조치한 후에 숲 속을 자유롭게 다니게 하면서 관찰하게 하는 것이 중요하다.

또, 나무 윗부분은 쳐다보게만 하지 말고, 나뭇가지를 만져보고 나뭇가지가 흔들리는 모양을 알게 하며, 나뭇가지를 스치는 바람 소리를 들어 보게 하고, 나뭇가지를 건너다니는 새 소리를 듣게 하는 등의 경험을 시켜서 숲을 알게 한다. 저시력 학생들은 숲과 같이 큰 것의 전체상을 보고 쉽게 알지 못한다. 저시력 학생에게 전체상을 알게 하려면 몇 단계로 나누어서 관찰시켜야 할 때가 많다.

2) 그림과 사진을 활용한다

저시력 학생들을 인솔해서 유원지에 갔을 때였다. 그 당시에 저시력 학생들은 원거리용 단안경을 이용해서 주변을 관찰했다. 보조기구를 통해서 건물의 장식까지 자세하게 보면서 흥미를 보였는데, 그곳에 있던 유명한 전각의 사진을 하나 구해서 나중에 보여 주자 '이것은 무슨 전각입니까?' 라고 물었다.

단안경을 이용해서 전각을 보았을 때에는 그 전각의 전체상을 보지 못했고, 사진을 보면서 그때서야 전체상을 알게 된 모양이다. 숲을 관찰할 때도 먼저 스스로 숲 속을 관찰하게 한 다음에 조금 멀리 떨어져서 전체상을 망원경을 통해서 다시 관찰시키는 것이 좋다. 또, 사진과 그림으로 전체상을 보여 주는 것도 효과적이다.

이 방법은 박물관에 있는 큰 공룡이나 골격 표본을 관찰하게 할 때도 사용할 수 있는 효과적인 방법이다. 표본의 머리 부분부터 꼬리 부분까지 걷도록 시켜 보면 그 크기를 알 수 있으며, 또, 공룡의 머리와 꼬리에 소리가 나는 작은 장치를 붙여 놓고 그 소리를 공룡으로부터 떨어져서 듣게 하면 공룡의 키와 몸통의 길이를 알 수 있다. 또, 포스터, 사진, 그림을 이용해서 전체상을 이해시킨 후 자신이 어느 부분을 관찰했는지를 말하게 한다. 이와 같이 다면적인 접근을 통해서 가르쳐야 전체와 부분과의 상호 관계를 이해할 수 있다.

4. 표현하는 즐거움 육성

관찰한 것은 말로 표현하게 하고 그림과 글로 기록하게 한다. 바른 기록을 남기는 것은 관찰의 중요한 일부이며, 기록을 하면 관찰한 결과를 남길 뿐만 아니라 기록하는 과정에서 관찰 중에 애매했던 부분을 떠올려 다시 더 자세하게 보고 싶어 하는 태도를 길러 주기 때문이다. 글로 쓸 때에는 자신의 말로 쓰면 된다. 그러나 어떤 말로 기록해야 할지 결정하지 못하는 경우도 있다. 이런 경우는 먼저 말로 표현하게 해 보고 그것을 글로 기록하게 하며, 필요하다고 생각될 때에는 도와주어 정리하게 한다.

관찰 결과를 자신의 표현으로 기록하게 하면 된다. 이 때 저시력 학생이 스스로 관찰한 것을 자신의 언어로 기록하는 것이 중요하므로 정성껏 관찰하여 적은 것 자체를 칭찬하고 학생들의 표현을 살려서 더 적절한 표현이 될 수 있도록 도와준다. 또, 글을 적을 때 철자를 잘 몰라서 망설이는 경우도 있는데, 일단은 철자에 구애받지 말고 글을 적게 한 후에 철자를 고치게 한다. 관찰 기록은 철자보다는 자신의 표현으로 스스로 관찰한 것을 남기는 것이므로 학생의 표현을 살리도록 한다.

관찰한 것을 그림으로 그리게 하면 표현력을 살리며 또 관찰력을 높이는데 도움이 된다. 미술이라는 관점에서 평가하지 말아야 하며, 관찰한 것을 정확하게 표현하려고 하는 태도를 평가해야 한다. 예를 들어, 나뭇잎 가장자리에 있는 톱니 모양이 잘못 표현되어서 전체적으로 보았을 때 그림이

찌그러진 것처럼 보여도 관찰한 것을 표현하려고 했던 것을 평가해야 한다. 반대로 잘 그린 그림이라도 사실과 부합하지 않으면 잘못 된 부분을 다시 관찰시킬 필요도 있다.

또, 세세하게 그린 그림에 마지막으로 크레용을 이용해서 색을 칠할 때는 그려진 선이 보이지 않아 학생이 색을 칠하고 싶은 흥미를 잃을 수도 있다. 저시력 학생은 크레용으로 그렸을 때에 크레용 아래에 있는 선이 보이지 않을 수도 있으므로 이 점을 주의해서 가르친다.

Ⅵ. 일반 학교에서의 지도

1. 저시력 학생의 실태와 문제

맹학교와 저시력 학급에서는 저시력 학생을 배려한 전문적인 교육이 실시되는데, 일반 학급에 다니는 저시력 학생이 전문적인 저시력 교육을 받는 것은 아직은 요원한 상황이다. 현실적으로 여러 가지 이유 때문에 아무런 배려도 받지 못 한 채 일반 학교에서 교육받고 있는 저시력 학생도 결코 무시할 수 없는 숫자이다. 그 이유는 크게 보아 둘로 나누어 볼 수 있다.

첫째, 전문적인 교육이 필요하다는 것을 알면서 일반 학급을 선택한 경우다. 현재 맹학교는 광역 자치 단체별로 1~2개교 밖에 없고, 저시력 학급이 설치된 지방자치단체도 없다. 집 가까이에 맹학교와 저시력 학급이 없으면 먼 곳까지 통학하던지, 전학하거나 기숙사에 입사해야 한다. 초등학교에 입학하는 연령에서는 먼 학교까지 통학하는 것도, 부모 곁을 떠나 기숙사에 입사시키는 것도 주저하기 마련이다. 이사를 하는 것은 더 어렵다. 그래서 집과 가까운 데 있는 학교에 입학하는 경우가 많다. 또, 근래에 들어서 정상화 이념이 보급되어 장애 여부에 관계없이 일반 학교를 선택하는 경우도 늘고 있다고 여겨진다.

둘째, 전문적인 교육의 필요성을 못 느끼고 있거나 모르기 때문이다. 취학 전에 시각장애가 있다는 것을 알려 주어도 생명에는 별 지장이 없고, 일상생활에도 별로 어려움이 없다고 판단하여 관심을 그다지 갖지 않는 경우도 있다. 또, 학생 자신이 주변의 다른 사람과 같이 보인다고 생각해서 그다지 불편을 느끼지 못하는 경우도 있다. 초등학교 입학 전후가 되어 시력 검사를 하면서 원시라는 사실을 처음 알게 되고 '지금까지 어쩐지 손을 잘 맞추지를 못 하더라고요.'라고 말하는 사람도 있다. 취학 전에는 그다지 문제가 되지 않았던 것도 학교생활이 시작되고, 여러 가지 학습 과제가 나오면 그때서야 문제를 느꼈다고 하는 사례도 있다. 또, 시력 검사를 했을 때 시각에 장애가 있다는 것을 알았어도 안경을 쓰면 교정될 것이라고 믿고, 특수교육적인 배려는 필요 없을 것이라고 믿고 있었던 경우도 있다.

이상과 같은 이유들로 인해서 일반 학급에 있는 저시력 학생이 적지 않은데, 각각 필요한 교육적 배려와 지원을 받기 위해서는 아직까지 많은 문제가 남아 있는 것이 현실이다.

교육적 배려도 충분하게 지원되지 않는 일반 학급에 재적하고 있는 학생은 다른 사람과 같이 되고 싶다는 욕구를 본인과 보호자가 모두 강하게 가지고 있다. 또, 시각장애를 본인 또는 보호자가 잘 몰라도 초등학교 3, 4학년이 되면 친구들과 자신이 다르다는 것을 알기 시작한다. 이때는 주변에 있는 친구들과 어깨를 나란히 하려고 노력해도 어려운 과제가 자꾸 늘어나서 쫓아갈 수 없는 경우가 늘어난다. 이럴 때 커다란 좌절감을 느끼고 실망하거나 보이지 않는데도 보이는 것처럼 생활하기도 한다. 적절한 보조기구를 사용하여 생활하고 장애를 극복하려는 본인의 의욕과 능력 및 주변의 적절한 배려가 있으면 대부분 극복할 수 있지만, 그렇지 못한 경우가 많다.

1) 저시력에 대한 이해의 부족

일반 학급에서는 교사를 비롯한 주변 사람들의 저시력에 대한 지식과 이해 부족으로 인해서 다음과 같은 문제가 일어나기 쉽다.

(1) 담임교사를 포함해서 교직원들이 저시력에 대한 지식과 이해가 없기

때문에 적합한 배려가 이루어지지 않고, 저시력 학생은 능력을 충분히 발휘할 수가 없다. 배려한다는 인식조차 가지고 있지 않는 경우도 있는데, 이런 경우는 정보가 부족하여 적합한 배려(조명과 좌석의 배치 등)가 전혀 이루어지지 않는다.

(2) 학습을 할 때 느끼는 장애를 시각장애 탓이 아니라 성격장애, 지적장애라고 오해하는 경우도 있다. 이런 예로 시계바늘과 눈금이 작아서 잘 보이지 않을 때 시계를 읽을 줄 모른다고 판단하는 경우를 들 수 있다.

(3) 특별한 배려를 하는 것 자체가 특별한 취급을 하는 것으로 간주되어 좋아하지 않는 경향이 있다. 일반 학급에서는 모두 똑같이 행동하기를 바라는 경향이 짙다.

(4) 주변 친구들이 저시력에 관해 충분히 이해하고 있으면 시각에 어느 정도 장애가 있거나 보이지 않아도 당연히 보조기구를 사용하거나 친구들과도 대등한 관계를 만들 수 있지만, 그렇지 못한 경우가 많다.

2) 보조기구 문제

일반 학급에서 학습활동을 적절하게 하려면 저시력 보조기구를 잘 활용해야 하는데, 여기에는 다음과 같은 문제점이 있다.

(1) 단안경 및 확대독서기와 같은 보조기구를 잘 모른다. 학생이나 보호자는 안경으로 교정되지 않으면 더 이상 방법이 없다고 생각하고 실망하여 포기하며, 저시력자용 보조 기구가 있다는 것을 모르거나 알고 있어도 사용하지 않는 경우가 많다.

(2) 보조기구를 가지고 있어도 학급 안에서는 능숙하게 사용할 수 없다. 학급 내에서 다른 친구들과 같은 속도로 학습하는 데에는 저시력 보조 기구를 활용하기 어렵다. 또, 이렇게 능숙하게 사용하게 되려면 많은 노력과 훈련이 필요하다. 아주 능숙하게 사용하지 못하면 능률이 떨어져서 싫어하는 경우도 있다. 또, 보조 기구를 친구들과 교사 앞에서 당당하게 사용할 수 있어야 한다. 그렇지 않으면 학업 성취에 지장을 초래한다.

(3) 일반 학급에 가지고 다니면서 쓸 수 있는 보조기구가 아직 많지 않

다. 독서대, 확대독서기 등은 설치장소 및 관리에 문제가 있어 일반 학급에서 사용하기도 곤란하다. 또, 특별교실로 가지고 다닐 수도 없고, 때로는 확대 교과서를 만드는 것도 학생이나 보호자가 부담해야 하고 참고서를 복사한 것은 구하기 어려워 학습 조건이 한층 어려워진다.

2. 문제의 개선 방안

1) 저시력 교육의 이해와 계발

지금까지 진술한 문제점을 해결하기 위해서 무엇보다 먼저 담임과 보호자, 관계자에게 저시력의 실태와 저시력 교육에 대해서 올바르게 인식을 시켜야 한다. 이를 위해서는 다음과 같은 방책을 생각할 수 있다.

(1) 교내 연수나 학급담임과의 연수를 통해서 학교 전체가 저시력 교육에 대해서 충분히 이해하고, 학생과 보호자에 대한 이해를 증진시켜야 한다. 연수 기회를 얻는 것은 어렵지만, 근래에는 저시력 관련 문헌이 늘어나고 있으므로 적극적으로 정보를 구하여 올바른 지식과 이해를 갖게 해야 한다. 바른 이해가 있으면 적합한 배려를 할 수 있게 되고, 각각의 교육적 욕구를 충족시키는 것도 가능해진다.

(2) 계발수업, 팜플렛, 신문 등을 만들어서 계발시켜야 한다. 주변의 학생과 보호자뿐만 아니라 정상 학생의 보호자와 저시력 교육을 담당하지 않는 교직원도 적극적으로 계발시켜 저시력에 관한 이해를 증진시켜 특별한 교육적 배려와 지원이 필요하다고 느끼게 하며, 저시력 학생에 대한 교육적 욕구를 충족시키는데 도움이 되도록 해야 한다.

2) 필요한 교육 시스템

저시력 학생이 일반 학급에서 저시력 보조기구를 이용하면서 실력을 발휘하려면 일반 학급에 재적하면서 필요한 교육을 받을 수 있는 시스템이 필요하다. 그밖에 장애를 수용, 극복하고, 자립을 도울 수 있는 체제도 필요하다. 그러나 현실적으로 학급 담임교사가 개개인의 교육적 욕구를 충족시켜 주기는 아주 어렵다. 적합한 배려와 보조기구의 제공 및 정보의 제공, 교재의 준비, 상담 등 일반 학급 담임 교사를 도울 수 있는 체제가 마련되어야 한다.

그래서 특수학급에서의 지도를 충실히 하면 담임과 보호자의 부담을 최소화할 수 있으므로 이 제도를 발전시키는 것이 좋을 것이다. 특수학급지도를 통해서 일상생활과 학급에서의 활동 및 유기적으로 연관된 치료교육 활동 지도 내용 및 방법을 지도할 필요가 있다. 또, 특수학급지도를 통해서 보조기구의 최신 정보를 교환할 수 있고, 서로 정보를 주고받을 수 있는 체제를 구성한다.

아직까지는 특수학급지도가 전국적으로 보급됐다고 할 수는 없고 주로 대도시가 중심이 되어 있다. 그러나 근래에 들어와서 각 지방자치단체에 설치되어 있는 맹학교에서는 교육 상담이라고 하는 형태로 저시력 학생에 대한 상담과 특별지도를 하고 있는 곳이 늘어나고 있으므로 이런 제도를 활용해서 저시력 학생의 교육적 욕구를 충족시키는 방법을 찾아보아야 할 것이다.

Ⅶ. 저시력 교육상담

1. 기본 개념

1) 교육상담의 의의

심신에 장애가 있는 교육 상담 내용은 주로 학생의 발달, 취학, 학습, 진로에 대한 것들이다. 보호자들의 이런 불안과 고민에 대해 전문적인 입장에서 장애를 지닌 학생을 대하는 법, 학습을 돕는 방법, 진로 상황 등에 대해서 조언과 정보 제공을 하며, 보호자를 도와주는 것이 교육 상담의 커다란 역할이다. 또, 대부분의 경우 상담뿐만 아니라 학생의 발달과 학습을 도와달라고 요청하기도 한다.

시각장애학생에 대한 교육상담은 각 지방자치단체의 맹학교와 저시력 학급, 특수교육 센터에서 하는데, 시각장애학생이 적기 때문에 교육센터에는 전문 부서를 설치하고 있지 않다. 저시력 학급을 설치하고 있는 지자체도 있지만 이것 조차 없는 지자체도 있다. 또, 저시력 학급 1학급을 담당하는 담임 교사 수도 적어서 많은 상담을 하기는 어렵다. 이 때문에 저시력 상담을 담당하는 맹학교의 역할은 크다고 할 수 있다. 이런 역할을 보다 강화하기 위해서 각 맹학교는 그 특성을 살려서 교육상담활동을 적극적으로 실시하고 있다. 맹학교마다 사정은 다르지만, 대부분의 학교에서 교내 인원 중 필요인원을 배치하고 있으며, 대부분 인원을 증원하지는 않고 맹학교의 자체적인 노력에 맡기는 경우가 많다.

맹학교와 저시력 학급에서 실시하는 교육상담은 원래는 입학하려고 하는 학생을 대상으로 실시하였는데, 상담이 곧 입학을 하는 과정이었으므로 보호자들이 기피하는 경우도 있었다. 지금은 시각장애와 시각장애학생의 교육에 대해서 상담하고 있다. 시각장애학생에 대한 교육 상담은 유유아에서부터 중도실명자까지 대상자의 폭이 넓으며, 대상자의 연령에 따라서 내용도 달라진다. 여기서는 유유아기와 학령기 학생들의 교육 상담에 대해서 생각해 보기로 한다.

2) 교육상담 대응

저시력 학생은 볼 수 있다고 생각하여 맹학생에 비해 교육적 배려가 늦어지는 경우가 많다. “유치원에서는 다른 아동들과 잘 어울려 놀았기 때문에 별 문제가 없었는데, 초등학교에 입학하기 위해서 상담하러 왔습니다.”라는 학부형도 있다. 많은 학부형들은 초등학교에 들어가기 직전에야 상담하러 온다. 유아일 때는 시력이 0.05 정도라도 달리거나, 뛰면서 노는데 별로 지장을 느끼지 못할 때가 많다. 그렇지만 초등학교에서는 아무런 배려 없이 학습을 잘 해낼 수는 없다. 판서 문자를 보는 것도 어렵고, 보조기구를 적절하고 능숙하게 사용하지 못하면 칠판에 쓰여진 글자를 제대로 이해하지 못한다. 유치원과 초등학교에서 학습하고 있거나 학습하려고 하는 저시력 학생에 대해서 저시력 교육에 대한 전문적인 지식을 가진 교사가 저시력 학생의 발달과 교육에 대해 지도와 조언을 해야 하는 것은 이 때문이다. 이런 상담을 통해서 저시력 학생에 대한 이해가 깊어지고, 학습 환경이 알맞게 바뀌어서 일반 학교에서도 저시력 학생들이 공부할 수 있게 된 경우도 적지 않다.

교육상담의 내용으로는 요육상담과 취학상담에 국한하지 않고, 발달지도와 보행지도, 저시력 보조 기구의 사용법 지도 등 유아와 학생들에게 직접 장애 극복 기술을 가르치는 곳도 적지 않다. 그 때문에 교육상담을 맡은 교사는 시각장애의 발달 진단방법, 지도계획, 평가, 시각장애학생의 진로와 취학, 일반교육 등 폭넓은 지식을 갖추고 있어야 한다. 따라서 적은 인원으로 이 모든 분야를 다 맡아 하기는 어렵다. 이런 활동은 일부 교사들만 하는 것이 아니라, 팀을 구성해서 접근해야만 상담을 보다 충실히 할 수 있다.

3) 교육상담 형태

교육상담 형태 중 가장 많은 것은 맹학교에서 하는 정기적인 상담이다. 설비와 교재가 모두 갖추어진 곳에서 실시된다는 장점도 있으나, 멀리 있어서, 대상 학생 외에 다른 형제자매를 키우기 때문에, 보호자 자신이 시각장애이기 때문에 참석하지 못하는 경우도 있다. 이 경우 여름 방학을 이용해서 집중적으로 상담할 수도 있지만, 정기적으로 상담 지도를 할 수 없다는 점에서 충분하다고는 할 수 없다. 이런 문제를 해결하기 위한 방법으로 순회 교육 상담제가 있다. 전문지식을 갖춘 맹학교의 교사가 학교와 유치원, 가정 등을 순회하면서 직접 상담과 지도를 한다. 각 담임들의 요청에 따른 확대교재의 제공과 교과지도 상담, 시각장애 교육에 대한 정보 제공도 한다.

2. 유아기의 교육상담

1) 0~2세까지의 교육상담

저시력 학생은 시각의 장애 때문에 발생하는 2차 장애(보고자 하는 의욕 저하, 시경험의 부족 등)를 최대한 경감시키고 개선하기 위해서 조기 상담이 필요하다. 0에서부터 2세까지 실시하는 상담의 내용으로는 맹학교뿐만 아니라 의료기관, 보긴소 등과 연계하여 저시력 학생의 실태를 조기에 파악하고 보호자의 심리적 안정을 취하게 하고, 요육의 장을 제공하며, 적절한 원조를 하는 것 등을 들 수 있다. 이 연령의 교육상담은 보호자에게 저시력 학생을 바르게 이해하게 하고, 바람직한 요육 환경과 태도에 대해서 조언을 제공하는 것이 중심인데, 필요에 따라서 학생을 지도해야 할 때도 있다. 이와 같은 지도와 조언을 하면서 조기 교육을 맹학교 유치부에서 받게 하는 것이 좋은지, 일반 유치원으로 배치하는 것이 좋은 지를 결정한다. 이 시기에 보호자에게 주는 지도와 조언은 시각의 보호, 시각의 활용을 중심으로 다음과 같은 내용을 주로 다룬다.

(1) 보유 시각의 보호

유아는 자신의 눈에 대해서 말할 수 없으므로 보호자가 유아의 눈의 상태를 알고 있어야 한다. 그래서 안과의사의 진단과 조언을 받아 학생이 얼마나 보는지, 시각의 보호를 위해서는 어떤 배려를 필요로 하는지를 잘 듣고 이해해야 한다. 또, 건강한 신체를 유지하는 것이 눈의 건강과 바로 연결되므로 밖에서 노는 습관을 들이거나 규칙적으로 수면을 취하게 하거나 편식을 하지 않도록 지도해야 한다.

(2) 적극적인 시각 활용

저시력 학생은 시력이 약하므로 사물이 잘 보이지 않기도 하고 보고자 할 때는 눈앞으로 당겨서 보아야 하는 불편도 있다. 따라서 동작이 느려지며 잘못 보는 경우도 늘어난다. 이럴 때 주변 사람들이 이해해 주어야 한다. 사물을 보고 판단하는 능력은 시력만이 아니며 지능, 경험, 사물을 보려고 하는 의욕과 관계가 있다. 이 때 가장 중요한 것은 시각을 적극적으로 활용할 수 있도록 도와주고 보는 것에 흥미를 가지고 대상물을 차근차근 보아 풍부한 시경험을 쌓도록 하는 것이다.

(3) 눈과 손의 협응

유아기에 손을 뻗는 것은 눈의 작용이 발달하면서 더욱 활발해진다. 그러나 저시력 학생은 장난감이 주변에 있어도 잘 모르고, 사물에 손을 뻗는 기회가 적다. 또, 자신 손의 구체적인 움직임이 보이지 않기 때문에 손과 손가락을 눈으로 보면서 움직이기도 어렵다. 그러므로 저시력 학생이 눈으로 확인할 수 있는 장난감을 사용해서 눈과 손을 협응시켜 노는 놀이를 만들어야 한다. 예를 들어, 블록 쌓기를 하거나 블록을 적당한 자리에 끼워 넣는 놀이를 하는 것도 좋다. 일상생활 속에서는 옷을 갈아입을 때 단추 끼우기, 끈매기 등을 시키는 것이 좋다. 사물을 항상 확실하게 보고 손을 대는 습관을 붙일 수 있도록 노력해야 한다.

2) 3~6세까지의 교육상담

3세 이후에 교육 상담을 요청하는 경우도 많다. 초등학교에 입학을 원하는 학부형은 학생이 현재 재적하고 있는 교육기관과 연계를 가지면서 입학하고자 하는 학교가 있는 지자체의 교육위원회 및 초등학교와 깊은 유대를 유지하면서 입학 이후에도 학습이 잘 되도록 적절한 지도를 해야 한다. 이와 같이 3세 이상의 학생을 대상으로 하는 상담은 학생 자신에 대한 지도에 중점을 두고 진행시켜야 할 경우가 많다. 교육상담이라고 하는 국한된 시간에 적절하게 지도하려면 시기능 평가와 발달평가를 실시하고 학생의 실태를 정확하게 파악해야 한다.

3세 정도가 되면 란돌트환 단독 시표를 이용한 시력 검사를 할 수 있다고 한다. 원거리 시력, 근거리 시력, 최대시인력(최소가독시표) 등을 잴 수 있으면 칠판에서 읽을 수 있는 글자와 적합한 확대 문자의 크기를 알 수 있어서 필요한 보조기구가 무엇인지를 찾아서 알려 줄 수 있다.

발달평가를 위한 객관적인 방법으로 일반적으로 사용하고 있는 발달검사를 사용하는 방법이 있다. 그러나 이런 검사는 장애가 없는 학생을 대상으로 만들어졌으므로 시각장애아에게는 부적절한 항목도 포함되어 있다. 이와 같은 문제점을 해결하기 위해서 시각장애용으로 작성된 검사나 각종 영역의 용도별 검사를 사용할 수 있다. 이 외에 WIPPSI 지능진단검사(언어성)나 프로스티그 시지각 발달검사 등도 필요에 따라 실시한다.

교육상담에서 실시하고 있는 내용은 정해져 있지는 않다. 그러나 상담을 원하는 저시력 유아의 실태를 고려하여 볼 때 주된 내용은 눈과 손의 협응, 형태인지, 저시력용 렌즈의 사용이라는 3개 분야라고 생각할 수 있다. 실태 파악에서 알아낸 시력 상태와 발달 요소를 참고하면서 교육적 처치와 지도를 해야 하는데, 직접 지도할 수 있는 시간은 한정되어 있으므로 학생의 일상생활을 통해서 지도해야 한다.

구체적인 지도 내용으로는 千田(1986)와 그의 동료들이 개발한 유아 중기 시각장애 유아를 대상으로 한 '시각장애유아용 수지운동훈련 프로그램'과 中川(1986)와 그의 동료들이 만든 유아기 후반의 시각장애 유아를 대상으로 하는 '시각장애 유아용 감각 훈련 프로그램' 등을 참고로 하면 좋다.

3. 학령기 교육 상담

학령기 학생의 상담 내용으로는 교과학습에 대한 조언, 교과학습의 보충학습, 저시력 보조기구의 활용법 등을 들 수 있다. 교과학습에 대한 조언에는 ①문자학습 및 지도보기 학습 ②대형 시각교재(그림, OHP, 슬라이드, 비디오, 영화 등)의 인지 ③기계, 도구, 기구류의 사용법 등에 대한 지도방법을 생각할 수 있다. 이 밖에도 예를 들어, 저학년 학생들의 생활면과 자연시간에 하는 각종 관찰과 실험 등 저시력 학생에게 일제 수업을 할 때 어려움을 겪을 수 있다고 여겨지는 학습 내용을 수업 전과 수업 후에 보충학습시키거나 실물이 잘 보이지 않는 것은 정확한 정보를 제공하여 수업이 잘 진행되도록 배려해야 한다. 때로는 그림이나 가정, 체육 등의 과목을 실제로 맹학교에 오게 해서 실험과 실습을 하게 할 필요도 있다. 확대경과 기타 저시력 보조기구 사용법 지도는 각각의 활용 프로그램이 작성되어 있으므로 그것들을 참고하여 지도하면 된다.

초등학교 저학년에서는 별 문제 없이 학교생활을 할 수 있어도 초등학교 3, 4학년 이상이 되어 칠판이 잘 보이지 않거나 한자를 익히는 데 문제를 느껴서 상담을 희망하는 경우도 있다. 학령기에서 가장 문제가 되는 것은 상담하기 이전에 보고자 하는 의욕이 부족하거나 글씨 쓰기의 기본이 되어 있지 않는 경우이다. 이런 경우에는 시기능을 파악하고 난 후에 저시력 보조 기구의 처방과 사용법 지도 및 한자 쓰기 지도, 교과 보충수업 등 할 수 있는 것부터 시작하여 볼 수 있으며, 할 수 있다는 경험을 맛보게 하는 것이 가장 중요하다.

학교가 현실적인 배려를 해주지 않으면 한 학생에게 두 명 이상의 교사가 수업을 하는 것도 어렵고, 보호자와의 상담을 정성껏 해주기도 어렵다. 그러나 보호자에게 시각장애의 정도와 진로에 대해서 정보를 제공하고, 저시력 학생 본인의 실태와 향후의 진로에 대해서도 서로 터놓고 이야기할 수 있는 인간관계를 형성해야 한다. 중학교 및 고등학교와 같은 상급학교로 진학해야 하는 학생은 일반 중고등학교 및 맹학교 중고등부를 다 같이 고려해 볼 수 있다. 때로는 맹학교로 진학해야 좋은 경우도 있다.

상담은 주 1회, 월 1회, 한 학기에 1회 등 다양하지만, 결코 상담을 중도에 포기해서는 안 된다. 전화로 연락을 하는 정도라도 계속 이어져야 한다. 그밖에 교육상담 대상 학생과 재적학생과의 교류, 상담 대상아의 보호자들끼리의 만남을 주선하여 참석하게 하고, 시각장애 교육에 대한 이해 및 맹학교와 저시력 학급에 대한 이해를 증진시키는 것도 상담 내용의 하나라고 할 수 있다.

4. 교육상담과 관련 기관과의 연계

조기 상담은 맹학교뿐만 아니라 안과, 소아과, 내과를 포함한 의료기관, 보건, 유치원 등의 지도 상담도 함께 병행하는 경우가 많다. 이런 관련 기관과의 연계를 가지면서 상담 내용을 구성해야 한다. 유아기 때는 아직 복수의 병원에 다니면서 진료를 받거나 관련이 있는 다른 기관에 다니는 등 관계를 가지기 곤란하다고 생각할 수 있다. 때로는 의료기관에서 하는 저시력 학생의 발달 및 맹학교에 대한 상담이 중요할 수 있다.

그밖에 취학 전 학생을 대상으로 하여 일종의 병원에서는 할 수 없는 검사법의 하나로 아주 세세한 시력 검사를 실시하거나, 일반적인 시력에 대한 상담을 하거나 가정에서도 눈의 이상을 발견할 수 있는 방법을 알려주거나 하여 시각장애의 조기 발견을 할 수 있도록 돕는 등의 일을 해야 하는데, 이것은 유치원과 연계를 깊게 가져야 할 필요가 있을 때가 많다.

고등학교에 진학할 때는 입시 준비와 이에 필요한 배려에 대해서 정보를 제공해야 한다. 입학을 희망하는 고등학교를 대상으로 저시력의 이해를 증진시켜야 한다. 앞으로는 저시력 렌즈의 사용과 같은 기술적인 면뿐만 아니라 심리적인 면을 상담해야 하는 경우도 많이 늘어날 것이라고 생각한다. 심리치료사와 카운슬러와의 연계도 미리 고려해 두어야 한다. 또, 퍼스널 컴퓨터를 이용한 맹학교와 초등학교, 중학교 및 고등학교 간의 연결망을 구축하고, 이것을 효과적으로 사용하도록 하는 것도 앞으로 검토해야 할 과제이다.

제15장 보행지도

맹학생이나 저시력 학생은 보행에 어려움을 경험한다. 그러나 저시력 학생의 어려움은 전맹 학생의 어려움과는 다르다. 전맹 학생은 독립 보행에 시력을 사용하지 않으나 저시력 학생은 보행에 시각적 정보를 활용한다. 따라서 선천성 저시력 학생이나 후천성 저시력 학생은 시각적 정보를 활용하여 환경을 해석하고 보행하는 기술을 습득한다.

시력이 아주 약한 경우에도 저시력 학생은 시력을 사용해서 장애물을 발견하고, 떨어지는 곳을 살펴보며, 방향정위에 필요한 랜드마크나 단서 또는 공간에 관한 정보를 얻는다. 그러므로 이 장에서는 기능 시력과 관계되는 방향정위와 이동을 평가하고, 보행 훈련에 필요한 중요한 요인에 관하여 기술하고자 한다.

Ⅰ. 보행의 과제

1. 수준별 보행

저시력 학생이 근거리 시력이나 원거리 시력을 효과적으로 사용하면 매일 매일의 보행에서 능동적이고 긍정적인 태도를 갖게 된다. 다양한 상황에서 랜드마크나 단서를 사용하고, 거리와 깊이를 판단하며, 횡단보도를 찾고, 교통 기관을 이용하는데 시각적 정보를 효과적으로 사용하도록 훈련하는 것은 보행의 효율성과 속도 그리고 자신감을 갖게 한다. 시력을 사용하는 능력은 개인에 따라 다르다. 시각장애의 정도와 관계없이 시각적 능력을 향상시키고 효율성을 높이는 교육은 저시력 학생에게 큰 도움을 준다.

예를 들어, 시력이 0.05이고 당뇨망막병증으로 10도의 중심 암점이 있는 저시력 학생을 예로 하여 생각해 보기로 한다.

이 학생은 혼자 자취하기 때문에 기본적인 식품을 사기 위하여 슈퍼마켓에 가야 한다. 슈퍼마켓에 가는 길은 잘 알고 있다. 네 블록을 가서 신호등이 있는 도로를 두 번 건너야 한다. 이 학생이 슈퍼마켓에 갈 때 느끼는 어려움은 다음과 같다.

① 신호등이 번쩍여서 신호등의 색을 식별하는데 어려움을 느낀다.

② 연석의 가장자리를 구별하기 어렵고 연석과 인도, 연석과 도로를 구별하지 못하기 때문에 연석의 정확한 위치와 깊이를 식별하기 어렵다.

③ 슈퍼마켓에 들어갈 때와 나올 때 빛의 밝기가 다르기 때문에 눈이 변화에 순응할 때까지 시각 능력의 감소를 초래한다.

④ 복잡한 곳에서 사람들이나 슈퍼마켓에 진열된 물건에 잘 부딪친다.

⑤ 복잡한 교차로에서 도로를 횡단할 때 불안과 공포를 느낀다.

⑥ 최근에 새로운 약물 복용으로 시력이 변하고 있다.

위의 저시력 학생이 경험하는 어려움 외에도 대부분의 저시력 학생은 시각장애의 정도에 따라 보행에 어느 정도의 어려움을 느낀다. 예를 들어, 그날의 시간, 계절, 위치, 햇빛의 유무, 실내·외의 빛의 밝기,. 빗물에 젖어있는 인도, 그늘 등과 같은 환경적 변화는 보행에 영향을 준다. 당뇨망막병증이나 진행성 망막색소변성과 같은 안질환은 보행을 더욱 어렵게 한다. 약물의 부작용도 시각적 과제 수행에 변화를 준다. 시각적 변화와 함께 환경적 변화는 다양한 시각적 경험을 하게하고 학생과 교사에게 큰 의미를 준다.

저시력 학생이 보행하는데 중요한 어려움은 ①눈부심에 적응하기 ②빛에 순응하기(명순응과 암순응) ③평균 지면에서 낮은 곳(계단, 연석) 찾기 ④횡단보도 건너기 ⑤울퉁불퉁한 길 걷기 ⑥혼잡한 길 가기 ⑦물건이나 장애물이 있는 곳 지나가기 ⑧일기가 나쁠 때 걷기 ⑨보행할 때 도로 표지나 문패 읽기 등이다.

위와 같은 문제들은 저시력 학생이나 맹학생이 보행하는데 어려움을 준다. 그럼에도 불구하고 저시력 학생이 얻는 시각적 정보는 보행에 어려운 문제를 해결하는데 도움을 준다. 그러므로 저시력 학생의 보행 교육에는 이러한 문제점들을 고려하여 지도해야 한다.

2. 단계별 보행

1) 조기 보행 교육

전반적인 조기 교육의 강조와 함께 조기에 보행 훈련을 실시하고 시각 기술을 발달시키려는 노력을 해야 한다. 조기 교육 목표는 저시력 아동의 시각 기술을 발달시키고 그 기술을 응용함으로써 최대의 시각적 능력을 성취하도록 하는 것이다. 이러한 목표와 함께 시자극, 신체상, 개념 발달, 감각 훈련, 환경적 인식에 대한 조기 보행 교육이 강조되고 있다. 보행 교사는 훈련의 효과를 높이기 위해 저시력 보행 교육에 이 모든 영역을 통합해야 한다.

조기 보행 교육에는 원거리 시력이 중요하다. 보행자의 팔 길이보다 먼 거리는 환경과의 접촉이 어렵기 때문에 저시력 아동의 조기 교육에는 원거리 시력 기술을 발달시키기 위한 종합적인 교육과정을 편성해야 한다. 달리기나 자전거 타기와 같은 원거리 시력을 사용하도록 격려하고 그와 같은 활동을 할 수 있도록 여건을 조성하는 것이 중요하다. 이것은 될 수 있는 대로 조기에 시력을 사용하도록 하는 것을 의미한다.

'조기에 아동이 지팡이를 사용하도록 할 것인가 또는 시력을 사용하도록 할 것인가'는 교사가 직면하는 문제이다. 실제로 어느 한 가지만 옳다고 하기는 어렵다. 시력과 지팡이를 함께 사용하도록 하는 것이 더 좋을 것이다.

보행 교육에서 지팡이를 사용하는 것은 시력의 사용을 보충하는 것이다. 이러한 방법으로 모든 감각적 정보를 평가하고 지팡이와 시력을 동시에 사용하도록 가르쳐야 한다. 예를 들어, 지팡이는 계단이나 연석과 같은 위험한 장소를 탐지하는데 사용하고 시력은 랜드마크의 위치를 발견하고 장애물을 탐지하도록 한다.

2) 중등학생의 보행 교육

중·고등학교 저시력 학생들에게도 지팡이는 효과적인 도구이다. 그러나 일부의 중도 시각장애학생은 지팡이가 독립이 아닌 의존의 상징이라고 생각할 수 있다. 그러므로 보행 교사는 이러한 학생을 재교육하여 효과적인 보행 수단으로 지팡이와 시력을 함께 사용하도록 해야 한다.

선진국에서는 일찍부터 저시력 학생을 재활시키는데 많은 노력을 기울여 왔다. 이러한 노력으로 저시력 학생들이 시각적 기억, 시각적 경험, 여러 가지 시각적 개념의 중요성을 인식할 수 있게 되었다. 그러나 이러한 발전에 저항하는 경우도 있다. 예를 들어, 최근에 중심 암점이 생긴 저시력 학생은 선명하게 보기 위하여 습관대로 똑바로 앞을 본다. 그러나 이 경우에는 중심외보기를 해야 더욱 선명하게 볼 수 있다. 그러므로 중도 저시력 학생은 눈의 다른 부위를 사용하는 방법을 배우는 것은 물론 중심외보기 방법도 배워야 한다. 이 저시력 학생에게는 새로운 전략을 발달시키는데 강조점을 두어야 한다.

저시력 학생은 모든 것을 선명하게 볼 수 없기 때문에 좌절감을 느낀다. 또한 저시력 학생은 자신이 어떤 환경에 처해 있고, 어떻게 하면 보행 시력을 가장 효과적으로 사용할 수 있는지 생각해야 한다. 이 시력 사용 훈련은 학생이 독립적으로 생활하는데 도움이 된다. 보행 교사는 저시력 학생의 여러 가지 특별한 문제를 고려하고 교수학습 계획을 세워 그에 따라 훈련을 실시해야 한다.

Ⅱ. 평 가

1. 임상 보고서의 검토

일반적으로 보행전문가들은 시력의 임상적 평가 결과가 기능 시력을 예언하거나 설명하지 못한다는 것에 동의하고 있다. 그러나 임상평가는 기능평가의 보충 자료로 사용할 수 있고 학생의 시기능을 이해하고, 저시력 학생이 바람직한 과제를 수행할 만큼 충분한 시력을 갖고 있는지에 대한 정보를 준다.

임상 보고서에서 '빛에 민감한 백색증'이나 '변동 시력'을 가진 '당뇨망막병증'과 같은 안질환을 보면 이에 대한 특별한 시각적 어려움을 예상할 수 있다. 또한 대비에 관한 정보를 보면 여러 가지 수준의 상세한 시각적 능력을 설명할 수 있다. 그리고 색각에 관한 정보는 신호등을 식별하는 것과 같은 여러 보행 과제를 수행하는데 시각이 더 적합한지 결정하는데 도움이 된다. 그리고 굴절 이상의 종류와 정도 및 처방된 렌즈와 저시력 기구에 대한 정보는 시력을 개선할 수 있는지 예측하는데 필요하다.

임상 검사를 해도 보이는 상태를 완전히 알아낼 수 없다. 일부의 저시력 학생에게는 시각적 정보를 해석하는데 필요한 충분한 시력과 시야가 없을 수도 있다. 그러나 시력으로 환경을 어느 정도 인식하는지 알아내면 시기능의 제한 정도를 알 수 있다. 이러한 학생들은 자연스럽게 시각을 사용하여 정보를 활용하는 것을 배우지 못한다.

저시력 학생은 눈으로 환경을 보면서 시력을 능동적으로 사용하고 싶어 하는 동기를 얻는다. 기능 시력의 차이를 만드는 요인에는 동기와 같은 성격적 요인, 조명과 같은 환경적 요인, 속도나 거리와 같은 과제 요인이 있으며 이들은 서로 영향을 준다. 따라서 보행 교사나 시각장애아 교사는 임상 정보를 학생의 욕구와 목표에 따라 종합적인 평가 정보로 통합해야 한다.

2. 보행 시력의 기능적 평가

1) 필요한 정보

보행 시력의 기능적 평가에는 다양한 거리나 위치에서 여러 가지 물건을 변별하는 능력과 시각적 수행 능력이 포함된다. 이러한 평가는 익숙한 장소나 익숙하지 않은 장소에서 여러 가지 조명 조건에서 이루어져야 한다. 이 평가를 하기 위해서는 다음 여섯 가지 정보가 필요하다.

① 얼마나 먼 거리에서 물건을 찾을 수 있는가?
② 얼마나 먼 거리에서 물건을 정확하게 식별하는가?
③ 얼마나 먼 거리에서 물건을 가장 편안하게 볼 수 있는가?
④ 이동하거나 이동하지 않을 때 시력에 어떤 영향을 주는가?
⑤ 저시력 기구나 필터 렌즈는 시력에 어떤 영향을 주는가?
⑥ 조명이나 대비와 같은 환경적 요인은 시력에 어떤 영향을 주는가?

2) 나안 시력

(1) 시력의 인식

학교, 가정, 거리와 같은 장소에서 근거리(35cm 이내), 중간 거리(35cm~6m), 그리고 원거리(6m 이상)에서 물건이나 다른 목표물을 찾거나 인식하는 능력을 평가한다.

(2) 시력의 식별

다양한 장소에서 근거리, 중간 거리, 원거리에서 물건이나 다른 대상물을 정확하게 식별하는 능력을 평가한다. 학생이 물건이나 다른 대상물을 알아보고, 지도나 버스 번호 또는 도로 표지판을 읽는 것과 같은 시각 과제를 수행하는데 편안함을 느끼는 거리에서 평가한다. 이 때 학생이 좋아하는 작업 거리와 물건을 편안하게 볼 수 있는 거리를 미리 알아야 한다.

(3) 정지된 시력

저시력 학생이 가만히 서 있거나 앉아 있는 동안 여러 가지 물건을 식별하거나 변별하는 학생의 능력을 평가한다. 예를 들어, 보행 교사는 저시력 학생이 길가에 서서 도로 표지판을 보고 간판에 주목하는 것을 관찰한다.

(4) 역동적 시력

저시력 학생이 보행할 때, 정지된 물건이나 움직이는 물건을 식별하고 변별하는 능력을 평가한다. 예를 들어, 저시력 학생이 달리는 차 안이나 걷고 있는 동안 신호등이나 택시를 볼 수 있는지 평가한다. 이러한 평가는 매일 매일의 보행 장면에서 주의깊은 관찰을 통해서 이루어져야 한다.

3) 광학기구를 사용할 때의 시력

저시력 학생이 사용하는 원거리 광학기구나 필터 렌즈의 효과를 평가한다. 망원경을 사용할 때와 사용하지 않을 때, 원거리 시력의 인식 범위를 증가시키기 위하여 노력하고, 먼저 정지한 물건을 평가하고, 그 다음에 움직이는 물건을 평가하여 비교한다. 또한 저시력 학생에게 근거리 광학기구를 사용하게 하여 지도, 메뉴, 전화번호부 그리고 보행 장면에서 읽기 능력을 평가한다.

3. 시야의 기능적 평가

1) 정적 시야

저시력 학생이 3~6m의 거리에 서서 정지된 물건을 바라보고, 눈을 고정시키고 보이는 것을 설명하도록 한다. 이러한 평가를 통해서 시야의 경계(상, 하, 좌, 우)를 결정할 수 있다. 정지한 상태에서 시야의 일부 또는 전체의 경계는 보행에서 매우 중요하다.

2) 동적 시야

저시력 학생이 길을 따라 걸을 때 눈이나 머리를 움직여 주사하도록 격려한다. 보행 교사는 동적 시야의 범위(상, 하, 좌, 우)를 기록한다. 이 정보는 학생이 이동할 때 기능적 시야의 범위를 결정하는데 쓰인다.

3) 선호 시야

저시력 학생이 선호하는 시야는 사물을 식별할 수 있는 범위를 말한다. 저시력 학생이 보행하는 동안 주의 깊게 관찰해 보면 학생의 시야 상태를 알 수 있다. 또 학생에게 길을 걸으면서 눈의 바깥쪽으로 보이는 물건을 모두 말하도록 한다. 보행 교사는 학생에게 보이는 물건을 말하게 하고 그것을 기록한다. 또 다른 방법은 시야가 협착된 학생이 그의 시선을 아래쪽으로 고시하거나 약간 앞으로 고시할 경우 그 학생은 아래쪽 시야로 물건을 보는 경우가 많다고 여겨야 한다.

보행 교사는 종이에 동그랗게 그려 시야를 나타내고, 그 동그라미를 네 부분으로 나눈다. 그리고 학생이 물건을 보는 부분을 표시한다. 저시력 학생의 보행교육에서 선호 시야는 중요한 의미를 갖는다.

정적 시야, 동적 시야, 선호 시야를 알아내면 보행을 지도하는데 종합적인 계획을 세울 수 있다. 정적 시야, 동적 시야, 선호 시야에 관한 정보를 파악하면 학생이 어떤 부위로 물건을 보고, 주목하는 물건이 무엇인지 알 수 있기 때문에 보행을 지도하기 위한 계획을 세우는데 도움이 된다.

4. 환경적 요인의 평가

환경적 요인의 평가는 학생의 기능 시력 수행에 중요한 영향을 준다. 일반적으로 환경이 복잡하면 할수록 기능 시력의 사용 능력은 떨어진다. 저시력 학생의 기능 시력을 효율적으로 활용하기 위하여 여러 가지 시기능의 수준을 평가하고 다음과 같은 요인들을 평가하여 지도해야 한다.

1) 실내·외의 환경

일반적으로 실외 환경은 실내 환경보다 적응하기 더 어렵다. 그날의 시간, 날씨 등이 시기능에 영향을 주고 이전에 없던 물건이 놓여 있기도 하고 기대하지 않았던 자동차가 주차되어 있기도 한다. 이웃집의 신축이나 도로 공사로 길이 파헤쳐지거나 건축 자재들이 놓여 있기도 한다. 저시력 학생은 보행할 때 이러한 여러 가지 경우에 대처할 수 있어야 한다.

2) 시각적 복잡성의 정도

환경 속의 시각적 복잡성은 저시력 학생의 시각적 수행에 직접적인 영향을 준다. 예를 들어, 대형 할인 매점은 조그마한 가게보다 시각적 수행에 더 어려움을 준다. 시각적으로 복잡하면 혼동을 일으키기 쉽다. 이러한 경우에는 여러 가지 대비에 주목하고 랜드마크를 활용해야 한다.

3) 조명의 정도와 위치

조명은 저시력 학생의 시각적 수행에 큰 영향을 준다. 그 환경에 설치한 조명이 백열등, 형광등, 자연광 등 여러 조명을 함께 사용하는지 관찰한다. 저시력 학생이 여러 과제를 수행할 때 선호하는 조명, 밝기, 빛의 각도를 평가한다. 어두운 곳에서 밝은 곳으로 갈 때, 밝은 곳에서 어두운 곳으로 갈 때 잘 적응하는지 조사한다.

4) 휘 광

빛이 반사되는 표면, 햇빛의 번쩍임, 자동차의 불빛이나 신호등의 번쩍임 등이 저시력 학생에게 어떤 영향을 주는지 평가한다. 이런 번쩍임을 줄여야 학생의 시기능이 향상된다. 이런 빛을 차단하는데 모자, 커튼, 색안경이 도움이 되는지 평가한다.

5) 심도 지각

계단의 높이나 연석의 높이를 알기 위하여 심도 지각이 필요하다. 저시력 학생이 계단이나 연석에서 발을 올려 딛거나 내려 딛을 때 발을 정확하게 딛는지 평가한다. 한쪽 눈을 사용할 경우, 양쪽 눈을 사용할 때보다 깊이를 지각하는데 어려움이 있으므로 깊이를 개념화해야 한다.

6) 색상 단서

신호등이나 간판과 같은 많은 환경적 단서를 색상이나 명암으로 변별하는 경우가 많다. 보행 교사는 저시력 학생의 이러한 능력을 주의 깊게 관찰하고 평가해야 한다.

5. 빈도 기록

많은 연구자들은 저시력 학생의 보행에 가장 빈번하게 영향을 주는 중요한 문제로 번쩍임, 조명의 변화, 추락, 지표의 변화, 도로의 횡단, 물건이나 사람과 부딪치기, 방향을 잃기 등 이라고 지적했다. 주의 깊게 관찰하면 저시력 학생이 보행할 때 이러한 어려움에 직면하는 것을 자주 발견할 수 있다.

평가자는 학생이 계단이나 연석을 잘못 보거나 물건에 부딪치고 방향을 잃는 것을 기록하고, 보행에서 가장 빈번하게 발생하는 문제를 기록해야 한다. 보행 교사는 빈도가 높은 보행 문제와 그 원인을 발견하고 지도 방법을 찾아 가르쳐야 한다. 이렇게 대안을 찾아 지도하면 보행의 어려움을 감소시킬 수 있고, 교사는 특별한 훈련 방법을 개발할 수 있다. 이러한 관찰을 위하여 교사는 학생에게 심부름을 시키고 그 심부름을 할 때 겪는 보행의 어려움을 관찰한다. 평소에도 운동장이나 식당에서 주의 깊게 관찰하여 학생의 보행 문제를 발견하고 기록해야 한다.

Ⅲ. 보행에 필요한 시각적 기술

보행에 필요한 저시력 학생의 기본적인 시각 기술과 교수학습 방법 그리고 환경 단서를 설명하고자 한다. 이 기술들은 저시력 학생의 보행 중에 흔히 체험하는 기술이기도 하다.

1. 시각 기술

1) 지도 방법

교사는 학생에게 시각 기술을 사용하도록 지도할 때 모든 감각으로부터 들어오는 정보를 통합하여 사용하도록 한다. 보행할 때 시각적 정보만을 사용할 때와 다른 감각적 정보를 결합하여 사용할 때를 알도록 지도한다.

시각 기술을 가르치는 목적은 비체계적인 시각 기술을 조직화하고, 정확한 시각 기술을 사용할 수 있도록 하는 것이다. 인식하기와 주목하기 그리고 위치 찾기와 같은 기초적인 시각 기술이나 힘든 스포츠와 같이 고도의 시각적 기술은 여기서 다루지 않기로 한다.

일반적으로 낮은 수준의 시각 기술을 효과적으로 발달시켜야 하는 저시력 학생은 기초적인 시자극 프로그램 교육을 받고, 높은 수준의 시각 기술을 필요로 하는 학생은 보행 교사로부터 지도를 받는다. 이러한 시각 기술을 지도하는 몇 가지 원리는 다음과 같다.

첫째, 시각적 인식 범위 내에 있는 대상물을 선택한다.

둘째, 눈 높이의 대상물로 시작하여 시야의 다른 위치로 확대한다.

셋째, 고도 대비의 대상물로 시작하여 여러 수준의 대상물로 진행한다.

넷째, 토론, 사진, 슬라이드 등을 통하여 미리 환경을 익혀 숙지한다.

2) 기본적인 시각 기술

(1) 주사하기

주사하기는 시력으로 대상물을 찾고, 머리와 눈을 움직여 대상물의 위치를 찾는 것을 말한다. 저시력 학생은 물론 정안 학생까지도 환경을 주사하는데 임의적이고 비체계적인 시각적 행동을 나타낸다.

① 주사의 종류

시각장애의 원인에 따라 주사하는 방법이 다르다. 시력이 나쁜 학생은 대상물의 구체적인 사실을 보기 위하여 크고 대비가 잘 되는 물건을 가까운 거리에서 주사해야 한다. 시야가 좁은 학생은 협착된 시야에 더 많은 정보를 보아야 하기 때문에 먼 거리에서 주사해야 한다. 그리고 남은 시야에 대상물을 주사하기 위하여 머리나 눈을 크게 회전시키는 방법을 배워야 한다. 이와 같이 시각장애의 원인에 따라 주사하는 방법이 달라야 한다.

② 주사의 목적

주사하는 목적에 따라 주사하는 방법이 달라진다. 예를 들어, 전체의 방향을 알기 위하여 어떤 장소를 주사할 때 그 장소를 왼쪽에서 오른쪽으로, 위쪽에서 아래쪽으로 훑어보는 체계적인 방법을 사용한다. 그러나 교실과 같이 익숙한 장소에서 친구가 앉아 있는 의자를 찾으려고 할 때 가로와 세로 방향으로 주사하지 않고, 그 열을 이쪽에서 저쪽으로 한 번 주사하는 것으로 충분하다. 이와 같이 주사하는 목적에 따라 주사하는 방법이 달라진다.

③ 대상물의 위치 찾기

대상물이 어느 곳에 있는지 알고 있거나 예상하고 있을 경우에는 효율적으로 주사할 수 있다. 예를 들면 처음에 수직의 목표물의 위치를 찾는 데는 수평으로 주사하는 것이 더 효율적이고 도로 표지판을 찾는 데는 기둥을 따라 수직으로 주사하는 것이 더 효과적이다. 교회의 뾰족탑을 방향정위의 단서로 사용할 때에는 지붕 위를 가로로 주사해야 하고, 지하철 표지판을 찾을 때에는 눈높이로 주사하는 것이 좋다. 목표물의 위치를 찾을 때에는 그 위치를 예상하고 그에 알맞은 주사 방법을 사용하는 것이 효과적이다.

④ 환 경

저시력 학생이 보행할 때 필요한 정보를 얻기 위하여 대상물을 주사한다. 학생이 복잡한 도로를 횡단할 때 보행자의 이동이나 자동차의 흐름과 같은 단서를 확인하거나, 신호등의 위치나 신호등의 변화를 알 필요가 있다. 이 복잡하고 신속하게 바뀌는 환경을 알기 위하여 빠르고 효과적으로 주사해야 한다. 반대로 자동차나 보행자가 거의 없는 시골에서 저시력 학생은 도로를 건널 때 안전한지 확인하기 위하여 길 양쪽을 주사해야 한다. 환경에 따라서도 주사하는 방법이 다른데, 다음은 주사하기의 몇 가지 예이다.

시력이 나쁜 저시력 학생이 집에서 은행을 찾아가는 경우이다. 그 노선에 있는 랜드마크는 우체통과 부서진 인도이고 환경은 도시이다. 이 때 학생은 보행자, 교차로, 회전하는 자동차들을 주사하고, 방향정위를 위한 시각적 랜드마크로는 간판, 여러 가지 물건의 색상, 건물의 모양을 탐지하기 위하여 주사한다.

다음의 예는 시야가 좁은 학생이 집으로 들어가는 길을 찾기 위한 방법을 나타낸 것이다. 목표물은 연석, 건물의 벽, 우체통이고, 환경은 주택가이다. 이 경우 학생은 인도와 연석 그리고 건물의 벽을 찾을 때까지 주사해야 하고, 빨간 우체통과 같은 랜드마크를 찾기 위하여 좌우로 주사한다. 또한 저시력 학생은 원하는 방향으로 걸으면서 나무, 주차된 차, 건물의 벽 그리고 연석을 주사해야 한다.

(2) 따라가기

한 가지 또는 여러 가지 고정된 선을 눈으로 따라가는 것은 학생이 방향을 잡고 유지하며 다시 방향을 잡는데 도움이 된다. 잔디의 가장자리 선, 생울타리의 가장자리 선, 지붕의 선, 복도 천장의 형광등으로 이어지는 선, 바닥에 대비를 이루는 블록으로 된 선, 나란히 놓인 의자 높이의 선, 어깨 높이의 선, 마루 바닥의 무늬가 만드는 선과 같은 많은 시각적 선은 따라가기의 단서가 된다. 다음의 예를 보면 보행을 목적으로 할 때 따라가기의 유용성을 알 수 있다.

저시력 학생이 교실을 찾기 위하여 네 번째 문이 나올 때까지 벽의 아래쪽 선을 따라가거나 복도 바닥의 선을 따라 랜드마크를 발견하고 교실을 찾을 수 있다. 저시력 학생이 동네에서 가게를 찾아 갈 때, 그 가게가 학생이 가려는 길의 3/4의 지점에 있고 중간 지점에 빨간색 계단이 있다. 저시력 학생은 길가의 선을 따라가면서 빨간색 계단을 찾은 후 그 곳으로부터 건물의 바닥선을 따라가면서 세 번째 건물을 찾아간다.

(3) 추적하기

움직이는 목표물을 눈으로 추적하기는 복잡한 지역에서 보행할 때 필요한 기술이다. 시야가 좁은 학생들은 목표물을 잃지 않기 위하여 머리를 움직여야 하고, 시야가 좁으면서 시력이 불량한 학생은 눈과 머리를 함께 움직여야 한다. 다음은 추적하기 기술의 예이다.

저시력 학생은 어두운 식당에 들어 갈 때 기능 시력이 저하되는 것을 경험한다. 뒤에서 따라가면서 앞 사람의 밝은 색의 블라우스나 티셔츠를 추적하면 가는 방향을 예상하고 따라갈 수 있다. 차량의 통행이 많은 지역에서는 이동하는 자동차를 주사하고 추적하면 안전하게 도로를 횡단하는데 도움이 된다.

학생이 보행하는 방향과 수직선인 도로에서 이동하는 자동차를 주사하고 추적하면 학생이 가고 있는 인도가 가로로 도로에 접근하고 있다는 것을 예상하는데 도움을 준다. 또한 학생이 걷는 방향과 평행이 되게 이동하고 회전하는 자동차를 추적하면 도로를 건너야 할 때를 판단하는데 도움이 된다.

인도를 따라 걷는 사람을 추적하면 학생이 장애물을 예상하는데 도움이 된다. 예를 들어, 앞의 보행자가 정해진 보행선에서 이탈하거나 방향을 바꾸면 저시력 학생은 장애물이 있다는 것을 알게 된다. 즉, 앞 사람의 몸이 내려가거나 올라가는 것은 계단을 내려가거나 올라가는 것을 의미한다. 또 저시력 학생이 망원경으로 다가오는 버스를 추적하여 버스 번호를 확인하는 것도 추적하기의 한 예이다.

2. 환경적 단서

저시력 학생은 보행하는 환경에서 보통 사람이 사용하지 않는 단서에 주목하는 것을 학습해야 한다.

1) 색상과 대비 단서

색상과 대비 단서는 물체나 목적지의 위치를 발견하고 방향을 아는데 좋은 시각 랜드마크가 된다. 색상과 대비 단서를 이용하면 시력이 약한 학생이 보행하는데 도움이 된다. 다음은 색상과 대비 단서를 사용할 수 있는 몇 가지 예이다.

슈퍼마켓에서 여러 가지 과일을 자세히 보기 어려운 학생은 보라색을 보고 포도를 찾을 수 있고, 마찬가지로 하얀 마요네즈나 빨간 케첩도 찾을 수 있다. 지하도에 있는 여러 간판의 색상을 보고 지하도를 나가거나 특정 목표물의 위치를 찾을 수 있다. 이러한 방법은 간판을 읽을 수 없는 학생에게도 도움이 된다.

신호등의 색상을 변별할 수 없는 학생은 중간의 노란색을 위의 빨간색과 대비시키면 구별할 수 있다. 흰색과 검정색 선이 있는 횡단보도는 저시력 학생이 안전하게 횡단할 수 있는 좋은 대비 단서이다.

2) 원거리 지각 단서

정안 학생들은 자를 사용하여 거리를 측정하거나 한 장소에서 다른 장소로 이동하는 시간을 계산하여 거리를 측정한다. 그러나 일부의 학생들은 측정하지 않고 물체 사이의 거리를 알아내기 위하여 시각적 단서를 사용한다.

시각적 거리 단서에 대한 학습을 실시하면 거리에 대한 개념이 향상된다. 다음은 위치와 거리 개념에 대한 기본적인 자식이다.

(1) 물건의 크기

물건의 크기는 거리가 멀어질수록 작아 보인다. 크기가 같은 두 개의 물건 중 크게 보이는 물건은 가까운 곳에 있는 물건이고, 작아 보이는 것은 먼 곳에 있는 것이다.

(2) 두 물체 사이의 거리

저시력 학생은 두 물체 사이의 거리로 거리를 판단할 수 있다. 두 물체의 거리를 결정할 때 완전히 보이는 물건은 가까운 거리에 있는 것이고, 완전히 잘 보이는 물건에 반쯤 가려져 있는 물건은 먼 곳에 있다는 것을 알 수 있다. 예를 들어, 운동장에 있는 그네의 두 줄 중 하나가 미끄럼틀에 가려 보이지 않는다면 그네가 미끄럼틀 보다 더 멀리 있다는 것을 알 수 있다.

(3) 단서의 결합

물건의 크기 단서를 다른 시각적 단서와 결합하여 사용하는 것은 거리를 판단하는데 도움을 준다. 예를 들면, 저시력 학생이 백화점에서 걷고 있을 때 사람들이 만드는 줄의 거리를 아는 것은 사람들이 얼마나 많은가를 보는 것 외에 바닥을 보고 사람들이 있는 곳과 학생이 있는 곳 사이의 거리를 판단할 수 있다.

3) 심도 지각 단서

심도 지각에는 물체 사이의 상대적인 거리의 판단과 공간 관계가 포함된다. 눈으로 깊이를 지각하는 능력은 저시력 학생에게 가장 빈번하게 발생하는 문제 중의 하나이다. 깊이 지각에서 가장 중요한 것은 계단과 연석을 내려갈 때의 문제이다.

(1) 계 단

저시력 학생들은 계단의 유무를 확인하기 위하여 시각적 단서를 사용하는데 높이, 색상, 조명, 방향, 소리의 차, 관찰 등이 포함된다.

① 계단의 난간

저시력 학생은 시력으로 계단의 난간을 추적한다. 계단의 난간이 위로 향해 있으면 올라가는 계단이고, 계단의 난간이 내려가는 방향으로 향해 있으면 내려가는 계단임을 알 수 있다.

② 위치와 높이의 변화

저시력 학생은 앞 사람이 현 위치에서 높아지거나 낮아지면 계단을 올라가거나 내려가는 것임을 알 수 있다. 계단으로 다가갔을 때 앞 사람의 하반신(다리나 발)이 시야에서 사라지면 계단을 내려가고 있다는 단서이다.

③ 계단과의 색상 대비

첫 계단, 마지막 계단 또는 모든 계단 끝에 대비가 잘 되는 색상을 칠하면 저시력 학생은 그 곳이 계단임을 쉽게 알 수 있다. 바닥이 여러 무늬로 되어 있으면 그 무늬 때문에 계단 끝을 보기 어렵다. 그러므로 대비가 잘 되는 색상을 칠해야 한다.

④ 그림자의 부분

손잡이나 나뭇가지, 기둥과 같은 물체의 일부분이나 그림자는 저시력 학생에게 여러 개의 계단 표면이나 경사로로 보일 수 있다. 따라서 그림자가 있으면 계단이 있는지 또는 계단의 난간이 있는지를 살펴보아야 한다. 조그마한 그림자는 물건의 존재를 나타내는 것이고 또 어떤 그림자는 밖에 있는 조그마한 물건을 가리기도 한다. 저시력 학생은 그림자에 주목하면서 그 그림자가 무엇을 나타내는 것인가를 살펴봐야 한다.

⑤ 소리로 위치 찾기

저시력 학생은 소리로 자신의 위치를 확인할 수 있다. 자신이 있는 곳보다 위에서 소리가 들리거나 아래에서 올라오는 발자국 소리, 사람의 목소리를 들으면 그 사람이 있는 위치를 알 수 있다. 이러한 소리 단서와 시각 단서를 함께 사용하면 더 좋다.

(2) 연 석

일반적으로 인도와 도로 사이의 높이를 판단하여 연석의 높이를 알 수 있다.

① 대비를 이루는 도로의 포장

아스팔트 도로의 색상은 인도의 색상보다 검다. 뚜렷한 색상의 대비로 연석이나 도로를 구별할 수 있다.

② 횡단보도의 선

도로 바닥에 흰색, 노란색, 또는 파란색으로 그은 선은 각각 횡단 보도, 차선, 버스 전용 차선임을 말해 준다. 횡단보도의 선을 자세히 보면 연석이 어디에 있는지를 알 수 있다. 이 단서는 연석을 찾기 어려운 경우 도움이 된다.

③ 이동하는 자동차

저시력 학생이 인도를 걷고 있을 때 학생의 앞쪽에 자동차가 가로로 지나가면 그 곳에 연석이 있음을 알 수 있다. 시각적 단서나 청각적 단서를 활용하면 연석의 위치를 쉽게 찾을 수 있다.

④ 건물의 끝

건물의 선이 끝나면 연석에 접근하고 있음을 알 수 있다. 인도가 끝이 나고 건물사이에 길이 있는지 알기 위해서는 건물과 건물 사이의 넓이를 보면 알 수 있다.

⑤ 길모퉁이의 물체

길모퉁이에는 사람들이 모여서 신호등이 바뀌기를 기다린다. 길모퉁이를 자세히 보면 여러 가지 물체들을 발견할 수 있다. 이에는 정지 신호, 신호등의 박스, 소화전, 우체통 등이 있고 이 단서를 보면 연석이 있음을 알 수 있다.

⑥ 연석의 그림자

계단이나 연석에는 신호등의 기둥이나 나뭇가지의 그림자가 생길 수 있다. 저시력 학생은 그림자를 연석의 가장자리로 착각할 수 있고, 연석이 없을 경우에도 마치 연석이 있는 것처럼 보일 수도 있다. 반대로 나무의 그림자가 연석 위를 덮으면 인도와 도로 표면이 어두워지기 때문에 혼동을 일으킬 수 있다.

(3) 단안시

선천성이나 후천성으로 한 쪽 눈을 못 보는 저시력 학생은 심도 지각을 하는데 어려움이 있다. 한 쪽 눈을 사용하는 학생은 거리와 깊이에 대한 정보를 얻기 위하여 머리를 더 움직여야 한다. 그 밖에도 두 눈을 사용하는 학생보다 시야가 좁기 때문에 전반적인 보행 상황에서 어려움을 더 느낀다. 시각적 이미지가 잘못 형성되기 전에 한 쪽 눈을 효율적으로 사용해서 환경적 단서를 인식하도록 가르쳐야 한다.

(4) 광학기구의 사용

보행 교육을 할 때 광학기구 사용법도 함께 통합해서 실시하면, 최대의 시기능을 발휘할 수 있으므로 광학기구도 사용하게 해야 한다. 학생이 망원경을 사용하면 도로 표지판을 읽을 수 있고, 원하는 건물을 찾을 수 있으며, 확대경을 사용하면 지도, 시간표, 가격표를 볼 수 있다.

보행할 때 근거리 광학기구와 원거리 광학기구를 사용하면 시력을 효율적으로 사용할 수 있다. 광학기구와 필터 렌즈를 쓰면 시력이 증진되고 시야가 향상되어 저시력 학생의 보행을 개선시키는 데 도움이 된다. 예를 들어, 저시력 학생은 신호등의 위치를 알고 색상을 잘 변별할 수 있으나 신호등이 시력 범위 밖에 있기 때문에 신호등의 색상을 식별할 수 없을 수도 있다.

이 때 망원경을 사용하면 거리가 줄어들고 신호등의 크기와 밝기가 증가되기 때문에 신호등의 색상을 식별할 수 있다. 시야가 좁아 옆에 있는 물건이나 사람과 자주 부딪치는 학생에게 프레스넬 프리즘이나 망원경을 사용하도록 하면 시야를 개선할 수 있다.

교육인적자원부(2005). 특수교육연차보고서, 서울: 선명인쇄(주).

권기덕, 김동연, 김태욱(1980). 한글 가독시력에 의한 교육적 약시판별에 관한 연구, 한사대논문집, 한사대학.

김덕훈 · 김상문 · 김창식(1995). 시기해부학, 서울: 정문사.

김진구, 박동욱(1996). 시기능 검사와 분석, 서울: 신광출판사.

윤동호, 이상욱, 최억(2005). 안과학, 서울: 일조각.

이해균(1995). 약시학생의 확대독서매체에 따른 읽기 효율성 연구, 미간행 박사학위논문, 대구대학교 대학원.

이해균(2003). 저시력 학생용 교재 개발을 위한 적정 확대 문자 연구. 특수교육학연구, 37(4), 123-142.

임안수(2005). 시각장애아교육, 대구: 도서출판 해동.

지철근(1996). 조명공학, 서울: 문운당.

진용한, 최영인, 차홍원, 문남주, 성풍주(1997). 굴절검사와 처방, 울산: 울산대학출판부.

한국공업표준협회(1980). 한국공업규격, 조도기준(KS A 3011-1980), 서울: 한국공업표준협회.

한명복(1988). 약시학생의 읽기와 쓰기에 관한 연구, 미간행 석사학위논문, 단국대학교교육대학원.

岡田明(1967). 弱視兒の讀みの柔軟性について, 特殊教育學研究, 5(1), 15-16.

岡田明(1969). 弱視兒の讀書感想文の發達的研究, 立正大學短期大學部紀要, 35-38.

岡田明(1979). 弱視兒の讀みの關する實証的研究, 學藝圖書.

古田信子, 靑木成美(1989). 弱視兒の見え方に及ぼす白黑反轉の效果, 弱視教育, 27(2), 6-8.

菊池智名, 中野泰志(1992). 弱視者の讀みやすさに及ぼす文字サイズと行間隔の效果, 日本特殊教育學會第30回大會發表論文集, 44-45.

內藤慶蒹(1994). 視器解剖學, 東京: 大學書林.

大川原潔, 香川邦生, 瀨尾政雄, 鈴木篤, 千田耕基(2001). 視力の弱い子どもの理解と支援, 東京: 教育出版.

瀨尾政雄(1982). 身體障害學生の大學受驗改善に關する硏究, 昭和 56, 57年度 科學硏究費硏究成果報告書, 筑波大學心身障害學系.

桐原宏行, 瀨尾政雄(1989). 低視力時の讀速度に關する硏究, 讀書科學, 152-159.

藤原隆明(1990). グレアテスト, 眼科32号.

藤田まゆみ, 桀本圭子, 湯淺貞雄(1980). 弱視兒のclose workの速さを規定する要因に關する實驗的硏究, 視覺障害教育・心理硏究, 1(2), 1-8.

小林秀之(1993). 讀みにおける運動系關與の2つのタイプ, 弱視者の讀みと事務的職業, 千葉:日本障害者雇用促進協會障害者職業總合センタ-, 67.

小林秀之, 小中雅文, 五十嵐信敬(1995). 弱視兒の視知覺, 稻本正法, 外編著 教師と親のための弱視レンズガイド' コレール社.

小林秀之, 五十嵐信敬(1992). 視野制限下における視覺探索方略に關する實驗, 視覺障害心理・教育硏究. .

小田浩一(1990). 弱視のシミュレ-ション(I)-文字のぼけによる文字認識の障害-, 日本特殊教育學會第28回大會發表論文集, 6-7.

市川宏(1984). 醫學的側面からみた視覺障害. 視覺障害とその代行技術, 名古屋: 名古屋大學出版會, 7-68.

安富重直(1967). 弱視と照明 : 學習環境の改善, 弱視教育, 5(2), pp.8-14.

五十嵐信敬(1966). 弱視兒の視知覺に關する因子分析的硏究, 盲心理硏究, 14, 26-27.

五十嵐信敬(1967). 弱視兒の文字知覺關する實驗的硏究, 特殊教育學硏究, 4(1), 1-9.

五十嵐信敬(1993). 效率的讀みの條件の解明, 弱視者の讀みと事務的職業, 千葉:日本障碍者雇用促進協會障碍者職業總合センタ-, 78.
原田改美(1989). 眼のはたらきと学習. 東京: 慶應通信.
長谷佳代子(1976). 作図指導一D兒の指導事例を通して, 弱視教育, 14(5).
正田千香子(1986). 小學校における弱視兒の教科指導に關する實踐的硏究(4)—IV-① 作図指導の工夫, 弱視教育, 24(1).
稻本正法(1994). 小學校における弱視兒の教科指導に關する實踐的硏究(12)—II-② 弱視兒に適した教材・教具の工夫. 弱視教育, 31(4).
佐島毅(1987). 弱視者の讀字效率に與える照度の影響, 視覺障害教育心理硏究, 5(1,2), 21-25.
佐藤泰正(1974). 視覺障害兒の心理學, 東京: 學藝圖書.
佐藤泰正(1975). 弱視兒の讀解力に關する硏究, 讀書科學, 18(4), 97-104.
佐藤泰正(1984a). 視覺障害兒の讀書速度に關する發達的硏究, 東京:學藝圖書, 97-106.
佐藤泰正(1984b). 視覺障害兒の讀書速度に關する發達的硏究, 東京:學藝圖書, 107-115.
佐藤泰正(1988). 視覺障害心理學, 東京: 學藝圖書.
中野泰志, 千田耕基(1990). 角膜混濁及び白內障を伴う弱視兒におけるコントラストポラリティ效果- 文字の違いと拜啓面の積影響について-, 日本特殊教育學會第28回發表論文集, 8-9.
中野泰志, 千田耕基(1991). 透光體に混濁のある弱視兒HAにおけるコントラストポラリティ效果の測定-教材作成への應用の可能性について-, 國立特殊教育總合硏究所紀要, 103-114.
中野泰志 外 4人(1991). 視力に及ぼす白黑反轉の效果, 日本特殊教育學會第29回大會發表論文, 1, 24-25.
中野泰志(1991). 弱視者の視認性を考慮した文字の效果的提示方法(1) 一コンピュ -タディスプレイでの白黑反轉效果-, 電子情報通信學會技術硏究報告報, 91(316), 15-22.
中野泰志(1992). 弱視用讀書效率測定システムの試作, 日本特殊教育學會第30回大會發表論文, 2, 42-43.

中野泰志(1992). 弱視者の視認性を考慮した文字の効果的提示方法(1)-コンピュータディスプレイでの白黑反轉效果, 最新視覺科學と弱視研究, 79-86.

中野泰志, 菊地智明, 石川大, 中野喜美子(1993). 弱視用讀書效率測定システム(2)-讀材料の生成方法について-, 第2回視覺障害リハビリテ-ション研究發表大會, 46-49.

中野泰志, 小田浩一, 中野喜美子(1993). 弱視兒の見えにくさを考慮した讀書環境の整備について, 心身障害兒の感覺運動機能の改善及び向上に關する研究報告書, 45-55.

中野泰志, 中野喜美子, 石川大(1993). 弱視兒の讀書に及ぼす文字サイズの效果(1)-視力と讀書效率の關係について- 日本特殊教育學會第31回大會發表論集, 82-83.

中野泰志, 菊地智明, 石川大, 佐藤守(1992). パソコンを用いた弱視用リディグ, エイドの試作, 第18回感覺代行シンポジウム, 137-140.

中野泰志, 菊地智明, 佐藤守(1993). 行たどりに困難を示す弱視兒のためのコンピュ-タを用いた新しい讀書補助具の試作, 國立特殊教育總合研究所研究記要, 20, 89-96.

中川暮美(1992). 小學校における弱視兒の教科指導に關する實践的研究(10)ーIII-③図書用文字の大きさと讀速度, 弱視教育, 29(4).

中野喜美子(1993). 弱視兒の讀書に敵した文字サイズの検討, 弱視教育, 31(2).

齊田愼也, 苧阪直行, 北原健二(1994). 視野 大山 正・今井省吾・和氣展二編 新編感覺・知覺心理學ハンドブック, 東京: 誠信書房.

香川邦生(1996). 視覺障害教育に携わる方のために, 東京: 慶應義塾大學出版會.

湖崎克(1965). 弱視レンズの處方と使用法 -開業醫のための -, 眼科, 7(12), 893-909.

湖崎克(1996). 弱視兒の教育, 弱視醫學教育研究會 編使, 弱視兒の教育と醫學, 東京: 慶應通信用, 220～223.

Barraga, N. C. (1964). *Increased visual behavior in low vision students.* New York: American Foundation for the Blind, Inc.

Birch, J.W., Tisdall, W.J., Peabody, R.L., & Sterrett, R. (1966). School *Achievement and Type Size on Reading in Visually Handicapped Children* (Cooperative Research Project NO, 1766), Pittsburgh: University of Pittsburgh.

Bouma, H., Legein, C.P., M.Melotte, H.E., & Zabel, K. (1982). Is large print easy to read?, *IPO Annual Progress Report*, 19, 133-136.

Corn, A. & Ryser, G. (1989). Access to print for students with low vision, *Journal of Visual Impairment & Blindness*, 340.

Corn, A. L., Depriest, L. B., & Erin, J. N. (2000). Visual efficiency, In Koenig, A. J., & Holbrook, M. C. *Foundations of education*(464-499). New York: American Foundation for the Blind, Inc.

Dickinson, C.M., & Rabbitt, P.M.A. (1991). Simulated visual impairment: effects on text comprehension and reading speed, *Clinical Vision Science*, 6(4), 301-308.

Erhardt, R. P. (1990). Erhardt: Developmental visual dysfunction: Models for assessment and management. Therapy skill Builders.

Faye, E. E. (1984). *Clinical Low Vision*, Boston/Toronto: Little, Brown & Company, 210-211.

Ferraro, J., Jose, R & McClain, L. (1982). Fresnel prism as a treatment option for retinits pigmentosa, *Texas Optometry.*

Finn, W. A., Gadbaw, P. O., Kevorkian, C. A. & De L'aune, W. R. (1975). Increased field assessibility through prismatically displaced image, *New Outlook for the Blind.*

Fonda, G. (1966). An evaluation of large type, *The New Outlook for the Blind*, 60, 296-288.

Fonda, G. (1981). Use of Eyes in Partially Sighted *Children*, Philadelphia: AEVH.

Fortner, E.N. (1945). Investigation of large type books, proceedings, *American Association of Workers for the Blind*, 78-81.

Fortner, E. N. (1945). Investigation of large type books, proceedings, *American Association of Workers for the Blind*, 78-81.

Grounds, A.R., Holliday, I.E., & Ruddock, K.H. (1983). Two spatio-temporal filters in human vision:II. Selective modification in amblyopia, albinism, and hemianopsia, *Biological Cybernetics*, 47, 191-202.

Hathaway, W. (1959). *Education and Health of the Partially Seeing Child*, New York: Columbia University Press.

Jose, R. & Smith, A. (1976). Increasing peripheral field awareness with fresnel prisms. *Optical Journal and Review of Optometry.*

Jose, R. T. (1992). *Understanding Low Vision.* New York: American Foundation for the Blind, 235-239.

Kaufman, J. E. & Christensen, J. F. (1981). *IES Lighting handbook* (Application Volume), New York : Illumination Engineering Society of North America, p.6.10.

Koenig, A.J., Layton, C.A., & Ross, D.B. (1992). The relative effectiveness of reading in large print and with low vision devices for students with low vision, *Journal of Visual Impairment & Blindness*, 86, 48.

Krischer, C.C., & Meissen, R. (1983). Reading speed under real and simulated visual impairment, *Journal of Visual Impairment and Blindness*, 77, 386-388.

Legge, G.E., Rubin, G.S., Pelli, D.G., & Schleske, M. M. (1985). Psychophysics of reading-Ⅱ low vision, *Vision Research*, 25(2), 253-266.

Legge, G.E., Pelli, D.G., Rubin, G.S., & Schleske, M. M. (1985a). Psychophysics of reading. I. Normal vision, *Vision Research*, 25(2), 239-252.

Legge, G.E., Rubin, G.S., Pelli, D.G., & Schleske, M.M. (1985b). Psychophysics of reading. Ⅱ. Low vision, *Vision Research*, 25(2),

253-266.

Legge, G.E., & Rubin, G.S. (1986). Psychophysics of reading. Ⅳ. Wavelength effects in normal and low vision, *Journal of Optical Society of America*: A, 3(1), 40-51.

Legge, G.E., Rubin, G.S., & Luebker, A. (1987a). Psychophysics of reading. V. The role of contrast in normal vision, *Vision Research*, 25(7), 1165-1177.

Legge, G.E., Rubin, G.S., & Schleske, M.M. (1987b). Contrast polarity effects in low vision reading, *Low Vision Principles and Applications*, 288-307.

Legge, G.E., Ross, J.A., Maxwell, K.T., & Luebker, A. (1989). Psychophysics of reading. Ⅶ. Comprehension in normal and low vision, *Clinical Vision Science*, 4(1), 51-60.

Legge, G.E., Ross, J.A., & Luebker, A. (1990a). Psychophysics of reading. Ⅷ. The Minnesota low vision reading test, *Optometry and Vision Science*, 66(12), 843-853.

Legge, G.E., Parish, D.H., Luebker, A., & Wurm, L.H. (1990b). Psychophysics of reading. Ⅺ. Comparing color contrast and luminance contrast, *Journal of Optical society of America*, A, 7(10), 2002-2010.

Legge, G.E., Ross, J.A., Isenberg, L.M., & Lamay, J.M. (1992). Psychophysics of reading. Clinical predictors of low vision reading speed, *Investigative Ophthalmology & Visual Science*, 33(3), 677-687.

Luckiesh, M. & Moss, F. K. (1948). *The Science of Seeing*, New York : D. Van Nostrand.

Nolan, C.Y. (1959). Readability of large type: A study of type size and styles, *International Journal for the Education of the Blind*, 9, 41-44.

Nowakowski, R.W. (1994). Primary Low Vision Care, Appleton & Lange.

Peck, O.S. (1933). Reading ability of sightsaving class pupils in Cleveland, Ohio, *Sight Saving Review*, 3, 6-7.

Rayner, K., & Bertera, J.H. (1981). Reading without a fovea, Science, 206(26),

468-469.

Rayner, K., Inhoff, W., Morrison, R.E., Slowiaczek, M.L., & Bertera, J. (1981). Masking of foveal and parafoveal vision during eye fixation in reading, *Journal of Experimental Psychology: Human Perception and Performance*, 7(1), 167-179.

Rubin, G.S., & Legge, G.E. (1989). Psychophysic of reading. Ⅵ. The role of contrast in low vision, *Vision Research*, 29(1), 79-91.

Sloan, L.L., & Habel, A. (1973). Reading speeds with textbooks in large and in standard print, Sight-Saving Review, 43, 107-111.

Sykes, K.C. (1971). A comparison of the effectiveness of standard print and large print on facilitating the reading skills of visually impaired student, *Education of the Visually Handicapped*, 4(3), 97-10.

Weiss, N. (1972). An Application of cemented prisms with severe field loss. *American Journal of Optometry and Archives of the American Academy of Optometry.*

■ 저자 소개

· · · 이 해 균

대구대학교 사범대학 특수교육과 교수(문학박사)
대구대학교 점자도서관 관장
한국시각장애교육 · 재활학회 부회장
한국특수아동학회 이사
한국미술치료학회 이사

· · · 임 안 수

대구대학교 사범대학 특수교육과 교수(교육학 박사)
대구대학교 시각장애교육연구소 소장
한국시각장애교육 · 재활학회 회장

· · · 이 우 관

대구대학교 대학원 박사과정 수료(시각장애아교육전공)
국립서울맹학교 교사
대구대학교 사범대학 특수교육과 강사

저 시 력 교 육

1판1쇄 — 2006년 3월 31일
1판2쇄 — 2011년 8월 30일
지은이 — 이해균 · 임안수 · 이우관

펴낸이 — 홍 덕 률
펴낸곳 — 대구대학교출판부
주소 — 경북 경산시 진량읍 내리리 15번지
전화 — (053)850-5661~2
팩스 — (053)850-5669
등록번호 — 경산 제11호
찍은곳 — 동아문화사

정가 14,000원

ISBN 89-7794-379-5-93370